MATHS

MG1

1re-Tle BAC PRO AGRICOLE

W0199990

Kilani Adouani
Cécile Blazy
Marielle Lacheteau
François Moussavou

DELAGRAVE AGRICOLE

Je découvre un chapitre

L'ouverture de chapitre

Pour se lancer

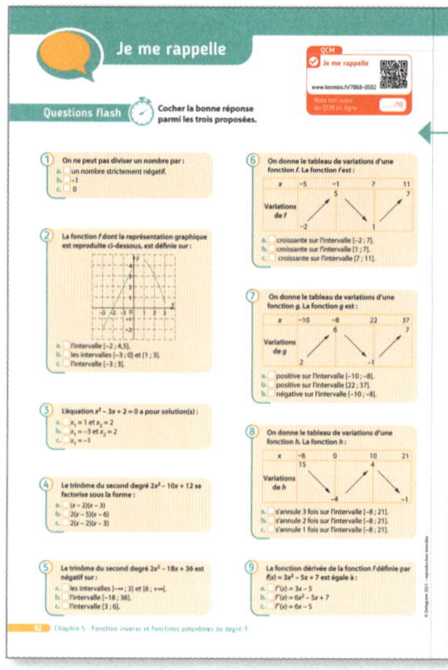

Un **QCM** pour **réactiver** les connaissances

Les **objectifs** du chapitre

Une situation de la vie quotidienne avec **vidéo** pour aborder le chapitre

Le bilan

Deux pages pour **faire le bilan** des notions et des savoir-faire

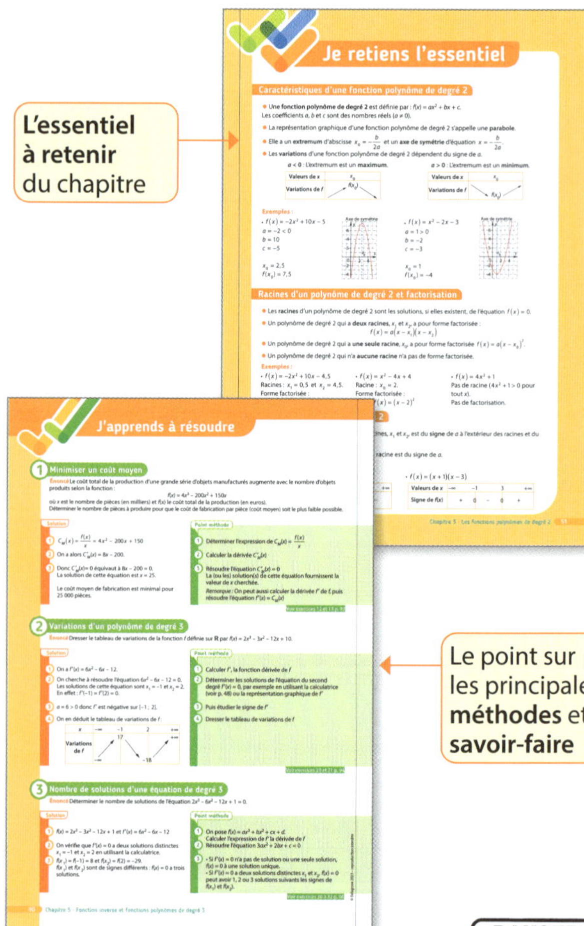

L'essentiel à retenir du chapitre

Le point sur les principales **méthodes** et **savoir-faire**

Les activités

Pour **découvrir et maîtriser** les notions du chapitre

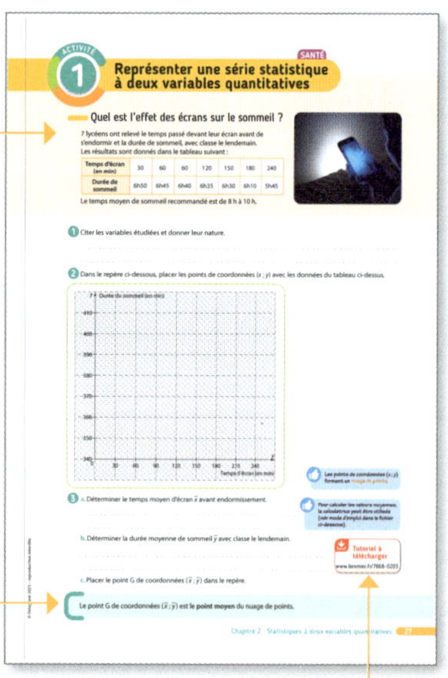

Une **situation** issue de la vie quotidienne ou professionnelle

Un **bilan** de l'activité

Des ressources numériques associées

ISBN : 978-2-206-10786-8 – © Delagrave, 2023

Éditions Delagrave — 5, allée de la 2e DB, 75015 Paris — www.editions-delagrave.fr

Les exercices

Je m'entraîne :
des exercices pour appliquer ses acquis.

Un **QCM** pour **vérifier** ses connaissances

Des exercices courts pour acquérir des **automatismes**

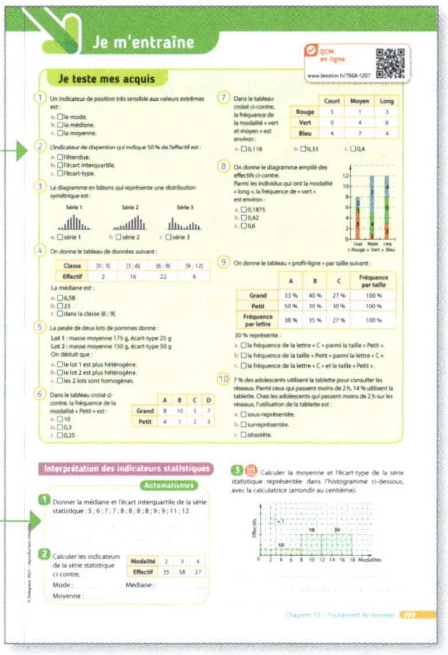
Je m'entraîne
Je teste mes acquis
Interprétation des indicateurs statistiques
Automatismes

Je m'entraîne
Caractéristiques d'une suite géométrique
Automatismes

Des exercices d'algorithmique en langage **Python**

Des **ressources numériques** associées

Je résous des problèmes :
des problèmes pour aller plus loin.

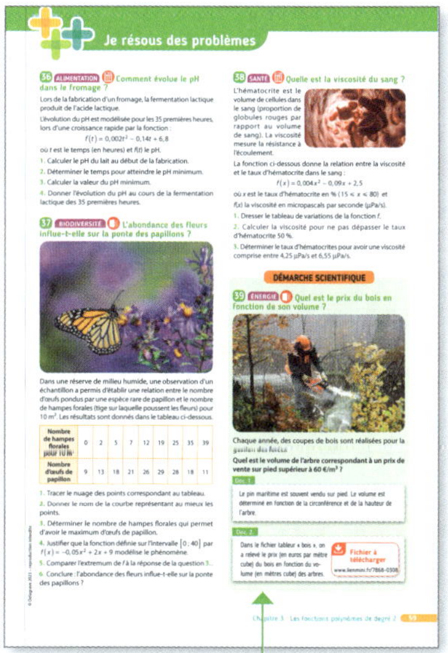
Je résous des problèmes
DÉMARCHE SCIENTIFIQUE

Un problème ouvert pour mettre en place une **démarche scientifique**

L'évaluation

Une page pour **s'évaluer**

Une **situation** concrète

Les **critères d'évaluation** des capacités du module MG1

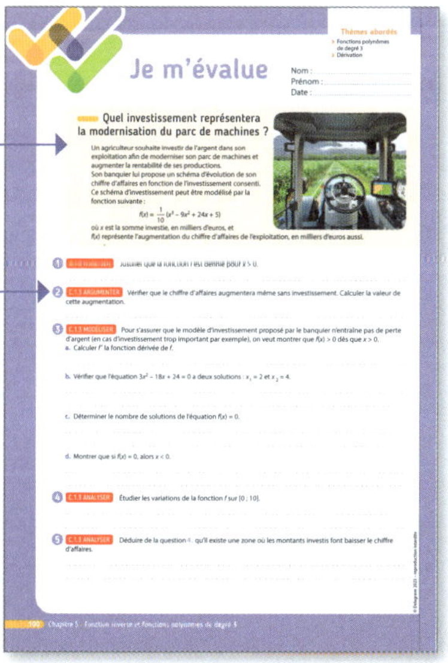
Je m'évalue
Quel investissement représentera la modernisation du parc de machines ?

Une signalétique claire

Des contextes thématiques bien identifiés

Tout au long de l'ouvrage, on retrouvera les 5 thèmes du module MG1.

- **EAU**
- **SANTÉ**
- **ÉNERGIE**
- **BIODIVERSITÉ**
- **ALIMENTATION**

Des logos pour les TICE

- Calculatrice nécessaire
- Activité à réaliser avec un tableur
- Activité à réaliser avec GeoGebra
- Exercices de programmation en langage Python
- Exercices nécessitant l'emploi d'un outil numérique au choix

Sommaire

Découvrez les ressources numériques p. 8

Découvrez les ressources numériques

En accès gratuit pour tous

Tout au long de l'ouvrage, des **liens** à saisir dans le navigateur ou des **QR codes à flasher** vous donnent accès aux ressources numériques.

Des vidéos pour capter l'attention des élèves

Vidéo
Je regarde la vidéo
www.lienmini.fr/7868-0301

Des fichiers à télécharger

Des fichiers **tableur**, **GeoGebra** ou **Python** utilisés dans les exercices ou les activités, ou encore des **tutoriels** et des **grilles d'évaluation** à consulter.

Programme à télécharger
www.lienmini.fr/7868-0306

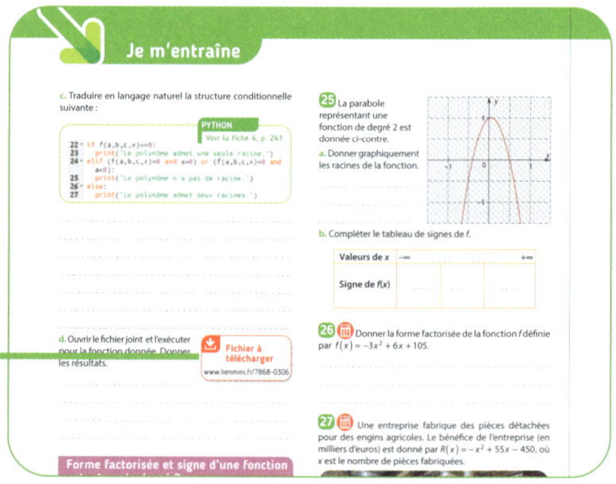

Des QCM interactifs pour tester ses connaissances

- **Pour remobiliser**

QCM
Je me rappelle
www.lienmini.fr/7868-0302
Note ton score du QCM en ligne .... /10

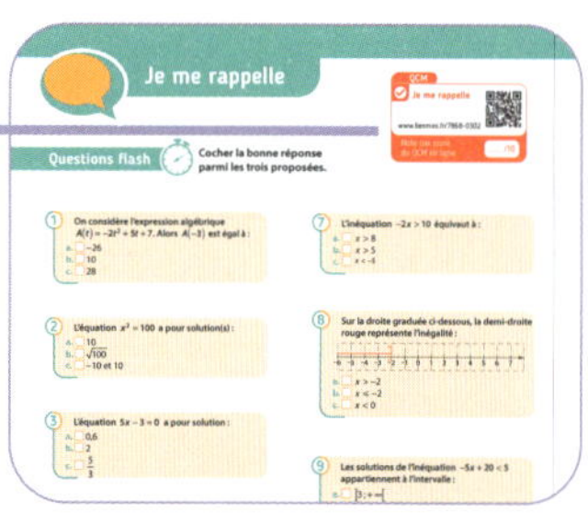

- **Pour s'entraîner**

QCM en ligne
www.lienmini.fr/7868-0305

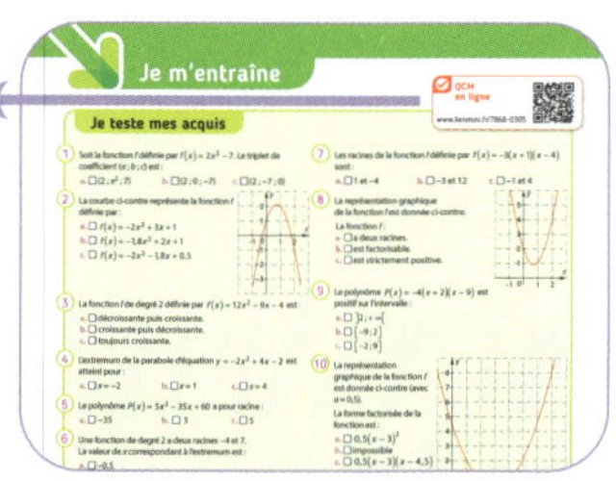

Avertissement : Liens externes

Vous utilisez un **manuel connecté Delagrave** qui comporte des **liens externes** vers des pages web ou des ressources complémentaires. Ces liens ne bénéficient pas toujours des dispositifs de protection et de sécurité des données à caractère personnel. Vous serez donc personnellement pleinement responsable des actions que vous accomplirez, et notamment votre consentement sera demandé pour l'utilisation de vos données personnelles (politique de cookies) lors de la consultation de ces pages web. Il est fortement recommandé dans tous les cas de ne pas créer un compte ou de fournir des données vous concernant qui ne seraient pas nécessaires pour visiter ces sites.

Si vous avez moins de 15 ans, il est nécessaire de solliciter l'accord de vos parents ou du titulaire de l'autorité parentale à l'utilisation des liens présents et, le cas échéant, de donner un consentement conjoint avec eux à l'utilisation de vos données à caractère personnel sur certains sites.

Les éditions Delagrave font leurs meilleurs efforts pour sécuriser la consultation et l'utilisation des ressources en ligne qu'elles éditent, produisent ou hébergent et ne sauraient être tenues responsables des interruptions de service liées au réseau Internet ou aux hébergeurs d'origine des ressources.

CHAPITRE 1

Les suites arithmétiques

Je vais être capable de

- Caractériser une suite arithmétique
- Calculer un terme d'une suite arithmétique
- Calculer la somme des premiers termes d'une suite arithmétique
- Générer les termes d'une suite arithmétique et faire la représentation graphique à l'aide des TICE

Je démarre

Vidéo
Je regarde la vidéo
www.lienmini.fr/7868-0101

Un groupe de chevreuils est composé de 10 individus. Chaque année la taille du groupe augmente de 3 individus.

1 Quel sera le nombre d'individus dans le groupe au bout de 2 ans ?

....

2 Au bout de combien d'années le groupe sera-t-il composé de 25 individus ?

....

Je me rappelle

QCM

Je me rappelle

www.lienmini.fr/7868-0102

Note ton score du QCM en ligne .... /10

Questions flash

Cocher la bonne réponse parmi les trois proposées.

1 Le terme suivant de cette suite numérique :

3 ; 8 ; 13 ; 18

est :

a. ☐ 21 b. ☐ 22 c. ☐ 23

2 Dans la suite numérique suivante :

5 ; 13,5 ; 22 ; 30,5

on passe d'un terme à l'autre en :

a. ☐ additionnant le nombre 8,5.
b. ☐ additionnant le nombre 5.
c. ☐ soustrayant le nombre 8,5.

3 Le premier terme de la suite numérique :

30 ; 15 ; 7,5 ; 3,75

est :

a. ☐ 3,75
b. ☐ 30
c. ☐ 15

4 Le troisième terme de la suite numérique suivante :

7 ; 13,2 ; 19,4 ; 25,6

est :

a. ☐ 7
b. ☐ 13,2
c. ☐ 19,4

5 La suite numérique suivante comporte :

2	5,5	9	12,5	16
19,5	23	26,5	30	33,5
37	40,5	44	47,5	51

a. ☐ 12 termes.
b. ☐ 15 termes.
c. ☐ 20 termes.

6 La somme des termes de la suite numérique :

13 ; 19 ; 25 ; 31 ; 37

est :

a. ☐ 13
b. ☐ 37
c. ☐ 125

7 Dans le tableau ci-dessous, on passe d'un terme à l'autre :

19	17,4	15,8	14,2	12,6

a. ☐ en additionnant 1,6.
b. ☐ en additionnant −1,6.
c. ☐ en additionnant 2.

8 L'écriture U_4 se lit :

a. ☐ « *U* de 4 ».
b. ☐ « *U* indice 4 ».
c. ☐ « *U* exposant 4 ».

9 Une équation de la droite ci-contre est :

a. ☐ $y = 2x + 3$
b. ☐ $y = -5x + 10$
a. ☐ $y = -5x + 3$

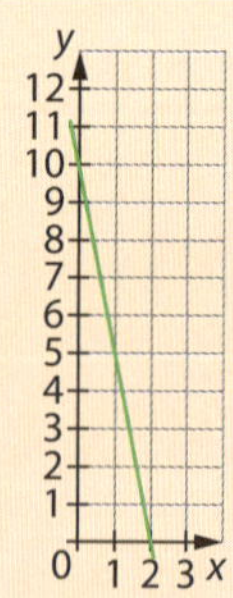

10 La droite d'équation $y = -4x + 5$ a pour :

a. ☐ coefficient directeur 5.
a. ☐ ordonnée à l'origine −4.
b. ☐ coefficient directeur −4.

ACTIVITÉ 1

ALIMENTATION

Reconnaître une suite arithmétique

Comment les commandes vont-elles évoluer ?

Une exploitation agricole spécialisée dans la production de produits laitiers souhaite mettre en place un site Internet permettant de passer des commandes.
Chaque semaine, les produits seront mis en ligne et les clients pourront alors passer commande sur la plateforme.
Les résultats du nombre de commandes par semaine sont donnés dans le tableau suivant :

Rang de la semaine	0	1	2	3	4
Nombre de commandes	28	45	62	79	96

1 Donner le nombre de commandes passées la première semaine (Semaine 0).

....

> Une suite numérique est une suite de nombres rangés dans un certain ordre. Les termes de cette suite sont notés : U_n, où l'indice n indique le rang du terme.

2 Donner le nombre de personnes qui auront commandé la semaine 3.

....

3 On note U_0 le nombre de personnes qui ont passé commande la première semaine et U_1 le nombre de personnes qui ont passé commande la deuxième semaine.

Compléter le tableau suivant :

U_0	U_1	U_2	U_3	U_4
28	45	....	....	....

4 Calculer :

a. $U_1 - U_0 =$ .... b. $U_2 - U_1 =$ .... c. $U_3 - U_2 =$ ....

5 En déduire comment on passe d'un terme à l'autre.

....

....

> Une suite est arithmétique quand on passe d'un terme à l'autre en additionnant toujours le même nombre. Ce nombre est appelé la raison de la suite, notée r.

6 Indiquer la valeur de la raison de cette suite.

....

> Une suite arithmétique est définie par son premier terme U_0 et par sa raison r.

7 Par la méthode de votre choix, indiquer le nombre de commandes que l'on peut espérer pour la semaine 10.

....

8 Indiquer comment évoluent les commandes.

....

La différence entre deux termes consécutifs d'une **suite arithmétique** est constante.

ACTIVITÉ 2

BIODIVERSITÉ

Calculer des termes d'une suite arithmétique

Comment va évoluer la taille d'un vignoble ?

Romain souhaite acheter des parcelles viticoles pour pouvoir s'installer comme viticulteur.
Il réalise une première acquisition de 3 ha en 2022 et ensuite, chaque année, il envisage d'acheter 2,5 ha.

On note U_0 la surface acquise en 2022 et U_1 la surface totale qu'il possède en 2023.

1 Calculer U_1, la surface totale qu'il possède en 2023.

....

2 Indiquer quelle formule permet de passer de U_0 à U_1. Cocher la bonne réponse.

☐ $U_1 = U_0 - 2,5$
☐ $U_1 = U_0 + 2,5$
☐ $U_1 = U_0 \times 2,5$

> Dans une suite arithmétique, on passe d'un terme à l'autre en utilisant la formule suivante : $U_{n+1} = U_n + r$

3 L'évolution de la surface de l'exploitation représente une suite arithmétique. Indiquer le premier terme U_0 et la raison r de cette suite.

....

4 Calculer la surface de l'exploitation en 2025.

....

5 Indiquer la formule utilisée pour calculer un terme U_n de cette suite. Cocher la bonne réponse.

☐ $U_n = U_0 - 2,5 \times n$
☐ $U_n = U_0 + 2,5 \times n$
☐ $U_n = U_0 \times 2,5 \times n$

> Dans une suite arithmétique, on calcule un terme utilisant la formule suivante : $U_n = U_0 + n \times r$

6 Calculer le 7e terme U_6 de cette suite.

....

7 En déduire la surface qu'il possèdera en 2028.

....

8 Compléter le tableau suivant :

n	0	1	2	3	4	5	6
U_n	3	5,5	....	....	....	....	....

9 Déterminer en quelle année la taille du vignoble sera supérieure à 13 ha.

....

Dans une suite arithmétique, on peut calculer n'importe quel terme quand on connaît le 1er terme et la **raison**.

ACTIVITÉ 3

BIODIVERSITÉ

Calculer la somme de termes d'une suite arithmétique

Le plan sera-t-il efficace ?

Une forêt d'une surface totale 18 000 ha doit subir un plan de nettoyage afin de favoriser la mise en place d'espaces naturels ouverts.
Pour ce faire, le responsable des services techniques estime qu'il doit déboiser 150 ha la première année, puis augmenter de 11 ha tous les ans pendant 5 ans.

L'évolution de la surface déboisée sera modélisée par une suite (U_n).

1 Cocher la bonne réponse.

a. La suite (U_n) est une suite arithmétique. ☐ Vrai ☐ Faux

b. La raison de cette suite est : ☐ $r = 11$ ☐ $r = -11$

c. Pour cette suite, on peut écrire : ☐ $U_n = 150 - 11 \times n$ ☐ $U_n = 150 + 11 \times n$

2 Calculer U_1, U_2, U_3 et U_4.

$U_1 =$ .... $U_2 =$ ....

$U_3 =$ .... $U_4 =$ ....

3 Calculer la surface totale déboisée S, qui correspond à : $U_0 + U_1 + U_2 + U_3 + U_4$.

....

4 Indiquer le nombre de termes de cette suite.

....

5 Indiquer la valeur du premier et du dernier terme de cette suite.

....

6 Calculer, par une autre méthode, la surface totale déboisée.

....

> La somme des $(n+1)$ premiers termes d'une suite arithmétique est donnée par la formule :
> $$S = (n+1) \times \frac{(U_0 + U_n)}{2}$$

7 La surface totale déboisée ne doit pas dépasser 5 % de la surface initiale de la forêt. Indiquer si c'est le cas.

....

....

8 Ouvrir une feuille de tableur et recopier le tableau ci-contre.

a. Parmi les propositions suivantes, choisir la formule à saisir en **B3**.

☐ « = B2 + 11 » ☐ « = B2 – 11 » ☐ « = B2 * 11 »

b. Copier la formule **B3** jusqu'à $n = 4$, puis afficher la somme S (la surface déboisée) dans la cellule **B7**. Indiquer la valeur obtenue.

	A	B
1	n	Un
2	0	150
3	1	
4	2	
5	3	
6	4	

....

Pour calculer la **somme des termes** d'une suite arithmétique, il faut connaître le premier terme et la raison.

ACTIVITÉ 4

EAU

Étudier une suite arithmétique à l'aide des TICE

À quelle profondeur pourra-t-on forer ?

Pour rechercher la présence d'eau, on entreprend un forage.
Le forage du premier mètre coûte 90 euros, le second 110 euros, le troisième 130 euros, et ainsi de suite, en augmentant toujours de 20 euros le prix du mètre supplémentaire.

On définit la suite (U_n) comme une suite arithmétique de premier terme $U_0 = 90$ et de raison $r = 20$.

(U_n) désigne le coût pour creuser le $(n - 1)$-ième mètre.

1 Calculer le prix pour creuser le 10e mètre.

....

2 Calculer les 10 premiers termes de la suite (U_n) avec la calculatrice.

Démarche	Casio	NumWorks	Texas Instruments
Mettre le mode *Récurrence/Suites*	MENU (Récurrence) EXE	MENU (Suites) Ajouter une suite Ok Choisir le type de suite : u_n Ok	Mode Fonction SUITE f(x) (graph stats)
Saisir la suite	$a_n = 90 + 20$ F1 (n)	90 + 20 x,n,t EXE	Entrer 0 comme valeur Min $u(n) = 90 + 20$ X,T,θ,n entrer
Régler les paramètres	F5(Set) Start : 0 End : 9	Tableau OK Régler l'intervalle OK N début 0 N fin 9 Pas 1	2nde Fenêtre (déf table) DébutTbl = 0 ΔTbl = 1
Afficher les valeurs	EXE F6 (Table)	Valider OK	2nde Graph (table)

3 Représenter graphiquement les 10 premiers termes de cette suite arithmétique à l'aide de la calculatrice et donner une équation de la droite obtenue.

Démarche	Casio	NumWorks	Texas Instruments
Afficher la représentation graphique	F5 (GPH-CON)	Graphique	Graph (table)
Régler la fenêtre	F2 (Zoom) F5 (AUTO)		Zoom (format) 0 AjustZoom Entrer

La **représentation graphique** d'une suite arithmétique est une droite dont le coefficient directeur est égal à la raison et l'ordonnée à l'origine au premier terme.

Je retiens l'essentiel

Définition d'une suite numérique

- Une **suite numérique** est un ensemble de nombres rangés dans un ordre précis.
- Ces nombres sont des **termes** de la suite (U_n).

U_n se lit « *U* indice *n* ».

- On note U_n un terme quelconque et U_{n+1} le terme suivant.

Exemple : Les nombres 4 ; 10 ; 16 ; … représentent les termes d'une suite numérique.
Si $U_n = 10$ alors $U_{n+1} = 16$.

Définition d'une suite arithmétique

- Une **suite arithmétique** est une suite telle que chaque terme s'obtient en ajoutant au précédent un nombre constant, sa **raison**, notée *r*.
- Une suite arithmétique est définie à l'aide de :

– son **premier terme** U_0 ;
– sa **raison** *r*.

- **Formule de récurrence** : $U_{n+1} = U_n + r$
- **Formule explicite** : $U_n = U_0 + n \times r$

Exemple : Soit une suite arithmétique de premier terme $U_0 = 6$ et de raison $r = 3$.
Les 4 premiers termes de cette suite sont :
$U_0 = 6$; $U_1 = 6 + 3 = 9$; $U_2 = 9 + 3 = 12$; $U_3 = 12 + 3 = 15$
On calcule U_{10} de la manière suivante : $U_{10} = 6 + 10 \times 3 = 36$.

Somme des termes d'une suite arithmétique

- Pour une suite arithmétique, la somme des $(n + 1)$ premiers termes est donnée par la formule suivante :

$$S = (n+1) \times \frac{(U_0 + U_n)}{2}$$

Exemple : On considère la suite arithmétique (U_n) telle que $U_0 = 7$ et $r = 2{,}5$.
La somme des 10 premiers termes sera :

$$S = 10 \times \frac{(U_0 + U_9)}{2}$$

Or $U_9 = 7 + 22{,}5 = 29{,}5$, donc : $S = \frac{10 \times (7 + 29{,}5)}{2} = 182{,}5$.

Représentation graphique des termes d'une suite arithmétique

- La **représentation graphique** d'une suite arithmétique (U_n) est un ensemble de points de coordonnées $(n ; U_n)$. Ces points sont alignés sur une droite d'équation : $y = ax + b$ avec $a = r$ et $b = U_0$.

Exemple : Les nombres 3 ; 6 ; 9 ; 12 ; 15 forment une suite arithmétique (U_n) dont la représentation graphique est présentée ci-contre.
Les points $(n ; U_n)$ sont alignés et forment une droite de coefficient directeur : $a = 3$ et d'équation : $y = 3x + 3$.

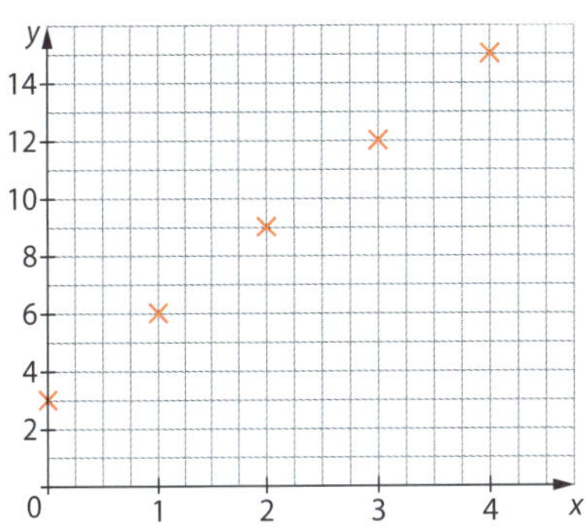

J'apprends à résoudre

1 Identifier une suite arithmétique et ses caractéristiques

Énoncé Soit la suite (U_n) dont les termes sont 4 ; 7 ; 10 ; 13 ; 16.
Montrer qu'il s'agit une suite arithmétique et déterminer le premier terme U_0 et sa raison r.

Solution

1. $U_1 - U_0 = 7 - 4 = 3$
   $U_2 - U_1 = 10 - 7 = 3$
   $U_3 - U_2 = 13 - 10 = 3$
   $U_4 - U_3 = 16 - 13 = 3$
2. Tous les résultats sont identiques et égaux à 3 donc la suite (U_n) est une suite arithmétique de premier terme $U_0 = 4$ et de raison $r = 3$.

Point méthode

1. Calculer $U_{n+1} - U_n$ pour tous les termes consécutifs
2. Repérer le premier terme de cette suite et calculer : $r = U_{n+1} - U_n$

Voir exercices 6 et 7 p. 17

2 Calculer des termes d'une suite arithmétique

Énoncé Soit une suite arithmétique (U_n) de premier terme $U_0 = -4$ et de raison $r = 7{,}5$.
Calculer U_{19}, puis U_{20}.

Solution

1. $U_{19} = -4 + 19 \times 7{,}5$ soit $U_{19} = 138{,}5$.
2. $U_{20} = 138{,}5 + 7{,}5$ soit $U_{20} = 146$.

Point méthode

1. Calculer un terme quelconque :
$$U_n = U_0 + n \times r$$
2. Déterminer un terme consécutif :
$$U_{n+1} = U_n + r$$

Voir exercices 15 et 16 p. 18

3 Calculer la somme des termes d'une suite arithmétique

Énoncé Soit une suite arithmétique (U_n) de premier terme $U_0 = 3{,}6$ et de raison $r = -1{,}25$.
Calculer la somme des 10 premiers termes de cette suite.

Solution

1. $U_9 = 3{,}6 + 9 \times (-1{,}25)$, soit $U_9 = -7{,}65$.
2. $S = 10 \times \dfrac{3{,}6 + (-7{,}65)}{2}$, soit $S = -20{,}25$.

Point méthode

1. Calculer le dernier terme de la somme :
$$U_n = U_0 + n \times r$$
2. Calculer la somme de termes :
$$S = (n+1) \times \frac{(U_0 + U_n)}{2}$$

Voir exercice 27 p. 19

Je m'entraîne

QCM en ligne
www.lienmini.fr/7868-0104

Je teste mes acquis

1 Le 12e terme d'une suite numérique correspond à :
a. ☐ U_{11}
b. ☐ U_{12}
c. ☐ U_{10}

2 Dans une suite numérique, U_9 correspond au :
a. ☐ 8e terme
b. ☐ 9e terme
c. ☐ 10e terme

3 Les nombres 40 ; 30 ; 20 ; 10 forment une suite numérique.
U_2 est égal à :
a. ☐ 40
b. ☐ 10
c. ☐ 20

4 (U_n) est une suite arithmétique telle que : $U_3 = 6$ et $U_4 = 13$.
La raison de cette suite est égale à :
a. ☐ $r = 7$
b. ☐ $r = 6$
c. ☐ $r = 19$

5 Soit une suite arithmétique telle que : $U_0 = 15$ et $r = 7$.
Le terme U_{10} sera calculé par la formule suivante :
a. ☐ $U_{10} = 15 + 10 \times 7$
b. ☐ $U_{10} = 10 + 15 \times 7$
c. ☐ $U_{10} = 7 + 10 \times 15$

6 La somme des 50 premiers termes d'une suite définie par :
$U_0 = 3$ et $r = 15$ est égale à :
a. ☐ $S = 45$
b. ☐ $S = 18\,525$
c. ☐ $S = 2\,250$

7 (U_n) est définie par : $U_0 = 4$ et $r = 2$.
Pour quelle valeur de n a-t-on $U_n = 20$?
a. ☐ $n = 9$
b. ☐ $n = 8$
c. ☐ $n = 7$

8 (U_n) est définie par : $U_0 = 13$ et $r = -5$.
Calculer U_6.
a. ☐ $U_6 = 28$
b. ☐ $U_6 = -22$
c. ☐ $U_6 = -17$

Caractéristiques d'une suite

Automatismes

1 Le quatrième terme d'une suite arithmétique est noté : U3

2 Indiquer si les nombres : 5 ; 11,4 ; 17,8 ; 24,2 représentent une suite arithmétique.

6,4, parce d'un terme en ajoutant toujours la même valeur

3 (U_n) est une suite arithmétique. Compléter le tableau de cette suite :

U_0	U_1	U_2	U_3	U_4	U_5
264	322	380	438	496	554

4 Donner les 4 premiers termes d'une suite arithmétique définie par $U_0 = -3$ et $r = 2,5$.

U1 = -0,5 U2 = 2, U3 = 4,5

5 Calculer les 5 premiers termes d'une suite arithmétique de premier terme 9 et de raison 1,25.

10,25, 11,5, 12,75, 14

6 Montrer que les termes : 2 ; 7 ; 12 ; 17 ; 22 représentent une suite arithmétique (U_n) dont vous préciserez la raison et le premier terme.

oui, car 2+5=7, 7+5=12, 12+5=17
17+5=22
R = 5

7 Les nombres suivants : 2,7 ; 4,2 ; 6,7 ; 7,2 sont-ils les premiers termes d'une suite arithmétique (U_n) ?

non, 2,7 + 1,5 = 4,2 . 4,2 + 1,5 = 5,7
1,5

8 Calculer la raison d'une suite arithmétique telle que $U_7 = 26$ et $U_6 = 17$.

80, 71, 62, 53, 44, 35, 1, 1, 5 = 8
13, 12, 11, 10, 9, 8

9 (U_n) est une suite arithmétique telle que $U_{18} = 725$ et $U_{19} = 732$.

a. Déterminer la raison de cette suite. ....

b. Calculer le premier terme de cette suite. ....

10 EAU Un organisme de traitement des eaux a réalisé des prélèvements dans une rivière afin d'étudier l'évolution de la concentration en ions nitrates sur une période de 4 ans.

Les résultats sont indiqués dans le tableau suivant :

Année	0	1	2	3
Concentration en ions nitrates (en mg/L)	42	39	36	33

1. Montrer que cette suite de nombres est une suite arithmétique.

....

....

....

2. Préciser le premier terme et la raison de cette suite.

....

3. Pour que la concentration en nitrates n'ait pas d'impact sur la santé humaine, il faut que la concentration soit inférieure à 12 mg/L.

Calculer en quelle année cette valeur sera dépassée.

....

11 BIODIVERSITÉ En 1986, on comptait 408 léopards des neiges, dans la région du Népal. Au fil des années, cette population a évoluée avec un taux de croissance de –4,5 léopards par an.

1. Déterminer la taille de la population de léopards des neiges en 2020.

...255 | 408 + (– 4,5) × 34 = 255...

2. On considère qu'une population est éteinte quand le nombre d'individus est égal à 0.

Indiquer en quelle année ce phénomène pourrait avoir lieu.

...90,5...

Terme quelconque d'une suite

Automatismes

12 Le 26e terme d'une suite sera : ...U_{25}...

13 Calculer le 5e terme d'une suite arithmétique de premier terme 6 et de raison 9. ...U_4 = 42...

$U_4 = U_0 + 4r$
$= 6 + 4 \times 9$

14 La population d'une ville augmente régulièrement et de manière constante de 400 habitants. Indiquer la raison. ...R = 400...

15 On considère la suite arithmétique définie par $U_0 = 9$ et de raison $r = 3$.

1. Calculer U_7. ...

2. Calculer le 10e terme de cette suite.

...

16 (U_n) est une suite arithmétique telle que $U_0 = 15$ et $r = 6$.

1. Calculer U_6. ...15 + 6 × 6 = 51...

2. Calculer le 25e terme de cette suite.

...15 + 24 × 6 = 159...

17 On considère une suite arithmétique (U_n) de premier terme $U_0 = 5{,}7$ et de raison $r = -6$.

Compléter le tableau suivant :

U_0	U_1	U_2	U_3	U_4	U_5
5,7	0,3	–6,3	–12,3	–18,3	–24,3

18 Calculer le terme U_n de rang $n = 15$ dans le cas d'une suite arithmétique de premier terme $U_0 = 7$ et de raison $r = 1{,}5$.

....

19 À l'aide de la calculatrice, calculer les 10 premiers termes de la suite arithmétique de premier terme 6 et de raison 3,2.

....

20 Tom achète un tracteur en 2022 pour un montant 86 000 €. Tous les ans, le tracteur perd 7 500 € de sa valeur.

1. Déterminer U_0 et r. ...– 7 500...

2. Calculer U_1. ...78 500...

3. En déduire la valeur du tracteur à la fin de la première année.

...U1 = 78 500...

4. Tom souhaite revendre son tracteur quand sa valeur sera égale à 48 500 €. Indiquer en quelle année il peut prévoir de le revendre.

...U5 2022 + 5 = 2027...

21 Algorithmique et programmation

Gabriel est employé au sein d'une exploitation au salaire brut mensuel de départ de 1 750 €. Son employeur lui propose une augmentation annuelle de 60 €.

Gabriel écrit le programme Python ci-dessous pour calculer son salaire mensuel chaque année.

PYTHON

Voir la fiche 5, p. 243

```
u=1750
n=6
for i in range(n-1):
  u=u+60
  print(u)
```

1. Ouvrir le fichier « salaire.py » pour afficher le programme, puis l'exécuter. Compléter le tableau suivant :

Année	0	1	2	3	4	5
Salaire brut en €	1 750	....	....	....	....	....

Fichier à télécharger
www.lienmini.fr/7868-0105

2. Modifier le programme pour que la période d'étude soit de 10 ans.

....

22 ÉNERGIE L'énergie éolienne est une source d'énergie dépendant du vent. La mise en place d'éoliennes sur le territoire français est en augmentation depuis quelques années.

En 2011, le territoire en comptait 4 500 et, en 2021, il y en avait 8 000.

On note $U_0 = 4\,500$ et $U_{10} = 8\,000$.

On considère que l'implantation d'éoliennes est la même chaque année.

1. Expliquer pourquoi on peut modéliser cette évolution par une suite arithmétique.

....

....

....

2. Calculer la raison de cette suite. ....

3. Dans ces conditions, calculer le nombre d'éoliennes en 2030.

....

23 Vous venez d'obtenir votre bac pro et votre maître de stage vous propose de vous embaucher avec deux possibilités d'évolution du salaire.

Le salaire de base est de 1 350 € au mois de janvier.

- *Évolution 1* : Votre salaire augmente de 4,5 € par mois à partir du mois de février.
- *Évolution 2* : Pas d'augmentation mensuelle mais une prime de 350 € au mois de décembre.

1. Étude de l'évolution 1

a. Montrer que cette évolution correspond à une suite arithmétique dont vous préciserez les caractéristiques (premier terme et raison).

U0 = 1350 r = +4,5 = 1399,5 + 350 = 1749,5

....

b. Dans ces conditions, déterminer le salaire du mois de décembre.

1749,5

c. Calculer la somme perçue au cours de la première année de travail.

(1350 + 1) × (1354,5 + 1399,5)/2 = 1860 327

2. Étude de l'évolution 2

a. Expliquer pourquoi l'évolution 2 ne traduit pas une suite arithmétique.

Car c'est que pour le mois de décembre

b. Calculer la somme perçue au cours de la première année de travail.

+350 = 1860677

c. Indiquer quelle est l'évolution la plus avantageuse pour vous au cours de la première année de travail. Justifier votre réponse.

....

....

Somme de termes

Automatismes

24 Calculer la somme des termes suivants : 5 ; 11,4 ; 17,8 ; 24,2.

....

25 Dans une suite comprenant 160 termes, identifier le dernier terme. ....

26 Indiquer le nombre de termes de la somme : $U_0 + \ldots + U_{32}$. ....

27 Soit (U_n) une suite arithmétique de premier terme $U_0 = 3$ et de raison $r = -2,2$.

1. Calculer U_1, U_2 et U_3. 0,8 | -1,4 | -3,6

2. Indiquer la formule permettant de calculer U_7 et le calculer.

3 + 7 × -2,2 = -12,4

3. Calculer la somme des 8 premiers termes.

(8 + 1) × (0,8 + (-14,6))/2 = 37,6

3 + 8 × -2,2 = -14,6

28 **BIODIVERSITÉ** Dans un département français, le nombre de sangliers prélevés par an est donné dans le tableau suivant :

Année	2017	2018	2019	2020	2021
Rang de l'année	0	1	2	3	4
Nombre de sangliers prélevés	20 186	23 584	26 982	30 380	33 778

1. Montrer qu'il s'agit d'une suite arithmétique dont vous préciserez la raison.

oui car $U_0 = 20186$ $r : 3398$
$20186 + 1 \times 3398 = 23584$
$20180 + 2 \times 3398 = 26982$
$20186 + 3 \times 3398 = 30380$
$20186 + 4 \times 3398 = 33778$

2. Déterminer le nombre de sangliers prélevés en 2024.

$20186 + 7 \times 3398 = 43972$

3. Calculer le nombre total de sangliers prélevés entre 2017 et 2024.

$(7+1) \times \frac{20186 + 43972}{2} = 256632$

29 Un éleveur caprin a agrandi son bâtiment. Il souhaite augmenter tous les mois les inséminations pour accroître la taille de son cheptel. Le premier mois, il a réalisé 5 inséminations. Il veut réaliser 6 inséminations de plus chaque mois pendant 1 an.

On note U_n le nombre d'inséminations au bout de n mois.

1. Calculer U_1, U_2 et U_3.

11 / 17 / 23

2. Montrer que (U_n) est une suite arithmétique et préciser ses caractéristiques..

$5 = U_0$ et $r = 6$

3. Calculer le nombre d'inséminations réalisées le 12e mois.

U_{11} 71 $5 + 11 \times 6 = 71$

4. Déterminer le nombre total d'inséminations réalisées sur une période de 1 an.

$(11+1) \times \frac{11 + 71}{2} = 492$

30 **ALIMENTATION** Une entreprise de restauration prépare des plats cuisinés à destination des maisons de retraite. Au début de son activité, elle préparait 25 000 plats par mois. Cette production a ensuite augmenté de 650 plats tous les mois. On peut modéliser la production par une suite.

1. Cette suite est-elle arithmétique ? Justifier votre réponse.

2. Donner l'expression de U_n en fonction de n.

3. Calculer la production au bout de 5 mois.

4. Déterminer si la production totale des 5 premiers mois dépassera les 150 000 plats.

Représentation graphique

Automatismes

31 Soit la droite d'équation réduite $y = -5x + 7$.
Le coefficient directeur est égal à : $-5x$

32 On considère une suite arithmétique (U_n) telle que $U_n = 3n + 9$. Déterminer la raison de cette suite.
3n

33 Cocher la représentation graphique qui correspond à une suite arithmétique.

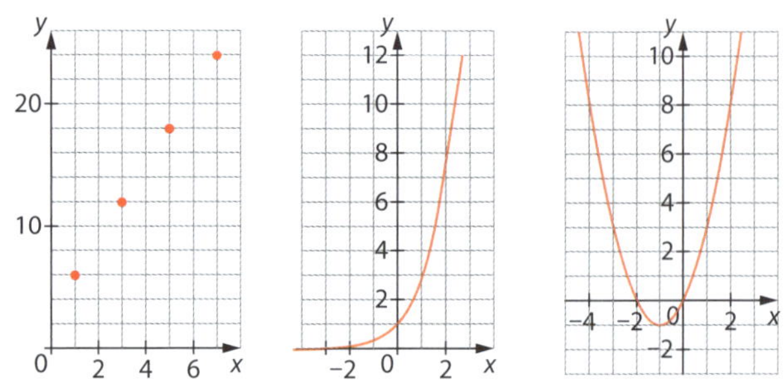

☒ Représentation 1 ☐ Représentation 2 ☐ Représentation 3

34 Une suite arithmétique a pour premier terme $U_0 = 12$ et pour raison $r = 5$.

1. Compléter le tableau suivant :

U_0	U_1	U_2	U_3	U_4
12	17	22	27	32

2. À l'aide de la calculatrice, représenter graphiquement les 5 premiers termes de la suite.

35 Le graphique ci-contre correspond à la représentation graphique d'une suite arithmétique. Déterminer la raison r et le premier terme de cette suite.

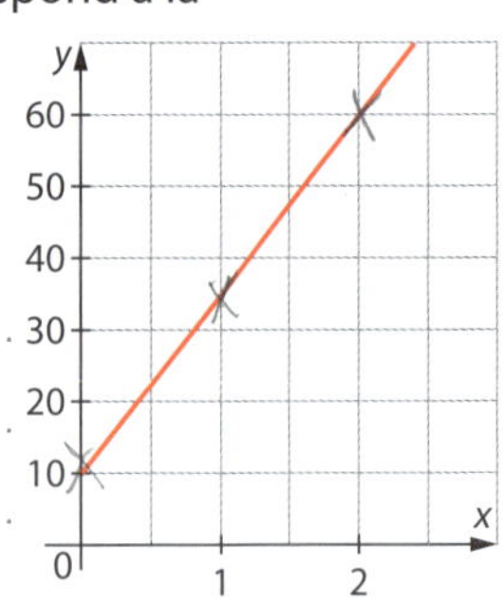

la raison est 25
10 + 25 = 35 , 35 + 25
= 60.

36 BIODIVERSITÉ **Comment évoluera le haras ?**

Samira possède 15 chevaux. Elle souhaite agrandir son haras en achetant 6 chevaux par an.

Déterminer au bout de combien d'années la taille totale de son haras sera de 50 chevaux.

37 SANTÉ **Randonnée en montagne**

Lors d'une randonnée en montagne, Juliette remarque que la température diminue au fur et à mesure que l'altitude augmente. Après 300 m de dénivelé, elle fait le constat que la température est passée de 27 °C à 24 °C.

Les températures forment une suite notée (U_n).

1. Préciser la nature de la suite et ses caractéristiques.
2. Déterminer la température après 650 m de dénivelé.
3. Montrer que le n-ième terme de cette suite peut être calculé avec la formule suivante :

$$U_n = 27 - 0{,}01 \times n$$

4. Juliette fera demi-tour quand la température sera de 10 °C. Calculer la valeur du dénivelé correspondant à cette température.

38 SANTÉ **Le plan d'entraînement sera-t-il efficace ?**

Pour préparer un marathon, un coureur suit un plan d'entraînement sur 20 semaines. Au début de son plan, il est capable de courir 8,5 km sans s'arrêter et sans être essoufflé. Le plan d'entraînement préconise une augmentation de la distance de 1,2 km toutes les semaines.

1. Déterminer le nombre de kilomètres qu'il sera capable de courir au bout de 6 semaines d'entraînement.
2. Estimer si le plan d'entraînement prévu lui permettra de parcourir les 42,195 km du marathon.
3. Calculer l'augmentation de distance qu'il doit réaliser pour pouvoir maintenir un plan d'entraînement de 20 semaines.

39 BIODIVERSITÉ **Comment évoluera la population de truites arc-en-ciel ?**

Une société de pêche étudie l'évolution des truites arc-en-ciel dans une rivière. Pour cela, elle dispose des résultats des comptages réalisés dans une partie de la rivière entre 2017 et 2021. Ces données sont dans le tableau ci-dessous.

Année	2017	2018	2019	2020	2021
Nombre de truites	5 150	4 840	4 570	4 250	3 960

1. Partie A

a. Représenter graphiquement l'évolution du nombre de truites en fonction de l'année, dans un repère orthogonal. On prendra en abscisse 1 cm pour 1 année et en ordonnée 2 cm pour 1 000 truites.

b. Tracer la droite d'ajustement correspondant à l'évolution du nombre de truites en fonction des années.

c. Déterminer l'équation de cette droite sous la forme $y = ax + b$, où a correspond au coefficient directeur de la droite et b à l'ordonnée à l'origine.

d. Indiquer comment évolue la population de truites dans la rivière.

2. Partie B

a. Peut-on modéliser l'évolution de la population par une suite arithmétique ? Justifier votre réponse.

b. La société de pêche choisit de modéliser l'évolution du nombre de truites par une suite arithmétique (U_n) telle que $U_0 = 5\,150$ et $r = -300$.

Interpréter la raison de cette suite pour l'évolution de la population de truite.

c. Exprimer U_n en fonction de n.

d. Calculer l'effectif de la population en 2030.

40 ALIMENTATION **Comment va évoluer la production laitière ?**

Dans un élevage de chèvre laitière, on étudie l'évolution de la quantité de lait moyenne annuelle pour une chèvre sur plusieurs années.

Les résultats sont représentés sur le graphique suivant :

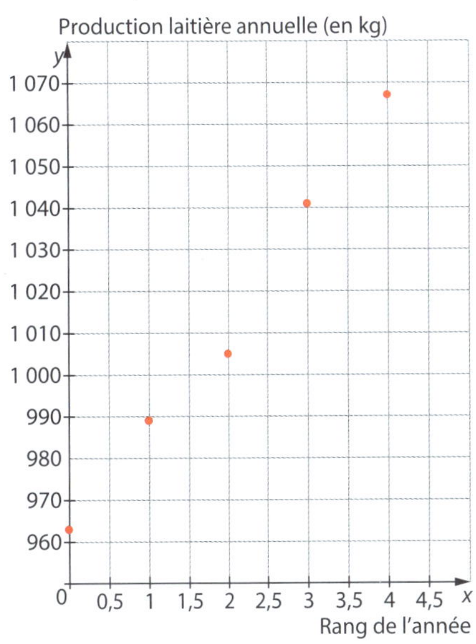

1. Recopier et compléter le tableau de valeurs suivant :

Rang de l'année					
Production laitière annuelle (en kg)					

2. Montrer que l'évolution de la production laitière peut être modélisée par une suite arithmétique. Préciser la raison et le premier terme de cette suite.

3. Dans ces conditions, déterminer au bout de combien d'années la production aura dépassé les 1 100 kg.

41 ALIMENTATION Quand la ruche ne produira-t-elle plus de miel ?

Une ruche est composée initialement de 50 000 abeilles dont une reine.

1. Partie 1

On constate que la population d'abeilles de cette ruche diminue de 3 800 abeilles chaque année à cause de la pollution et du bruit.

a. Montrer que l'évolution du nombre d'abeilles peut être modélisée par la suite $U_n = 50\,000 - 3\,800n$, où U_n représente le nombre d'abeilles au bout de n années.

b. À l'aide de la calculatrice, recopier et compléter le tableau ci-contre.

Rang de l'année	Nombre d'abeilles
0	
1	
2	
3	
4	
5	
6	
7	
8	
9	
10	
11	
12	
13	
14	
15	

c. Une ruche produit du miel si elle est habitée par au moins 10 000 abeilles. À l'aide du tableau précédent, préciser à partir de quelle année la ruche ne produira plus de miel.

2. Partie 2

On s'intéresse à une ruche qui n'est soumise ni au bruit, ni à la pollution.

Le graphique ci-dessous représente les premières valeurs V_n, donnant le nombre d'abeilles de cette ruche au bout de n années.

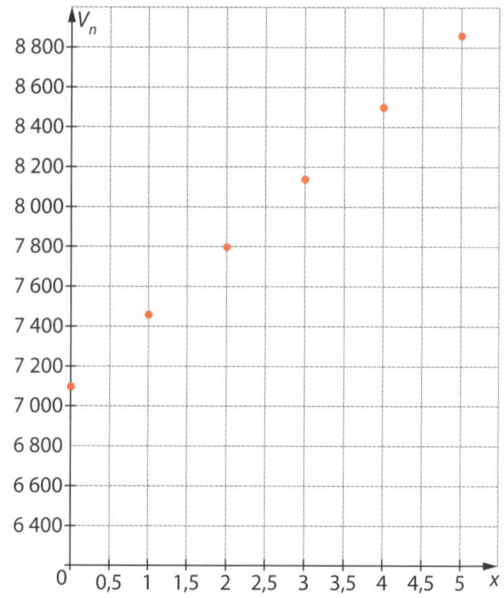

a. Conjecturer la nature de la suite (V_n).

b. En admettant que $V_0 = 7\,100$ et $V_3 = 8\,150$, déterminer la raison de la suite (V_n).

42 ÉNERGIE Comment vont évoluer les ventes de véhicules « propres » ?

Dans une concession agricole, on étudie l'évolution du nombre de véhicules bioéthanol ces 6 dernières années (de 2015 à 2020). On souhaite prévoir les ventes pour 2021 et déterminer la tendance pour les années suivantes.

Les résultats sont donnés dans le tableau suivant :

Année	2015	2016	2017	2018	2019	2020
Véhicules vendus	170	190	207	200	180	250

1. Représenter ces données dans un repère orthogonal en prenant comme échelle :
- en abscisse : 2 cm pour 1 année (commencer à 2015) ;
- en ordonnée : 1 cm pour 10 véhicules (commencer à 150).

2. Indiquer si les ventes de véhicules traduisent une suite arithmétique. Justifier votre réponse.

3. On suppose que la prévision des ventes de véhicules électriques à partir de 2015 peut être modélisée par une suite arithmétique dont les deux premiers sont $U_0 = 182$ pour l'année 2015 et $U_1 = 189$ pour l'année 2016.

a. Déterminer la raison de la suite.

b. Calculer U_2, U_3, U_4 et U_5.

c. Placer les points correspondants à ces termes dans le graphique précédent.

4. On suppose que la tendance reste la même.

a. Calculer U_7, qui correspond à la prévision des ventes de véhicules neufs pour 2021.

b. Indiquer à partir de quelle année on peut espérer dépasser des ventes « records » de 2020 (250 véhicules).

43 ÉNERGIE Le projet sera-t-il efficace ?

Une communauté de communes souhaite implanter des vélos électriques dans l'ensemble des centres villes pour limiter les rejets du CO_2. Pour cela, elle réalise une étude préalable afin de mettre en place un système d'abonnements. Les données de l'étude sont les suivantes :

- 2 000 abonnements au lancement du projet.
- On estime que le projet aura un impact sur les rejets de CO_2 pendant 5 ans si le nombre d'abonnements augmente de 300 tous les mois.

L'objet de ce problème est de déterminer le nombre total d'abonnements qui seront souscrits pendant la période de 5 ans.

1. Partie 1 : Étude de la suite

On note U_0 le nombre d'abonnements souscrits au lancement du projet et U_1 le nombre d'abonnements au bout d'un mois.

a. Calculer U_2.

b. Montrer que U_0, U_1 et U_2 sont les premiers termes d'une suite arithmétique dont on précisera la raison.

c. Calculer U_{59}.

d. Calculer la somme des 60 premiers termes de cette suite.

2. Partie 2 : Réponse à la problématique

Préciser le nombre total d'abonnements qui seront souscrits pendant les 5 ans si les données de l'étude s'avèrent exactes.

44 Le placement sera-t-il rentable ?

Une entreprise de travaux paysagers souhaite développer son activité. Pour cela, elle place un capital initial $C_0 = 5\,000$ € à un taux annuel de 4,8 %. Les intérêts sont simples, c'est-à-dire que le capital d'une année est égal à celui de l'année précédente augmenté de 4,8 % du capital initial (les intérêts ne sont pas capitalisés chaque année). On note C_n le capital de l'entreprise, exprimé en euros, au bout de n années.

1. a. Montrer que, pour tout entier n, $C_{n+1} = C_n + 240$.

b. Que peut-on en déduire à propos de la nature de la suite ?

2. Pour tout entier n, exprimer C_n en fonction de n.

3. a. À l'aide de la calculatrice, recopier et compléter le tableau suivant :

n	0	1	2	3
C_n				

b. Construire un repère orthogonal et placer les points $(n\,;C_n)$.

Échelle :

- en abscisses : 2 cm pour 1 an ;
- en ordonnées : 1 cm pour 100 €, en commençant à 4 500 €.

4. Répondre aux questions suivantes par lecture graphique :

a. Calculer la valeur du capital dont disposera l'entreprise au bout de 10 ans.

b. À partir de combien d'années le capital dépassera-t-il 8 000 € ?

DÉMARCHE SCIENTIFIQUE

45 Le village sera-t-il vidé de ses habitants ?

Le maire d'une commune voit son village se dépeupler année après année.

Il s'inquiète du vieillissement de sa population. La raison qu'il évoque est le manque de travail pour les jeunes.

Le maire, âgé de 70 ans, annonce qu'il entend garder son poste d'élu jusqu'au jour où le village ne disposera que d'un seul habitant : lui-même.

Le maire a-t-il raison de croire que son village sera vide dans 40 ans ?

Doc. 1.

Évolution démographique

Depuis 10 ans, on peut considérer que le village perd 45 habitants chaque année.

Lors du dernier recensement, la commune comptait 2 327 habitants.

Doc. 2.

Discours du maire

Lors d'un discours, le maire a prévenu ses administrés que si l'évolution des effectifs suivait la même progression, le village serait vide de tout habitant dans un peu plus de 40 ans.

Thème abordé
› Suites arithmétiques

Je m'évalue

Nom : ....
Prénom : ....
Date : ....

Quel sera le volume total administré pendant toute la période du traitement ?

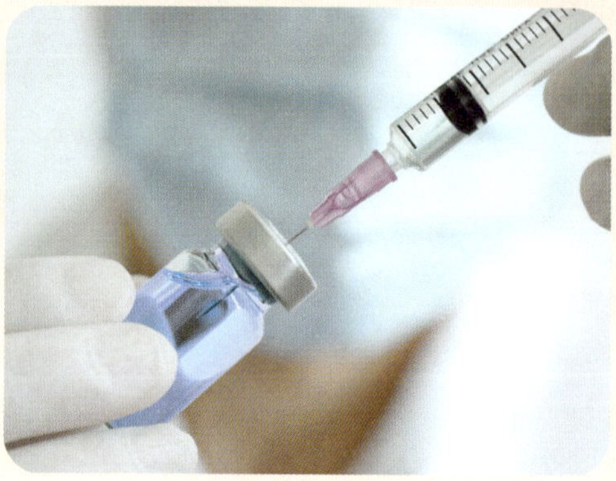

Dans le cas d'un traitement par injection, un patient reçoit une dose de 20 mL le premier jour, puis 21,3 mL le deuxième jour, 22,6 mL le troisième jour et 23,9 mL le quatrième jour.
Le traitement doit être administré pendant une durée de 8 jours et dans les mêmes conditions.
On note U_n la dose injectée au bout du n-ième jour.

1 C.1.3 ANALYSER Déterminer : U_0, U_1, U_2 et U_3.

....

2 C.1.3 ANALYSER Calculer : $U_1 - U_0$; $U_2 - U_1$; $U_3 - U_2$.

....

....

....

3 C.1.3 MODÉLISER Déterminer la nature de la suite et préciser ses éléments caractéristiques.

....

4 C.1.3 MODÉLISER Écrire U_n en fonction de n.

....

5 C.1.3 ANALYSER Calculer le 8e terme de la suite.

....

6 C.1.3 ARGUMENTER En déduire le volume de la dose injectée le 8e jour de traitement.

....

7 C.1.3 EXPLOITER Sachant que le traitement doit être administré pendant une durée de 8 jours, calculer le volume total de produit injecté.

....

....

8 Pour éviter les effets secondaires, la dose injectée ne doit pas dépasser les 35 mL.

a. C.1.3 MODÉLISER Compléter le tableau suivant (arrondir au dixième) :

n	0	8	9	10	11	12	13	14	15
U_n	20	....	....	....	....	....	....	....	....

b. C.1.3 ARGUMENTER Déterminer au bout de combien de jours d'injection le patient pourrait présenter des effets secondaires.

....

CHAPITRE 2

Statistiques à deux variables quantitatives

Je vais être capable de

- Réaliser un ajustement affine d'un nuage de points
- Déterminer l'équation réduite d'une droite d'ajustement par la méthode de Mayer et la méthode des moindres carrés
- Déterminer le coefficient de détermination R^2
- Utiliser un ajustement pour interpoler ou extrapoler des valeurs inconnues

Je démarre

Vidéo
Je regarde la vidéo
www.lienmini.fr/7868-0201

En 2005, la température moyenne annuelle était de 12,6 °C. En 2100, elle augmentera de 3,9 °C.

1 Calculer la température moyenne annuelle en 2100.

....

2 Relever sur le graphique vers quelle année la température atteindra 2 °C de plus.

....

Je me rappelle

QCM
Je me rappelle
www.lienmini.fr/7868-0202
Note ton score du QCM en ligne .... /10

Questions flash

Cocher la bonne réponse parmi les trois proposées.

1 **Une étude mesure le taux de sucre dans des raisins. La nature de la variable étudiée est :**

a. ☐ qualitative.
b. ☐ quantitative.
c. ☐ des raisins.

2 **Dans un élevage, on relève la taille et la masse des animaux. Dans cette étude, les variables étudiées sont :**

a. ☐ les animaux.
b. ☐ l'élevage.
c. ☐ la taille et la masse.

3 **Une étude montre que plus la consommation de chocolat par habitant est élevée plus le nombre de prix Nobel par habitant est élevé. On peut en déduire que :**

a. ☐ le chocolat rend intelligent.
b. ☐ un prix Nobel donne envie de manger du chocolat.
c. ☐ les deux variables évoluent dans le même sens.

4 **Soit la série de valeurs 12 ; 10 ; 10 ; 10 ; 9 ; 12 ; 11. La moyenne, arrondie au dixième près, est :**

a. ☐ 10,5 b. ☐ 10,6 c. ☐ 10,0

5 **Dans le graphique ci-dessous, trois droites sont tracées.**

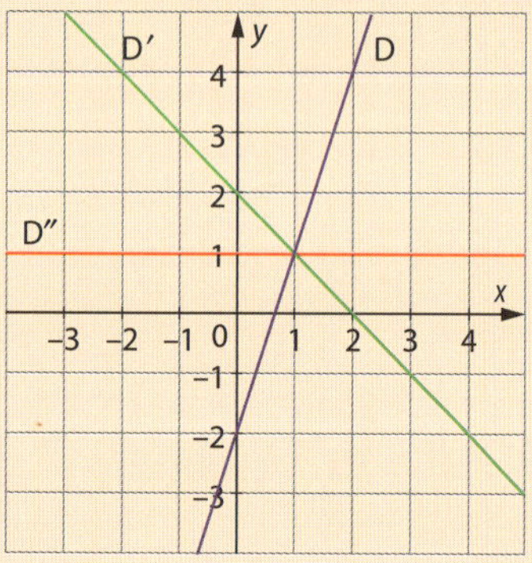

L'équation $y = 3x - 2$ est celle de la droite :

a. ☐ D b. ☐ D' c. ☐ D''

6 **Soit A et B deux points de coordonnées A(5 ; 2) et B(–3 ; –1). Le coefficient directeur de la droite (AB) est égal à :**

a. ☐ $\frac{3}{8}$
b. ☐ $\frac{8}{3}$
c. ☐ $\frac{1}{2}$

7 **Une droite, de coefficient directeur 3, passe par le point G de coordonnées (–2 ; 1,5). Son ordonnée à l'origine est égale à :**

a. ☐ 1,5
b. ☐ 7,5
c. ☐ –4,5

8 **Une droite a pour équation $y = 4x - 7$. Un point qui appartient à cette droite a pour coordonnées :**

a. ☐ (4 ; –7)
b. ☐ (–7 ; 0)
c. ☐ (3 ; 5)

9 **L'équation d'une droite est $y = -5{,}3x + 12{,}6$. Lorsque l'abscisse vaut –2,4, l'ordonnée est égale à :**

a. ☐ 25,32
b. ☐ –0,12
c. ☐ 2,83

10 **L'équation d'une droite est $y = 135{,}2x - 7{,}5$. Pour une ordonnée de 1 344,5, l'abscisse est égale à :**

a. ☐ 9,88
b. ☐ 1 344,56
c. ☐ 10

ACTIVITÉ 1

SANTÉ

Représenter une série statistique à deux variables quantitatives

Quel est l'effet des écrans sur le sommeil ?

7 lycéens ont relevé le temps passé devant leur écran avant de s'endormir et la durée de sommeil, avec classe le lendemain.
Les résultats sont donnés dans le tableau suivant :

Temps d'écran (en min)	30	60	60	120	150	180	240
Durée de sommeil	6h50	6h45	6h40	6h35	6h30	6h10	5h45

Le temps moyen de sommeil recommandé est de 8 h à 10 h.

1 Citer les variables étudiées et donner leur nature.

....

....

2 Dans le repère ci-dessous, placer les points de coordonnées $(x ; y)$ avec les données du tableau ci-dessus.

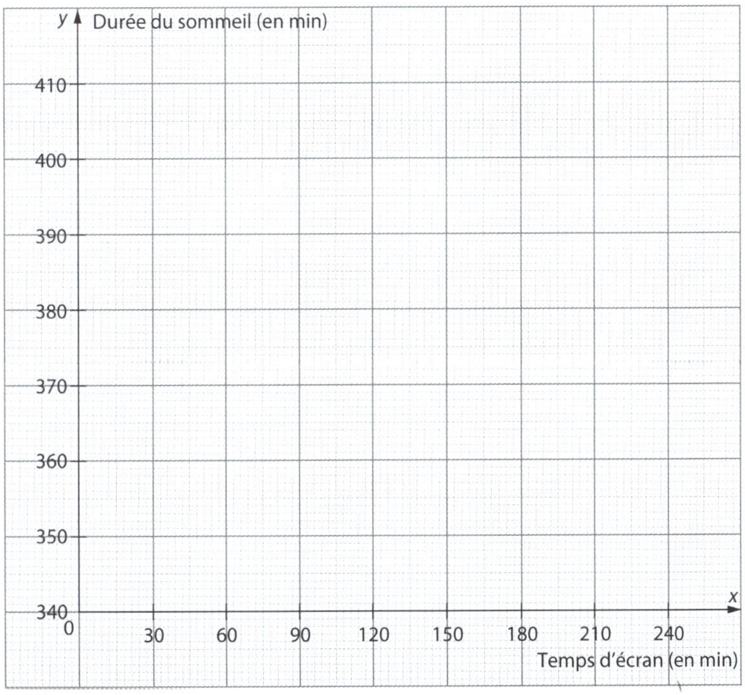

Les points de coordonnées $(x ; y)$ forment un nuage de points.

3 a. Déterminer le temps moyen d'écran $\overline{x}$ avant endormissement.

....

....

Pour calculer les valeurs moyennes, la calculatrice peut être utilisée (voir mode d'emploi dans le fichier ci-dessous).

b. Déterminer la durée moyenne de sommeil $\overline{y}$ avec classe le lendemain.

....

....

Tutoriel à télécharger
www.lienmini.fr/7868-0203

c. Placer le point G de coordonnées $(\overline{x} ; \overline{y})$ dans le repère.

Le point G de coordonnées $(\overline{x} ; \overline{y})$ est le **point moyen** du nuage de points.

ACTIVITÉ 2

ÉNERGIE

Déterminer une droite d'ajustement par la méthode de Mayer

Quelle est la relation entre l'irradiation et la production photovoltaïque ?

Auguste a des panneaux photovoltaïques sur le toit de sa maison. Il relève les mesures de l'irradiation solaire (en watts-heure par mètre carré) et la production électrique fournie par tous les panneaux (en kilowatt-heure).

1 Auguste obtient le nuage de points ci-contre. Décrire l'allure de ce nuage de points.

Le nuage a une forme linéaire

G2) (58,6 ; 3,78)

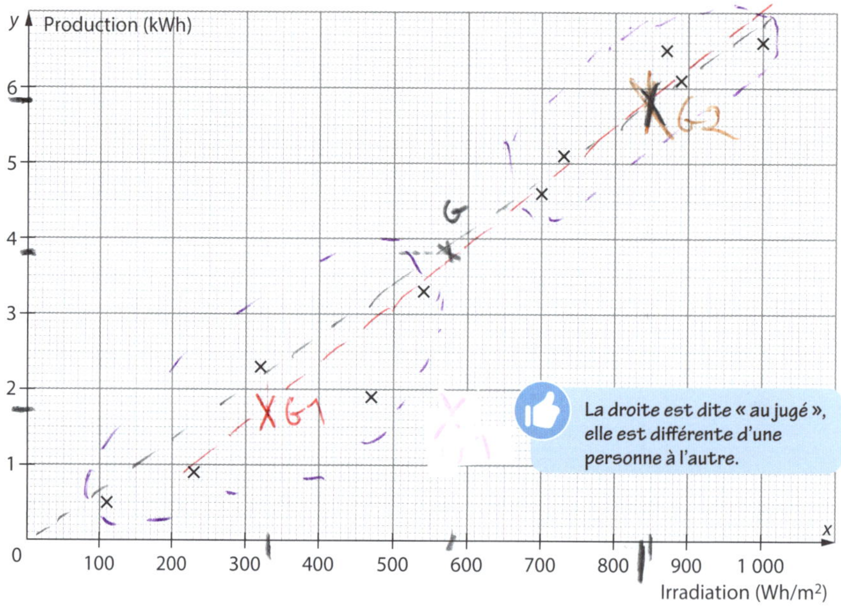

La droite est dite « au jugé », elle est différente d'une personne à l'autre.

2 Dans le repère, tracer en vert une droite qui passe au plus près des points.

3 On cherche maintenant à tracer une droite de manière plus objective.

a. Calculer la moyenne $\overline{x}_1$ des abscisses des cinq premiers points du nuage. Arrondir à la dizaine.

$\frac{110+230+320+470+540}{5} = 330$

b. Calculer la moyenne $\overline{y}_1$ des ordonnées des cinq premiers points du nuage. Arrondir au dixième.

$\frac{0,5+0,9+2,3+1,7+3,3}{5} = 1,8$

c. Dans le repère ci-dessus, placer le point G_1 de coordonnées $(\overline{x}_1 ; \overline{y}_1)$. (330 ; 1,8)

4 **a.** Déterminer les coordonnées $(\overline{x}_2 ; \overline{y}_2)$ du point G_2, correspondant aux cinq derniers points.

(840 ; 5,8)

b. Dans le repère ci-dessus, placer le point G_2 de coordonnées $(\overline{x}_2 ; \overline{y}_2)$.

5 Déterminer l'équation réduite de la droite passant par G_1 et G_2. Arrondir au millième près.

La droite (G_1G_2) est appelée droite de Mayer. Pour en savoir plus sur la droite de Mayer, télécharger le fichier ci-dessous.

6 Dans le repère ci-dessus, tracer en rouge la droite (G_1G_2).

Info à télécharger
www.lienmini.fr/7868-0204

7 Vérifier que le point moyen $G(\overline{x} ; \overline{y})$ appartient à la droite (G_1G_2).

La **méthode de Mayer** donne une droite ajustant le nuage par des points moyens.

ACTIVITÉ 3

SANTÉ

Réaliser un ajustement par la méthode des moindres carrés

Quelle est la concentration de mercure dans la salive ?

Pour traiter des problèmes dentaires, certains amalgames contiennent du mercure.
Une étude a montré l'influence du nombre d'amalgame sur la concentration de mercure (en µg/L) présent dans la salive.

Nombre d'amalgames	2	4	6	7	9
Concentration en mercure (en µg/L)	5	13	20	25	30

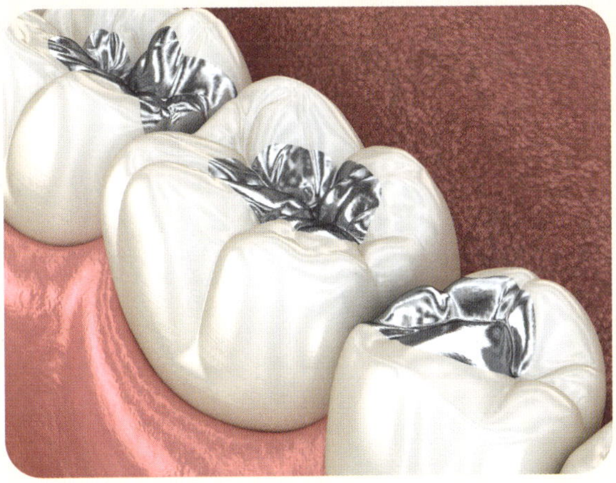

1 Ouvrir le fichier « Mercure.ggb » pour afficher le nuage de point et une droite d'ajustement.
Déplacer le curseur « a » et relever la valeur pour laquelle on obtient une droite qui passe au plus près de tous les points. Expliquer ce qui permet d'affirmer que la droite obtenue passe au plus près de tous les points du nuage.

Fichier à télécharger
www.lienmini.fr/7868-0205

....

....

....

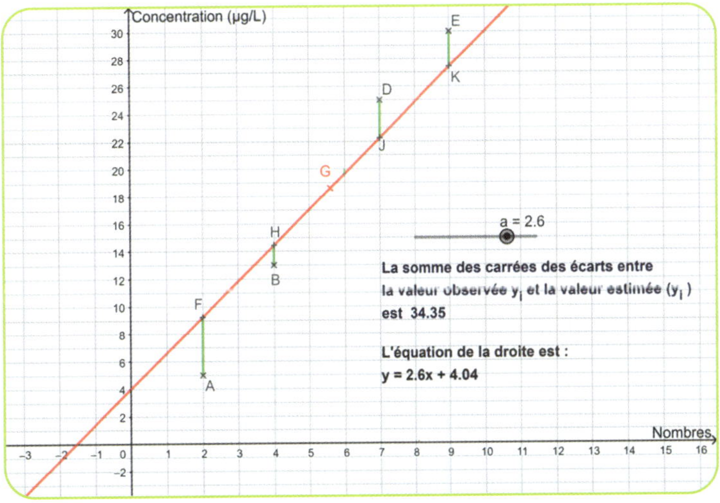

2 Donner la signification de la valeur du nombre « a » pour la droite.

....

....

3 Donner l'équation réduite de la droite d'ajustement obtenue avec cette méthode.

....

4 Voici la démarche pour obtenir l'équation réduite par la méthode des moindres carrés avec GeoGebra.

L'ajustement est obtenu avec la méthode des moindres carrés.

a. Ouvrir une nouvelle fenêtre dans GeoGebra et cliquer sur Affichage puis Tableur.

b. Saisir dans la colonne **A** les nombres d'amalgames et dans la colonne **B** la concentration en mercure.

c. Sélectionner les cellules **A1** jusqu'à **B5** et cliquer sur l'icône Statistiques à deux variables puis Analyser.
Le nuage de point s'affichera.

d. Afficher la droite d'ajustement en sélectionnant : Modèle d'ajustement puis Affine.

e. Recopier l'équation de la droite d'ajustement.

La calculatrice ou le tableur permettent de déterminer l'équation de la droite d'ajustement par la méthode des moindres carrés.

....

La **méthode des moindres carrés** permet d'obtenir la droite qui approche au mieux les points du nuage.

ACTIVITÉ 4

ALIMENTATION

Mesurer la qualité de l'ajustement affine

Quelle surface faut-il pour nourrir une population en protéines animales ?

Une étude simule la surface nécessaire cultivée pour nourrir une population donnée en fonction de la proportion de protéines animales dans l'alimentation.
Les résultats de cette étude sont rassemblés dans le tableau ci-dessous.

Protéines animales consommées (en %)	30	40	50	60	70
Surface cultivées (en kha)	1 000	1 100	1 250	1 400	1 600

1 Ouvrir le fichier tableur « Proteines ». Puis, en suivant les indications données dans la feuille de calcul, sélectionner les données pour afficher le nuage de points et la droite d'ajustement.

Fichier à télécharger
www.lienmini.fr/7868-0207

2 Noter l'équation de la droite d'ajustement.

....

3 Noter la valeur du coefficient de détermination R^2.

....

4 Si la part de protéines animales est réduite, les estimations sont les suivantes :

Protéines animales consommées (en %)	10	20
Surface cultivées (en kha)	1 100	1 000

a. Ajouter ces données dans le fichier du tableur.

b. Afficher le nuage de points et la droite d'ajustement.

c. Noter la valeur du coefficient de détermination R^2.

....

d. L'ajustement affine est-il adapté au nuage de point ?

☐ Oui ☐ Non

Justifier la réponse.

....

Choix de la courbe de tendance avec le tableur Calc

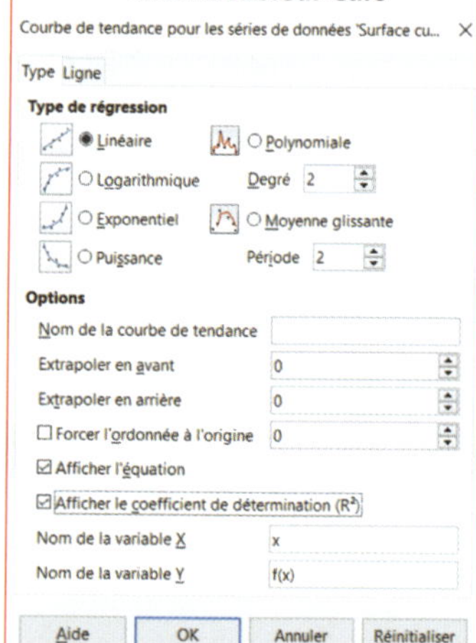

5 Choisir une courbe de tendance qui approche mieux le nuage de points.

☐ Exponentielle

☐ Logarithmique

☐ Polynomiale degré 3

6 Donner la valeur du coefficient de détermination.

....

Le **coefficient de détermination**, noté R^2, est un indicateur de qualité de l'ajustement.
On a : $0 \leqslant R^2 \leqslant 1$ et plus R^2 est proche de 1, plus l'ajustement est bon.

ACTIVITÉ 5

BIODIVERSITÉ

Estimer des valeurs à partir d'un ajustement

Comment évolue le pH du sol en fonction de l'abondance de lombrics ?

Les lombrics, en ingérant les végétaux et la terre, améliorent la qualité des sols.
Sur une parcelle, une agronome a dénombré la quantité de vers de terre et mesuré le pH du sol.
Les données sont reportées dans le tableau ci-dessous.

Nombre d'individus par m²	40	45	50	55	75	90
pH du sol	5,4	5,3	5,4	5,5	5,7	5,9

1 Déterminer l'équation réduite de la droite d'ajustement avec la calculatrice.
Méthode pour déterminer un ajustement avec une calculatrice

Démarche	Casio	NumWorks	Texas Instruments
Mettre le mode statistique Saisir les valeurs	MENU (stat) EXE List 1 : 40 EXE 45 EXE List 2 : 5,4 EXE 5,3 EXE	MENU (Régressions) OK X1 : 40 OK 45 OK Y1 : 5,4 OK 5,3 OK	stats (Edit) enter List 1 : 40 enter 45 enter List 2 : 5,4 enter 5,3 enter
Sélectionner le menu de calcul Paramétrer la calculatrice	F2 (CALC) F6 (SET) 2 Var XList : List 1 2 Var YList : List 2 2 Var Freq : 1 EXE	Pas d'action à effectuer	stats (CALC)
Calculer le point moyen	F2 (2VAR)	Graphique (bandeau se déplacer avec les flèches) OK	2 : Stats 2 Var enter Xliste : L1 enter Yliste : L2 enter ListeFreq : enter Calculer enter
Déterminer l'équation réduite et le coefficient de détermination	F3 (REG) F1 (X) F1 (ax+b)		4 : RégLin(ax+b) enter Xliste : L1 enter Yliest : L2 enter ListeFreq enter: Calculer enter

2 Justifier la qualité de l'ajustement affine.

....

3 Écrire l'équation réduite de la droite d'ajustement (arrondir les coefficients à 10^{-3} près).

....

4 Estimer le pH du sol pour 100 lombrics par m².

....

....

> Une estimation est :
> – une interpolation lorsque la valeur est dans l'intervalle des données ;
> – une extrapolation lorsque la valeur est hors de l'intervalle des données.

5 Estimer le nombre de lombrics par m² pour un pH de 5,6.

....

....

L'ajustement permet d'estimer une valeur par **interpolation** ou **extrapolation**. Pour cela, on utilise l'équation de la **droite d'ajustement**.

ACTIVITÉ 6

EAU

Utiliser un modèle d'ajustement adapté

Quelle quantité d'oxygène y a-t-il dans l'eau ?

On appelle « solubilité » du dioxygène la quantité maximale de O_2 dissoute dans un litre d'eau. Le tableau ci-dessous donne la solubilité de O_2 en fonction de la température, pour une pression atmosphérique normale, au niveau de la mer.

Température (en °C)	0	5	10	15	20	25	30	35	40
Solubilité (en mg/L)	14,6	12,8	11,3	10,1	9,1	8,5	7,6	6,9	6,4

1 Représenter le nuage de points avec la calculatrice.

Démarche	Casio	NumWorks	Texas Instruments
Mettre le mode statistique Saisir les valeurs	MENU (stat) EXE List 1 : 0 EXE 5 EXE List 2 : 14,6 EXE 12,3 EXE	MENU (Régressions) OK X1 : 0 OK 5 OK Y1 : 14,6 OK 12,3 OK	stats (Edit) enter List 1 : 0 enter 5 enter List 2 : 14,6 enter 12,3 enter
Sélectionner le menu de graphique	F1 (Graph) F1 (Graph1)	Graphique (bandeau se déplacer avec les flèches) OK	2ndf(x)(Graph Stat 1) enter Aff : enter Type : Xliste : L1 Yliste : L2 zoom : 9 : ZOOM STAT

2 Observer le nuage de points. L'ajustement affine est-il adapté ? Justifier.

....

3 Compléter le tableau ci-dessous.

X	0	5	10	15	20	25	30	35	40
$Z = \frac{1}{Y}$	0,07	....	....	....	....	....	....	....	....

4 Déterminer, avec la calculatrice, l'équation réduite de la droite d'ajustement pour le nuage de points $(X ; Z)$ et le coefficient de détermination R^2.

....

5 Estimer la solubilité du dioxygène lorsque la température est de 28 °C.

....

....

6 Pour un développement normal de la vie aquatique, la solubilité du dioxygène doit être supérieure à 5 mg/L.

Estimer la température de l'eau lorsque la solubilité en dioxygène atteint la valeur seuil de 5 mg/L.

....

....

Pour obtenir le meilleur modèle, **l'ajustement** est à déterminer en fonction de la forme du nuage de points et de la valeur du coefficient de détermination R^2.

Je retiens l'essentiel

Description d'une série statistique à deux variables

- Sur une même population, on observe simultanément **deux variables quantitatives**.
Pour les n individus de la population, x_i et y_i sont les valeurs prises par les deux variables.

- Dans un repère, la représentation graphique des points de coordonnées $(x_i\,;y_i)$ s'appelle **nuage de points**.

- Le point de coordonnées $G(\overline{x}\,;\overline{y})$, où $\overline{x}$ est la moyenne des valeurs de la variable x et $\overline{y}$ la moyenne des valeurs de la variable y, s'appelle le **point moyen**.

Exemple : Voici un relevé de données et le nuage de points associé (graphique ci-après).
Le point moyen est $G(-0{,}5\,;1)$.

Variable x	−3	−2	−1	0	1	2
Variable y	−1	−0,5	0	2	2	3,5

Ajustement affine d'une série statistique à deux variables

- Pour un nuage de points de forme aligné, le tracé d'une droite qui passe au plus près de tous les points permet d'établir une relation entre les deux variables : on parle d'**ajustement affine**.

- Le **point moyen** G de la série appartient à la droite.

- **La méthode de Mayer** consiste à séparer la série en deux groupes de taille identiques dont on calcule les points moyens G_1 et G_2. La **droite de Mayer** (ou droite des points moyens) est la droite qui passe par ces deux points.

- **La méthode des moindres carrés** consiste à trouver la position de la droite qui minimise la somme des carrés des distances entre les ordonnées des points du nuage et cette droite.

Exemple : Ci-contre, la droite de Mayer et la droite des moindres carrés associées au nuage de points de l'exemple précédent.

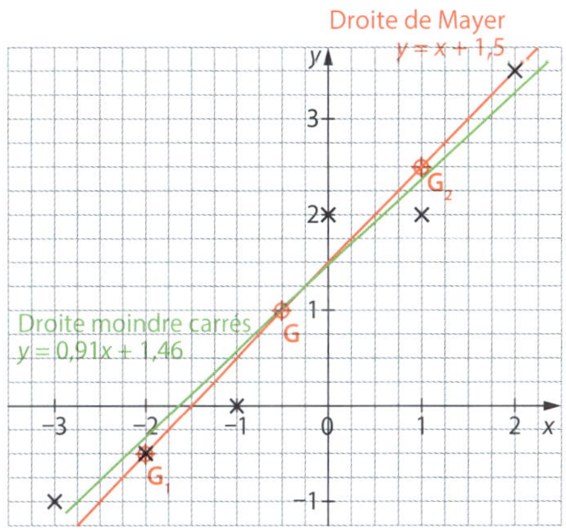

Courbe d'ajustement et qualité de l'ajustement

- Un ajustement n'est pas forcément affine : il peut correspondre à la courbe d'une fonction exponentielle, polynomiale… On parle alors d'une **courbe d'ajustement** (ou courbe de tendance).

- Qu'elle soit affine ou non, une courbe d'ajustement possède une **équation** qui donne une relation entre les deux variables.

- **Le coefficient de détermination R^2** permet de mesurer la qualité de l'ajustement.
– $0 \leqslant R^2 \leqslant 1$
– Plus R^2 est proche de 1, plus l'ajustement est adapté entre les deux variables.

Exemple : Avec le nuage de points de l'exemple précédent, $R^2 = 0{,}944$ pour l'ajustement affine obtenu avec la méthode des moindres carrés.

Remarque : La qualité de l'ajustement ne signifie pas une relation de cause à effet entre les deux variables.

Estimations et prévisions

- Une courbe d'ajustement permet de déterminer, à partir d'une valeur de la variable x, une **estimation** d'une valeur de la variable y ou inversement.

- L'estimation est :
– **une interpolation** si la valeur cherchée est à l'intérieur du nuage de points ;
– **une extrapolation** si la valeur cherchée est en dehors du nuage de points.

Remarque : L'extrapolation donne une prévision sous réserve que le modèle d'ajustement reste valide.

J'apprends à résoudre

1 Déterminer l'équation réduite de la droite de Mayer

Énoncé Le tableau suivant donne la masse volumique (en kg/m³) de l'air à 100 % d'humidité relative en fonction de la température (en °C). Déterminer l'équation réduite de la droite d'ajustement par la méthode de Mayer.

x : Température (en °C)	−10	−8	−5	−1	0	2	6	8	10
y : Masse volumique (en kg/m³)	1,34	1,33	1,32	1,30	1,29	1,28	1,26	1,25	1,24

Solution

1. Le 1er groupe est constitué des 4 premières données et le 2e groupe des 5 dernières.
2. • 1er groupe : $G_1(-6\,;\,1{,}3225)$

$$\bar{x}_1 = \frac{-10+(-8)+(-5)+(-1)}{4} = -6$$

$$\bar{y}_1 = \frac{1{,}34+1{,}33+1{,}32+1{,}30}{4} = 1{,}3225$$

• 2e groupe : $G_2(5{,}2\,;\,1{,}264)$

3. Équation de la droite (G_1G_2) :

$$a = \frac{y_2-y_1}{x_2-x_1} = \frac{1{,}264-1{,}3225}{5{,}2-(-6)} = -0{,}005$$

$$b = y_1 - ax_1 = 1{,}3225-(-0{,}005)\times(-6) = 1{,}292$$

L'équation est : $y = -0{,}005x + 1{,}292$.

Point méthode

1. Diviser en deux sous-groupes de même taille
Si l'effectif est impair, un groupe aura 1 individu de plus.
2. Calculer les coordonnées des points moyens $G_1(\bar{x}_1\,;\,\bar{y}_1)$ et $G_2(\bar{x}_2\,;\,\bar{y}_2)$
3. • Déterminer le coefficient directeur : $a = \dfrac{y_2-y_1}{x_2-x_1}$
• Déterminer l'ordonnée à l'origine : $b = y_1 - ax_1$
• Écrire l'équation réduite de la droite de Mayer (G_1G_2) sous la forme $y = ax + b$

Voir exercices 12 à 15 p. 37

2 Déterminer un ajustement par la méthode des moindres carrés

Énoncé Représenter le nuage de points de la série statistique précédente et afficher l'ajustement le plus adapté.

Solution

1. Les points du nuage semblent alignés, l'ajustement affine est envisageable.

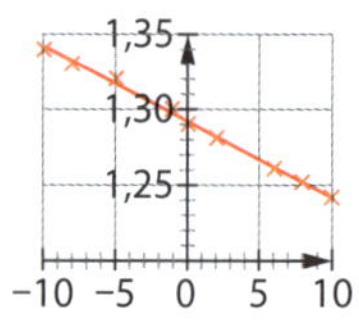

2. $y = -0{,}0051x + 1{,}2911$
$R^2 = 0{,}9964$
Le coefficient de détermination est proche de 1, l'ajustement représente une bonne relation entre la température et la masse volumique.

Point méthode

1. • Utiliser la calculatrice, le tableur-grapheur ou GeoGebra, saisir les valeurs.
• Insérer le graphique
• Observer l'allure du nuage de point
2. • Ajouter la courbe d'ajustement adaptée
• Afficher l'équation de la courbe d'ajustement et le coefficient de détermination

Voir exercices 16 à 21 p. 37-38

3 Estimer une valeur

Enoncé La masse volumique y (en kg/m³) de l'air à 100 % d'humidité relative en fonction de la température x (en °C) est modélisée par l'équation $y = -0{,}005x + 1{,}29$. Estimer la température de l'air pour une masse volumique de 1,20 kg/m³.

Solution

1. La masse volumique est donnée $y = 1{,}20$.
2. $y = -0{,}005x + 1{,}29$; $1{,}20 = -0{,}005x + 1{,}29$
3. $x = \dfrac{1{,}20-1{,}29}{-0{,}005} = 18$

Pour une masse volumique de 1,20 kg/m³, la température est estimée à 18 °C.

Point méthode

1. Identifier la valeur donnée
2. Remplacer cette valeur dans l'équation de la courbe d'ajustement
3. Résoudre l'équation

Voir exercices 21 à 26 p. 38-39

Je m'entraîne

QCM en ligne
www.lienmini.fr/7868-0209

Je teste mes acquis

1 Les données d'une série statistique sont :

x	-6	-5	1	2	10
y	4	2	-3	4	-2

Le point moyen a pour coordonnées :
a. ☐ $(-7 ; 6,6)$
b. ☐ $(2 ; 5)$
c. ☐ $(0,4 ; 1)$

2 Le nuage de points ci-contre peut être modélisé par un ajustement :

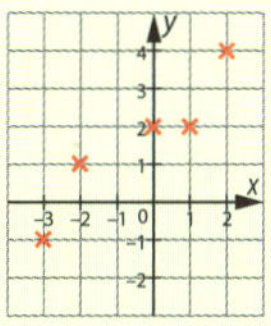

a. ☐ affine.
b. ☐ exponentiel.
c. ☐ aucun ajustement.

3 L'ajustement affine programmé dans les outils numériques utilise la méthode :
a. ☐ du concepteur.
b. ☐ de Mayer.
c. ☐ des moindres carrés.

4 Pour une série statistique, les coordonnées de deux points moyens sont $G_1(-2 ; -25)$ et $G_2(1 ; 20)$. Le coefficient directeur de la droite d'ajustement est :
a. ☐ $\frac{1}{15}$
b. ☐ 15
c. ☐ 5

5 Pour une série statistique, les coordonnées du point moyen sont $G(-3 ; 10)$ et l'équation d'une droite d'ajustement est $y = -4x + b$.
La valeur de b est :
a. ☐ -2 b. ☐ 10 c. ☐ 22

6 Les données d'une série statistique sont :

x	-3	-2	0	1	2
y	-1	$0,5$	2	2	$3,5$

Avec la méthode des moindres carrés, l'équation de la droite d'ajustement est :
a. ☐ $y = -0,80x + 1,72$
b. ☐ $y = -1,72x + 0,80$
c. ☐ $y = -0,4x + 1,4$

7 L'équation d'une droite d'ajustement est $y = -7x + 29$.
Pour $x = -5$, l'estimation de y est :
a. ☐ -6 b. ☐ 17 c. ☐ 64

8 L'équation d'une droite d'ajustement est $y = 8x - 5$. Pour $y = 51$, l'estimation de x est :
a. ☐ 1,375 b. ☐ 7 c. ☐ 403

9 Pour un ajustement d'une série statistique, le coefficient de détermination $R^2 = 0,989$. Cela informe sur :
a. ☐ le lien entre les deux variables.
b. ☐ la qualité de l'ajustement.
c. ☐ l'ajustement n'est pas fiable.

10 Un nuage de points est modélisé par :

Équation de la courbe	R^2
$y = 6,2x - 10,4$	0,9482
$y = 0,45x^2 - 0,29x + 2,1$	0,9941
$y = 1,48x^{1,5}$	0,9852

L'ajustement le plus adapté est :
a. ☐ affine. b. ☐ puissance.
c. ☐ polynomial d'ordre 2.

Nuages de points

Automatismes

1 Calculer la moyenne de la série de données :
$-7 ; -3 ; 2 ; 5 ; 8 ; 10 ; 12$.

....

....

2 Un individu répond à une question à la fin d'un festival musical : 110 décibels et 120 min.
Donner la (ou) les variable(s) étudiée(s).

....

....

3 Compléter le tableau de données à partir du nuage de points ci-après.

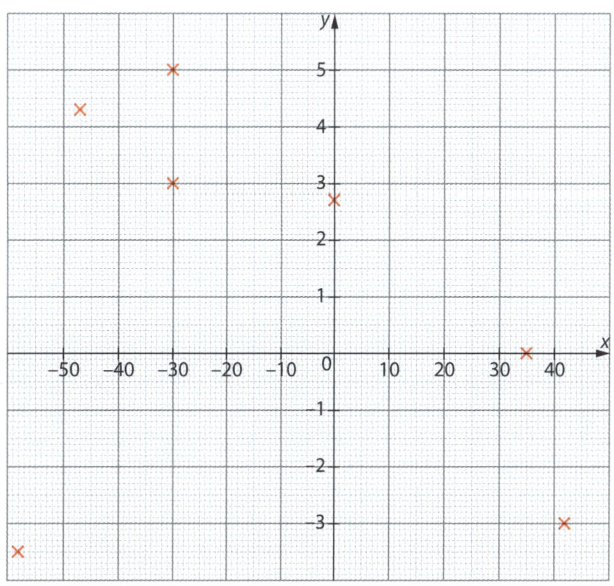

....	....	....	....	....	....	....	....
....	....	....	....	....	....	....	....

4 Représenter, dans le repère donné ci-dessous, le nuage de points de la série statistique suivante.

x	−5	−3	0	2	4
y	2	1	−1	−2	−6

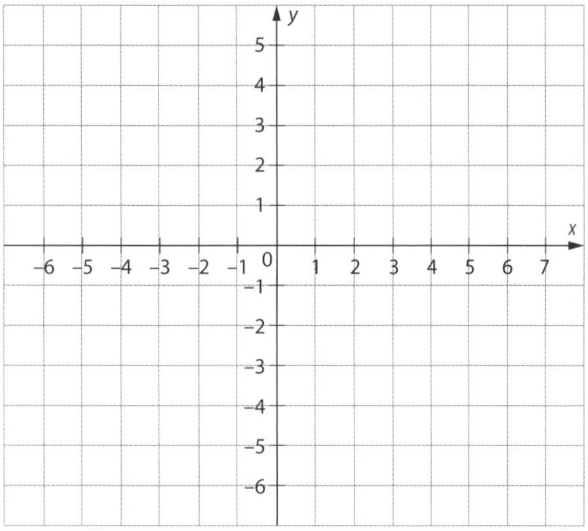

5 Décrire l'allure du nuage de points ci-dessous.

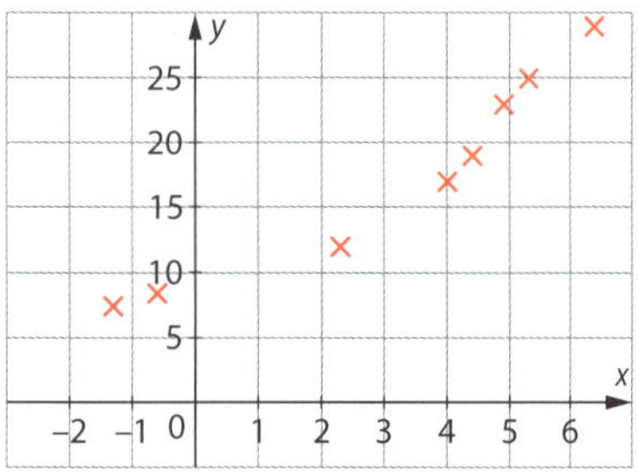

....

....

....

6 Déterminer les coordonnées du point moyen de la série statistique suivante.

x	−10	7	11	14	20	32	45
y	15	9	0	−5	−18	−24	−33

....

....

....

....

7 Représenter, à l'aide de la calculatrice, le nuage de points de la série statistique ci-dessous et donner les coordonnées du point moyen. Arrondir les coordonnées au centième près.

x	−6	−4,8	−4	−2,5	−1	0	1,8	6	7
y	10,2	13	24,5	32	44	62	70	77	80

....

8 SANTÉ Une maternité a relevé la taille et le poids de 50 enfants à leur naissance.

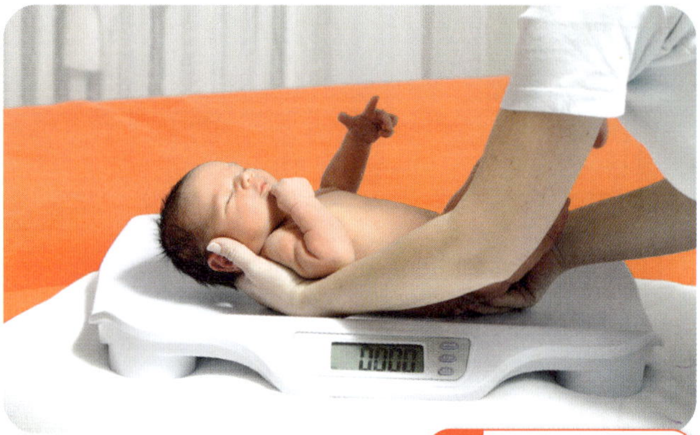

1. Ouvrir le fichier « Nouveau-nés ».

2. Représenter le nuage de points.

3. Déterminer les coordonnées du point moyen.

Fichier à télécharger
www.lienmini.fr/7868-0210

....

....

....

Droite de Mayer

Automatismes

9 Déterminer le coefficient directeur de la droite passant par les points G(2 ; −5) et H(−7 ; 4).

....

10 Déterminer l'ordonnée à l'origine de la droite passant par le point M(−5 ; 12) et de coefficient directeur $a = -3$.

....

11 Le tableau ci-dessous présente les données d'une série statistique à deux variables.

x	2	3,3	4	4,5	4,7	5	5,2	5,3	5,6	5,7	7,1	7,2
y	4,4	9,3	8,9	7,1	11,5	7,8	10,1	13	9,4	12,1	15,4	18

1. Déterminer les coordonnées du point moyen G_1 des six premiers points du nuage.

3,9 .... y = 8,1 ...

2. Déterminer les coordonnées du point moyen G_2 des six derniers points du nuage.

x = 6,01 .... y = 13 ...

3. Déterminer l'équation réduite de la droite d'ajustement par la méthode de Mayer.

....

....

....

....

Je m'entraîne

12 Soit la série statistique suivante, donnant le chiffre d'affaires en milliers d'euros en fonction du rang du trimestre.

Rang du trimestre	1	2	3	4	5	6	7	8
Chiffre d'affaires	65	68	70	73	75	78	80	81

Déterminer l'équation réduite de la droite d'ajustement par la méthode de Mayer.

G1(2,5 ; 69) G2(6,5 ; 78,5)

$\frac{y_2-y_1}{x_2-x_1} = \frac{78,5-69}{6,5-2,5} = 2,375$ (2,4) ax+b

y = 2,4x + b y = 2,4x + 63

69 = 2,4 × 2,5 + b

69 − 6

b = 63

13 **1.** Tracer la droite d'ajustement, par la méthode de Mayer, du nuage de points dans le repère ci-dessous.

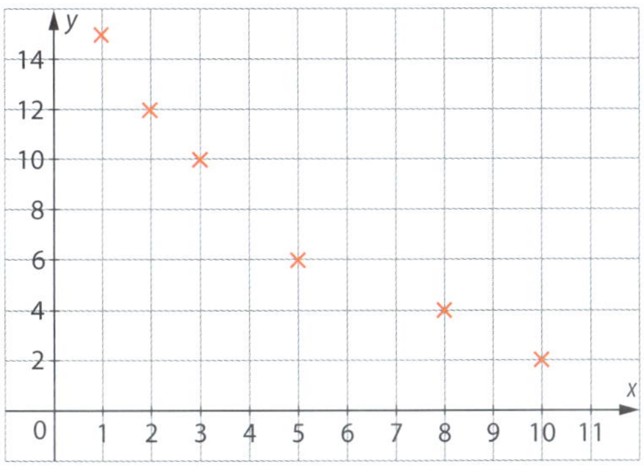

2. Vérifier que le point moyen appartient à la droite d'ajustement.

14 Le long de la Vélodyssée, un compteur donne la fréquentation de cyclistes par semaines en été.

Ci-dessous, les données pour 7 semaines d'été.

Numéro de la semaine	26	27	28	29	30	31	32
Nombre de cyclistes	737	928	821	981	885	1 195	1 067

Déterminer l'équation réduite de la droite d'ajustement par la méthode de Mayer. Arrondir à l'unité près.

ax+b

G1 = (27 ; 828,7) G2 = (30,5 ; 1032)

$\frac{y_2-y_1}{x_2-x_1} = \frac{1032-828,7}{30,5-27}$ = 68

y = 68x + b

828 = 68 × 27 + b

b = 734

15 Algorithmique et programmation

Soit la série statistique suivante.

1re variable x	1	2	3	4	5	6	7
2e variable y	15	20	22	24	26	29	32

On va déterminer l'équation réduite de la droite d'ajustement par la méthode de Mayer grâce à un programme Python. (voir aussi page 28).

Programme à télécharger
www.lienmini.fr/7868-0211

1. Ouvrir le fichier « mayer.py ».

2. Modifier les listes des variables.

PYTHON
Voir la fiche 2, p. 238

```
6  XListe=[1,2,3,4,5] # Liste des valeurs de la 1re variable
7  YListe=[15,20,22,24,26] # Liste des valeurs de la 2ème variable
```

3. Expliquer ce qu'exécute la boucle des lignes 13 à 15.

PYTHON
Voir la fiche 5, p. 243

```
13 for i in range(0,N//2,1):
14     XL1.append(XListe[i])
15     YL1.append(YListe[i])
```

4. Indiquer la ligne qui exécute le calcul du coefficient directeur.

5. Exécuter le script et donner l'équation de la droite d'ajustement par la méthode de Mayer.

Droite des moindres carrés

Automatismes

16 Déterminer, avec la calculatrice, l'équation réduite de la droite d'ajustement pour les données ci-contre.

x	−5	−7	10	2	10
y	9	15	−3	5	−2

17 Déterminer, avec la calculatrice, l'équation réduite de la droite d'ajustement pour les données de l'exercice 14.

18 Un ajustement affine du nuage de points est réalisé par la méthode des moindres carrés. L'équation réduite de la droite d'ajustement est :

$$y = -0{,}55x + 1{,}75.$$

Tracer la droite dans le repère ci-dessous.

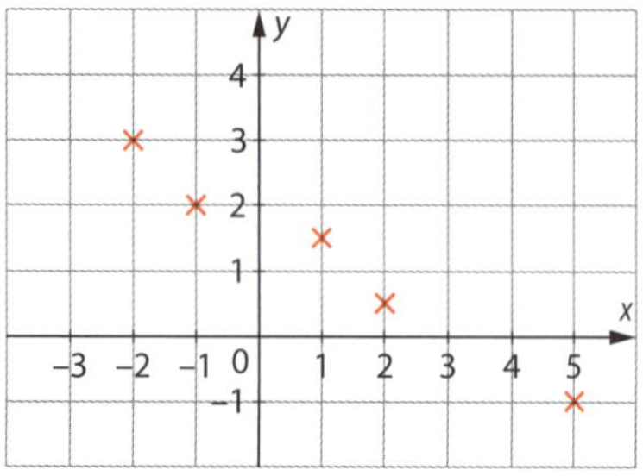

19 Cocher l'équation réduite de la droite d'ajustement obtenue par la méthode des moindres carrés pour le nuage de point ci-dessous.

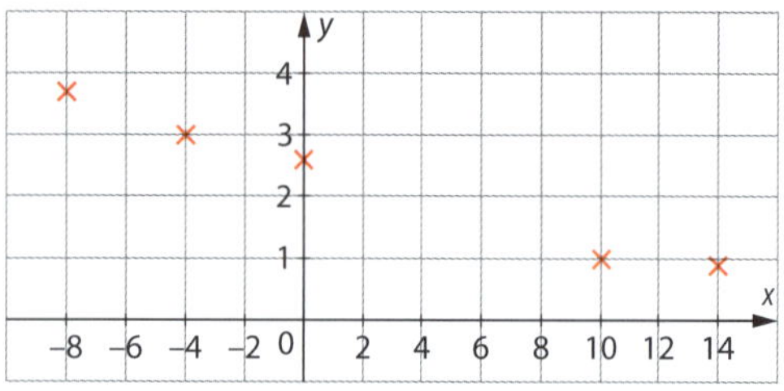

☐ $y = 16x + 2{,}6$
☐ $y = -2{,}4x + 2{,}6$
☐ $y = -0{,}13x + 2{,}56$

20 **1.** Déterminer, par un ajustement affine, la valeur du coefficient de détermination pour les données suivantes :

x	10	20	30	50	70	90
y	15	35	40	50	65	80

$R^2 = 0{,}96$ ....

2. Justifier de la qualité de l'ajustement affine.

....

21 Voici les notes obtenues par des élèves en mathématiques et biologie.

Mathématiques	15	17	9	8	11
Biologie	13	11	6	12	11
Mathématiques	15	16	12	11	12
Biologie	15	13	13	8	9

1. Donner, par la méthode des moindres carrés, l'équation réduite de la droite d'ajustement. ....

2. Donner la valeur du coefficient de détermination.

....

3. Interpréter cette valeur.

....

....

Ajustement affine : interpoler ou extrapoler

Automatismes

22 Vérifier que le point de coordonnées M(−3 ; 1) appartient à la droite d'équation $y = 4x + 13$.

....

....

23 L'équation réduite de la droite d'ajustement d'une série statistique est $y = -9x + 24$.

Calculer la valeur de x pour $y = -21$.

....

24 Une étude a établi une relation entre le nombre x de caisses ouvertes et le temps moyen d'attente y. Le nuage de points et la droite d'ajustement affine sont représentés dans le repère ci-dessous.

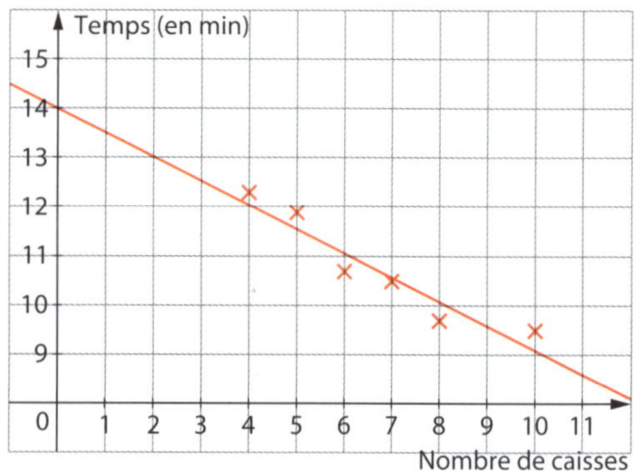

1. Déterminer graphiquement le temps d'attente lorsque trois caisses sont ouvertes.

....

....

2. Déterminer le nombre de caisses à ouvrir pour avoir un temps d'attente inférieur à 10 min.

....

....

25 La vente de trottinettes électriques en France entre 2016 et 2021 est modélisée par un ajustement affine d'équation $y = 175{,}78x - 354\ 410$, où x est l'année et y le nombre de trottinettes électriques (en milliers).

Déterminer à partir de quelle année la quantité de trottinettes électriques vendues dépassera le million.

2022 ....

....

....

....

....

26 Ce tableau donne le taux de natalité en France pour 1 000 habitants entre 2010 et 2021.

Année	2010	2012	2014	2016	2017	2019	2021
Rang x	1	3	5	7	8	10	12
Taux natalité y	12,9	12,6	12,4	11,8	11,5	11,2	10,9

1. Compléter la ligne « Rang ».

2. Donner, par la méthode des moindres carrés, l'équation réduite de la droite d'ajustement.

3. Justifier que l'ajustement affine est adapté. = linéaire

R² ≈ 0,98

R² est proche de 0,9 alors l'ajustement affine est adapté

4. Déterminer le taux de natalité pour 1 000 habitants en 2020.

y = −0,19 × 11 + 13,15 = 11,06

5. Déterminer à partir de quelle année le taux de natalité sera inférieur à 10,5.

−0,19x + 13,15 < 10,5

−0,19x < 10,5 − 13,15

−0,19x < −2,65

x = −2,65 / −0,19

x = 13,8

2022

Courbe d'ajustement et prévisions

Automatismes

27 Cocher les nuages de points qui peuvent être modélisé par un ajustement affine.

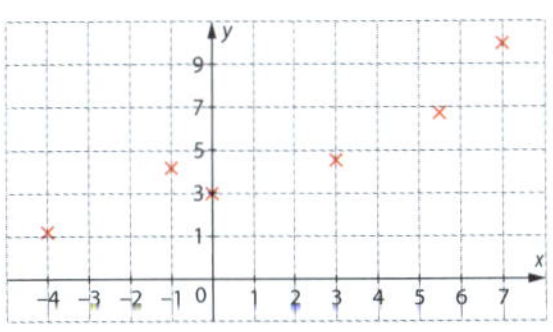

☐ Nuage 1

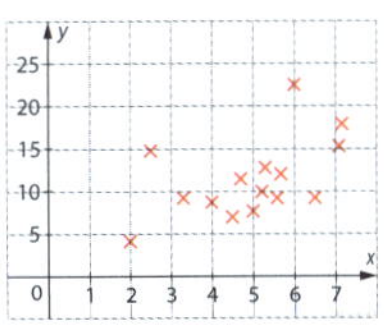

☐ Nuage 2

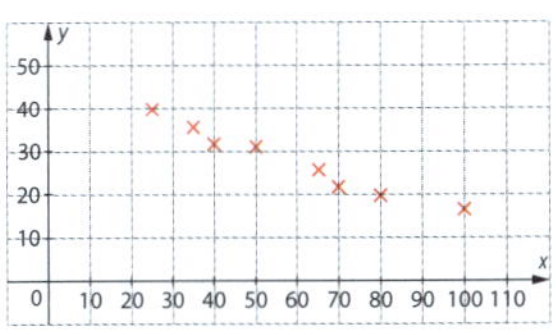

☐ Nuage 3

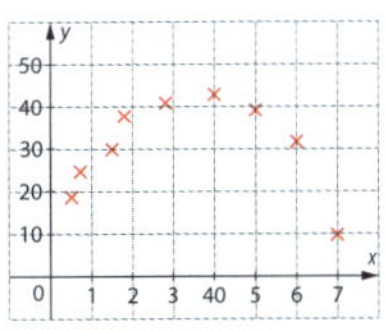

☐ Nuage 4

28 L'équation réduite de la courbe d'ajustement d'une série statistique est $y = 0{,}25x^2 + 12x + 5$.

Calculer la valeur de y pour $x = 2$.

29 Les *hashtags* sont des mots-clés utilisés par les utilisateurs pour rechercher du contenu spécifique.
Une étude donne le lien entre le nombre de hashtags et l'interaction des utilisateurs au contenu d'une marque.

Nombre d'hashtags	0	1	3	10	15
Nombre d'interactions (en milliers)	26	20	12	3	2

1. Utiliser un outil numérique pour réaliser un ajustement.

2. Indiquer l'ajustement le plus adapté.

30 ÉNERGIE Un ajustement est réalisé pour modéliser l'évolution du nombre de bornes de recharge rapide pour les véhicules électriques. La représentation graphique est donnée ci-dessous.

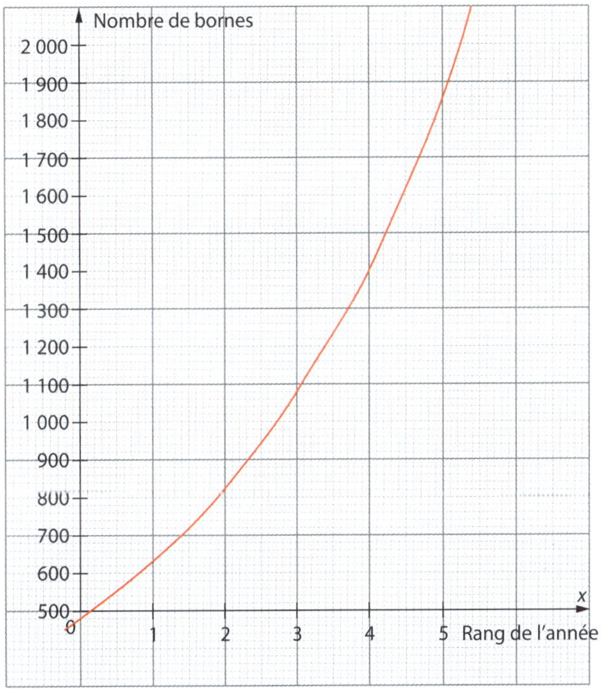

1. Déterminer graphiquement le nombre de bornes de recharge la 4e année.

2. Déterminer graphiquement au bout de combien d'années le nombre de bornes de recharge sera supérieur à 2000.

31 Déterminer la courbe d'ajustement pour les données ci-dessous.

x	20	43	62	80	98	115	130
y	35	20	35	68	100	140	170

32 1. Ouvrir le fichier GeoGebra « exercice 32.ggb».

Fichier à télécharger
www.lienmini.fr/7868-0212

2. Analyser les données et compléter le tableau ci-dessous.

Modèle d'ajustement	Équation	R^2
Linéaire	....	......
Polynôme de de degré 2	....	......
Polynôme de de degré 3	....	......

3. Choisir la courbe d'ajustement la plus adaptée pour ce nuage de points.

....

4. Évaluer y pour $x = 70$.

....

33 EAU Une modélisation du taux de luminosité en fonction de la profondeur est représentée ci-dessous par la courbe de tendance d'équation $y = -10,6\ln(x) + 39,5$.

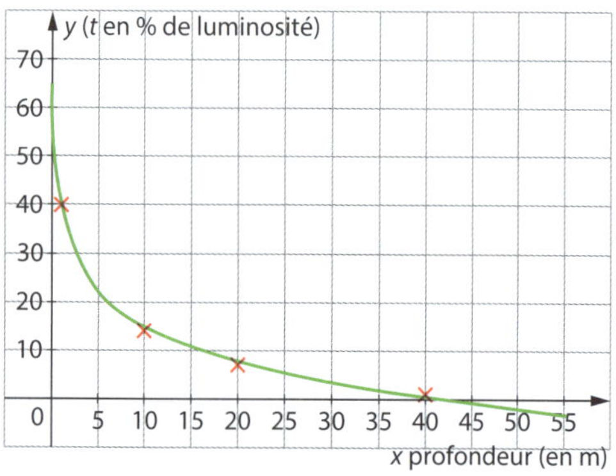

1. Déterminer l'intensité lumineuse à 15 m.

....

....

2. Déterminer la profondeur pour une luminosité de 20 %.

....

....

....

....

34 Le coût de revient d'un produit est étudié en fonction du nombre d'unités fabriquées.

Nombre d'unités n	1	2	3	4	5	6	7	8	9	10
Coût y (en €)	150	81	54	44	38	32	29	25	23	21

1. Réaliser un ajustement affine.
2. L'ajustement affine est-il satisfaisant ?

....

3. Remplacer n par son inverse.

$x = \frac{1}{n}$	1	.....	.....	.....	.....	.....	.....	.....	.....	.....
y	150	81	54	44	38	32	29	25	23	21

4. Réaliser un ajustement affine du nuage de points (x, y) et en donner l'équation.

....

5. Exprimer le coût y en fonction du nombre d'unités fabriquées.

....

6. Estimer le nombre d'unité pour un coût de revient de 15 €.

....

....

....

35 ALIMENTATION Un réfractomètre permet de mesurer la teneur en sucre (en % de Brix).

Le tableau ci-dessous donne la concentration en sucre de bananes à différents degrés de mûrissement.

Degré de mûrissement	1	2	3
Concentration en sucre (en % de Brix)	16,2	19,3	21,3

1. Réaliser, avec un outil numérique, un ajustement affine de la série de données par la méthode des moindres carrés.

....

....

2. Estimer la teneur en sucre pour un degré de mûrissement de 6.

....

....

3. Pour le degré de mûrissement de 6, les élèves ont mesuré 19,6 % de Brix.
Émettre une suggestion sur l'ajustement dans cette situation.

....

....

....

....

....

36 SANTÉ Quel taux d'incidence de la maladie de Lyme ?

La surveillance de la borréliose de Lyme est réalisée par *Santé Publique France* et le *Réseau sentinelle*.

Cette maladie est une infection bactérienne transmise par des tiques.

Le tableau de surveillance de 2009 à 2020 donne le taux d'incidence pour 100 000 habitants en France métropolitaine.

Année	2009	2010	2011	2012	2013	2014
Rang	1	2	3	4	5	6
Taux d'incidence	46	42	41	44	55	41
Année	2015	2016	2017	2018	2019	2020
Rang	7	8	9	10	11	12
Taux d'incidence	51	84	69	104	76	91

1. En 2020, la population est de 66 millions. Calculer le nombre de cas atteints de la borréliose de Lyme.
2. Déterminer l'équation de la droite d'ajustement par la méthode de Mayer.
3. Estimer par extrapolation le taux d'incidence en 2025.
4. Estimer l'année où le taux d'incidence sera supérieur ou égal à 100.

37 BIODIVERSITÉ Les vendanges ont-elles lieu plus tôt qu'il y a 40 ans ?

Pour étudier l'état du climat et ses impacts, différents indicateurs sont évalués, parmi lesquels la date des vendanges. Pour un vignoble de Bourgogne, la date des vendanges a été enregistrée entre 1980 et 2021.

Fichier à télécharger
www.lienmini.fr/7868-0213

1. Ouvrir le fichier « vendange ».
2. Déterminer la date moyenne du début des vendanges de 1980 à 2021.
3. Déterminer l'équation de la droite d'ajustement par la méthode de Mayer.
4. Déduire de cette équation la tendance générale sur la date de début des vendanges.
5. Sélectionner les données des colonnes A et B et insérer le graphique en nuage de points.
6. Donner l'équation de la droite d'ajustement par la méthode des moindres carrés.
7. Comparer les deux méthodes.

38 EAU Comment évolue le pH des océans ?

L'océan absorbe un quart du CO_2 rejeté dans l'atmosphère. L'excès de CO_2, qui se transforme en acide carbonique, modifie le pH des océans. Le phénomène entraîne l'acidification des océans.

Le tableau ci-dessous donne les relevés de pH.

Année	1985	1993	1999	2005	2011	2016
pH	8,11	8,10	8,09	8,08	8,07	8,06

1. Réaliser un ajustement affine par la méthode de Mayer de la série de données.
2. Estimer par interpolation le pH en 2010.
3. Estimer par extrapolation la date pour lequel le pH sera inférieur à 8.
4. Justifier la terminologie d'acidification des océans.

39 ÉNERGIE Quelle quantité d'énergie peut produire le méthaniseur?

Le tableau donne la quantité d'énergie produite (en MWh/an) par des installations de méthanisation en fonction de la masse d'intrants traités (en tonnes).

Matière traitées (en tonnes)	3 000	9 500	10 000	11 000	13 000	14 000
Énergie produite (en MWh/an)	2 500	7 000	5 000	12 500	14 000	13 500
Matière traitées (en tonnes)	14 500	16 000	22 000	24 000	25 000	50 000
Énergie produite (en MWh/an)	6 000	12 500	8 000	21 000	18 000	42 000

1. Réaliser, avec un outil numérique, un ajustement affine de la série de données par la méthode des moindres carrés.
2. L'ajustement est-il de qualité ? Justifier la réponse.
3. Estimer la quantité d'énergie produite avec 20 000 tonnes d'intrants
4. Estimer la masse d'intrants à fournir pour produire 30 000 MWh/an.

40 BIODIVERSITÉ Quel est l'impact du loup sur les activités d'élevage ?

Une étude conduite en 2018 a répertorié le nombre d'attaques de loups sur les animaux d'élevage en fonction du nombre de loups sur le territoire.

Territoire	Allemagne	Espagne	Suisse
Nombre de loups	1 400	150	50
Nombre d'attaques	2 000	90	120

1. Réaliser, avec un outil numérique, un ajustement affine de la série de données par la méthode des moindres carrés.
2. Justifier la qualité de l'ajustement affine.
3. Estimer le nombre de loups dans un territoire ayant eu 700 attaques.
4. Dans l'étude, un territoire français comptait 500 loups et 3 300 attaques.

Le modèle d'ajustement permet-il d'estimer le nombre d'attaques en fonction du nombre de loups sur le territoire ?

41 EAU Comment estimer le débit d'une rivière ?

À l'aide d'un lumnimètre (échelle mesurant la hauteur d'eau d'une rivière en un point donné), le débit peut être estimé pour une période. Les données sont dans le fichier « debit ».

1. Ouvrir le fichier « debit ».
2. Insérer un graphique en nuage de points.
3. Choisir le modèle d'ajustement le plus adapté au nuage de points.
4. Donner l'équation de la courbe.
5. Déduire de l'équation le débit d'eau pour une hauteur d'eau de 3 m.
6. Déduire du graphique la hauteur d'eau pour un débit de 10 m^3/s.

Fichier à télécharger
www.lienmini.fr/7868-0214

42 BIODIVERSITÉ Dans quels milieux les coraux se développent-ils ?

Une étude a mesuré la croissance d'une espèce de coraux en fonction de la concentration de sédiments en suspension dans l'eau (MS).

Concentration de MS (en mg.cm².j)	Croissance (en mm/an)
0,8	10
0,9	9,5
1,1	8
20	6
80	5,8
100	5
110	4,5

1. Réaliser un graphique en nuage de points.
2. Choisir le modèle d'ajustement le plus adapté au nuage de points.
3. Quelle est l'évolution de la croissance des coraux en fonction de la concentration de MS ?
4. En déduire la croissance annuelle d'un corail vivant dans un milieu de concentration de 50 mg.cm².j de MS.

43 SANTÉ Quel est le lien entre l'épaisseur d'un comprimé et sa dureté ?

Dans un laboratoire, un contrôle de dureté est effectué sur 10 comprimés. Un appareil mesure la force nécessaire (en newtons) pour provoquer la rupture par écrasement du comprimé.

Le tableau ci-dessous donne pour l'épaisseur du comprimé (en mm) et sa dureté (en daN).

Épaisseur (en mm)	6,29	5,78	5,8	6,32	6,1
Dureté (en daN)	2,75	6	7,2	2,7	5,2
Épaisseur (en mm)	5,86	6,05	5,84	5,65	6,06
Dureté (en daN)	7,3	6	6,5	7,4	4,8

1. Réaliser un graphique en nuage de points.
2. Choisir le modèle d'ajustement le plus adapté au nuage de points.
3. Donner l'équation de la courbe.
4. En déduire le lien entre l'épaisseur du comprimé et sa résistance à l'écrasement.

44 ÉNERGIE Comment le diamètre du rotor influe-t-il sur la puissance d'une éolienne ?

Une étude donne la puissance nominale de l'éolienne en fonction du diamètre du rotor.

1. Ouvrir le fichier « puissance ».

Fichier à télécharger
www.lienmini.fr/7868-0215

2. Choisir le modèle d'ajustement le plus adapté au nuage de points.

3. Donner l'équation de la courbe (arrondir à 10^{-2} près).

4. Déduire de l'équation la puissance nominale d'une éolienne dont le diamètre du rotor mesure 160 m.

45 BIODIVERSITÉ Quand ventiler les grains d'orges du silo pour les conserver ?

Des grains d'orge sont stockés dans un silo. La teneur en eau du grain dépend de l'humidité relative de l'air. Les mesures sont portées dans le graphique ci-dessous.

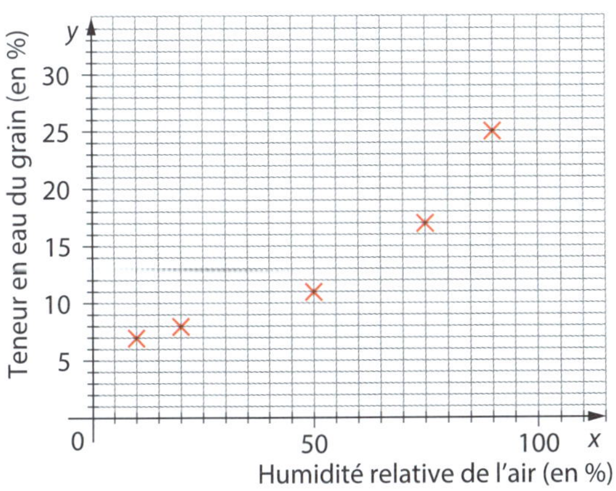

1. Choisir le modèle d'ajustement le plus adapté au nuage de points.

2. Donner l'équation de la courbe.

3. Déduire de l'équation la teneur en eau de l'orge si le taux d'humidité relative est de 30 %.

4. Pour éviter l'altération du grain, la teneur en eau du grain ne doit pas dépasser 15 %. Déterminer le taux d'humidité relative à partir duquel la ventilation du silo doit être déclenchée.

46 ÉNERGIE À quelle profondeur creuser ?

La géothermie utilise la chaleur de la Terre. Une technique est l'extraction d'eau chaude d'un forage. Le tableau ci-dessous donne la température pour une profondeur donnée.

Température t (en °C)	20	50	75	100	110	150
Profondeur p (en m)	–100	–250	–500	–750	–1 000	–2 500

1. Réaliser un graphique en nuage de points.

2. Un ajustement par les modèles habituels est-il adapté ?

3. On fait le changement de variable $y = \ln(-p)$.

Recopier et compléter le tableau de valeurs suivant :

t	20	50	75	100	110	150
$y = \ln(-p)$						

4. Déterminer un ajustement affine par la méthode des moindres carrés pour le couple de variables $(t\,;y)$.

5. Calculer la profondeur pour laquelle la température est estimée à 200 °C.

DÉMARCHE SCIENTIFIQUE

47 ALIMENTATION Combien de sirop de menthe peut-on consommer par jour ?

Aela adore le sirop de menthe, mais elle a lu dans un article que ce sirop contient une substance nuisible pour la santé si la concentration de cette substance est trop élevée.

Aela pèse 56 kg. Le sirop de menthe est dilué 10 fois, l'absorbance mesurée est $A = 0{,}74$.

Quel volume de sirop à la menthe peut-elle consommer au maximum par jour ?

Doc. 1.

Sirop de menthe et colorants

Un sirop de menthe contient plusieurs colorants dont le bleu patenté V (E131). La dose journalière admissible (DJA) en E131 est fixée à 2,5 mg/kg de masse corporel par jour.

Doc. 2.

Absorbance (A) de quelques solutions de colorant E131

Le tableau ci-dessous donne les mesures d'absorbance (A) de solutions de colorant E131 de concentrations connues.

Solution	S1	S2	S3	S4	S5	S6
Concentration E131 (Cm) (en mg/L)	0	2	4	6	8	10
Absorbance (A)	0	0,178	0,348	0,531	0,702	0,881

Je m'évalue

Nom : ....
Prénom : ....
Date : ....

Comment connaître la distance entre la ruche et la source de nourriture ?

Les abeilles indiquent une ressource potentielle de nourriture en exécutant la danse oscillante (danse en huit). Des scientifiques ont étudié la relation entre le nombre d'oscillations exécutée par l'abeille et la distance (en m) de la ressource à la ruche.
Les résultats sont donnés dans le tableau ci-dessous.

Distance (en m)	30	40	50	100	200	350	450
Nombre d'oscillations	6	5	12	18	28	39	54

1 C.1.3 MODÉLISER Représenter le nuage de points dans le graphique ci-contre.

2 C.1.3 MODÉLISER Déterminer l'équation de la droite d'ajustement par la méthode des moindres carrés.

3 C.1.3 ANALYSER Donner la valeur du coefficient de détermination R^2. Que signifie-t-il ?

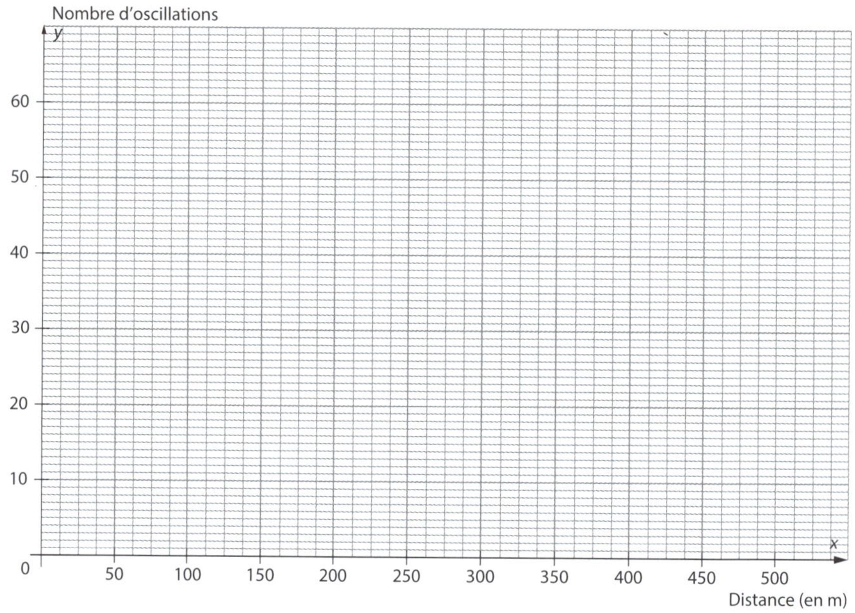

4 C.1.3 MODÉLISER Tracer la droite d'ajustement sur le graphique.

5 C.1.3 ARGUMENTER Déterminer une estimation du nombre d'oscillations pour une source de nourriture située à 500 m de la ruche.

6 C.1.3 ARGUMENTER Déterminer une estimation de la distance si l'abeille effectue 70 oscillations.

7 C.1.3 ARGUMENTER Déterminer, à l'aide du graphique, une estimation de la distance si l'abeille effectue 30 oscillations.

CHAPITRE 3

Les fonctions polynômes de degré 2

Je vais être capable de

- Représenter une fonction polynôme de degré 2
- Utiliser les éléments caractéristiques d'une fonction polynôme de degré 2
- Déterminer les solutions d'une équation du second degré graphiquement ou avec un solveur.
- Factoriser un polynôme de degré 2 à l'aide de la représentation graphique
- Étudier le signe d'un polynôme de degré 2 à l'aide de la représentation graphique

Je démarre

Vidéo
Je regarde la vidéo
www.lienmini.fr/7868-0301

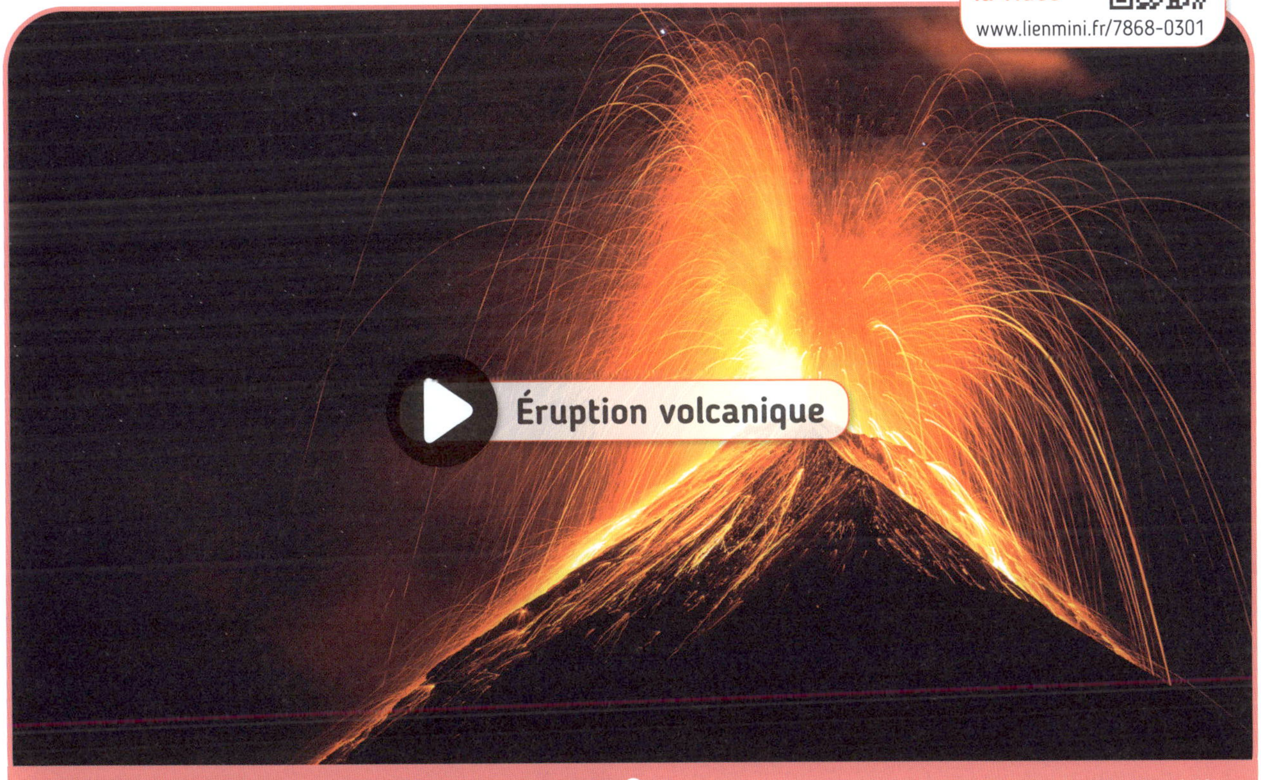

Lors d'une éruption volacanique des jets de laves sont projetés à 600 m. Ces projections ont des trajectoires bien particulières.

1 Donner le nom de la courbe décrite par les projections qui jaillissent du volcan.

2 Donner l'altitude au sommet de la trajectoire.

Je me rappelle

QCM
Je me rappelle
www.lienmini.fr/7868-0302
Note ton score du QCM en ligne .... /10

Questions flash

Cocher la bonne réponse parmi les trois proposées.

1 On considère l'expression algébrique $A(t) = -2t^2 + 5t + 7$. Alors $A(-3)$ est égal à :
- **a.** ☐ -26
- **b.** ☐ 10
- **c.** ☐ 28

2 L'équation $x^2 = 100$ a pour solution(s) :
- **a.** ☐ 10
- **b.** ☐ $\sqrt{100}$
- **c.** ☐ -10 et 10

3 L'équation $5x - 3 = 0$ a pour solution :
- **a.** ☐ $0{,}6$
- **b.** ☐ 2
- **c.** ☐ $\frac{5}{3}$

4 L'équation $(x-1)(x+4) = 0$ a pour solution(s) :
- **a.** ☐ -1 et 4
- **b.** ☐ 1 et -4
- **c.** ☐ -3

5 La forme factorisée de l'expression algébrique $B(x) = 3(x-2) - 7x(x-2)$ est :
- **a.** ☐ $B(x) = (x-2)(3-7x)$
- **b.** ☐ $B(x) = (x-2)(-4x)$
- **c.** ☐ $B(x) = -7x^2 + 3x + 8$

6 La forme développée de l'expression algébrique $C(x) = (5x+1)(3x-2)$ est :
- **a.** ☐ $C(x) = 8x - 2$
- **b.** ☐ $C(x) = 15x^2 - 7x - 2$
- **c.** ☐ $C(x) = 15x^2 - 2$

7 L'inéquation $-2x > 10$ équivaut à :
- **a.** ☐ $x > 8$
- **b.** ☐ $x > 5$
- **c.** ☐ $x < -5$

8 Sur la droite graduée ci-dessous, la demi-droite rouge représente l'inégalité :

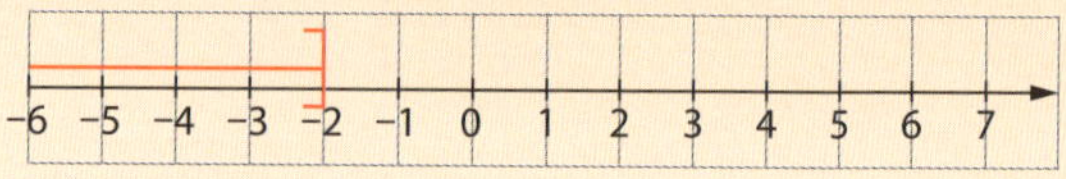

- **a.** ☐ $x > -2$
- **b.** ☐ $x \leqslant -2$
- **c.** ☐ $x < 0$

9 Les solutions de l'inéquation $-5x + 20 < 5$ appartiennent à l'intervalle :
- **a.** ☐ $]3\,;+\infty[$
- **b.** ☐ $]-\infty\,;-3[$
- **c.** ☐ $]-\infty\,;10[$

10 La droite représentative de la fonction affine f est tracée dans le repère orthonormé ci-dessous. L'équation $f(x) > 0$ a pour solution :

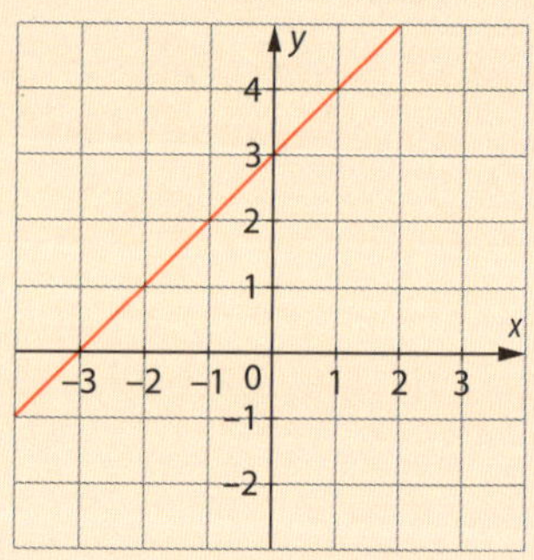

- **c.** ☐ -3
- **b.** ☐ $]-3\,;+\infty[$
- **c.** ☐ $]0\,;+\infty[$

ACTIVITÉ 1

EAU

Caractériser une fonction polynôme de degré 2

Comment régler le jet d'eau ?

Tristan souhaite installer un jet d'eau au bord dans un bassin, de 10 m de longueur. L'allure du jet d'eau est représentée par une fonction polynôme de degré 2 de la forme :

$$f(x) = ax^2 + bx + c$$

où : • a, b et c sont des coefficients à déterminer ;
• x est la distance, en mètres, à partir du centre du bassin ;
• $y = f(x)$ est la hauteur du jet, en mètres.

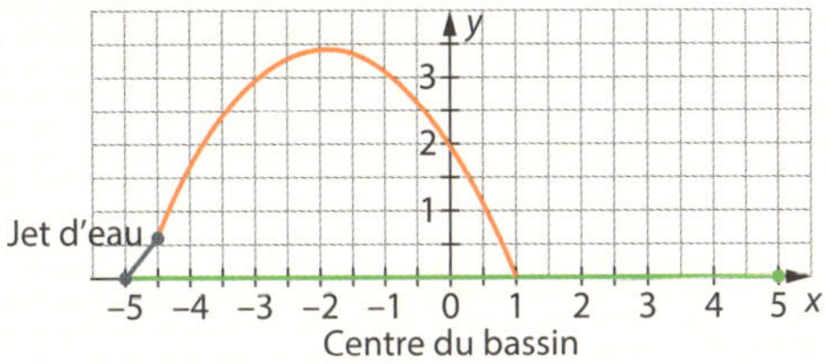

1 Ouvrir le fichier GeoGebra « jet_d'eau.ggb ».

Fichier à télécharger
www.lienmini.fr/7868-0303

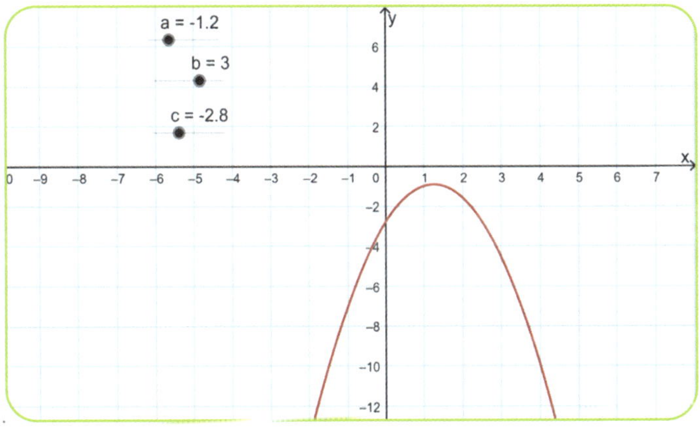

2 Saisir Extremum(f) dans la barre de saisie.

3 Indiquer ce que représente la droite verticale passant par l'extremum de cette courbe et donner son équation.

....

....

....

La courbe de la fonction f de degré 2 s'appelle une parabole.

4 Sélectionner le curseur a, le déplacer.

5 Compléter les phrases suivantes :
- Si a est positif, la fonction f est décroissante, atteint un .... puis elle est ....
- Si a est ...., la fonction f est ...., atteint un maximum puis elle est ....

6 Sélectionner le curseur c, le déplacer.

7 Comparer la valeur de c et l'image de 0 par f. ....

8 Tristan a paramétré le jet et obtient une courbe ayant les caractéristiques suivantes :
- $a = -0{,}5$
- Le jet d'eau passe au centre du bassin à 1 m de hauteur.
- Le sommet du jet est à 3 m du sol.

Donner l'expression algébrique de la fonction associée à ce paramétrage. ....

9 En déduire par lecture graphique que le jet d'eau tombe bien dans le bassin.

....

Les variations d'une **fonction de degré 2** dépendent du signe de a.

L'extremum (maximum ou minimum) est atteint pour $x_0 = \dfrac{-b}{2a}$.

ACTIVITÉ 2

BIODIVERSITÉ

Déterminer les solutions d'une équation du second degré

La mouette peut-elle atteindre un poisson ?

Trois mouettes sont à 10 m de hauteur au-dessus de la mer.
Elles ont repéré un banc de poissons à une profondeur de 5 m.
Elles plongent en effectuant un vol parabolique.
Le vol de la mouette n°1 est représenté dans le graphique ci-dessous. La seconde mouette décrit une parabole d'équation $P_2(x) = 0{,}6x^2 - 6x + 10$ et la troisième une parabole d'équation $P_3(x) = 3x^2 - 14x + 10$.

1 a. À l'aide du graphique, donner les coordonnées du sommet de la parabole P_1.

b) Expliquer si la 1re mouette atteint le niveau du banc de poisson. Justifier.

2 a. Déterminer l'abscisse du sommet de la parabole P_2.

b. Calculer l'ordonnée du sommet de P_2.

c. Expliquer si la 2e mouette atteint le niveau du banc de poisson. Justifier.

3 a. Tracer la parabole P_3 sur le graphique.

b. Résoudre graphiquement $P_3(x) = -5$. Arrondir au dixième près.

c. Expliquer si la 3e mouette atteint le niveau du banc de poisson. Justifier.

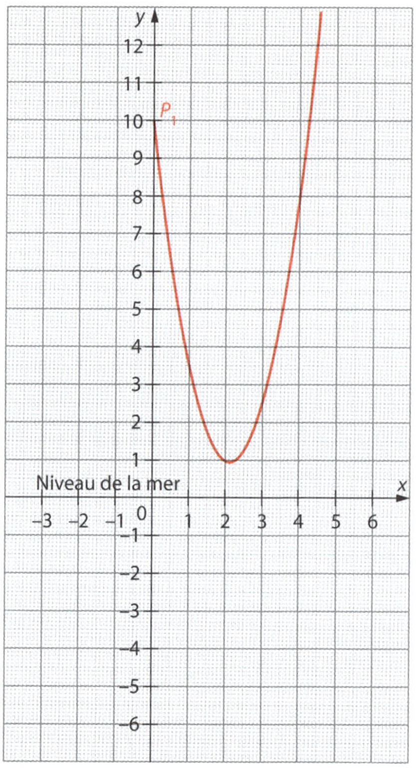

4 Une autre mouette arrive en décrivant une trajectoire définie par $f(x) = 2x^2 - 9x + 4$.
Montrer que, pour trouver si la mouette atteint le niveau du banc de poisson, il faut résoudre l'équation $2x^2 - 9x + 9 = 0$.

Les solutions de l'équation $ax^2 + bx + c = 0$, si elles existent, s'appellent les racines du polynôme.

5 À l'aide de la calculatrice, déterminer les solutions de l'équation $2x^2 - 9x + 9 = 0$.

Démarche	Casio	NumWorks	Texas Instruments
Mettre le mode solveur Sélectionner le type	MENU (EQUA) EXE F2 : Polynomiale : F2(Poly) Degré ? F1(2)	MENU (Solveur) OK Equations OK	Résol 2 : Plysmlt2 enter 1 : Racines d'un polynôme enter Degré 2 (SUIV.) GRAPHE
Saisir l'équation	(a): 2 EXE (b): –9 EXE (c): 9 EXE	Saisir $2x^2 - 9x + 9$ OK (touche x,n,t pour x)	saisir 2 enter – enter 9 enter 9 enter
Résoudre l'équation	F1 (SOLV)	Se déplacer avec les flèches sur : Résoudre l'équation OK	(SUIV.) GRAPHE

Une **équation du second degré** peut avoir deux solutions, une seule solution ou bien aucune.

ACTIVITÉ 3

SANTÉ

Factoriser un polynôme de degré 2

À quel moment le taux de sucre dans le sang est-il au maximum ?

Un individu ingère un aliment. On observe pendant 80 minutes l'évolution du taux de sucre dans son sang provoqué par cet aliment.
Le taux de sucre en fonction du temps est modélisé par la fonction *f* définie par :

$$f(x) = -0{,}07x^2 + 4{,}886x + 0{,}98$$

où : • x est le temps en min $(0 \leqslant x \leqslant 80)$;
• $f(x)$ est le taux de sucre dans le sang provoqué par l'aliment (sans unité).

1. Déterminer le taux de sucre dans le sang de l'individu au bout de 10 min, à l'unité près.

2. Compléter le tableau de valeurs ci-dessous.

x	0	20	30	50	70
$f(x)$	....	....	....	....	....

3. Donner une racine du polynôme de degré 2 défini par $f(x) = -0{,}07x^2 + 4{,}886x + 0{,}98$.

4. Justifier que $-0{,}07(x-70)(x+0{,}2)$ est l'expression factorisée de *f*.

5. Déterminer la deuxième racine de *f*, à l'aide de la forme factorisée.

6. Calculer : $\dfrac{x_1 + x_2}{2} =$ ....

7. Montrer que l'abscisse du sommet x_0 est égale à $\dfrac{x_1 + x_2}{2}$.

8. Déduire le moment (en minutes secondes) où le taux de sucre dans le sang est maximum ainsi que la valeur maximale du taux de sucre provoqué par l'aliment.

Tutoriel à télécharger
www.lienmini.fr/7868-0304

9. Afficher sur l'écran de la calculatrice la représentation graphique de la fonction *f*.

10. Retrouver, à l'aide de la représentation graphique obtenue, les racines et le sommet.

Un polynôme de degré 2 qui a pour racines x_1 et x_2 s'écrit sous la **forme factorisée** $a(x - x_1)(x - x_2)$.
Par symétrie, la relation entre les deux racines et l'abscisse du sommet est : $x_0 = \dfrac{x_1 + x_2}{2}$.

ACTIVITÉ 4

ÉNERGIE

Étudier le signe d'un polynôme de degré 2

Quand la production est-elle rentable ?

Une entreprise produit des batteries lithium-ion pour la mobilité électrique.
La marge brute réalisée est définie sur intervalle $[0;25]$ par la fonction :

$$B(q) = -2(q-5)(q-20)$$

où : • q est le nombre de batteries produites par jour ;
• $B(q)$ est la marge brute réalisée, en euros.

La marge brute est égale à la différence entre le prix de vente HT et le prix de revient.

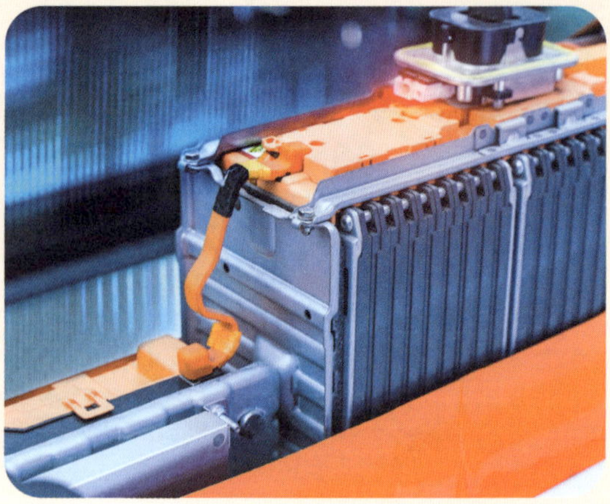

1 Donner les racines du polynôme $B(q) = -2(q-5)(q-20)$.

....

....

2 Donner la valeur extrémale de B.

....

....

....

3 Représenter graphiquement, dans le repère ci-contre, la parabole représentative du polynôme B.

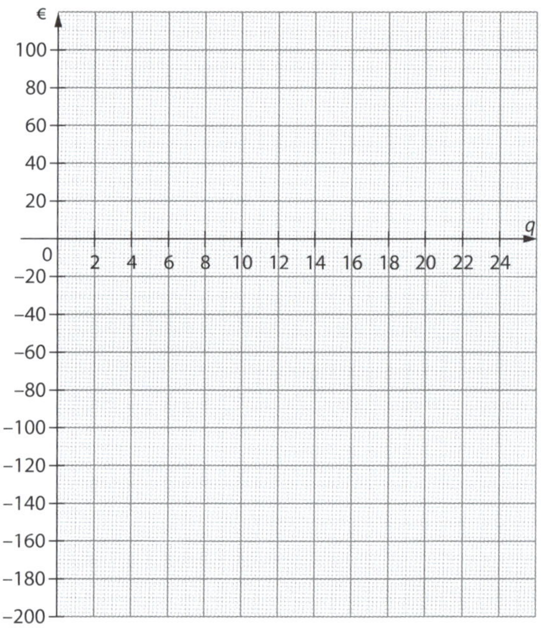

4 Compléter le tableau de signes ci-dessous, en utilisant les résultats précédents.

Valeurs de x	0	....	....	25
Signe de $f(x)$	....	0	0	....

Le **tableau de signes** d'une fonction f indique :
• les valeurs pour lesquelles la fonction s'annule ($f(x) = 0$) ;
• les intervalles sur lesquelles la fonction est positive ($f(x) > 0$) ;
• les intervalles sur lesquelles la fonction est négative ($f(x) < 0$).

5 Déduire les quantités journalières qu'il faut produire pour obtenir une marge positive.

....

6 **a.** Résoudre graphiquement $B(q) \geqslant 100$.

....

b. En déduire les quantités journalières qu'il faut produire pour obtenir une marge supérieure à 100 €.

....

$P(x) = a(x-x_1)(x-x_2)$ est du signe de $(-a)$ sur l'intervalle $]x_1;x_2[$ et du signe de a sinon.
Résoudre une inéquation de la forme $P(x) > 0$ équivaut à **étudier le signe** du polynôme.

Je retiens l'essentiel

Caractéristiques d'une fonction polynôme de degré 2

- Une **fonction polynôme de degré 2** est définie par : $f(x) = ax^2 + bx + c$.
Les coefficients a, b et c sont des nombres réels ($a \neq 0$).
- La représentation graphique d'une fonction polynôme de degré 2 s'appelle une **parabole**.
- Elle a un **extremum** d'abscisse $x_0 = -\frac{b}{2a}$ et un **axe de symétrie** d'équation $x = -\frac{b}{2a}$.
- Les **variations** d'une fonction polynôme de degré 2 dépendent du signe de a.

$a < 0$: L'extremum est un **maximum**.

Valeurs de x	x_0
Variations de f	↗ $f(x_0)$ ↘

$a > 0$: L'extremum est un **minimum**.

Valeurs de x	x_0
Variations de f	↘ $f(x_0)$ ↗

Exemples :

- $f(x) = -2x^2 + 10x - 5$
$a = -2 < 0$
$b = 10$
$c = -5$

$x_0 = 2,5$
$f(x_0) = 7,5$

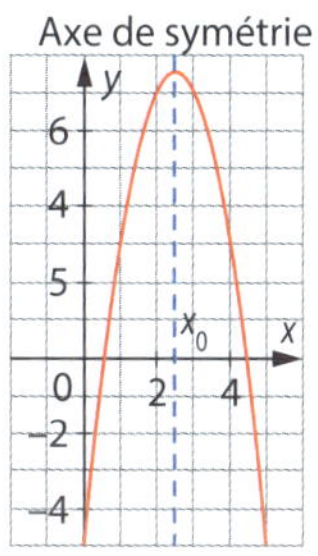

- $f(x) = x^2 - 2x - 3$
$a = 1 > 0$
$b = -2$
$c = -3$

$x_0 = 1$
$f(x_0) = -4$

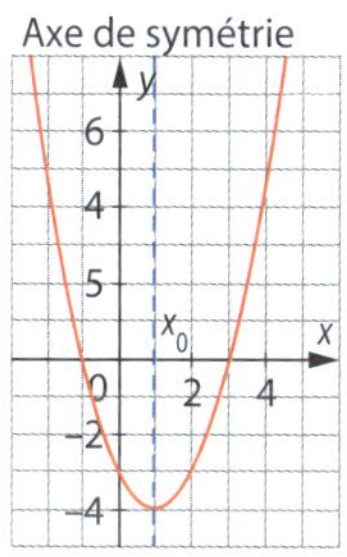

Racines d'un polynôme de degré 2 et factorisation

- Les **racines** d'un polynôme de degré 2 sont les solutions, si elles existent, de l'équation $f(x) = 0$.
- Un polynôme de degré 2 qui a **deux racines**, x_1 et x_2, a pour forme factorisée :
$$f(x) = a(x - x_1)(x - x_2)$$
- Un polynôme de degré 2 qui a **une seule racine**, x_0, a pour forme factorisée $f(x) = a(x - x_0)^2$.
- Un polynôme de degré 2 qui n'a **aucune racine** n'a pas de forme factorisée.

Exemples :

- $f(x) = -2x^2 + 10x - 4,5$
Racines : $x_1 = 0,5$ et $x_2 = 4,5$.
Forme factorisée :
$f(x) = -2(x - 0,5)(x - 4,5)$
- $f(x) = x^2 - 4x + 4$
Racine : $x_0 = 2$.
Forme factorisée :
$f(x) = (x - 2)^2$
- $f(x) = 4x^2 + 1$
Pas de racine ($4x^2 + 1 > 0$ pour tout x).
Pas de factorisation.

Signe d'un polynôme de degré 2

- Un polynôme de degré 2 qui a deux racines, x_1 et x_2, est du **signe** de a à l'extérieur des racines et du signe opposé à a à l'intérieur des racines.
- Un polynôme de degré 2 qui n'a pas de racine est du signe de a.

Exemples :

- $f(x) = -2(x - 0,5)(x - 4,5)$

Valeurs de x	$-\infty$		0,5		4,5		$+\infty$
Signe de $f(x)$		–	0	+	0	–	

- $f(x) = (x + 1)(x - 3)$

Valeurs de x	$-\infty$		−1		3		$+\infty$
Signe de $f(x)$		+	0	–	0	+	

J'apprends à résoudre

1 Étudier les variations d'une fonction du second degré

Énoncé Soit la fonction f définie par $f(x) = 1{,}5x^2 - 3x + 2$ sur l'intervalle $[-1 ; 3]$.
Dresser le tableau de variations de la fonction f.

Solution

1. La fonction de degré 2 est sous la forme développée.
2. $a = 1{,}5$; $b = -3$; $c = 2$
3. $a = 0{,}5 > 0$. La fonction a donc un minimum.
4. $x_0 = -\frac{b}{2a} = -\frac{(-3)}{2 \times 1{,}5} = 1$
   $f(x_0) = 1{,}5 \times 1^2 - 3 \times 1 + 2 = 0{,}5$
   Les coordonnées du minimum sont (1 ; 0,5).
5. Tableau de variations :

Valeurs de x	-1	1	3
Variations de f	6,5 ↘	0,5	↗ 6,5

Point méthode

1. Repérer la forme de la fonction
2. Identifier les coefficients a, b et c
3. Déterminer la nature de l'extremum
4. Calculer les coordonnées de l'extremum
5. Dresser le tableau de variations

Voir exercices 1, 2 et 6 p. 53-54

2 Résoudre une équation de degré 2

Énoncé **Résoudre graphiquement l'équation $-4x^2 + x + 8 = 3$.**

Solution

1. La fonction à tracer est $f(x) = -4x^2 + x + 8$.
2. On trace la droite $y = 3$.
3. Les solutions de l'équation sont -1 et $1{,}25$.

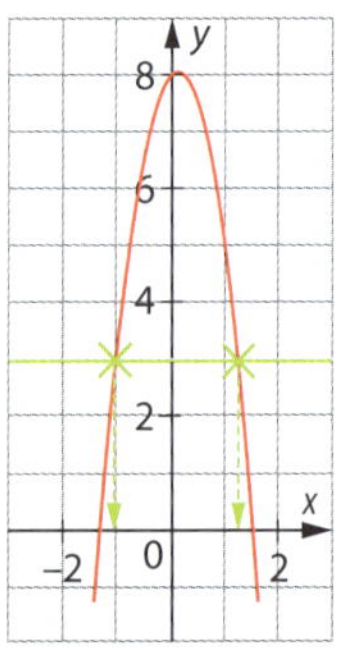

Point méthode

1. Tracer la courbe représentative du polynôme $f(x) = ax^2 + bx + c$ avec la calculatrice
2. Tracer la droite d'équation $y = k$
3. Lire les abscisses des points d'intersection de la parabole avec la droite

Voir exercices 15 et 20 p. 55

3 Déterminer le signe d'un polynôme

Énoncé Soit la fonction f définie par $f(x) = 3x^2 - 2x - 1$ sur l'intervalle $[-1 ; 1{,}5]$.
Établir le tableau de signes de la fonction f.

Solution

1. La fonction de degré 2 est sous la forme développée avec : $a = 3$; $b = -2$; $c = -1$.
2. Avec le solveur de la calculatrice, on trouve les racines du polynôme : $x_1 = -\frac{1}{3}$ et $x_2 = 1$.
3. $a = 3 > 0$
4. Le tableau de signes est :

Valeurs de x	-1		$-\frac{1}{3}$		1		$1{,}5$
Signe de $f(x)$		+	0	−	0	+	

Point méthode

1. Repérer la forme de la fonction
2. Déterminer les racines du polynôme
3. Donner le signe du coefficient a
4. Établir le tableau de signes

Voir exercices 25 et 27 p. 56

Je m'entraîne

QCM en ligne
www.lienmini.fr/7868-0305

Je teste mes acquis

1 Soit la fonction f définie par $f(x) = 2x^2 - 7$. Le triplet de coefficient $(a ; b ; c)$ est :

a. ☐ $(2 ; x^2 ; 7)$ b. ☐ $(2 ; 0 ; -7)$ c. ☐ $(2 ; -7 ; 0)$

2 La courbe ci-contre représente la fonction f définie par :

a. ☐ $f(x) = -2x^2 + 3x + 1$
b. ☐ $f(x) = -1{,}8x^2 + 2x + 1$
c. ☐ $f(x) = -2x^2 - 1{,}8x + 0{,}5$

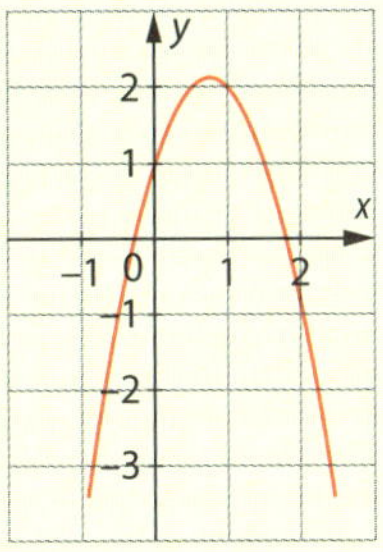

3 La fonction f de degré 2 définie par $f(x) = 12x^2 - 9x - 4$ est :

a. ☐ décroissante puis croissante.
b. ☐ croissante puis décroissante.
c. ☐ toujours croissante.

4 L'extremum de la parabole d'équation $y = -2x^2 + 4x - 2$ est atteint pour :

a. ☐ $x = -2$ b. ☐ $x = 1$ c. ☐ $x = 4$

5 Le polynôme $P(x) = 5x^2 - 35x + 60$ a pour racine :

a. ☐ -35 b. ☐ 3 c. ☐ 5

6 Une fonction de degré 2 a deux racines -4 et 7.
La valeur de x correspondant à l'extremum est :

a. ☐ $-0{,}5$
b. ☐ 1,5
c. ☐ 3

7 Les racines de la fonction f définie par $f(x) = -3(x+1)(x-4)$ sont :

a. ☐ 1 et -4 b. ☐ -3 et 12 c. ☐ -1 et 4

8 La représentation graphique de la fonction f est donnée ci-contre.
La fonction f :

a. ☐ a deux racines.
b. ☐ est factorisable.
c. ☐ est strictement positive.

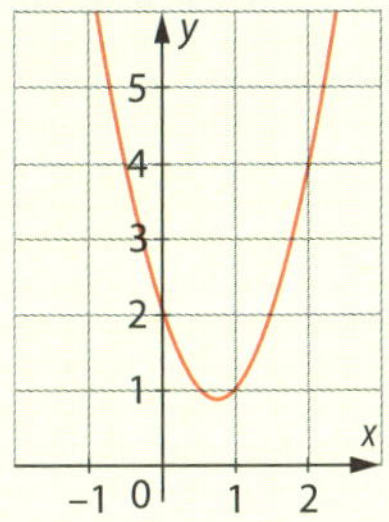

9 Le polynôme $P(x) = -4(x+2)(x-9)$ est positif sur l'intervalle :

a. ☐ $]2 ; +\infty[$
b. ☐ $[-9 ; 2]$
c. ☐ $[-2 ; 9]$

10 La représentation graphique de la fonction f est donnée ci-contre (avec $a = 0{,}5$).
La forme factorisée de la fonction est :

a. ☐ $0{,}5(x-3)^2$
b. ☐ impossible
c. ☐ $0{,}5(x-3)(x-4{,}5)$

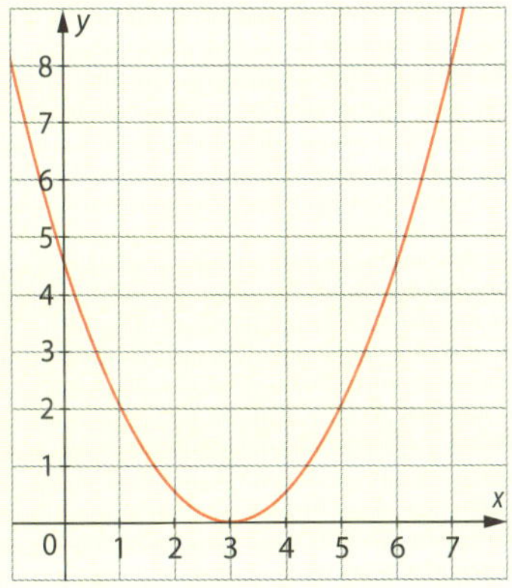

Caractéristiques des polynômes de degré 2

Automatismes

1 Décrire les variations de la fonction f définie par $f(x) = 2{,}1x^2 - 4{,}62x + 3{,}5$ sur l'intervalle $[-8 ; 5]$. Justifier.

....

....

....

....

2 Compléter le tableau de variations de la fonction f définie par $f(x) = -9(x+5)^2$ sur l'intervalle $[-10 ; 20]$.

Valeurs de x	
Variations de f	

Identifier les fonctions polynômes de degré 2 parmi les fonctions suivantes :

☒ $f(x) = 3x - 5$ ☒ $f(x) = -5x^2 + 3x - 2{,}5$
☐ $f(x) = \sqrt{2x - 1}$ ☒ $f(x) = \pi - 0{,}005x^2$
☒ $f(x) = 4x - 9x^2$ ☐ $f(x) = 3(x+2)(x-7)$
☐ $f(x) = \dfrac{5}{x^2}$ ☐ $f(x) = 7x^2 + 5x^3$

Identifier les coefficients a, b et c pour les fonctions polynomiales de la forme $f(x) = ax^2 + bx + c$.

Fonction	a	b	c
$f(x) = 2{,}5x^2 - 32x + 24$	2,5	-32	24
$f(x) = -0{,}24x^2 + 7x + 19$	0,24	7	19
$f(x) = 6x^2 - 17x$	6	17	0
$f(x) = 12 - 5{,}3x^2$	-5,3	0	12
$f(x) = 22x^2$	22	0	0

5 Associer chaque parabole au polynôme de degré 2 correspondant.

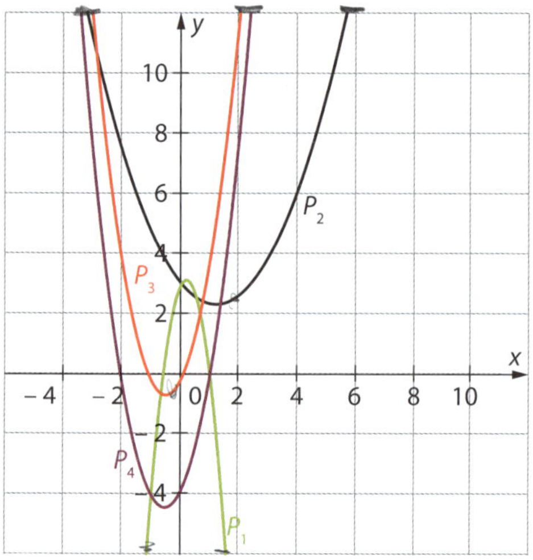

- $f(x) = 0{,}5x^2 - 1{,}2x + 3$

....

- $f(x) = -5x^2 + 1{,}2x + 3$

....

- $f(x) = 2(x-1)(x+2)$

....

- $f(x) = 2x(x+1)$

....

6 Décrire les variations de la fonction polynôme de degré 2 donnée.

a. $f(x) = 3(x-2)(x+4)$

....

b. $f(x) = -7x(x-3)$

....

7 On donne la fonction f définie sur l'intervalle $[-1;3]$ par $f(x) = 8x^2 - 24x + 4$. Déterminer si l'extremum de f est un maximum ou un minimum, puis déterminer la valeur de x pour laquelle il est atteint.

....

8 On donne la fonction f définie sur l'intervalle $[-1;3]$ par $f(x) = -5x^2 + 2x + 1$.

Déterminer si l'extremum de f est un maximum ou un minimum, puis déterminer la valeur de x pour laquelle il est atteint.

....

9 Soit la fonction f définie sur l'intervalle $[-3 ; 8]$ par : $f(x) = -0{,}3x^2 + 2x - 7$.

Compléter le tableau de valeurs ci-dessous.

x	–3	–1	2	3	4	7	8
$f(x)$	....	....	....	....	....	....	....

10 Pour une vitesse v (en km/h), la distance d'arrêt d (en m) d'un véhicule est donnée par la formule :

$$d = \frac{v^2}{102} + \frac{v}{3{,}6}$$

Compléter le tableau de valeurs (arrondir à 10^{-2}).

v (en km/h)	10	30	45	50	60	90	110
d (en m)	....	....	....	....	....	....	....

11 Soit la fonction f définie sur l'intervalle $[-3 ; 2]$ par :

$$f(x) = -2{,}5x^2 - 3x + 4$$

a. L'extremum est un :

☐ minimum.

☐ maximum.

b. Calculer la valeur de l'extremum.

....

c. Dresser le tableau de variations de f.

Valeurs de x	
Variations de f	

12 Une fonction de degré 2 a son minimum pour $x_0 = -2$.
Compléter le tableau de valeurs, en utilisant l'axe symétrie.

x	6	–5	....	–3	–2,5	–2	–1,5	–1	0	....	....
$f(x)$	....	2	–3	–6	–6,75	–7	–6,75	–6	....	....	9

13 Une fonction de degré 2 définie sur l'intervalle $[-2 ; 6]$ a son maximum pour $x_0 = 2$.

Terminer le tracé de la parabole représentant la fonction dans le repère ci-contre, en utilisant l'axe symétrie.

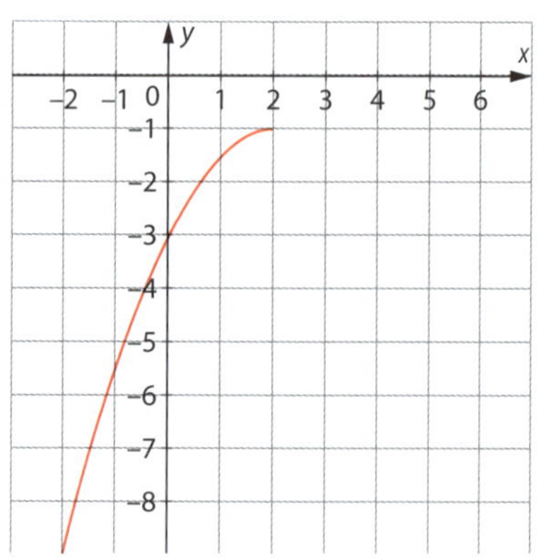

Racine d'une fonction polynôme de degré 2

Automatismes

14 Vérifier que -2 est une racine de la fonction f définie par $f(x) = 0{,}5x^2 - 3x - 8$.

....

....

15 La parabole représentative d'une fonction de degré 2 est donnée ci-dessous.

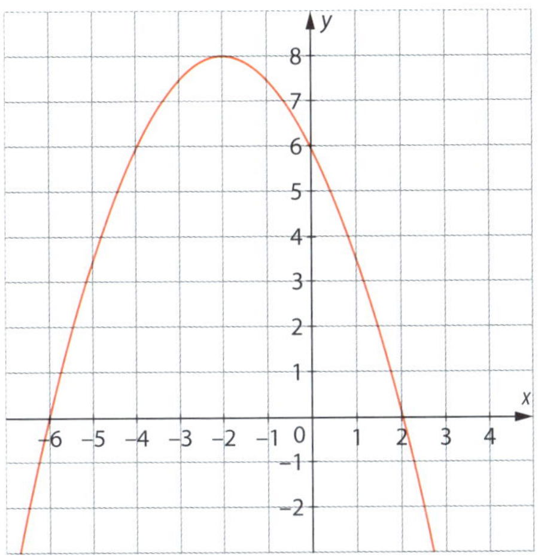

Cocher les valeurs qui représentent les racines :

☐ -6 ☐ -2 ☐ 2 ☐ 6

16 Une fonction de degré 2 a un extremum pour $x_0 = 7$ et une des racines est $x_1 = -5$.

Calculer la valeur de la deuxième racine x_2.

....

....

17 Soit la fonction f définie par $f(x) = -5x^2 + 3x + 2$.

a. Vérifier si 2 est une racine de la fonction.

....

....

b. Vérifier si $-0{,}4$ est une racine de la fonction.

....

....

c. Déduire la forme factorisée de la fonction si la deuxième racine est 1.

....

18 Soit la fonction f définie par $f(x) = 2x^2 - 5x + 3$.

a. Déterminer l'extremum de la fonction.

....

....

b. Vérifier si 1 est une racine de la fonction.

....

c. En déduire la deuxième racine de la fonction.

....

....

19 Déterminer les racines de la fonction f définie par :

$$f(x) = -15{,}5(x+7)(x-3)$$

....

....

20 Déterminer graphiquement les racines de la fonction polynôme de degré 2 dont la parabole est donnée.

1. Parabole 1

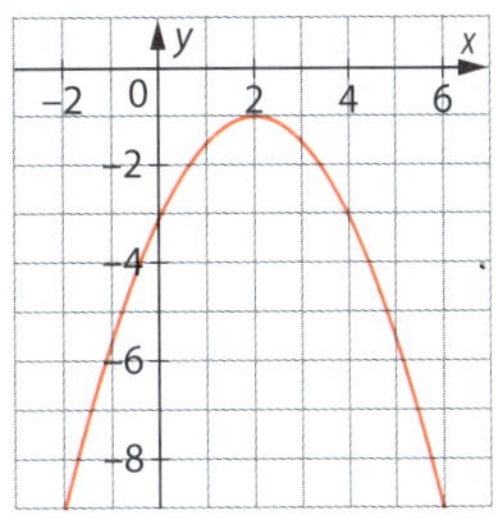

....

2. Parabole 2

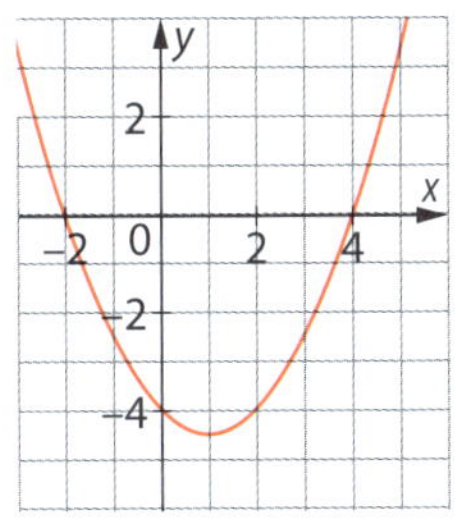

....

3. Parabole 3

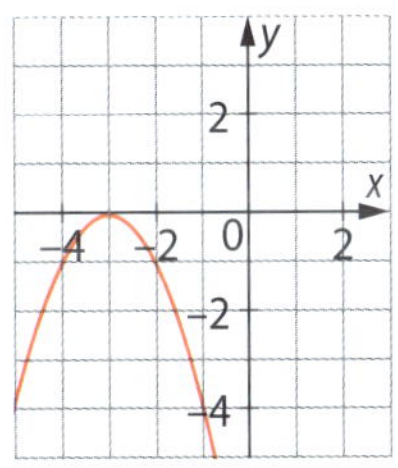

....

21 **Algorithmique et programmation**

Soit la fonction polynôme de degré 2 définie par :

$$f(x) = 3x^2 - 4x + 1 = 0$$

On considère le programme suivant :

PYTHON Voir la fiche 3, p. 239

```
1  a=-1
2  b=5
3  c=-4
4
5  def extremum(a,b):
6      x0=-b/(2*a)
7      return(x0)
```

a. Expliquer ce qu'exécute la fonction « extremum ».

....

....

b. Compléter le programme de la ligne 14 afin que la fonction calcule l'image de x par f.

PYTHON Voir la fiche 3, p. 239

```
13 def f(a,b,c,x):
14     y= .....
15     return(y)
```

....

c. Traduire en langage naturel la structure conditionnelle suivante :

PYTHON

Voir la fiche 4, p. 241

```
if f(a,b,c,x)==0:
    print("Le polynôme admet une seule racine.")
elif (f(a,b,c,x)>0 and a>0) or (f(a,b,c,x)<0 and
    a<0):
    print("Le polynôme n'a pas de racine.")
else:
    print("Le polynôme admet deux racines.")
```

....

....

....

....

....

....

d. Ouvrir le fichier joint et l'exécuter pour la fonction donnée. Donner les résultats.

Fichier à télécharger
www.lienmini.fr/7868-0306

....

....

....

....

Forme factorisée et signe d'une fonction polynôme de degré 2

Automatismes

22 Donner la forme factorisée de la fonction f définie par $f(x) = 6x^2 + 7x - 5$ et dont les racines sont $-\frac{5}{3}$ et $\frac{1}{2}$.

....

23 Donner le signe de la fonction f définie par $f(x) = 12(x-7)^2$.

....

....

24 Donner le signe de la fonction f définie par $f(x) = -0{,}5x^2 + 4x - 9$ sur l'intervalle $[-10\,;10]$.

....

....

....

....

....

....

25 La parabole représentant une fonction de degré 2 est donnée ci-contre.

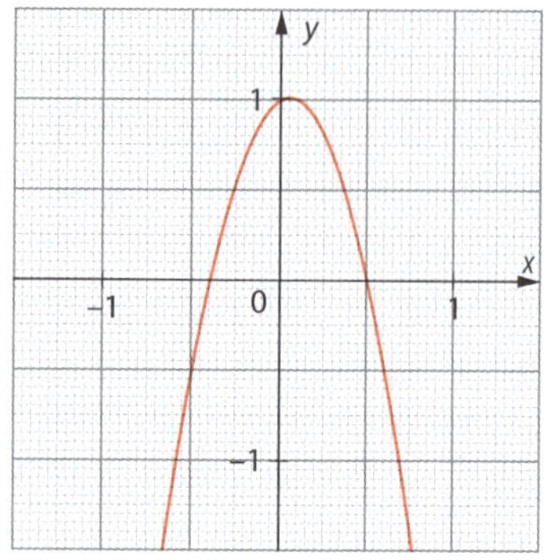

a. Donner graphiquement les racines de la fonction.

....

....

....

b. Compléter le tableau de signes de f.

Valeurs de x	$-\infty$	....	.... $+\infty$
Signe de $f(x)$	....	....	....

26 Donner la forme factorisée de la fonction f définie par $f(x) = -3x^2 + 6x + 105$.

....

....

....

27 Une entreprise fabrique des pièces détachées pour des engins agricoles. Le bénéfice de l'entreprise (en milliers d'euros) est donné par $R(x) = -x^2 + 55x - 450$, où x est le nombre de pièces fabriquées.

a. Résoudre $R(x) = 0$.

....

b. Résoudre $R(x) > 0$.

....

....

....

c. Déduire le nombre de pièces à fabriquer pour obtenir un bénéfice.

....

....

....

Je résous des problèmes

28 BIODIVERSITÉ Quel est l'effet de la température sur la photosynthèse ?

Une plante a été cultivée dans un milieu dans un milieu frais (environ 10 °C). L'assimilation du CO_2 en fonction de la température de la feuille est modélisée par la relation suivante :

$$A(t) = -0{,}05(t-37)(t+1)$$

où : • t est la température de la feuille en °C ($8 \leqslant t \leqslant 30$) ;

• $A(t)$ est l'assimilation du CO_2 en µmoles/m²/s.

1. Dresser le tableau de variations de la fonction $A(t)$.

2. Déduire l'optimum thermique (valeur maximale).

3. La même plante a été cultivée dans un milieu tempéré (environ 25 °C). L'assimilation du CO_2 en fonction de la température de la feuille est représentée dans le graphique ci-dessous. Relever l'optimum thermique.

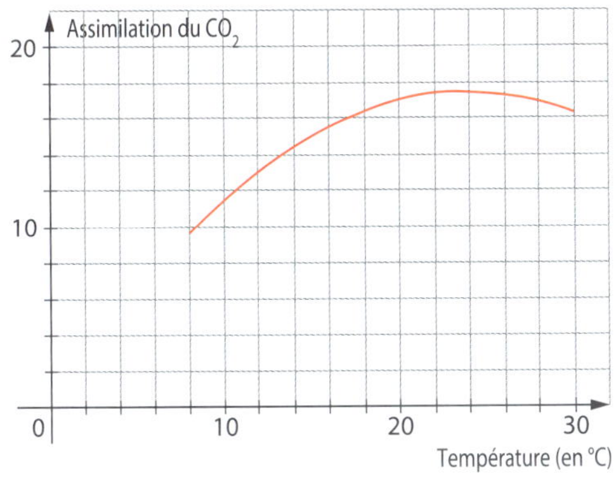

4. Conclure sur le lien entre la température du milieu et la photosynthèse.

29 ÉNERGIE Quelles sont les dimensions du four solaire ?

Un four solaire parabolique permet de concentrer les rayons du soleil par réflexion pour chauffer un plat.

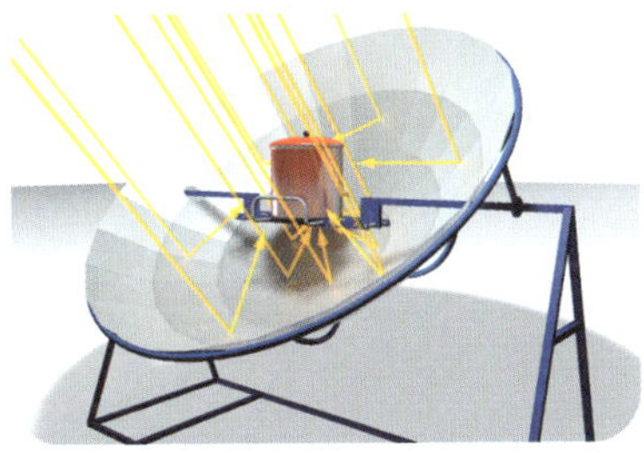

Le plan de coupe du four est une parabole d'équation :

$$y = \frac{1}{72}x^2 - \frac{4}{3}x + 32$$

où : • x est la largeur du four, en cm ;

• y est la hauteur du four, en cm.

1. Déterminer les coordonnées du sommet de la parabole.

2. Résoudre l'équation $y = 32$.

3. En déduire la largeur du four.

30 EAU Quelle sera la superficie des roseaux ?

Une station d'épuration peut traiter les eaux usées par l'intermédiaire d'un filtre composé de roseaux.

Pour l'implantation d'une station sur une parcelle de forme rectangulaire, il est nécessaire de conserver une bordure de largeur x tout autour de la surface plantée de roseaux, comme indiqué sur le schéma ci-dessous, et la surface plantée doit avoir une superficie de 4 000 m².

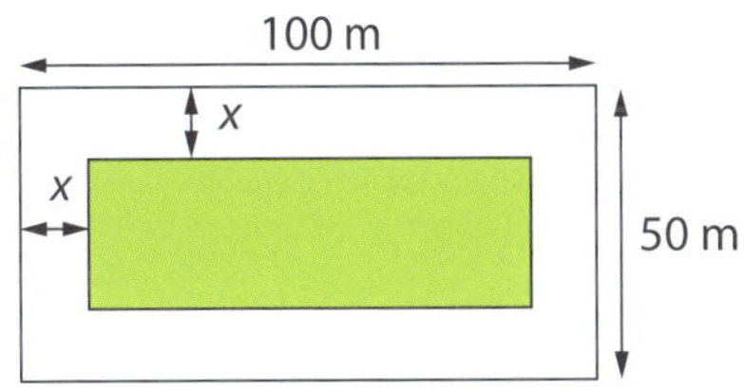

1. Montrer que la superficie plantée est $S(x) = 4x^2 - 300x + 5\,000$.

2. Déterminer la valeur de x pour que la superficie plantée soit égale à 4 000 m².

31 SANTÉ Quand la tension active atteint-elle son maximum ?

Lorsqu'un muscle est soumis à un effort extérieur ou qu'il est étiré, la force est dite tension active. Pour un muscle d'une longueur au repos de 1,1 cm, la tension active (en newtons) est représentée ci-dessous en fonction de la longueur du muscle lorsqu'il est en action (en cm).

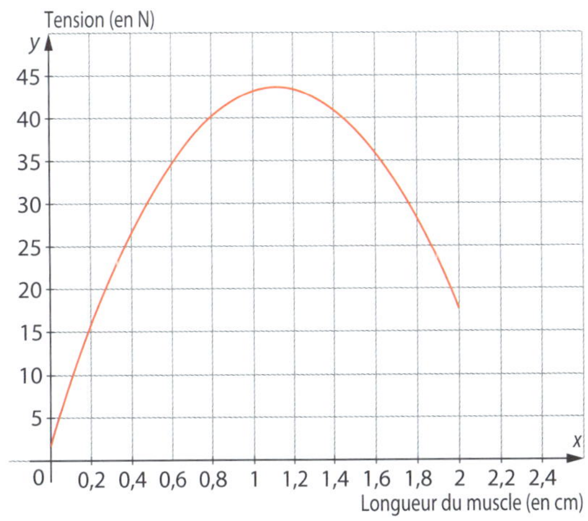

1. Déterminer la tension active pour une longueur du muscle de 0,2 cm.

2. Déterminer la longueur du muscle pour une tension active supérieur à 30 N.

3. Donner la tension active maximum.

4. Comparer la longueur du muscle au repos et la tension active maximum.

32 ALIMENTATION La qualité de la tomate varie-t-elle en fonction de la maturation ?

Des tomates sont récoltées peu mûres. Une étude a mesuré leur teneur en vitamine C sur 3 semaines. La teneur en vitamine C est modélisée par la fonction suivante :

$$t(x) = 0{,}05x^2 - 0{,}6x + 13{,}2$$

où : • x est le nombre de jours après la cueillette ($0 \leqslant x \leqslant 21$) ;

• $t(x)$ est la teneur en vitamine C (en mg/100 g de tomate fraîche).

1. Déterminer l'extremum de la fonction t.

2. Donner la signification de l'extremum.

3. Justifier la phrase suivante « le fruit perd des vitamines après la cueillette ».

4. Estimer la durée de maturité nécessaire pour que la teneur en vitamine C soit supérieure à 15 mg/100 g de tomate.

33 BIODIVERSITÉ Quelle est la parabole idéale dans un saut d'obstacle?

La trajectoire du centre de gravité d'un cheval lors d'un saut d'obstacle est une parabole.

L'étude est réalisée avec un cheval de taille moyenne (1,5 m).

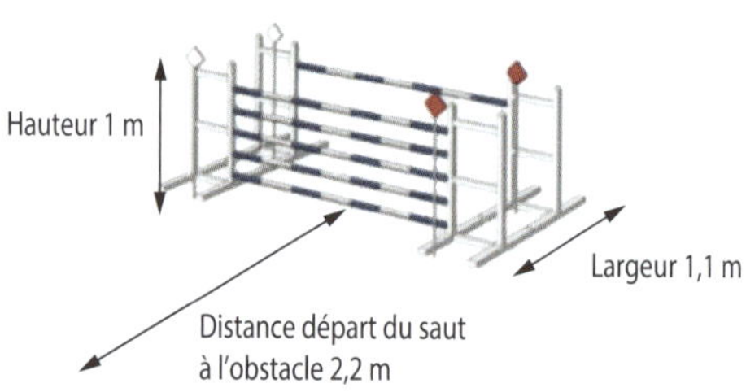

Pour que la trajectoire soit idéale, il faut que le sommet de la parabole corresponde au milieu de l'obstacle.

La trajectoire est modélisée par une fonction de degré 2 de la forme :

$$f(x) = ax^2 + bx + c$$

où : • x est la distance parcourue horizontalement, en m ;

• $f(x)$ est la hauteur, en m.

1. Donner le signe de a et la valeur de c.

2. Montrer que l'abscisse du sommet doit être à 2,75 m pour obtenir une trajectoire idéale.

3. Déterminer lors d'une trajectoire idéale la distance d'arrivée du cheval en fin de saut.

4. Choisir la fonction qui permet de franchir l'obstacle avec la trajectoire idéale.

a. $f_1(x) = -0{,}5x^2 + 1{,}5x$

b. $f_2(x) = -0{,}18x^2 + 0{,}85x$

c. $f_3(x) = -0{,}15x^2 + 0{,}83x$

34 SANTÉ La température a-t-elle un impact sur la mortalité ?

Une représentation simplifiée donne la relation entre le risque relatif de mortalité en fonction de la température :

$$R(t) = 0{,}001t^2 - 0{,}035t + 1{,}3$$

où : • t est la température en °C ($-10 \leqslant t \leqslant 35$) ;

• $R(t)$ est le risque relatif de mortalité.

1. Déterminer la température pour laquelle le taux de mortalité est minimale.

2. Donner, en expliquant la démarche utilisée, l'intervalle des températures pour avoir un taux de mortalité inférieur à 1,2.

35 ÉNERGIE Que peut produire une petite éolienne ?

Un constructeur donne la courbe représentant la puissance d'une éolienne en fonction de la vitesse du vent, pour un modèle de puissance 5,1 kW.

Les mesures du vent sont prises au niveau du rotor de l'éolienne. La puissance de sortie $P(v)$ est donnée par la relation :

$$P(v) = -100(v - 12{,}5)^2 + 5125$$

où v est la vitesse du vent en m/s ($6 \leqslant v \leqslant 18$) et $P(v)$ la puissance de sortie en W.

1. Calculer la puissance de sortie pour une vitesse de vent de 50 km/h.

2. Montrer que $P(v) = -100v^2 + 2\,500v - 10\,500$.

3. Déterminer la vitesse du vent pour une puissance de 2 000 W.

4. Déterminer la puissance de sortie maximale.

5. Comparer la puissance de sortie maximale et la valeur de puissance du modèle.

6. Donner, en expliquant la démarche utilisée, la vitesse de vent nécessaire pour avoir une puissance de sortie de 4 500 W.

36 ALIMENTATION Comment évolue le pH dans le fromage ?

Lors de la fabrication d'un fromage, la fermentation lactique produit de l'acide lactique.

L'évolution du pH est modélisée pour les 35 premières heures, lors d'une croissance rapide par la fonction :

$$f(t) = 0{,}002t^2 - 0{,}14t + 6{,}8$$

où t est le temps (en heures) et $f(t)$ le pH.

1. Calculer le pH du lait au début de la fabrication.
2. Déterminer le temps pour atteindre le pH minimum.
3. Calculer la valeur du pH minimum.
4. Donner l'évolution du pH au cours de la fermentation lactique des 35 premières heures.

37 BIODIVERSITÉ L'abondance des fleurs influe-t-elle sur la ponte des papillons ?

Dans une réserve de milieu humide, une observation d'un échantillon a permis d'établir une relation entre le nombre d'œufs pondus par une espèce rare de papillon et le nombre de hampes forales (tige sur laquelle poussent les fleurs) pour 10 m². Les résultats sont donnés dans le tableau ci-dessous.

Nombre de hampes florales pour 10 m²	0	2	5	7	12	19	25	35	39
Nombre d'œufs de papillon	9	13	18	21	26	29	28	18	11

1. Tracer le nuage des points correspondant au tableau.
2. Donner le nom de la courbe représentant au mieux les points.
3. Déterminer le nombre de hampes florales qui permet d'avoir le maximum d'œufs de papillon.
4. Justifier que la fonction définie sur l'intervalle $[0\,;40]$ par $f(x) = -0{,}05x^2 + 2x + 9$ modélise le phénomène.
5. Comparer l'extremum de f à la réponse de la question 3..
6. Conclure : l'abondance des fleurs influe-t-elle sur la ponte des papillons ?

38 SANTÉ Quelle est la viscosité du sang ?

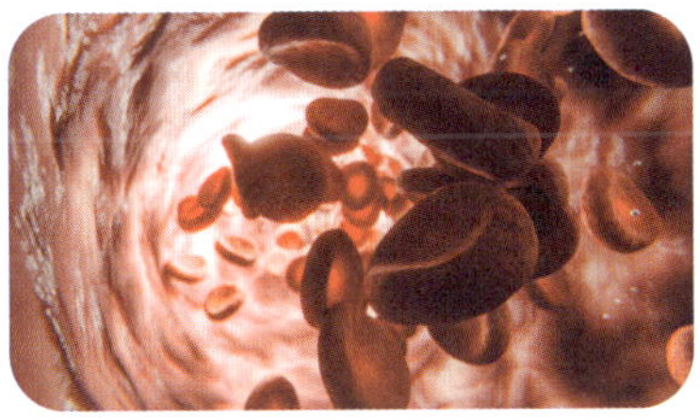

L'hématocrite est le volume de cellules dans le sang (proportion de globules rouges par rapport au volume de sang). La viscosité mesure la résistance à l'écoulement.

La fonction ci-dessous donne la relation entre la viscosité et le taux d'hématocrite dans le sang :

$$f(x) = 0{,}004x^2 - 0{,}09x + 2{,}5$$

où x est le taux d'hématocrite en % ($15 \leqslant x \leqslant 80$) et $f(x)$ la viscosité en micropascals par seconde (µPa/s).

1. Dresser le tableau de variations de la fonction f.
2. Calculer la viscosité pour ne pas dépasser le taux d'hématocrite 50 %.
3. Déterminer le taux d'hématocrites pour avoir une viscosité comprise entre 4,25 µPa/s et 6,55 µPa/s.

DÉMARCHE SCIENTIFIQUE

39 ÉNERGIE Quel est le prix du bois en fonction de son volume ?

Chaque année, des coupes de bois sont réalisées pour la gestion des forêts.

Quel est le volume de l'arbre correspondant à un prix de vente sur pied supérieur à 60 €/m³ ?

Doc. 1.

Le pin maritime est souvent vendu sur pied. Le volume est déterminé en fonction de la circonférence et de la hauteur de l'arbre.

Doc. 2.

Dans le fichier tableur « bois », on a relevé le prix (en euros par mètre cube) du bois en fonction du volume (en mètres cube) des arbres.

Fichier à télécharger
www.lienmini.fr/7868-0308

Thèmes abordés

- Fonctions polynômes de degré 2
- Résolution d'équations du second degré

Je m'évalue

Nom : ....

Prénom : ....

Date : ....

La masse de déchet peut-elle être inférieure à 2 tonnes par habitant ?

Une analyse de la situation des déchets a permis de modéliser l'évolution de la production de déchets non dangereux, en tonnes par habitant, en fonction du rang de l'année par :

$$f(x) = -0{,}01(x+9)(x-40)$$

où x est le rang de l'année (rang $x = 0$ correspondant à l'année 2000) et $f(x)$ la masse de déchets non-dangereux, en tonnes par habitant.

1 C.1.3 ANALYSER Calculer la masse de déchets non dangereux produits en 2014.

....

....

2 C.1.3 ARGUMENTER Donner le (ou les) rang(s) pour lequel (ou lesquels) la masse de déchets serait nulle avec ce modèle.

....

....

3 C.1.3 ANALYSER **a.** Justifier que l'extremum est un maximum.

....

b. Déterminer la valeur x_0 pour laquelle le maximum est atteint.

....

c. Calculer la valeur de ce maximum (arrondir à l'unité).

....

4 C.1.3 MODÉLISER Montrer que la forme développée de $f(x)$ est $-0{,}01x^2 + 0{,}31x + 3{,}6$.

....

....

....

....

5 C.1.3 ANALYSER Résoudre $f(x) < 2$ en indiquant la méthode utilisée.

....

....

....

....

6 C.1.3 ARGUMENTER Donner l'année pour laquelle, avec ce modèle, la production de déchet serait inférieure à 2 tonnes par habitant.

....

CHAPITRE 4

Dérivation et étude de fonctions

Je vais être capable de

- Déterminer par lecture graphique le nombre dérivé d'une fonction f en un point
- Construire en un point la tangente à la courbe représentative d'une fonction f et déterminer l'équation réduite d'une tangente
- Utiliser les formules et les règles de dérivation
- Étudier le sens de variations d'une fonction

Je démarre

Vidéo
Je regarde la vidéo
www.lienmini.fr/7868-0401

Dans le Tour de France, les cyclistes grimpeurs sont meilleurs à la montagne, où il faut monter, ou descendre, des routes avec des pentes très accentuées.

1 Expliquer la phrase du commentateur : « le cycliste attaque les quatre kilomètres d'ascension du Mur de Péguère à 12 % ».

....

....

2 Expliquer la difficulté d'ascension d'un col en fonction de la valeur, en %, de sa pente.

....

Je me rappelle

QCM
Je me rappelle
www.lienmini.fr/7868-0402
Note ton score du QCM en ligne .... /10

Questions flash

Cocher la bonne réponse parmi les trois proposées.

1 **Une droite dans le plan peut avoir une équation de la forme :**

a. ☐ $y = m \times x + p$
b. ☐ $y = x^2$
c. ☐ $y = \dfrac{1}{x}$

2 **Une droite d'équation $y = 3$ est :**

a. ☐ verticale.
b. ☐ horizontale.
c. ☐ oblique.

3 **Une droite d'équation $x = 3$ est :**

a. ☐ verticale.
b. ☐ horizontale.
c. ☐ oblique.

4 **Dans l'équation $y = 3x + 1$, le nombre 3 est :**

a. ☐ l'ordonnée à l'origine.
b. ☐ le coefficient directeur.
c. ☐ ni l'un ni l'autre.

5 **Le coefficient directeur de la droite d'équation $y = -3x + 1$ est :**

a. ☐ -3
b. ☐ 5
a. ☐ 1

6 **Si le point $A(1\ ;y_A)$ est sur la droite d'équation $y = 3x + 1$, alors y_A est égal à :**

a. ☐ 0
b. ☐ 3
c. ☐ 4

7 **La droite qui passe par les points $A(-2\ ;6)$ et $B(2\ ;2)$ a pour équation :**

a. ☐ $y = 3x + 1$
b. ☐ $y = -x + 4$
c. ☐ $y = 9x$

8 **Les droites D et D' d'équations respectives $y = 3x + 1$ et $y = 3x - 7$ sont :**

a. ☐ parallèles.
b. ☐ perpendiculaires.
c. ☐ Ni l'un ni l'autre.

9 **Par rapport à la droite D d'équation $y = 3x + 1$, la droite D' d'équation $y = 9x + 7$:**

a. ☐ est plus ascendante (montante).
b. ☐ est moins ascendante.
c. ☐ a la même inclinaison.

10 **La droite D d'équation $y = 5x + 1$ contient le point :**

a. ☐ $A(0\ ;1)$
b. ☐ $B(1\ ;5)$
c. ☐ $C(1\ ;0)$

11 **La droite D tracée ci-dessous a pour équation :**

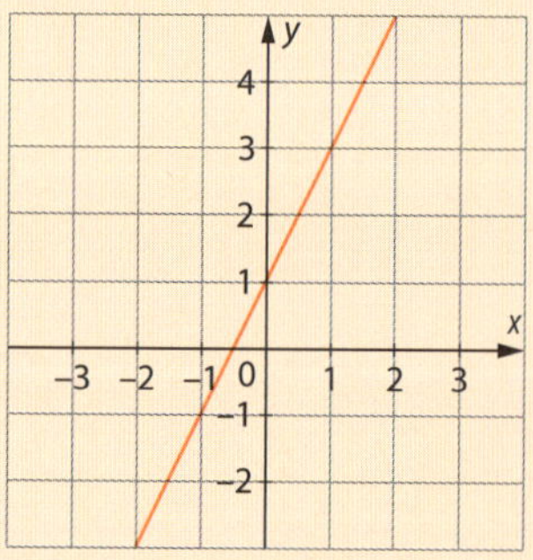

a. ☐ $y = 7x + 1$
b. ☐ $y = 1 + 2x$
c. ☐ $y = 9x$

ACTIVITÉ 1

ÉNERGIE

Calculer et interpréter la pente d'une droite

Comment augmente la puissance développée en fonction de la pente d'une route ?

Dans le Tour de France, en montagne, les pentes sont classées selon le code couleur suivant :

Couleur	Pente	Puissance développée à une vitesse moyenne de 23 km/h (en watts)
(vert)	de 0 à 2,9 %	300
(bleu)	de 3 à 5,9 %	400
(orange)	de 6 à 8,9 %	500
(noir)	plus de 9 %	600

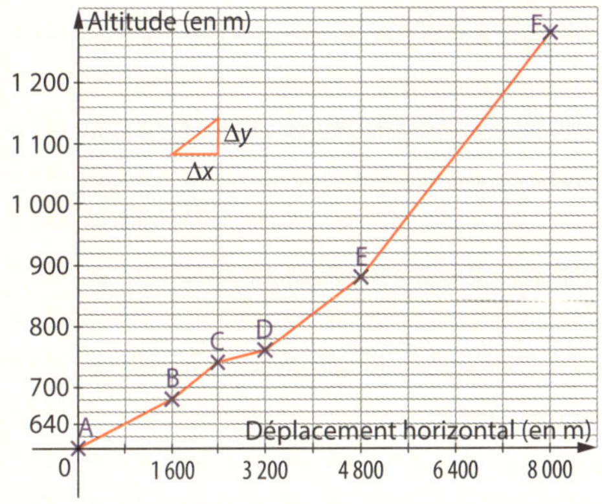

Le profil du Mur de Péguère dans le massif pyrénéen est donné par le graphique ci-contre.
Les coureurs partent de Massat, à une altitude d'environ 600 m (point A), pour arriver au Mur de Péguère (point F).
Plus la pente est élevée, plus il faut d'énergie pour la monter.

1 Calculer les pentes des différents tronçons AB, BC, CD, DE et EF et leur attribuer la bonne couleur.

> Pour calculer la pente d'une droite en %, on utilise la formule :
> Pente en % = $\frac{\Delta y}{\Delta x} \times 100$

....

2 Interpréter, en fonction de la valeur de la pente, l'élévation en altitude.

....

3 Indiquer ce que représente la pente, en valeur brute sans pourcentage, pour une droite du plan.

....

4 Dire si l'ascension du tronçon BC demande plus d'énergie que celle du tronçon CD. Justifier.

....

5 Identifier le tronçon dont l'ascension est la plus difficile. Justifier.

....

La **pente d'une droite en %** est égale à $\frac{\Delta y}{\Delta x} \times 100$, où Δy est la variation verticale et Δx la variation horizontale. Plus la pente est élevée, plus l'inclinaison de la droite est forte.

ACTIVITÉ 2

EAU

Trouver une équation de droite à partir de deux points

Comment l'océan grignote-t-il le littoral ?

L'altimétrie par satellite, grâce à une couverture globale des océans, permet un suivi sur le long terme du niveau des océans. Le niveau moyen de référence est calculé, depuis janvier 1990, grâce aux recouvrements par les satellites successifs.

Dans le graphique ci-dessous, la courbe verte présente l'évolution du niveau moyen (en cm) des océans depuis 1990.

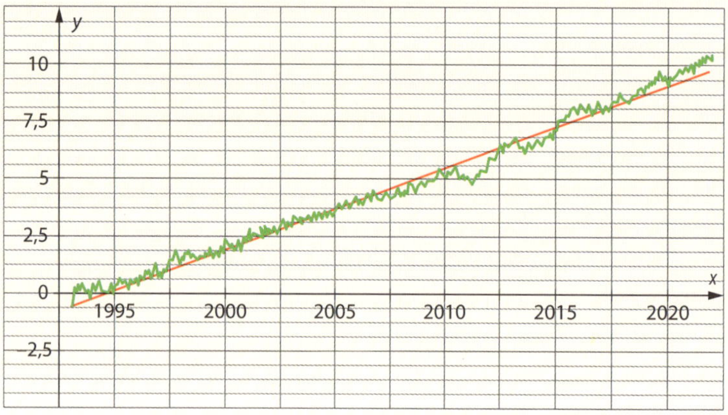

1 Remplir le tableau suivant :

Année	1990	1995	2000	2005	2010	2015	2020
***x* : rang de l'année**	0	1	2	3	4	5	6
***y* : niveau moyen des océans (en cm)**	−1,75	....	....	3,5	....	7	....

2 Cette évolution est modélisée par une droite en rouge qui a une équation de la forme $y = mx + p$. Remplacer x et y à l'aide des données de l'année 1990 et en déduire la valeur de p.

....

3 Remplacer x et y à l'aide des données de l'année 2015 et trouver m, la pente de la droite. Interpréter cette valeur en termes de déplacements horizontal et vertical.

....

....

4 Le coefficient directeur d'une droite passant par les points $A(x_A ; y_A)$ et $B(x_B ; y_B)$ est égal à : $m = \dfrac{y_B - y_A}{x_B - x_A}$.

Vérifier, à l'aide des données de l'année 2005 et de l'année 2015, que cette formule donne le même résultat que celui de la question précédente.

....

5 Indiquer de combien s'élève le niveau de la mer chaque année.

....

....

Si la droite (AB), passant par les points $A(x_A ; y_A)$ et $B(x_B ; y_B)$, a pour équation $y = mx + p$, alors le **coefficient directeur** est : $m = \dfrac{\text{déplacement vertical}}{\text{déplacement horizontal}} = \dfrac{y_B - y_A}{x_B - x_A}$ et **l'ordonnée à l'origine** est $p = y_A - mx_A$.

ACTIVITÉ 3

SANTÉ

Comprendre ce qu'est une tangente et un nombre dérivé

Comment prolifère une population de bactéries ?

Des scientifiques souhaitent étudier l'évolution d'une colonie de bactéries en fonction de la température du milieu de vie. Cette évolution est modélisée par la fonction f définie sur l'intervalle [0,5 ; 6] par :

$$f(x) = 1{,}4x^2 - x + 0{,}4$$

où x est la température (en °C) et $f(x)$ le nombre de bactéries (en milliers).

Dans le fichier GeoGebra ci-joint, on a tracé la courbe représentative de cette fonction.

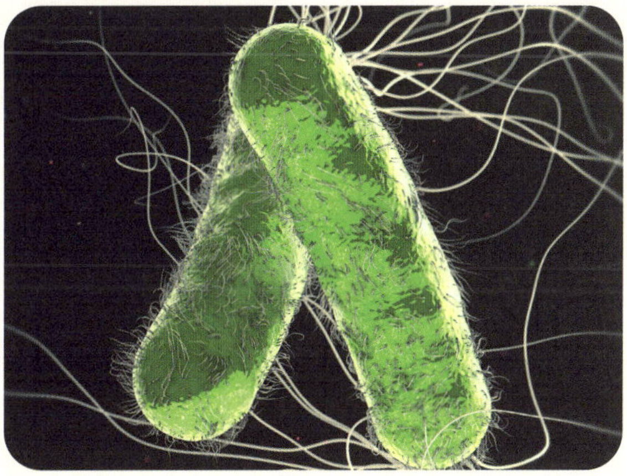

1 Ouvrir le fichier « bacteries.ggb », puis déplacer lentement le point M sur la courbe et indiquer le nombre de points d'intersection de la courbe avec la droite (AM), tracée en vert.

Fichier à télécharger
www.lienmini.fr/7868-0403

....

2 Déplacer le point M et obtenir différentes droites sécantes à la courbe. Indiquer ce qu'il se passe lorsque M est placé exactement sur le point A.

....

3 Indiquer le nombre de points d'intersection de la courbe avec la **tangente** en A, tracée en bleu.

....

....

> Lorsqu'on ramène M sur le point A, on atteint la position limite de la sécante (AM) : c'est la tangente à la courbe au point A. Son coefficient directeur est égal au nombre dérivé de la fonction f en a, noté : $f'(a)$.

4 **a.** Déplacer le point A le long de la courbe et observer la tangente qui varie dynamiquement, ainsi que le nombre dérivé $f'(a)$.

b. Déterminer les pentes des tangentes aux points d'abscisses 0,5 ; 1 et 2, c'est-à-dire les nombres dérivés $f'(0{,}5)$, $f'(1)$ et $f'(2)$. Préciser leurs signes.

....

5 Comparer, en observant le graphique, le signe du nombre dérivé et le sens de variation de la fonction f au voisinage des points précédents.

....

6 Compléter le tableau suivant, en donnant le signe de f' en ligne 2 et en traçant une flèche en ligne 3 pour indiquer le sens de variation de f.

x	0,5 6
Signe de $f'(x)$	
Variations de f	

7 Trouver une relation entre le signe du nombre dérivé et la variation du nombre de bactéries.

....

Le **nombre dérivé** de f en $x = a$ est égal au coefficient directeur de la **tangente** à la courbe de f au point d'abscisse a. Lorsqu'il est positif, la fonction est croissante. On admettra que lorsque le nombre dérivé est négatif, la fonction est décroissante.

ACTIVITÉ 4

SANTÉ

Déterminer si une croissance est faible ou forte

Comment l'impression 3D peut-elle rendre service à la médecine ?

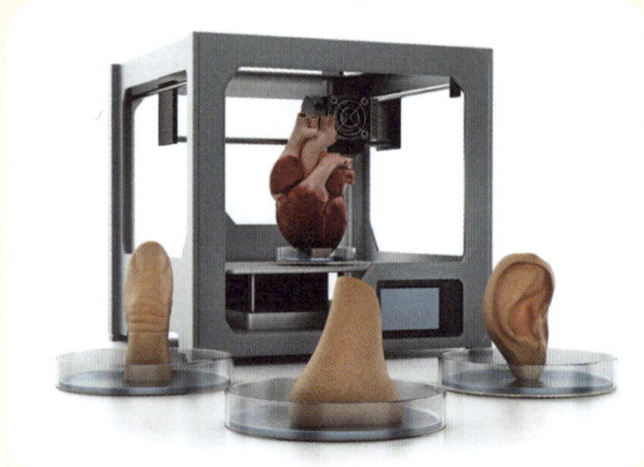

À l'aide de l'impression 3D, dans le domaine de la santé, on peut imprimer des prothèses, des os ou même des organes. Ainsi, l'être humain pourrait faire face à la maladie et à de nombreux problèmes de santé. Cela s'appelle le bioprint. L'évolution du nombre d'impressions en fonction des années, depuis 2006, est modélisée par la fonction *f* dont la représentation graphique est tracée ci-dessous.

L'année 2006 correspond à l'abscisse 6.

On rappelle que le **nombre dérivé** de *f* en $x = a$ est égal au coefficient directeur *m* de la tangente à la courbe de *f* au point d'abscisse *a*.

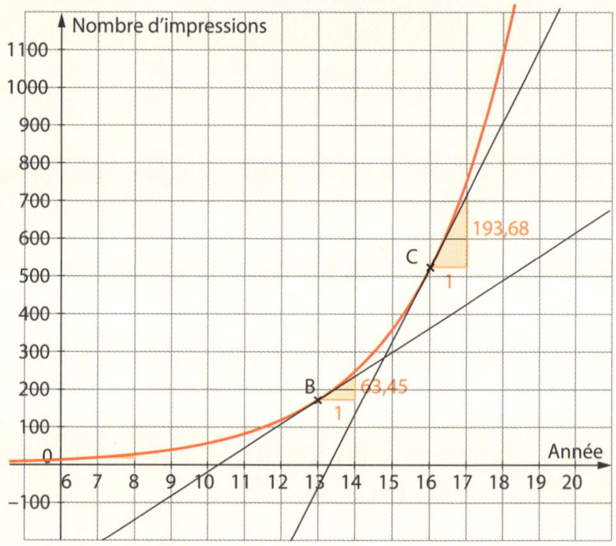

1 Donner, avec la précision permise par le graphique, le nombre d'impressions 3D en 2015. Justifier.

....

2 Déterminer $f'(13)$ et $f'(16)$ sachant que $f'\left(x_A\right) = m$.

....

....

3 Justifier les réponses précédentes par une phrase faisant intervenir le nombre dérivé.

....

....

4 Décrire la rapidité de l'évolution des impressions 3D depuis 2006. Établir un lien avec le nombre dérivé.

....

....

....

5 Donner une unité aux nombres dérivés de la question **2.**.

....

Lorsque le **nombre dérivé** est positif, plus il est grand, plus la **croissance** d'une fonction est rapide.
On admettra par analogie que lorsque le nombre dérivé est négatif, plus il est grand, plus la décroissance d'une fonction est lente.

ACTIVITÉ 5

EAU

Définir une fonction dérivée et étudier les variations

Comment le niveau d'un lac évolue-t-il en fonction des saisons ?

Myriam a remarqué que le lac situé près de chez elle se vide en été pour se remplir en automne.

On a modélisé cette variation du niveau de l'eau par le tableau ci-dessous et le graphique en bas de page.

Mois	Juin	Juillet	Août	Septembre	Octobre	Novembre	Décembre
Valeur attribuée, *x*	−3	−2	−1	0	1	2	3
Niveau d'eau, *y* (en m)	9	4	1	0	1	4	9

1 Conjecturer une formule qui donne y en fonction de x.

....

2 Donner le mois où le lac est au plus bas, ainsi que la valeur de x correspondante.

....

3 Indiquer le niveau d'eau lorsque le lac est au plus bas.

....

4 Compléter le tableau ci-dessous à l'aide de la représentation graphique ci-contre ($f'(x)$ est le nombre dérivé de f en x).

x	−3	−1	1	2
$f'(x)$	....	....	....	....
$2x$	....	....	....	....

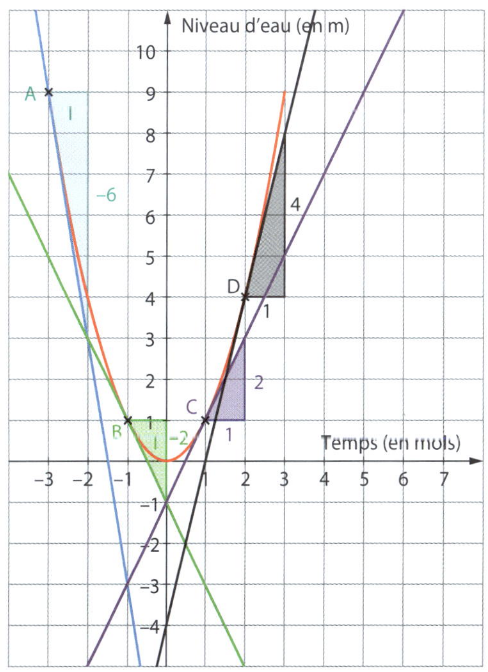

5 Conjecturer une formule donnant f', d'après le tableau.

....

6 Conjecturer une formule générale qui donne la dérivée de x^2.

....

7 En déduire la valeur de $f'(3)$.

....

8 Conjecturer une relation entre le signe de $f'(x)$ et les variations de f.

....

....

Lorsqu'on associe, à chaque valeur de x d'un intervalle, le nombre dérivé de f en x, on définit une fonction : la **fonction dérivée de *f***. Si $f'(x) > 0$ alors f est croissante, et si $f'(x) < 0$ alors f est décroissante.

ACTIVITÉ 6

BIODIVERSITÉ

Déterminer les extremums d'une fonction

Comment la taille des couvées varie-t-elle en fonction du nombre de mésanges ?

Dans un bois, la taille moyenne de couvée des mésanges charbonnières (c'est-à-dire le nombre moyen d'œufs par couvée), en fonction du nombre de couples reproducteurs, est donnée, sur l'intervalle [10 ; 80], par la fonction suivante :

$$f(x) = 0{,}0015x^2 - 0{,}2038x + 14{,}454$$

où x est le nombre de couples reproducteurs.

On donne ci-dessous la représentation graphique de f.

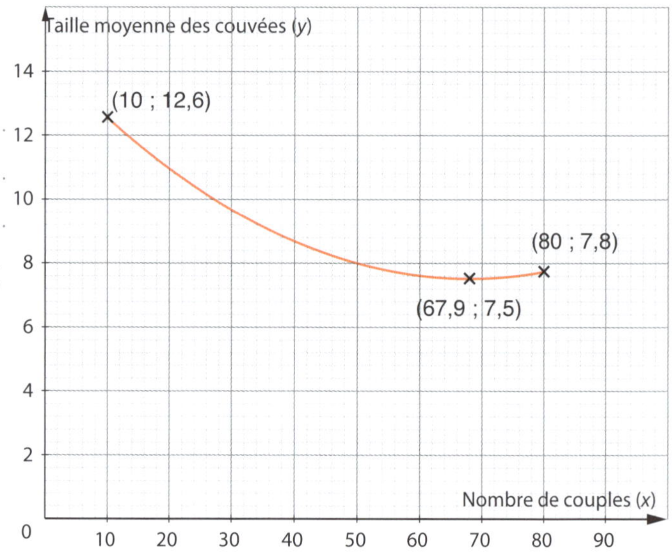

1 Indiquer la taille moyenne de couvée lorsqu'il y a 50 couples de mésanges reproducteurs dans le bois. Justifier.

....

....

....

2 Dresser le tableau de variations de la fonction f.

x	....
Variations de f	

3 Donner la taille moyenne minimale de couvée et le nombre de couples reproducteurs correspondant.

....

4 Déterminer graphiquement le signe du nombre dérivé $f'(x)$ pour $x < 67{,}9$, puis pour $f'(x) > 67{,}9$.

....

....

5 Indiquer la valeur de $f'(67{,}9)$.

....

....

6 Donner le signe de $f'(x)$ en fonction de x, sachant que $f'(x) > 0$ si f est croissante, et $f'(x) < 0$ si f est décroissante.

x	....	....	....
Signe de $f'(x)$	....	0	....

Une fonction f est **croissante** sur un intervalle si sa **dérivée est positive** sur cet intervalle. Elle est décroissante si sa dérivée est négative. Les extremums de f sont atteints lorsque la dérivée s'annule ($f'(x) = 0$) et change de signe.

Je retiens l'essentiel

Nombre dérivé et tangente

- Le **nombre dérivé** d'une fonction f en $x = a$, noté $f'(a)$, est égal au coefficient directeur de la tangente à la courbe représentative de la fonction f au point A de coordonnées $(a, f(a))$.

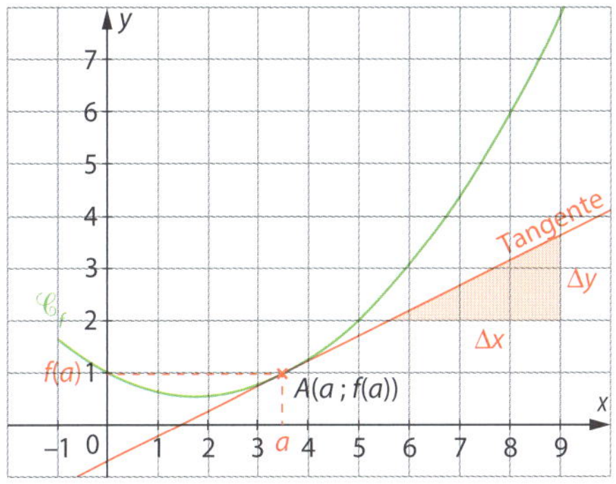

- On a :

$$f'(a) = \frac{\text{déplacement vertical}}{\text{déplacement horizontal}} = \frac{\Delta y}{\Delta x}$$

- Une **équation de la tangente** à la courbe au point A est :

$$y = f'(a)(x - a) + f(a)$$

Fonction dérivée

- Si f est une fonction dérivable sur un intervalle I, la fonction qui, à tout nombre x, associe le nombre dérivé $f'(x)$ de la fonction f en x est appelée **fonction dérivée de la fonction f** sur I. On la note $\boldsymbol{f'}$.

- La dérivée d'une fonction constante est égale à 0.

- Le tableau ci-contre donne les dérivées des fonctions de référence, ainsi que la dérivée de la somme de deux fonctions et du produit par un nombre réel.

Fonction f	Dérivée f'
k (fonction constante)	0
$ax + b$	a
x^2	$2x$
x^3	$3x^2$
$\frac{1}{x}$	$-\frac{1}{x^2}$
$k \times u(x)$	$k \times u'(x)$
$u(x) + v(x)$	$u'(x) + v'(x)$

Exemples : • La dérivée de la fonction $2x^2$ est $2 \times 2x$, soit $4x$.

• La dérivée de la fonction $x^3 + \frac{1}{x}$ est $3x^2 - \frac{1}{x^2}$.

Lien entre les variations d'une fonction et sa dérivée

- Si la dérivée f' de f est **positive** sur un intervalle I, alors la fonction f est **croissante** sur cet intervalle.
- Si la dérivée f' de f est **négative** sur un intervalle J, alors la fonction f est **décroissante** sur cet intervalle.
- Si la fonction f admet un **maximum** ou un **minimum** en a, alors $f'(a) = 0$.

Exemple : Étudier les variations de la fonction définie sur [0 ; 4] par $f(x) = x^2 - 4x + 3$.

$f'(x) = 2x - 4$ ← Calculer $f'(x)$

$2x - 4 = 0$ si $x = 2$, donc $f'(x) = 0$ si $x = 2$. ← Résoudre $f'(x) = 0$ pour trouver les éventuels extremums de f

$f'(x)$ est négative sur [0 ; 2]. ← Dresser le tableau de signes de f'

$f'(x)$ est positive [2 ; 4].

← En déduire le tableau de variations de f

x	0		2		4
Signe de $f'(x)$		−	0	+	
Variations de f	3	↘	−1	↗	3

J'apprends à résoudre

1 Déterminer graphiquement une équation de la tangente en un point

Énoncé On donne la courbe représentative d'une fonction f, ainsi que la tangente à cette courbe au point d'abscisse 3.
Déterminer graphiquement une équation de cette tangente.

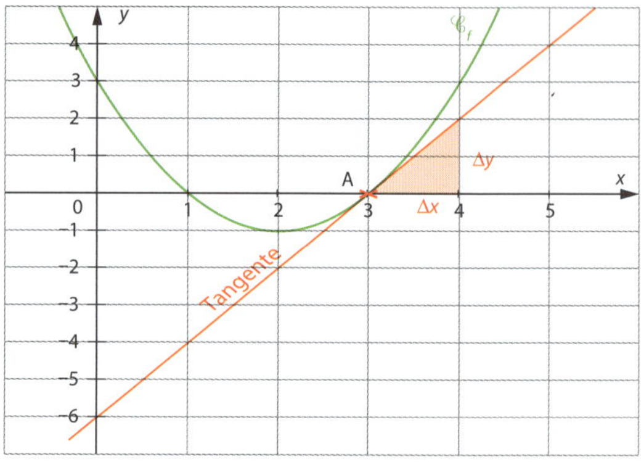

Solution

1. Une équation de la tangente est de la forme : $y = mx + p$
2. $m = f'(3) = \dfrac{\Delta y}{\Delta x} = \dfrac{2}{1} = 2$ et $p = -6$.
3. Donc : $y = 2x - 6$.

Point méthode

1. Écrire la forme générale de l'équation de la tangente
2. Déterminer graphiquement l'ordonnée à l'origine et le coefficient directeur
3. Remplacer ces valeurs dans l'équation

Voir exercices 1 à 3 p. 71

2 Écrire l'équation réduite d'une tangente

Énoncé Soit la fonction f définie sur $[0 ; 4]$ par $f(x) = x^2 - 4x + 3$.
Déterminer l'équation réduite de la tangente à la courbe représentative de f au point de coordonnées $(3 ; f(3))$.

Solution

1. $f'(x) = (x^2)' - 4(x)' + (3)' = 2x - 4 \times 1 + 0 = 2x - 4$
2. $f(3) = 3^2 - 4 \times 3 + 3 = 0$
   $f'(3) = 2 \times 3 - 4 = 2$
3. $y = f'(3)(x - 3) + f(3) = 2(x - 3) + 0$
4. Après développement et simplification, on trouve l'équation réduite de la tangente au point de coordonnées $(3 ; f(3))$: $y = 2x - 6$.

Point méthode

1. Déterminer l'expression de la fonction dérivée $f'(x)$, à l'aide des formules de dérivation
2. Calculer $f(3)$ et $f'(3)$
3. Écrire l'équation de la tangente en utilisant la formule $y = f'(a)(x - a) + f(a)$
4. Remplacer dans la formule et simplifier

Voir exercice 8 p. 72

3 Étudier les variations d'une fonction

Énoncé Soit la fonction f définie sur $[0 ; 4]$ par $f(x) = -x^2 + 4x$. Dresser son tableau de variations.

Solution

1. $f'(x) = -2x + 4$
2. $-2x + 4 = 0$ si $x = 2$, donc $f'(x) = 0$ si $x = 2$.
3. $f'(x)$ est positive sur $[0 ; 2]$ et négative sur $[2 ; 4]$.

x	0		2		4
Signe de $f'(x)$		+	0	−	
Variations de f	0	↗	4	↘	0

Point méthode

1. Calculer $f'(x)$
2. Résoudre $f'(x) = 0$ pour trouver les éventuels extremums de f
3. Dresser le tableau de signes de $f'(x)$
4. Dresser le tableau de variations de f

Voir exercices 29 p. 74 et 30 p. 75

Je m'entraîne

QCM en ligne
www.lienmini.fr/7868-0404

Je teste mes acquis

1 La fonction f est :

x	-5	-3	1	3
Variations de f	-1 ↗	5 ↘	2 ↗	9

a. ☐ croissante sur [2 ; 9].
b. ☐ croissante sur [–3 ; 1].
c. ☐ décroissante sur [–3 ; 1].

2 La fonction dérivée de la fonction définie par $f(x) = 3x^2 + 2x - 4$ est :
a. ☐ $f'(x) = 6x + 2$ b. ☐ $f'(x) = 2x - 2$
c. ☐ $f'(x) = 3x + 2$

3 La fonction dérivée de la fonction définie par
$f(x) = 1 - x + \frac{5}{2}x^2$ est :
a. ☐ $f'(x) = 5x - 1$ b. ☐ $f'(x) = 5x - 2$
c. ☐ $f'(x) = 5x + 2$

4 On sait que $f'(x) = 3x - 1$. Une équation de la tangente à la courbe de f au point A(1 ; 0) est :
a. ☐ $y = 4x - 1$ b. ☐ $y = -3x + 3$ c. ☐ $y = 2x - 2$

5 Une équation de la tangente à la courbe au point A est :
a. ☐ $y = -3x - 3$
b. ☐ $y = 3x + 1$
c. ☐ $y = -x + 3$

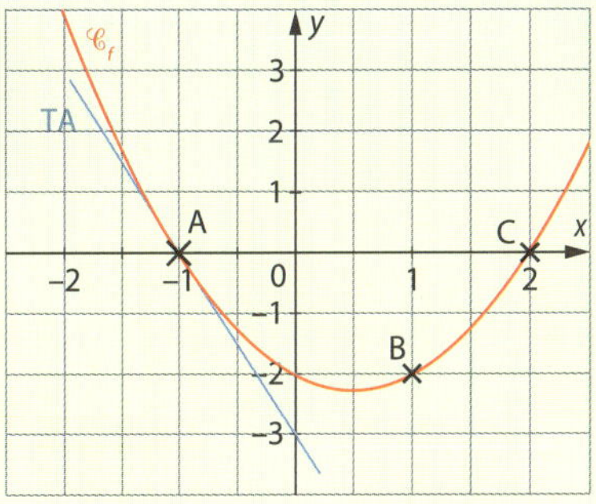

6 La fonction f a pour dérivée $f'(x) = 3x^2 + 1$. Alors :
a. ☐ f est croissante sur [1 ; 9].
b. ☐ f est décroissante sur [1 ; 9].
c. ☐ f change de variations sur [1 ; 9].

7 La fonction f a pour dérivée $f'(x) = 1 - 3x^2$. Alors :
a. ☐ f est croissante sur [1 ; 9].
b. ☐ f est décroissante sur [1 ; 9].
c. ☐ f change de variations sur [1 ; 9].

8 On sait que $f'(x) = 2x - 4$.
Alors, en $x = 2$, la fonction f admet :
a. ☐ un maximum.
b. ☐ un minimum.
c. ☐ On ne peut pas savoir.

Nombre dérivé et tangente

Automatismes

1 Une équation de la tangente à la courbe de f au point d'abscisse –2 est $y = -x + 7$. Déterminer $f'(-2)$.

....

....

2 Une équation de la tangente à la courbe de f au point d'abscisse –4 est $y = -3$. Déterminer $f'(-4)$.

....

....

3 On sait que $f'(-2) = 3$. Parmi ces trois équations, indiquer celle qui ne peut pas être une équation de la tangente à la courbe de f au point d'abscisse –2. Justifier.
☐ $y = 3x + 3$
☐ $y = 2x + 3$
☐ $y = 3x - 3$

....

....

4 Soit la fonction f définie sur [–1 ; 2,5], dont on donne la représentation graphique ci-contre. Le point A(0 ; 0) est un point de la courbe. On sait que $f'(0) = 4$.
Tracer la tangente à la courbe de f au point d'abscisse 0. Justifier.

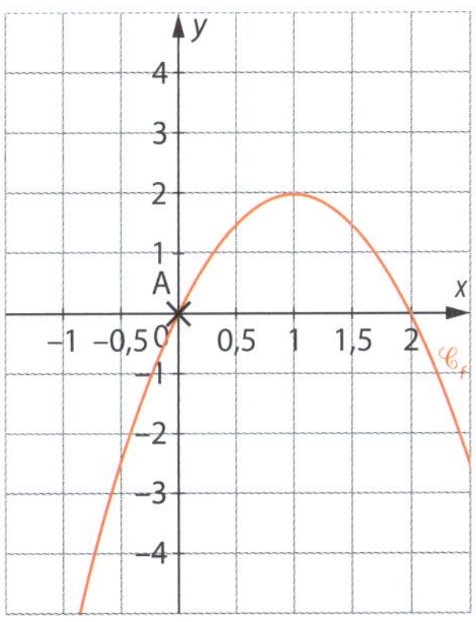

....

....

....

....

5 Soit la fonction f définie par $f(x) = 2x - 1$ représentée par la droite D ci-contre.
Calculer $f'(x)$ et comparer cette valeur au coefficient directeur de la droite D.

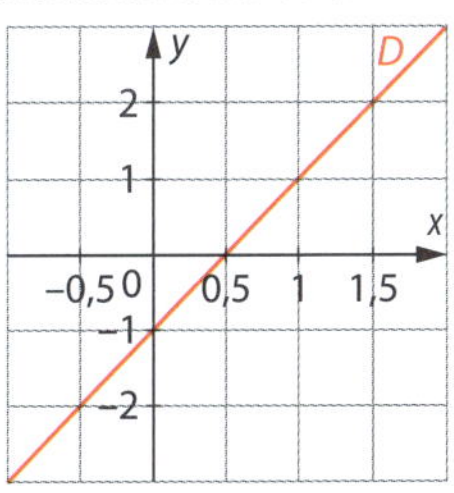

....

....

....

6 La courbe de la fonction f est tracée ci-dessous sur l'intervalle $[-5 ; 3]$.

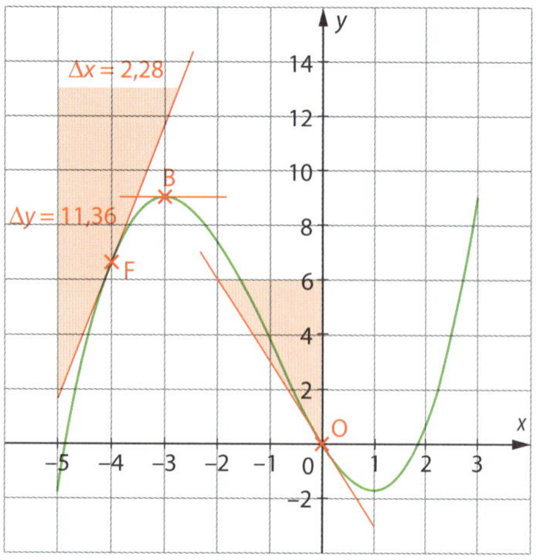

Déterminer par lecture graphique $f'(-4)$, $f'(0)$ et $f'(-3)$.

....

7 On donne ci-dessous le tableau de variations d'une fonction f. Déterminer $f'(-3)$ et $f'(1)$.

x	-5	-3	1	3
Variations de f	-1 ↗	5 ↘	2 ↗	9

....

8 **1.** Donner une équation de la tangente à la courbe de la fonction carré au point d'abscisse 1.

....

2. Donner une équation de la tangente à la courbe de la fonction inverse au point d'abscisse 1.

....

9 Une équation de la tangente à la courbe de la fonction g au point d'abscisse 3 est $y = 2x + 5$. Identifier un point appartenant à la courbe de g.

....

10 Sachant que $f'(2) = 2$ et $f(2) = 1$, déterminer une équation de la tangente au point d'abscisse 2.

....

11 La courbe ci-dessous représente une fonction f. Déterminer graphiquement une équation de la tangente aux points O et A.

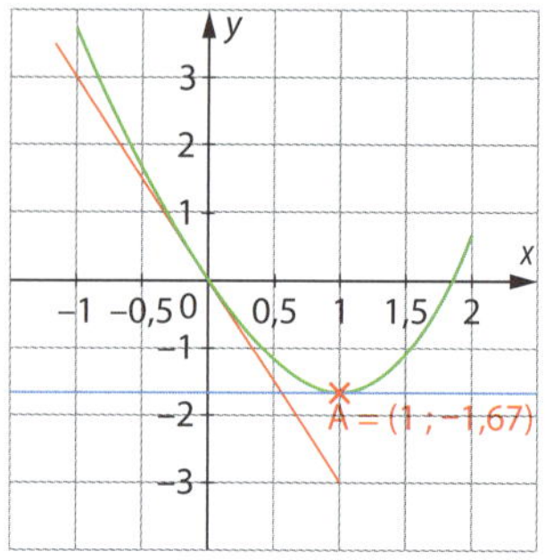

....

Fonction dérivée

Automatismes

12 Déterminer les fonctions dérivées des fonctions suivantes sur $[-5 ; 5]$.

1. $f(x) = 5$

....

2. $f(x) = -3x$

....

3. $f(x) = 1 - 3x$

....

4. $f(x) = \dfrac{x}{2} + 9$

....

13 Déterminer les fonctions dérivées des fonctions suivantes sur $[0 ; 10]$.

1. $f(x) = -2x^2 - 1$

....

2. $f(x) = -3x^2 + 5$

....

3. $f(x) = \dfrac{1}{3}x^3$

....

Je m'entraîne

14 Déterminer les fonctions dérivées des fonctions suivantes sur [1 ; 10].

1. $f(x)=\frac{2}{x}$ ....

2. $f(x)=-\frac{3}{x}+5$ ....

3. $f(x)=4-\frac{0{,}37}{2x}$ ....

15 Déterminer les fonctions dérivées des fonctions suivantes sur [1 ; 9].

1. $f(x)=\frac{5x}{2}-\frac{7}{2}$

....

2. $f(x)=-\frac{x^2}{2}+5$

....

3. $f(x)=1-0{,}093x$

....

4. $f(x)=-\frac{x^2}{2}+9x$

....

16 Déterminer les fonctions dérivées des fonctions suivantes sur [2 ; 16].

1. $f(x)=0{,}5x^2-x$ ....

2. $f(x)=4-0{,}25x^3$ ....

3. $f(x)=\frac{1}{3}x^3+x^2-1$ ....

4. $f(x)=\frac{8}{x}-5x$ ....

17 Associer par une flèche chaque fonction à sa dérivée.

$f(x)=-3x+3$ •	• $f'(x)=-\frac{2}{x^2}$
$f(x)=x^2-3x$ •	• $f'(x)=-3$
$f(x)=\frac{2}{x}+9$ •	• $f'(x)=x^2+2x-1$
$f(x)=\frac{1}{3}x^3+x^2-x$ •	• $f'(x)=2x-3$

18 Calculer les fonctions dérivées des fonctions suivantes, définies sur [1 ; 4].

1. $f(x)=3-x-x^2$

....

2. $g(x)=4x-\frac{x^2}{2}$

....

3. $h(x)=x^3-x^2+2$

....

4. $m(x)=3-\frac{2}{x}$

....

19 Calculer les fonctions dérivées des fonctions suivantes, définies sur [1 ; 10].

f(x)	$0{,}059x-0{,}5x^2$	$0{,}4x^2-\frac{0{,}1}{x}$	$\frac{2}{3}x^3-0{,}5\frac{1}{x}$
f'(x)	....	....	....

20 Déterminer les fonctions dérivées des fonctions suivantes sur [1 ; 4].

1. $f(x)=-6x^2-\frac{0{,}6}{x}+4$

....

2. $f(x)=-1-3x+3x^2$

....

3. $f(x)=9{,}63x^2-8x-2$

....

4. $f(x)=-0{,}96x^2-0{,}62x+\frac{3}{x}$

....

21 Dans chaque cas, calculer la fonction dérivée et donner une équation de la tangente au point d'abscisse 1.

1. $f(x)=\frac{1}{x}$

....

....

....

2. $g(x)=x^2$

....

....

....

....

3. $h(x)=x^3$

....

....

....

....

Variations d'une fonction

Automatismes

22 Soit f une fonction. On sait que $f'(x)=3x^2+1$. Peut-on dire que f est croissante sur [1 ; 9] ? Justifier.

....

....

Automatismes

23 Compléter les tableaux de variations des fonctions f et g dont les courbes représentatives sont données ci-dessous.

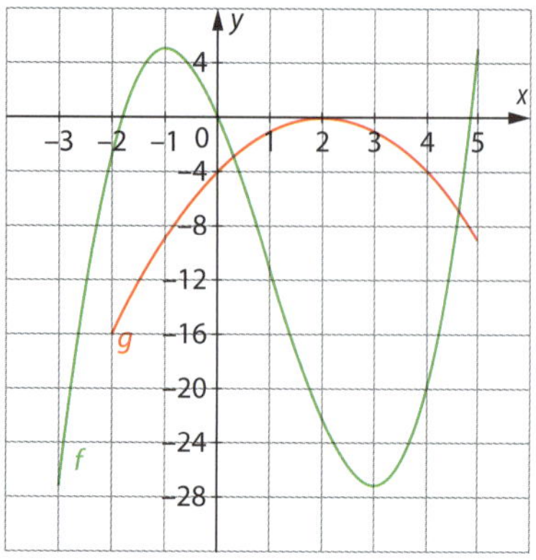

x	....	....	....	....
Variations de f				

x	....	....	....
Variations de g			

24 Soit f une fonction. On sait que $f'(x) = 7x^2 + 9$.
Peut-on dire que f est croissante sur [1 ; 9] ? Justifier.

....

....

25 Soit f une fonction. On sait que $f'(x) = -1 - 3x^2$.
Peut-on dire que f est croissante sur [1 ; 9] ? Justifier.

....

....

....

26 On donne le tableau de variations d'une fonction f.

x	–5	–3	1	3
Variations de f	–1 ↗	5 ↘	2 ↗	9

Cocher l'affirmation fausse. Justifier.

☐ « f est croissante sur [2 ; 9]. »

☐ « f est croissante sur [–5 ; –3]. »

☐ « f est décroissante sur [–3 ; 1]. »

....

....

27 On reprend la fonction de l'exercice précédent. Cocher l'affirmation vraie. Justifier.

☐ $f'(-3) = 0$ ☐ $f'(-3) = 5$ ☐ $f'(-2) > 0$

....

28 La courbe tracée ci-dessous est celle de la fonction f définie sur [–5 ; 3].

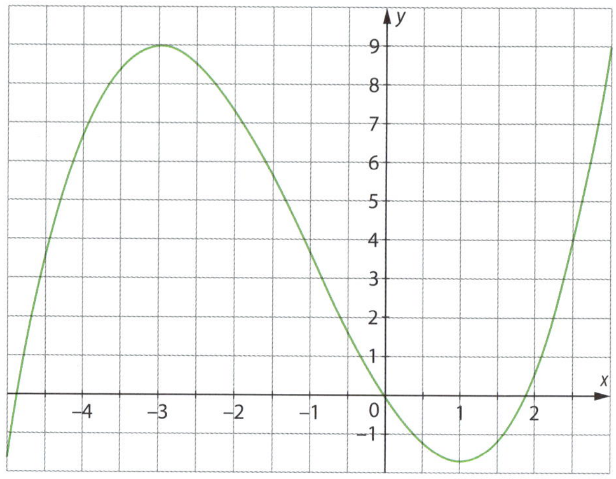

Parmi les tableaux de variations suivants, déterminer celui de f. Justifier.

☐ Tableau 1

x	–5	–3	1	3
Variations de f	–1,7 ↗	9 ↘	–1,7 ↗	9

☐ Tableau 2

x	–1,7	9	–1,7	9
Variations de f	–5 ↗	–3 ↘	–1 ↗	3

....

....

29 La fonction g est définie sur [1 ; 4] par $g(x) = 3 - \frac{2}{x}$.

1. Donner l'expression de la fonction dérivée g'.

....

2. Étudier le signe de $g'(x)$.

....

3. Compléter le tableau de variations de g.

x	....	....
Signe de $g'(x)$	....	
Variations de g		

30 La fonction f est définie sur $[0 ; 4]$ par $f(x) = 3x^2 - 3x - 1$.

1. Donner l'expression de la fonction dérivée f'.

$f'(x) = 6x - 3$

2. Résoudre $f'(x) = 0$.

0,5

3. Étudier le signe de $f'(x)$.

— 0,5 + 4
valeur pivo 0
[0 ; 0,5] f'(x) ≤ 0 sur [0 ; 0,5] f'(x) ≥ 0

4. Compléter le tableau de variations de f.

x	0	0,5	4
Signe de $f'(x)$	−	0	+
Variations de f	−1 ↘	−1,75	↗ 35

31 La fonction h est définie sur $[0 ; 1]$ par :

$$h(x) = 2x^3 + 4x - 1$$

1. Donner l'expression de la fonction dérivée h'.

2. Étudier le signe de $h'(x)$.

3. Dresser le tableau de variations de h.

x		
Signe de $h'(x)$		
Variations de h		

32 La fonction f est définie sur $[1 ; 6]$ par :

$$f(x) = -x^2 + 8x - 12$$

1. Donner l'expression de la fonction dérivée f'.

$f'(x) = -2x + 8$

2. Résoudre $f'(x) = 0$.

$x = 4$

3. Étudier le signe de $f'(x)$.

1 4 6
sur [1 ; 4] f'(x) ≥ 0
sur [4 ; 6] f'(x) ≤ 0

4. Dresser le tableau de variations de f.

x	1	4	6
Signe de $f'(x)$	−	0	+
Variations de f	−5 ↗	4	↘ 0

5. Déterminer le maximun de f et la valeur de x pour laquelle il est atteint.

6. Donner une équation de la tangente à la courbe de f au point d'abscisse 4.

33 La fonction g est définie sur $[1 ; 4]$ par $g(x) = \frac{8}{x} - 3$.

1. Calculer la fonction dérivée g'.

2. Étudier le signe de $g'(x)$.

3. Compléter le tableau de variations de g.

x		
Signe de $g'(x)$		
Variations de g		

4. Déterminer une équation de la tangente à la courbe de g au point d'abscisse 1.

34 La fonction f est définie sur $[1 ; 5]$ par $f(x) = 0{,}3x - \frac{0{,}5}{x}$.

1. Calculer la fonction dérivée f'.

2. Étudier le signe de $f'(x)$.

3. Compléter le tableau de variations de f.

x		
Signe de $f'(x)$		
Variations de f		

4. Déterminer une équation de la tangente à la courbe de f au point d'abscisse 1.

35 Dans le repère ci-dessous, on a tracé les courbes représentatives de deux fonctions, notées f_1 et f_2. L'une est celle d'une fonction f et l'autre celle de sa dérivée f'.

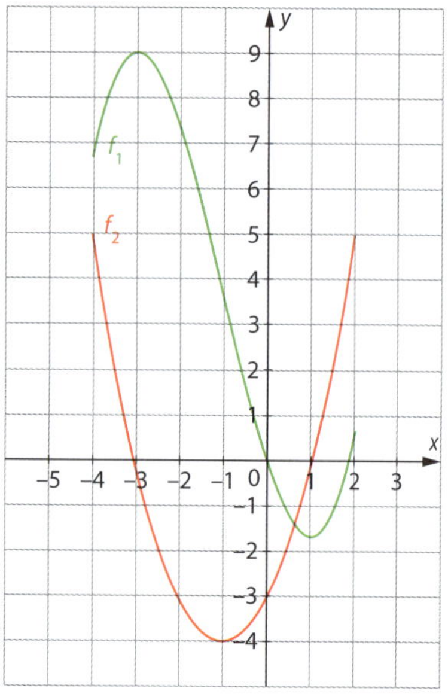

1. Dresser le tableau de variations de f_1.

x	....		
Variations de f_1			

2. Attribuer à f et f' leurs courbes représentatives.

....

....

....

....

36 On suppose que l'aire A de la surface imprimable d'une feuille de papier dont l'aire totale est de 600 cm² est donnée, sur l'intervalle [1 ; 40], par la formule suivante :

$$A(x) = -\frac{2\,400}{x} - 6x + 580$$

x est la largeur de la feuille.

1. Calculer $A'(x)$.

....

2. Résoudre $A'(x) = 0$.

....

....

....

....

3. En déduire la valeur de x pour que l'aire soit maximale.

....

4. Déterminer alors la hauteur de la feuille.

....

37 Soit la fonction f définie sur [−2 ; 3] dont la représentation graphique est tracée ci-dessous.

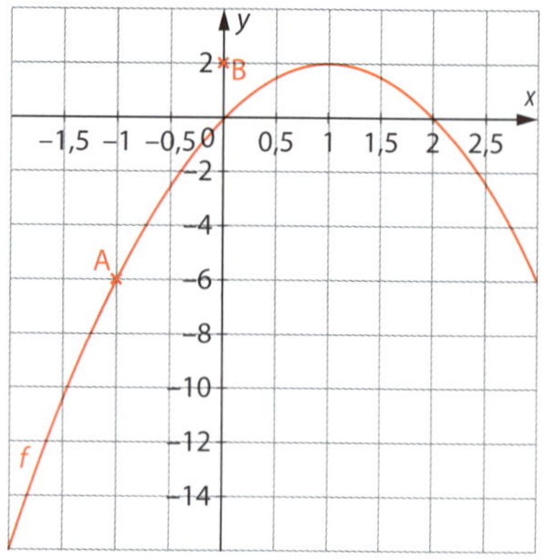

1. Résoudre $f(x) > 0$.

....

....

2. Résoudre $f'(x) > 0$.

....

3. Résoudre $f'(x) = 0$.

....

4. Donner une équation de la tangente au point d'abscisse 1.

....

....

5. Déterminer $f'(-1)$ sachant que la tangente à la courbe de f au point A passe par le point B.

....

....

....

38 **Algorithmique et programmation**

L'algorithme suivant permet de calculer la dérivée de la fonction définie par $f(x) = x^2 + x$.

PYTHON Voir la fiche 1, p. 237

```
1 from sympy import *
2 x=Symbol('x')
3 f=x**2+x
4 deriveef=f.diff(x)
5 print("f'(x) = ",deriveef)
```

- Ligne 1 : La bibliothèque « sympy » contient le calcul de dérivée.
- Ligne 2 : On déclare que la variable est x.
- Ligne 3 : On entre la fonction f.
- Ligne 4 : On calcule la dérivée f'.
- Ligne 5 : On fait afficher le résultat.

1. Recopier ce programme dans un éditeur Python et le faire tourner. Indiquer le résultat. ....

2. En utilisant le même programme, calculer la dérivée de la fonction définie par $f(x) = \frac{5}{6}x^3 + x^2 + 10x - 1$.

....

Je résous des problèmes

39 EAU Comment calculer la quantité d'eau dans l'air ?

En hygrométrie, pour calculer l'humidité dans l'air, il faut connaître la quantité d'eau que peut contenir l'air en fonction de la température. Plus l'air est chaud, plus il peut contenir d'eau.

Cette quantité est liée au taux d'humidité, qui fournit un indicateur des conditions de respiration. Elle est modélisée par la fonction f définie sur l'intervalle [20 ; 100] par :

$$f(x) = 0{,}08x^2 - 2{,}8x + 26{,}67$$

où x est la température en °C.

La courbe ci-dessous est la représentation graphique de f.

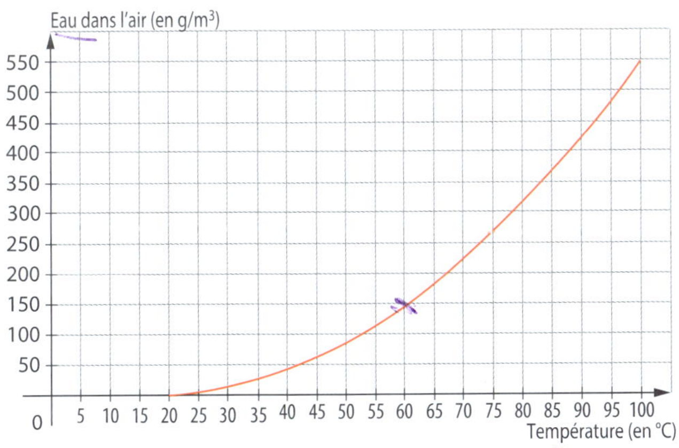

1. Estimer, avec la précision permise par le graphique, la quantité d'eau dans l'air à 20 °C.
2. Vérifier ce résultat par le calcul.
3. Calculer la fonction dérivée de la fonction f.
4. Résoudre l'équation $f'(x) = 0$.
5. Dresser un tableau de variations de la fonction f.
6. Donner graphiquement la température pour une quantité d'eau dans l'air de 150 g/m³.

40 SANTÉ Quel est l'effet de la pollution sur la santé ?

Dans une usine, on a détecté une fuite de gaz polluant et volatile. Les autorités de santé estiment que ce gaz est dangereux lorsque sa concentration dépasse 15 mg/L, et dans ce cas il faut évacuer les lieux.

La concentration de ce gaz en fonction du temps est modélisée par la fonction f représentée ci-après.

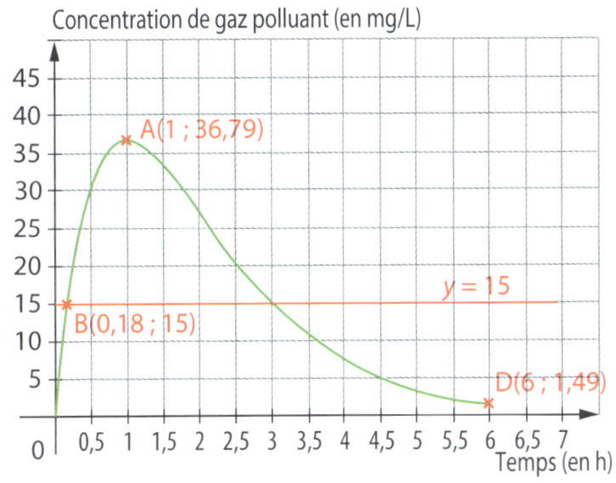

1. Dresser un tableau de variations de f, en indiquant les valeurs remarquables.
2. Indiquer la concentration maximale et le temps au bout duquel elle apparaît après la découverte de la fuite.
3. Yves et Karine, responsables du personnel, doivent procéder à une évacuation. De combien de temps disposent-ils pour évacuer les lieux ?
4. Au bout de combien de temps après l'évacuation le personnel peut-il regagner l'usine ?
5. En utilisant les notions de nombre dérivé et de tangente, donner, avec la précision permise par le graphique, les instants où la hausse de concentration de ce gaz est la plus rapide.

41 SANTÉ Comment évolue la fréquence cardiaque en fonction de l'effort ?

Pour une personne donnée, la fréquence cardiaque (en battements par minute) en fonction de la puissance de l'effort (en watts) est estimée par la fonction suivante :

$$f(x) = 0{,}00050x^2 + 0{,}001x + 60$$

sur l'intervalle [0 ; 500]. On donne aussi sa représentation graphique ci-dessous.

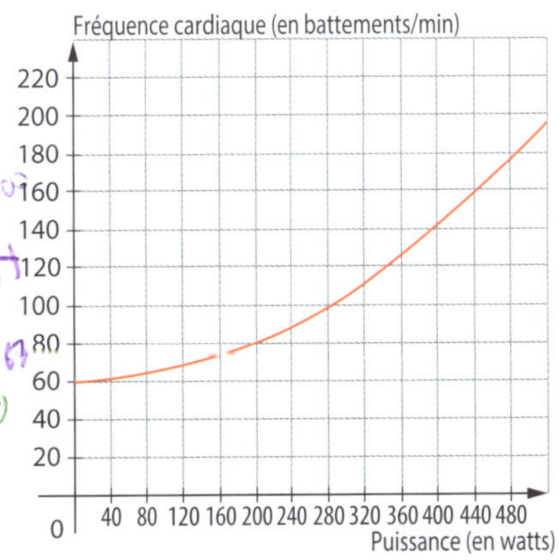

1. Donner, pour un effort de 200 W, la fréquence cardiaque.
2. Calculer $f'(x)$, puis démontrer que si $x > 0$ alors $f'(x) > 0$.
3. Dresser alors un tableau de variations de f.
4. Quelle est la puissance de l'effort à ne pas dépasser pour rester en dessous de 140 battements par minute ?
5. Vérifier que, pour trouver la valeur à ne pas dépasser pour rester en dessous de 140 battements par minutes, il faut résoudre l'inéquation $0{,}00050x^2 + 0{,}001x - 80 < 0$.
6. Résoudre cette inéquation et comparer avec la question 4..

42 ÉNERGIE Comment calculer l'énergie emmagasinée par un condensateur ?

L'énergie emmagasinée par un condensateur, en fonction de la tension u aux bornes, est donnée par la fonction f définie sur $[-5 ; 5]$ par $f(u) = 5 \times 10^{-5}u^2$, où u s'exprime en volts et $f(u)$ en joules.

1. Donner l'énergie emmagasinée pour une tension de 3 volts.

2. Calculer $f'(u)$, puis résoudre $f'(u) = 0$.

3. Étudier les variations de f.

43 BIODIVERSITÉ Comment évolue la surface forestière française ?

L'évolution de la surface forestière française, qui contient une biodiversité riche, est modélisée sur l'intervalle $[1800 ; 2010]$ par la fonction :

$$f(x) = 0{,}0002x^2 - 0{,}75x + 714$$

où x est l'année et $f(x)$ l'aire de la surface forestière, en millions d'hectares.

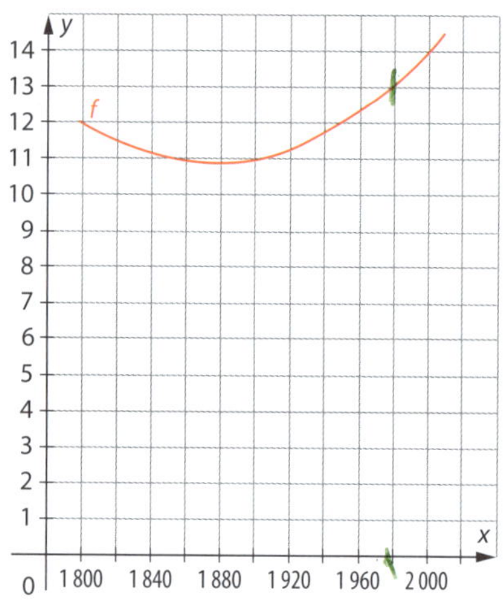

1. Calculer l'aire de la surface forestière en 1980.

2. Calculer la dérivée de la fonction f.

3. Résoudre $f'(x) = 0$.

4. En déduire le minimum de f. Que représente ce minimum dans notre contexte ?

5. Donner l'intervalle sur lequel f est croissante. Justifier.

6. Interpréter la question précédente dans ce contexte.

7. Donner la vitesse de croissance de l'aire de la surface forestière en 1980. (La vitesse est exprimée à l'aide de la dérivée.)

44 BIODIVERSITÉ Comment le puceron saisonnier se propage-t-il ?

La multiplication du puceron saisonnier dans une culture est modélisée, sur l'intervalle $[0 ; 20]$, par la fonction suivante :

$$N(t) = -0{,}2t^3 + 2t^2 + 40t$$

où $N(t)$ est le nombre de pucerons (en milliers) au bout de t jours après le début de l'étude.

1. Calculer le nombre de pucerons au bout de 10 jours.

2. Calculer la fonction dérivée de la fonction N.

3. Résoudre : $-0{,}6t^2 + 4t + 40 = 0$.

4. Démontrer que si $x \in [0 ; 12{,}1525]$ alors $N'(t) > 0$, et si $x \in [12{,}1525 ; 20]$ alors $N'(t) < 0$.

5. Dresser le tableau de variations de la fonction N sur l'intervalle $[0 ; 20]$.

6. Donner le jour où le nombre de pucerons atteint son maximum.

7. La vitesse instantanée, à un instant t, d'un phénomène modélisé par une fonction f est égale à la dérivée de f en t. Donner la vitesse instantanée de multiplication des pucerons le 8e jour.

45 ÉNERGIE Comment calculer l'énergie emmagasinée par un ressort ?

L'énergie emmagasinée par un ressort est donnée par la fonction suivante :

$$f(x) = 9x^2$$

où $f(x)$ est l'énergie (en joules) et x l'élongation du ressort (en m). La force de rappel du ressort, notée r, est définie comme une force égale à l'opposé de la dérivée de f.

1. Donner l'énergie pour une élongation de 2 cm du ressort.

2. Calculer $f'(x)$.

3. Étudier les variations de f sur $[0 ; 0{,}05]$.

4. Déterminer la force de rappel r du ressort.

5. Calculer cette force pour une élongation de 3 cm.

46 ALIMENTATION Quelle est la part des céréales dans l'apport énergétique ?

La part des céréales dans l'apport énergétique alimentaire en France, entre 1800 et 2000, est approchée par la fonction f suivante :

$$f(x) = -0{,}0613x^2 + 232{,}68x - 218\,654$$

où $f(x)$ s'exprime en calories par personne et par an, et x en années.

1. Calculer l'apport énergétique des céréales en 1900.

2. Calculer l'apport énergétique des céréales en 2000.

3. Calculer $f'(x)$.

4. Résoudre $f'(x) = 0$.

5. Déduire les variations de f sur $[1800 ; 2000]$.

6. Depuis quelle année la consommation annuelle des céréales par personne par an est-elle en baisse en France ?

47 ALIMENTATION Comment la consommation de viande évolue-t-elle ?

La consommation mondiale annuelle de viande, entre 1800 et 2000, est approchée par la fonction suivante :

$$f(x) = 0{,}0008x^2 - 2{,}605x + 2\,205{,}7$$

où $f(x)$ est la consommation annuelle de viande par personne (en kg équivalent carcasse) et x est l'année.

1. Calculer la consommation de viande en 1800.
2. Calculer la consommation de viande en 2000.
3. Calculer $f'(x)$ et justifier que $f'(x)$ est positif sur [1800 ; 2000].
4. Déduire les variations de f sur [1800 ; 2000].
5. Calculer $f'(1900)$.
6. Interpréter la valeur précédente.

48 ÉNERGIE Comment optimiser les dimensions d'une casserole ?

Soit une casserole de rayon x de hauteur h. On souhaite, pour économiser de l'énergie, savoir quelle est la surface minimale de la casserole pour un volume v constant.

La surface d'une casserole (le fond et la paroi latérale) est donnée par la formule suivante :

$$s(x) = \pi x^2 + \frac{2v}{x^2}$$

où v est le volume de la casserole.

1. Calculer $s'(x)$.
2. Justifier que $s'(x) = \dfrac{2\pi x^3 - 2v}{x^2}$.
3. Expliquer pourquoi $s'(x) = 0$ équivaut à $2\pi x^3 - 2v = 0$.
4. Dans l'équation $2\pi x^3 - 2v = 0$, remplacer v par $\pi x^2 h$ et simplifier.
5. Résoudre alors $s'(x) = 0$. En déduire la valeur de x en fonction de h pour laquelle s est minimale.

49 ALIMENTATION Quel est le rendement optimal d'une culture ?

Dans une culture où les graines de semis sont relativement chères, avec une dose de 60 graines par m² on a un rendement de 350 grammes par m². On peut augmenter la dose de semis pour augmenter le rendement jusqu'à un certain seuil.

On estime que le rendement, en grammes par m², varie pour chaque graine semée en plus selon le modèle suivant : $R(g) = 350 + 1{,}4g - 0{,}01g^2$ sur l'intervalle [0 ; 120].

R est le rendement (en grammes par m²) et g le nombre de graines supplémentaires semées.

1. Donner le rendement pour 50 graines supplémentaires semées.
2. Calculer $R'(g)$.
3. Déduire $R'(30)$.
4. Interpréter la valeur précédente.
5. Dresser un tableau de variations de la fonction R.
6. En déduire le rendement maximum qu'on peut atteindre.
7. Donner alors le nombre de graines supplémentaires semées.
8. Expliquer, en utilisant la représentation graphique de R (ci-dessous), pourquoi il n'est pas judicieux de semer 90 graines supplémentaires

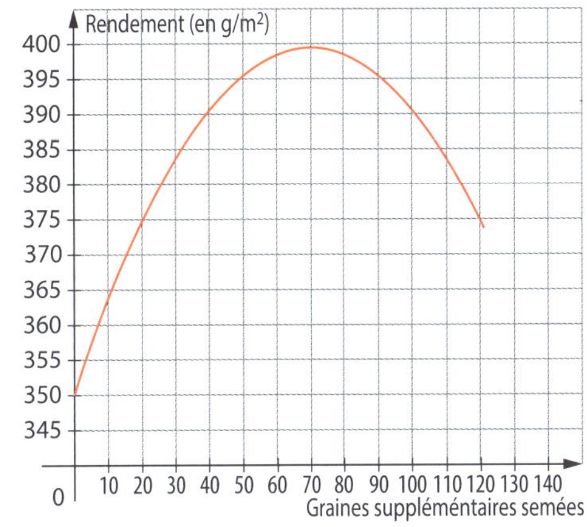

DÉMARCHE SCIENTIFIQUE

50 SANTÉ À quelle heure la qualité de l'air est-elle bonne ?

Les particules polluantes en suspension dans l'air et dont le diamètre est inférieur à 10 micromètres, nommées PM10, sont nocives pour la santé. L'air est considéré bon lorsque la concentration de PM10 ne dépasse pas 20 µg/m³.

Cette concentration est modélisée entre 1 heure du matin et 15 heures par la fonction :

$$f(t) = -0{,}037t^3 + 0{,}82t^2 - 5{,}8t + 35$$

où $f(t)$ est la concentration (en µg/m³) et t est le temps (en heure).

Quelle est la période où la qualité de l'air est bonne ?

Je m'évalue

Nom : ....
Prénom : ....
Date : ....

Quel indicateur pour mesurer le surpoids ?

L'Indice de Masse Corporelle (IMC) est calculé grâce à la formule suivante :

$$\text{IMC} = \frac{\text{poids (en kg)}}{\text{taille (en m)} \times \text{taille (en m)}}$$

La courbe de corpulence (disponible sur www.sante.fr) permet d'interpréter l'IMC en termes de surpoids.
Par exemple, pour les filles, lorsque l'IMC est au-dessus de la courbe 97 sur le graphique ci-contre, l'enfant est au premier degré d'obésité.

Une modélisation approchée de cette courbe sur l'intervalle [2 ; 14] est donnée par la fonction :

$$f(x) = 0{,}1x^2 - 1{,}15x + 21$$

On se propose de déterminer la valeur de l'IMC au-delà de laquelle une enfant âgée de 2 à 14 ans est considérée en surpoids.

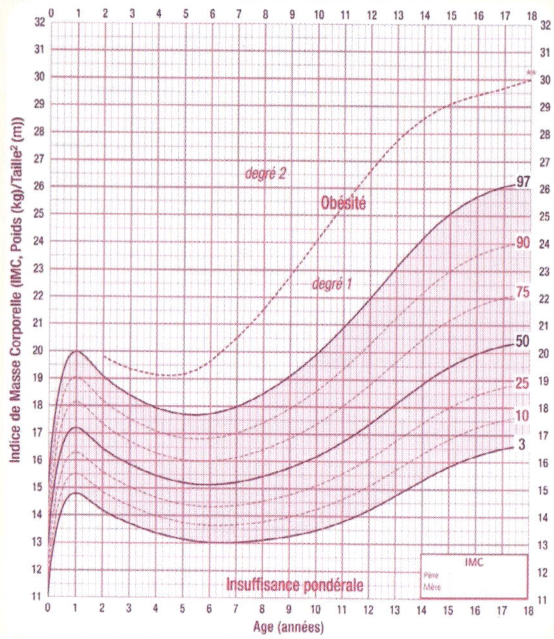

1 C.1.3 EXPLOITER La courbe ci-contre représente la fonction f.
Donner l'IMC limite pour une enfant âgée de 7 ans.

....

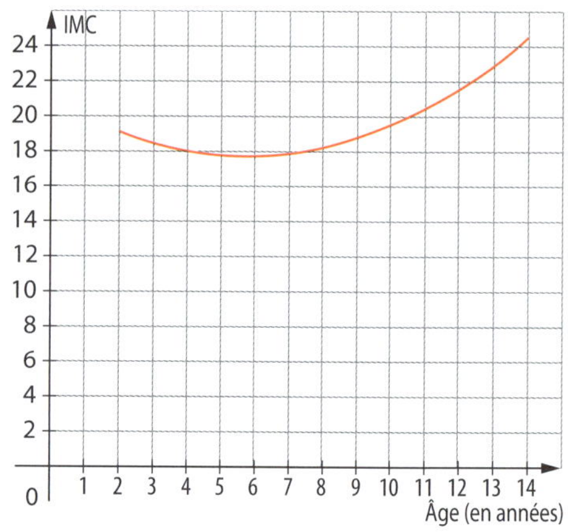

2 C.1.3 EXPLOITER Calculer $f'(x)$.

....

3 C.1.3 REPRÉSENTER Dresser le tableau de variations de f.

....

x	....	....	....
Signe de $f'(x)$	....	....	....
Variations de f			

4 C.1.3 REPRÉSENTER Déterminer la valeur de l'IMC limite minimal. À quel âge cette valeur correspond-t-elle ?

....

....

5 C.1.3 EXPLOITER La vitesse instantanée de l'évolution de l'IMC à l'âge t est égale à la dérivée $f'(t)$. Calculer la vitesse instantanée de l'évolution de l'IMC à l'âge de 7 ans.

....

6 C.1.3 ARGUMENTER Calculer la vitesse instantanée de l'évolution de l'IMC à l'âge de 11 ans, et comparer avec la vitesse instantanée à 7 ans.

....

CHAPITRE 5

Fonction inverse et fonctions polynômes de degré 3

Je vais être capable de

- Dériver, dresser le tableau de variation, et tracer une représentation graphique de la fonction inverse ou d'une fonction polynôme de degré 3
- Calculer un coût moyen
- Déterminer le nombre de solutions de l'équation $f(x) = c$ lorsque c est un nombre réel et f une fonction polynôme de degré 3

Je démarre

Vidéo
Je regarde la vidéo
www.lienmini.fr/7868-0501

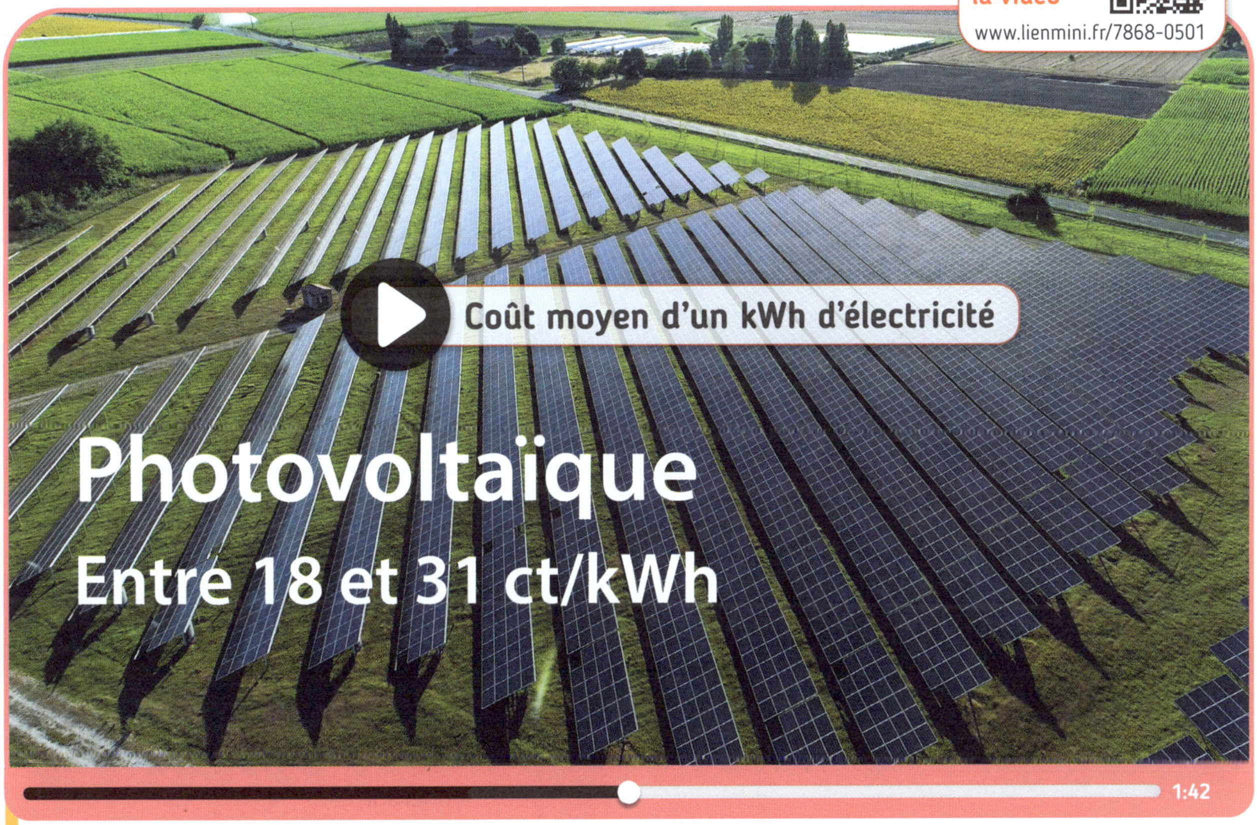

En 2020, la consommation d'énergie en France atteignait près de 1 595 TWh, avec la répartition suivante : 475 TWh d'énergie électrique et 1 120 TWh issus des différents combustibles fossiles. On se fixe comme objectif un remplacement complet de l'utilisation de combustibles fossiles par de l'électricité, sans modification de la consommation globale d'énergie, en 30 ans.

1. Quelle quantité d'énergie électrique (en TWh) faudra-t-il pouvoir produire en 2050 ?

....

2. Quel pourcentage d'augmentation cela représente-il ?

....

Je me rappelle

QCM
Je me rappelle
www.lienmini.fr/7868-0502
Note ton score du QCM en ligne .... /10

Questions flash

Cocher la bonne réponse parmi les trois proposées.

1 **On ne peut pas diviser un nombre par :**

a. ☐ un nombre strictement négatif.
b. ☐ -1
c. ☐ 0

2 **La fonction *f* dont la représentation graphique est reproduite ci-dessous, est définie sur :**

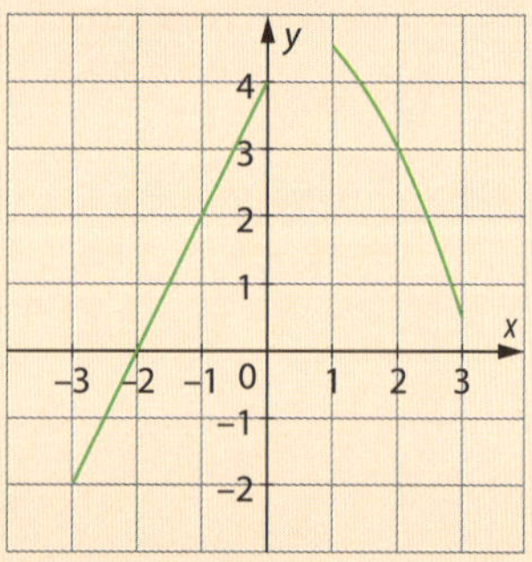

a. ☐ l'intervalle $[-2 ; 4{,}5]$.
b. ☐ les intervalles $[-3 ; 0]$ et $[1 ; 3]$.
c. ☐ l'intervalle $[-3 ; 3]$.

3 **L'équation $x^2 - 3x + 2 = 0$ a pour solution(s) :**

a. ☐ $x_1 = 1$ et $x_2 = 2$
b. ☐ $x_1 = -3$ et $x_2 = 2$
c. ☐ $x_1 = -1$

4 **Le trinôme du second degré $2x^2 - 10x + 12$ se factorise sous la forme :**

a. ☐ $(x - 2)(x - 3)$
b. ☐ $2(x - 5)(x - 6)$
c. ☐ $2(x - 2)(x - 3)$

5 **Le trinôme du second degré $2x^2 - 18x + 36$ est négatif sur :**

a. ☐ les intervalles $]-\infty ; 3]$ et $[6 ; +\infty[$.
b. ☐ l'intervalle $[-18 ; 36]$.
c. ☐ l'intervalle $[3 ; 6]$.

6 **On donne le tableau de variations d'une fonction *f*. La fonction *f* est :**

x	-5		-1		7		11
Variations de f	-2	↗	5	↘	1	↗	7

a. ☐ croissante sur l'intervalle $[-2 ; 7]$.
b. ☐ croissante sur l'intervalle $[1 ; 7]$.
c. ☐ croissante sur l'intervalle $[7 ; 11]$.

7 **On donne le tableau de variations d'une fonction *g*. La fonction *g* est :**

x	-10		-8		22		37
Variations de g	2	↗	6	↘	-1	↗	7

a. ☐ positive sur l'intervalle $[-10 ; -8]$.
b. ☐ positive sur l'intervalle $[22 ; 37]$.
b. ☐ négative sur l'intervalle $[-10 ; -8]$.

8 **On donne le tableau de variations d'une fonction *h*. La fonction *h* :**

x	-8		0		10		21
Variations de h	15	↘	-4	↗	4	↘	-1

a. ☐ s'annule 3 fois sur l'intervalle $[-8 ; 21]$.
b. ☐ s'annule 2 fois sur l'intervalle $[-8 ; 21]$.
c. ☐ s'annule 1 fois sur l'intervalle $[-8 ; 21]$.

9 **La fonction dérivée de la fonction *f* définie par $f(x) = 3x^2 - 5x + 7$ est égale à :**

a. ☐ $f'(x) = 3x - 5$
b. ☐ $f'(x) = 6x^2 - 5x + 7$
c. ☐ $f'(x) = 6x - 5$

ACTIVITÉ 1

EAU

Découvrir la fonction inverse

Quelle population maximale pourra atteindre une oasis ?

Dans une oasis isolée au milieu du désert, les ressources en eau pour l'usage domestique sont estimées à 55 000 m^3 par an.
On souhaite savoir la taille de la population que pourrait compter cette oasis.

On introduit la fonction f définie par :

$$f(x) = \frac{55\,000}{x}$$

où x est le nombre d'habitants de l'oasis et $f(x)$ le volume d'eau (en m^3) disponible par an et par habitant.

1 Expliquer pourquoi la fonction f n'est pas définie en 0.

....

2 Compléter le tableau de valeurs suivant :

x	1	10	100	1 000	5 000	10 000
$f(x)$	......	......	......	......	......	......

3 En déduire le tableau de variations de la fonction f sur l'intervalle [1 ; 10 000].

x	......	......
Variations de f		

4 Déterminer, à l'aide de la représentation graphique de la fonction f ci-dessous, à partir de quelle taille de population, la quantité d'eau disponible par an et par habitant sera inférieure à 40 m^3.

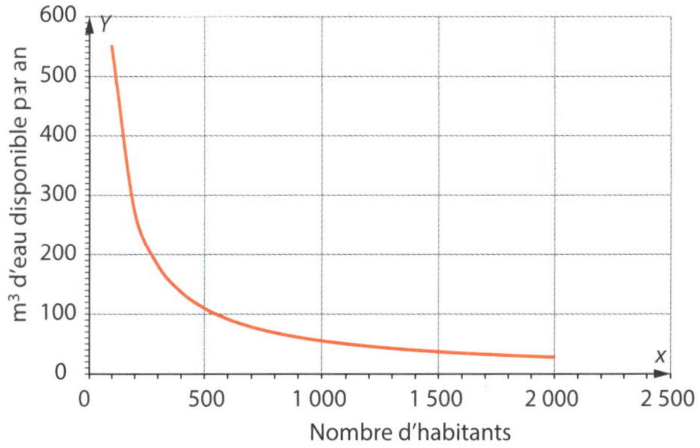

La fonction **inverse** est définie sur $\mathbb{R} \setminus \{0\}$ par : $x \mapsto \frac{1}{x}$.
Ici, la fonction f est égale à la fonction inverse multipliée par 55 000.

....

La **fonction inverse** est la fonction définie par $x \mapsto \frac{1}{x}$. Elle n'est pas définie en 0 et est décroissante sur $]0 ; +\infty[$.

ACTIVITÉ 2

BIODIVERSITÉ

Étudier les propriétés de la fonction inverse

Quelles sont les limites d'une modélisation mathématique ?

Une équipe de biologistes souhaite tester un modèle simple pour l'étude de la décroissance et de l'extinction d'une espèce menacée de disparition : à partir d'une année référencée (année 1), où la population de l'espèce étudiée est de 1 million d'individus, on introduit la fonction *f* définie par :

$$f(t) = \frac{1}{t}$$

f(*t*) est la taille de la population, en millions d'individus, à l'année numéro *t*.
On étudie le modèle proposé et ses limites.

1 Montrer que la fonction *f* n'est pas définie en 0. En déduire l'ensemble de définition de *f*.

....

2 La dérivée de la fonction *f* est définie par : $f'(t) = -\frac{1}{t^2}$.
Montrer que *f'* n'est pas définie en 0 et que *f'* est de signe constant sur $\mathbb{R} \setminus \{0\}$.

....

....

3 Compléter le tableau de valeurs suivant :

t	–10	–1	–0,001	0,001	1	10
f(*t*)	....	....	....	1 000	1	0,1

4 Compléter le tableau de signes de *f'* et le tableau de variations de *f*.

t	–∞	0	+∞
f'(*t*)	....	‖	....
Variations de *f*		‖	

5 Expliquer pourquoi le modèle proposé n'est pas valide pour les années qui précèdent l'année numéro 1.

....

6 D'après ce modèle, déterminer en combien de temps :

a. la population initiale sera réduite de moitié.

....

....

b. ne comptera plus que deux individus.

....

....

7 Que peut-on en déduire sur la validité du modèle ? ....

La fonction inverse est définie sur $\mathbb{R} \setminus \{0\}$. Sa **fonction dérivée**, définie également sur $\mathbb{R} \setminus \{0\}$, est égale à $f'(x) = -\frac{1}{x^2}$. La fonction inverse *f* est décroissante sur]–∞ ; 0[et sur]0 ; +∞[.

ACTIVITÉ 3

ALIMENTATION

Calculer un coût moyen

Comment optimiser la production d'une exploitation agricole ?

Un exploitant agricole produit du lait à partir d'une trentaine de vaches.

Le coût total de sa production annuelle de lait dépend de plusieurs facteurs : les frais fixes liés aux infrastructures, le coût des installations de stockage de la production, les frais engendrés par l'extension de la zone de distribution, etc.

Un ingénieur agronome fournit à l'exploitant agricole une modélisation mathématique du coût total de sa production en fonction de la quantité annuelle de lait produit, dès que cette quantité annuelle dépasse les 10 tonnes :

$$C(T) = \frac{T^3}{60} - \frac{20T^2}{3} + \frac{9\,610T}{9}$$

T représente la quantité de lait produite sur une année, en tonnes, et $C(T)$ représente le coût total d'exploitation sur l'année, en euros.

1 Calculer, à partir de cette modélisation, le coût annuel de la production de 10 tonnes, de 150 tonnes, puis de 300 tonnes de lait. (Arrondir le résultat à l'unité.)

....

2 Le prix moyen (en euros) de production d'une tonne de lait est le rapport entre le coût total de la production de lait et la quantité de lait produite (en tonnes).

Calculer le prix moyen de production d'une tonne de lait en fonction de la quantité totale produite sur l'année, pour une production annuelle de 10 tonnes, de 200 tonnes, puis de 300 tonnes.

....

....

3 Déterminer l'expression algébrique de la fonction C_M qui permet de calculer le coût moyen de production d'une tonne de lait, en fonction de la quantité produite sur l'année.

....

4 Calculer C'_M, la dérivée de la fonction C_M. ....

....

5 Déterminer la quantité annuelle de lait, en tonnes, qu'il faut produire pour obtenir le coût de production par tonne le plus faible possible.

....

....

6 Calculer C', la dérivée de la fonction C. ....

7 Calculer et comparer $C'(200)$ et $C_M(200)$. ....

Si $C(x)$ représente le coût total d'une production en fonction de la quantité x produite, alors $C_M(x) = \frac{C(x)}{x}$ représentera le **coût moyen de production par unité**.

Les valeurs de x qui minimisent le coût moyen de production par unité vérifient $C'_M(x) = 0$ ou $C'(x) = C_M(x)$.

ACTIVITÉ 4

SANTÉ

Découvrir les fonctions polynomiales de degré trois

Quel peut être l'impact d'une campagne de communication ?

Une campagne de sensibilisation aux risques d'accidents du travail est déployée sur l'année. Après quelques semaines de baisse spectaculaire, on observe un rebond du nombre d'accidents quotidiens. Une deuxième phase de cette campagne de sensibilisation permet ensuite d'amorcer une baisse sensible du nombre d'accidents.

Cette situation a été modélisée par une fonction permettant d'estimer l'évolution du nombre d'accidents du travail quotidien tout au long de cette campagne de sensibilisation.

Le modèle utilisé est le suivant : $f(x) = -\dfrac{575}{81}x^3 + \dfrac{1\,025}{9}x^2 - \dfrac{3\,700}{9}x + 1\,700.$

où x représente le nombre de mois écoulés depuis le début de la campagne et $f(x)$ le nombre d'accidents à l'instant x.

1 Déterminer le nombre d'accidents du travail quotidien au moment où démarre la campagne de sensibilisation.

....

2 On note j le nombre de jours écoulés depuis le lancement de la campagne. Expliquer ce que représente le nombre $f\left(\dfrac{12}{365}j\right)$.

....

....

3 Compléter le tableau de variations de la fonction f à partir de sa représentation graphique ci-contre.

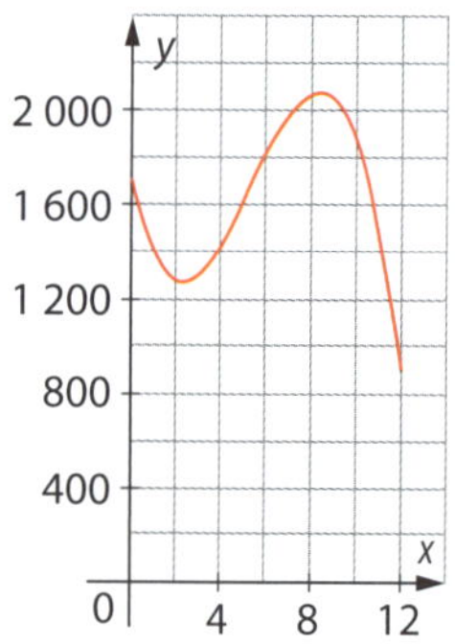

x	0	....	....	12
Variations de f				

4 Calculer $f'(x)$. ....

5 Calculer $f'(0)$, $f'(5)$ et $f'(10)$ puis justifier que f' s'annule exactement deux fois.

....

....

6 On considère que ce modèle d'évolution du nombre d'accidents reste valable au-delà des 12 mois de la campagne de sensibilisation. Indiquer s'il est possible que le nombre d'accidents augmente à nouveau.

....

7 Calculer $f(13)$ et $f(14)$. En déduire que la validité du modèle proposé ne peut pas excéder 13 mois.

....

....

Les **fonctions polynômes de degré 3** sont de la forme : $f(x) = ax^3 + bx^2 + cx + d$.
Leurs fonctions dérivées sont les polynômes de degré 2 : $f'(x) = 3ax^2 + 2bx + c$.
Les variations de ces fonctions dépendent du signe du polynôme $3ax^2 + 2bx + c$.

ACTIVITÉ 5

ÉNERGIE

Étudier les fonctions polynomiales de degré trois

Comment anticiper les pics de consommation d'électricité ?

On étudie la consommation électrique entre 5h et 20h d'un groupe d'une dizaine maisons, afin de déterminer à quels moments ont lieu les pics de consommation.

La fonction $f(x) = \frac{x^3}{6} - \frac{23x^2}{4} + 56x - 50$ permet de modéliser la consommation électrique des habitants de ce petit groupe de maisons, entre 5 heures du matin et 20 heures.

x exprime le moment, en heures, où la consommation est estimée et $f(x)$ représente l'énergie électrique consommée à l'instant x, en kWh.

1 En prenant en compte la période de la journée couverte par ce modèle, déterminer l'intervalle de définition de la fonction f.

....

2 À l'aide de la représentation graphique de la fonction f ci-contre, préciser le nombre de pics de consommation qui ont lieu entre 5 heures et 20 heures.

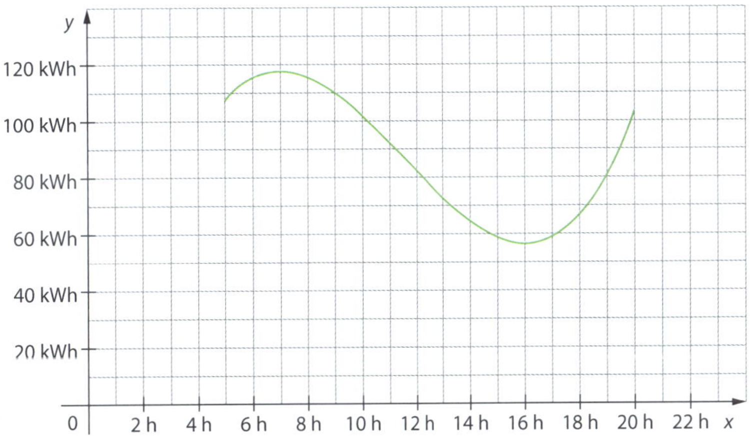

....

....

....

3 Calculer f', la fonction dérivée de la fonction f sur [5 ; 20].

....

4 Étudier le signe de f' et en déduire les variations de la fonction f. (On pourra vérifier que $f'(7) = 0$ et $f'(16) = 0$.)

....

....

x	......	....	....	......
Variations de f				

5 En déduire le moment exact où se produisent les pics et les creux de consommation, d'après le modèle considéré, ainsi que la quantité d'énergie électrique consommée au moment de ces pics.

....

....

Une **fonction polynomiale du troisième degré** de la forme $f(x) = ax^3 + bx^2 + cx + d$, définie sur $\mathbb{R}$, est strictement monotone si sa **dérivée** ne change pas de signe ; elle change deux fois de sens de variation si sa dérivée a deux racines distinctes.

ACTIVITÉ 6

EAU

Déterminer le nombre de solutions d'une équation de degré trois

Quelles dimensions pour des citernes de récupération des eaux de pluie ?

Un architecte doit réaliser un ensemble de quatre citernes en béton pour la récupération des eaux pluviales, avec ces contraintes :

• toutes les citernes sont des parallélépipèdes rectangles ;
• la première citerne a la forme d'un cube et contient exactement la même quantité d'eau que la totalité des trois autres ;
• la deuxième a une hauteur de 2 mètres et son implantation au sol est un carré de mêmes dimensions que celui de la grande citerne cubique ;
• la troisième mesure 2 mètres de haut ; elle a la même largeur que deuxième citerne et elle doit avoir une épaisseur de 1 mètre ;
• la quatrième citerne est un cube d'un volume total de 3 m^3.

Le cabinet d'architecte veut savoir s'il est possible de garder toutes ces contraintes.

1 On note x la longueur, en mètres, du côté de la grande citerne en forme de cube. Justifier que le projet est réalisable si l'équation $x^3 - 2x^2 - 2x - 3 = 0$ admet des solutions positives.

2 Soit f la fonction définie par $f(x) = x^3 - 2x^2 - 2x - 3$. Calculer f', la fonction dérivée de f.

3 Vérifier que f' peut s'écrire sous la forme $f'(x) = 3\left(x - \frac{2-\sqrt{10}}{3}\right)\left(x - \frac{2+\sqrt{10}}{3}\right)$ puis résoudre l'inéquation $f'(x) > 0$ et dresser le tableau de variations de f.

x	$-\infty$	....	....	$+\infty$
Variations de f				

4 Démontrer qu'avec ces contraintes, ce problème n'a qu'une seule solution et que la longueur x doit être comprise entre 1 m 70 et 4 m.

5 Vérifier que la solution du problème est d'avoir une première citerne de 27 m^3.

Une **équation de degré trois** de la forme $ax^3 + bx^2 + cx + d = 0$, peut avoir 1, 2 ou 3 solutions suivant les valeurs de a, b, c et d. En particulier, les équations du troisième degré ont toujours au moins une solution sur $\mathbb{R}$.

Je retiens l'essentiel

La fonction inverse

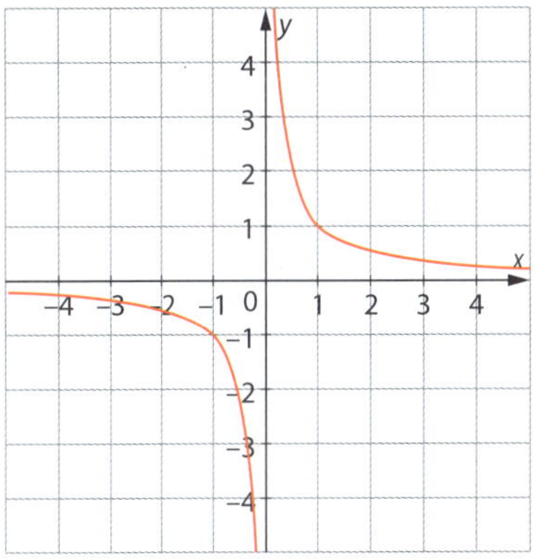

- La **fonction inverse** est définie pour tout nombre réel x appartenant à $\mathbb{R} \setminus \{0\}$ par $f(x) = \frac{1}{x}$.
- Elle est **strictement décroissante** sur l'intervalle $]-\infty\,;0[$ et sur l'intervalle $]0\,;+\infty[$.
- Sa **fonction dérivée** est définie sur $\mathbb{R} \setminus \{0\}$ par $f'(x) = -\frac{1}{x^2}$.
- La représentation graphique de la fonction inverse est une **hyperbole** (ci-contre).

Calcul d'un coût moyen

- Si la fonction C représente un coût de production en fonction d'une quantité x produite, alors la fonction C_M définie par $C_M(x) = \frac{C(x)}{x}$ représentera le **coût moyen de production par unité**.
- Pour **minimiser le coût moyen** C_M, on peut résoudre les équations : $C'_M(x) = 0$ ou $C'(x) = C_M(x)$.

Fonctions polynômes de degré 3

- Les **fonctions polynômes de degré 3**, de la forme $f(x) = ax^3 + bx^2 + cx + d$, sont définies sur $\mathbb{R}$.
- Ces fonctions sont :

– strictement monotones si $f'(x) = 3ax^2 + 2bx + c$ s'annule au plus une fois ;

– soit décroissantes puis croissantes puis à nouveau décroissantes, soit croissantes puis décroissantes puis croissantes si $f'(x) = 3ax^2 + 2bx + c$ s'annule deux fois.

Exemples : Les 4 courbes tracées ci-contre représentent des fonctions polynômes de degré 3.
- Les courbes verte et bleue représentent des fonctions dont la dérivée s'annule une seule fois : elles sont monotones.
- Les courbes orange et rouge représentent des fonctions dont la dérivée s'annule deux fois. Elles changent deux fois de sens de variations.

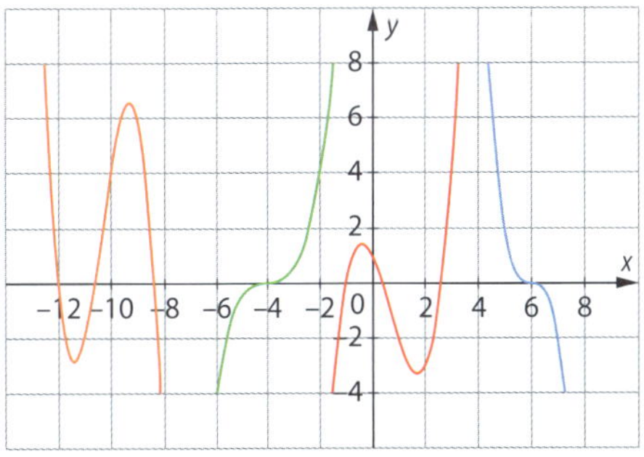

Équations de degré 3

- **L'équation** $ax^3 + bx^2 + cx + d = 0$ peut avoir **1, 2 ou 3 solutions**, en fonction des valeurs de a, b, c et d.

Exemples :
- La fonction f est représentée par la courbe rouge. L'équation $f(x) = 0$ admet 3 solutions.
- L'équation $g(x) = 0$, où la fonction g est représentée par la courbe bleue, admet 2 solutions.
- L'équation $h(x) = 0$, où la fonction h est représentée par la courbe verte, admet une seule solution.

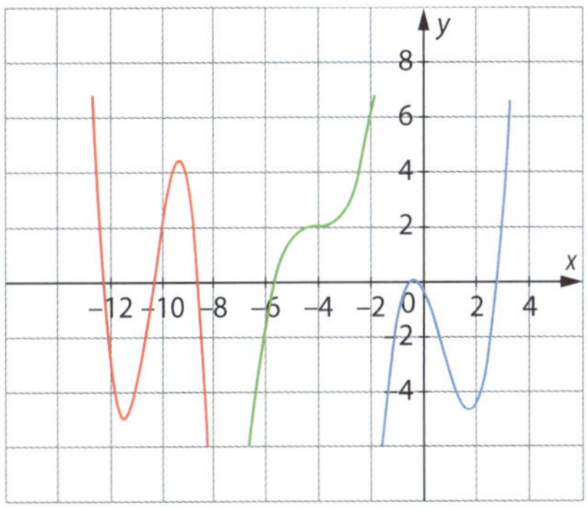

J'apprends à résoudre

1 Minimiser un coût moyen

Énoncé Le coût total de la production d'une grande série d'objets manufacturés augmente avec le nombre d'objets produits selon la fonction :

$$f(x) = 4x^3 - 200x^2 + 150x$$

où x est le nombre de pièces (en milliers) et $f(x)$ le coût total de la production (en euros).
Déterminer le nombre de pièces à produire pour que le coût de fabrication par pièce (coût moyen) soit le plus faible possible.

Solution

1. $C_M(x) = \dfrac{f(x)}{x} = 4x^2 - 200x + 150$
2. On a alors $C'_M(x) = 8x - 200$.
3. Donc $C'_M(x) = 0$ équivaut à $8x - 200 = 0$.
La solution de cette équation est $x = 25$.

Le coût moyen de fabrication est minimal pour 25 000 pièces.

Point méthode

1. Déterminer l'expression de $C_M(x) = \dfrac{f(x)}{x}$
2. Calculer la dérivée $C'_M(x)$
3. Résoudre l'équation $C'_M(x) = 0$
La (ou les) solution(s) de cette équation fournissent la valeur de x cherchée.
Remarque : On peut aussi calculer la dérivée f' de f, puis résoudre l'équation $f'(x) = C_M(x)$

Voir exercices 12 et 13 p. 93

2 Variations d'un polynôme de degré 3

Énoncé Dresser le tableau de variations de la fonction f définie sur $\mathbb{R}$ par $f(x) = 2x^3 - 3x^2 - 12x + 10$.

Solution

1. On a $f'(x) = 6x^2 - 6x - 12$.
2. On cherche à résoudre l'équation $6x^2 - 6x - 12 = 0$.
Les solutions de cette équation sont $x_1 = -1$ et $x_2 = 2$.
En effet : $f'(-1) = f'(2) = 0$.
3. $a = 6 > 0$ donc f' est négative sur $[-1 ; 2]$.
4. On en déduit le tableau de variations de f :

x	$-\infty$	-1	2	$+\infty$
Variations de f	$-\infty$ ↗	17 ↘	-18 ↗	$+\infty$

Point méthode

1. Calculer f', la fonction dérivée de f
2. Déterminer les solutions de l'équation du second degré $f'(x) = 0$, par exemple en utilisant la calculatrice (voir p. 48) ou la représentation graphique de f'
3. Puis étudier le signe de f'
4. Dresser le tableau de variations de f

Voir exercices 20 et 21 p. 94

3 Nombre de solutions d'une équation de degré 3

Énoncé Déterminer le nombre de solutions de l'équation $2x^3 - 6x^2 - 12x + 1 = 0$.

Solution

1. $f(x) = 2x^3 - 3x^2 - 12x + 1$ et $f'(x) = 6x^2 - 6x - 12$
2. On vérifie que $f'(x) = 0$ a deux solutions distinctes $x_1 = -1$ et $x_2 = 2$ en utilisant la calculatrice.
3. $f(x_1) = f(-1) = 8$ et $f(x_2) = f(2) = -29$.
$f(x_1)$ et $f(x_2)$ sont de signes différents : $f(x) = 0$ a trois solutions.

Point méthode

1. On pose $f(x) = ax^3 + bx^2 + cx + d$.
Calculer l'expression de f' la dérivée de f
2. Résoudre l'équation $3ax^2 + 2bx + c = 0$
3. • Si $f'(x) = 0$ n'a pas de solution ou une seule solution, $f(x) = 0$ à une solution unique.
• Si $f'(x) = 0$ a deux solutions distinctes x_1 et x_2, $f(x) = 0$ peut avoir 1, 2 ou 3 solutions suivants les signes de $f(x_1)$ et $f(x_2)$.

Voir exercices 30 à 32 p. 96

Je m'entraîne

QCM en ligne
www.lienmini.fr/7868-0503

Je teste mes acquis

1 La fonction inverse est :

a. ☐ décroissante sur $\mathbb{R} \setminus \{0\}$.
b. ☐ décroissante sur $]-\infty\,;0[$ et sur $]0\,;+\infty[$.
c. ☐ décroissante sur $]-\infty\,;0[$ et croissante sur $]0\,;+\infty[$.

2 La dérivée de la fonction inverse est :

a. ☐ strictement négative sur $\mathbb{R} \setminus \{0\}$.
b. ☐ strictement positive sur $\mathbb{R} \setminus \{0\}$.
c. ☐ strictement positive sur $]0\,;+\infty[$ et strictement négative sur $]-\infty\,;0[$.

3 La fonction $f(x) = 2x + 1$ représente un coût moyen.
La fonction coût est définie par :

a. ☐ $C(x) = 2 + \dfrac{1}{x}$
b. ☐ $C(x) = 2x^2 + x$
c. ☐ $C(x) = x^2 + x$

4 La fonction f définie par $f(x) = x^2 + x + 1$ représente un coût de production. Le coût moyen de production est minimal pour :

a. ☐ $x = 1$
b. ☐ $x = 10$
b. ☐ $x > 1\,000$

5 La fonction $x^2 + x + 1$ est toujours strictement positive.
La fonction f définie par $f(x) = 2x^3 + 3x^2 + 6x - 1$:

a. ☐ est strictement croissante sur $\mathbb{R}$.
b. ☐ est strictement décroissante sur $\mathbb{R}$.
c. ☐ n'est pas monotone sur $\mathbb{R}$.

6 La fonction $3x^2 + 6x + 3$ ne s'annule que pour $x = -1$.
La fonction f définie par $f(x) = x^3 + 3x^2 + 3x + 7$:

a. ☐ est strictement croissante sur $\mathbb{R}$.
b. ☐ est strictement décroissante sur $\mathbb{R}$.
c. ☐ n'est pas monotone sur $\mathbb{R}$.

7 L'équation $3x^2 - 6x + 3 = 0$ a une unique solution $x = 1$.
L'équation $x^3 - 3x^2 + 3x - 1 = 0$ a :

a. ☐ une unique solution.
b. ☐ exactement deux solutions distinctes.
c. ☐ trois solutions distinctes.

8 L'équation $3x^2 - 12x + 9 = 0$ a deux solutions $x = 1$ et $x = 3$.
L'équation $x^3 - 6x^2 + 9x - 2 = 0$ a :

a. ☐ une unique solution.
b. ☐ exactement deux solutions distinctes.
c. ☐ trois solutions distinctes.

Fonction inverse

Automatismes

1 f est la fonction inverse.
Compléter le tableau de valeurs suivant :

x	0,001	0,01	0,1	1	10	100
$f(x)$	....	....	....	....	....	....

2 Déterminer laquelle de ces trois courbes est la représentation graphique de la fonction inverse.

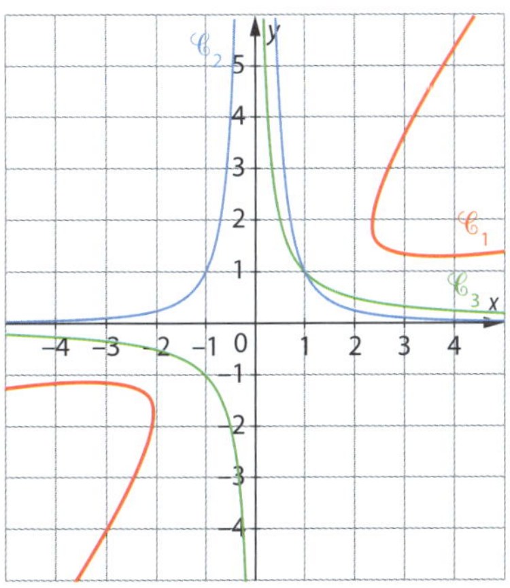

....

3 **1.** f est la fonction inverse. Donner l'expression de sa dérivée sur l'intervalle $]0\,;+\infty[$.

....

2. Déterminer, parmi les trois courbes A, B, C, celle qui est la représentation graphique de f' sur $]0\,;+\infty[$.

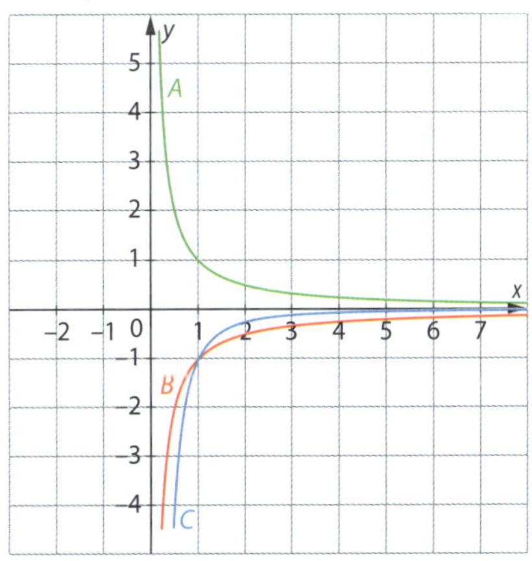

....

4 f est la fonction inverse.

1. Exprimer $f(-x)$ en fonction de $f(x)$ pour tout x dans $\mathbb{R} \setminus \{0\}$.

....

2. Exprimer $f(f(x))$ en fonction de x, pour tout x dans $\mathbb{R} \setminus \{0\}$.

....

5 f est la fonction définie par $f(x) = -\dfrac{1}{x}$.

1. Indiquer les valeurs de x pour lesquelles f est définie.

....

2. Déterminer l'expression de f', la fonction dérivée de f.

....

3. En déduire que la fonction f est strictement croissante pour $x > 0$.

....

....

4. Déterminer les variations de f sur l'intervalle $]-\infty\ ;\ 0[$.

....

....

6 f est la fonction inverse et $\mathcal{C}$ est sa courbe représentative.

1. Préciser l'ensemble de définition de la fonction f.

....

2. Donner le nom du type de courbes auquel appartient $\mathcal{C}$.

....

3. Montrer que le point de coordonnées (1 ; 1) appartient à la courbe $\mathcal{C}$.

....

4. Préciser l'expression de f', la fonction dérivée de f et calculer $f'(1)$.

....

5. Déterminer une équation de la tangente à la courbe $\mathcal{C}$ au point de coordonnées (1 ; 1).

....

7 Un modèle de congélateur est capable de congeler des denrées alimentaires en moins de 2 heures. La courbe de refroidissement de denrées placées dans ce congélateur est modélisée par la fonction suivante :

$$\mathcal{V}(t) = \frac{34}{t+1} - 12$$

où $\mathcal{V}(t)$ est la température des denrées, en degrés Celsius, et t le temps, en heures.

1. Estimer, grâce à la représentation graphique ci-dessous, le temps nécessaire pour congeler les denrées placées dans le congélateur (les denrées sont considérées congelées lorsque leur température atteint 0 °C).

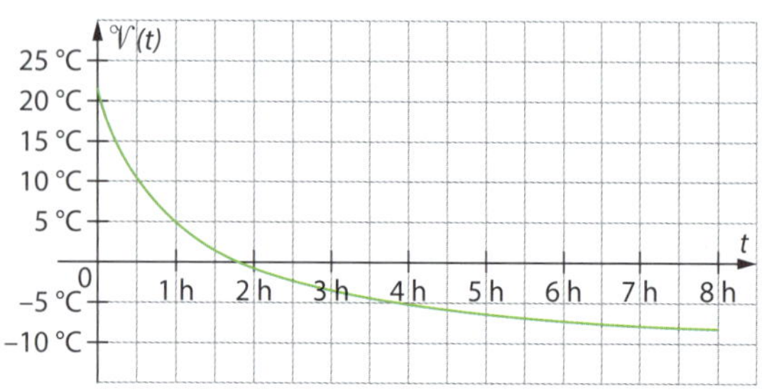

....

2. Résoudre l'équation $\mathcal{V}(t) = 0$. En déduire la durée exacte (en heures et minutes) nécessaire à la congélation de ces denrées alimentaires.

....

....

....

Calcul de coût moyen

Automatismes

8 Calculer le coût moyen de production de 20 unités d'un produit dont le coût total de production (en euros) est donné par la fonction $C(x) = 8x + 15$, où x est le nombre d'unités produites.

....

9 Calculer le coût moyen de production de 100 unités d'un produit dont le coût total de production est fixe et égal à 25 euros.

....

10 Calculer le coût moyen de production de 10 unités d'un produit dont le coût total de production est donné par la fonction $C(x) = x^2 - x + 120$, où x est le nombre d'unités produites et $C(x)$ le coût de production, en euros.

....

....

11 Le coût total d'une production de pommes est déterminé grâce à la fonction :

$$C(x) = -0{,}0999x^3 + 1\,000x + 100$$

où x est le nombre de kilogrammes de pommes produites lorsque la récolte n'excède pas 100 kg et $C(x)$ est le coût total de la production, en euros.

1. Calculer la fonction dérivée de la fonction C.

....

2. Calculer le coût moyen C_M de production d'un kilogramme de pommes, en fonction du nombre de kilogrammes produits.

....

3. Calculer le coût total de la production d'un kilogramme de pommes et le coût total de la production de 100 kg de pommes.

....

4. Calculer le coût moyen de production d'un kilogramme de pommes et le coût moyen de production de 100 kg de pommes.

....

....

12 **1.** Déterminer l'expression du coût moyen d'une production dont le coût total est exprimé par la fonction C :

$$C(x) = -0{,}000\,9x^3 + 10x$$

où x est le nombre d'unités produites (entre 0 et 100 unités) et $C(x)$ le coût total de la production de x unités, en euros.

....

2. Étudier les variations de la fonction coût moyen C_M obtenue.

....

....

3. En déduire le nombre d'unités à produire pour obtenir un coût moyen de production minimal, ainsi que la valeur de ce coût moyen minimal.

....

....

13 **1.** Déterminer l'expression du coût moyen C_M d'une production dont le coût total est exprimé par la fonction C :

$$C(x) = 0{,}000\,004x^3 - 0{,}008x^2 + 5x$$

où x est le nombre d'unités produites (entre 0 et 3 000 unités) et $C(x)$ le coût total de la production de x unités, en euros.

....

2. Calculer la fonction dérivée de la fonction C_M.

....

3. Déterminer les variations de la fonction C_M sur l'intervalle [0 ; 3 000].

....

....

....

4. En déduire la valeur du coût moyen minimal de cette production, ainsi que la quantité d'unités à produire pour atteindre ce coût moyen minimal.

....

....

14 **1.** Calculer le coût moyen de la production de mille paires de chaussures sachant que le coût moyen de production d'une paire de chaussures suit l'évolution suivante entre 0 et 10 000 paires produites :

$$C_M(x) = -0{,}008x + 100$$

où x est le nombre de paires de chaussures produites et $C_M(x)$ le coût moyen de production, en euros.

....

....

2. En déduire le coût total de la production de mille paires de chaussures.

....

....

....

15 Calculer le coût total du stockage de 35 m^3 d'eau pendant un mois sachant que le coût moyen du stockage d'un mètre cube d'eau pendant un mois est donné par le graphique suivant :

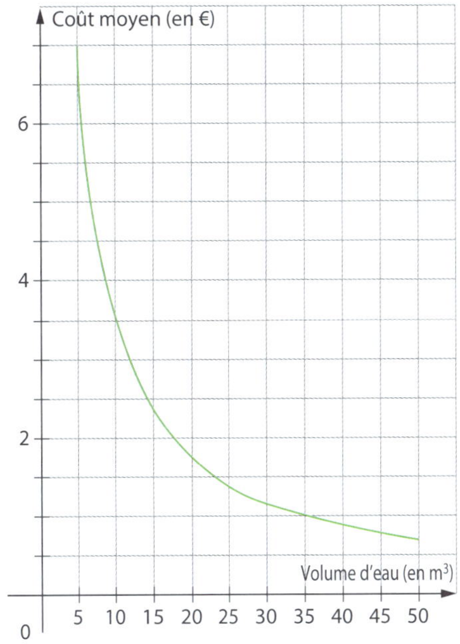

....

....

....

Fonctions polynomiales de degré 3

Automatismes

16 Calculer la fonction dérivée de la fonction f définie par :

$$f(x) = 7x^3 - 12x^2 + 9x - 16$$

....

17 Calculer la fonction dérivée de la fonction f définie par :

$$f(x) = \frac{1}{3}x^3 + \frac{1}{2}x^2 + x + 1$$

....

18 Parmi les cinq représentations graphiques suivantes, déterminer celles qui peuvent représenter des fonctions polynômes de degré 3.

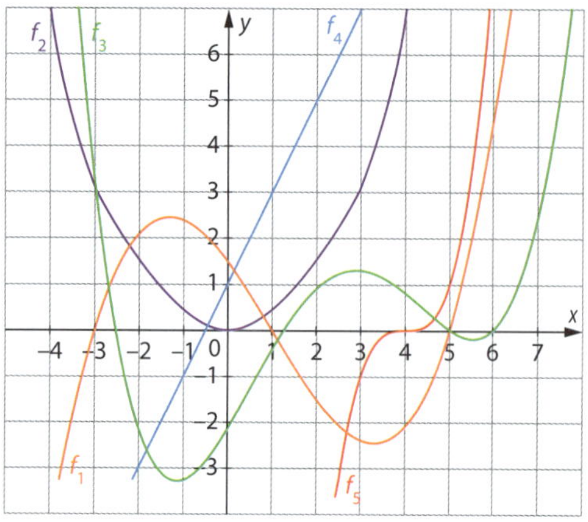

19 **1.** Vérifier que 10 et 11 sont solutions de l'équation :

$$6x^2 - 126x + 660 = 0$$

2. En déduire l'intervalle sur lequel la fonction f définie par $f(x) = 2x^3 - 63x^2 + 660x - 144$ est décroissante.

20 **1.** Vérifier que le polynôme $6x^2 - 6x - 72$ peut s'écrire sous la forme $6(x + 3)(x - 4)$.

2. Calculer la fonction dérivée de la fonction f définie sur $[-10 ; 15]$ par :

$$f(x) = 2x^3 - 3x^2 - 72x + 11$$

3. Compléter le tableau de variations de la fonction f.

x	-10	....	....	15
Variations de f				

21 Le polynôme $3x^2 + 8x + 16$ est strictement positif sur ℝ. Compléter le tableau de variations de la fonction f définie sur $[0 ; 100]$ par $f(x) = x^3 + 4x^2 + 16x + 16$.

x	0	100
Variations de f		

22 **1.** Vérifier que le polynôme $x^2 - 3x + 2$ s'annule lorsque x vaut 1 ou 2.

2. Calculer la fonction dérivée de la fonction f définie sur l'intervalle $[0 ; 5]$ par $f(x) = 2x^3 - 9x^2 + 12x + 11$.

3. Calculer les valeurs de $f(0)$, $f(1)$, $f(2)$ et $f(5)$.

4. En déduire le maximum et le minimum de la fonction f sur l'intervalle $[0 ; 5]$.

23 **1.** Factoriser le polynôme $6x^2 + 5x$.

2. En déduire les solutions de l'équation $6x^2 + 5x = 0$.

3. Soit $f(x) = 2x^3 + 5x^2 + 1$. Calculer $f(-2)$ et $f(0{,}5)$.

4. Calculer les valeurs de x pour lesquelles la fonction f atteint son maximum et son minimum sur l'intervalle $[-2 ; 0{,}5]$.

24 **ÉNERGIE** On veut calculer les pics de consommation électrique, en kWh, d'une habitation de 100 m^2, et le moment où ces pics ont lieu.

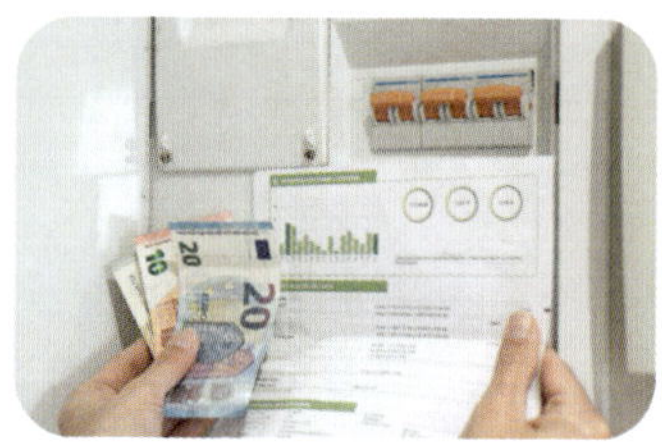

Pour cela, on utilise la fonction E définie par : $E(t) = 0{,}02t^3 - 0{,}87t^2 + 12{,}24t - 24$

où t est l'heure de la journée, comprise entre 6 h et 22 h, et $E(t)$ est la consommation d'électricité de l'habitation à l'instant t, en kWh.

1. Vérifier que 12 et 17 sont solutions de l'équation $0{,}06x^2 - 1{,}74x + 12{,}24 = 0$.

2. Déterminer l'expression de E', la fonction dérivée de E.

3. Calculer $E(6)$ et $E(22)$.

4. En déduire que les pics de consommation entre 6 h et 22 h interviennent à 12 h et 22 h et donner leurs valeurs.

25 Deux fonctions f et g modélisent l'évolution de la température à l'extérieur et à l'intérieur d'une même pièce durant 36 heures.

On a :

$$f(x) = \frac{x^3 - 54x^2 + 862x}{400} + 12$$

$$g(x) = \frac{x^3 - 60x^2 + 978x}{400} + 12$$

On souhaite représenter sur le graphique ci-dessous l'évolution de l'écart de température entre intérieur et extérieur (l'écart de température est compté positivement).

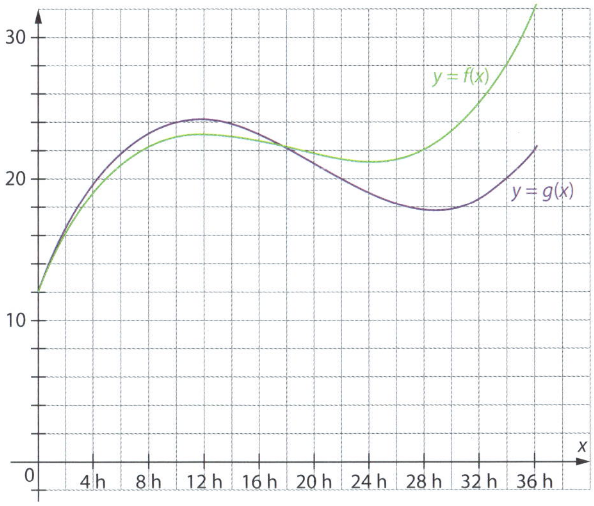

1. Déterminer l'expression de la fonction h définie sur l'intervalle [0 ; 36] par $h(x) = f(x) - g(x)$.

....

....

2. Compléter le tableau de valeurs suivant et tracer la représentation graphique de la fonction h sur l'intervalle [0 ; 36].

x	0	2	4	6	8	10
h(x)	....	....	....	....	....	....
x	12	14	16	18	20	22
h(x)	....	....	....	....	....	....
x	24	26	28	30	32	36
h(x)	....	....	....	....	....	....

3. Factoriser le polynôme $h(x)$ et en déduire les valeurs x_1 et x_2 pour lesquelles h s'annule.

....

....

....

4. On considère que $x_2 > 0$. Placer le point de coordonnées $(x_2 ; h(x_2))$ sur le graphique.

5. Tracer le symétrique de la représentation graphique de h sur l'intervalle $[0 ; x_2]$ par rapport à l'axe des abscisses.

26 La fonction f est définie sur [0 ; 20] par :

$$f(x) = x^3 - 24x^2 + 165x - 242.$$

1. Calculer $f'(x)$.

....

2. Vérifier que f' s'annule pour $x = 5$ et $x = 11$.

....

....

3. Compléter le tableau de variations de f.

x	0	....	....	20
Variations de f				

4. Montrer que f peut s'écrire :

$f(x) = (x^2 - 13x + 22)(x - 11)$.

....

....

5. Vérifier que l'équation $x^2 - 13x + 22 = 0$ a deux solutions : $x_1 = 2$ et $x_2 = 11$.

....

6. En déduire une factorisation du polynôme $x^2 - 13x + 22$.

....

7. Factoriser f, puis résoudre l'inéquation $f(x) > 0$.

....

27 La fonction f définie par $f(x) = 2x^3 + bx^2 + cx + d$ est représentée par la courbe ci-dessous, où b, c et d sont des nombres réels.

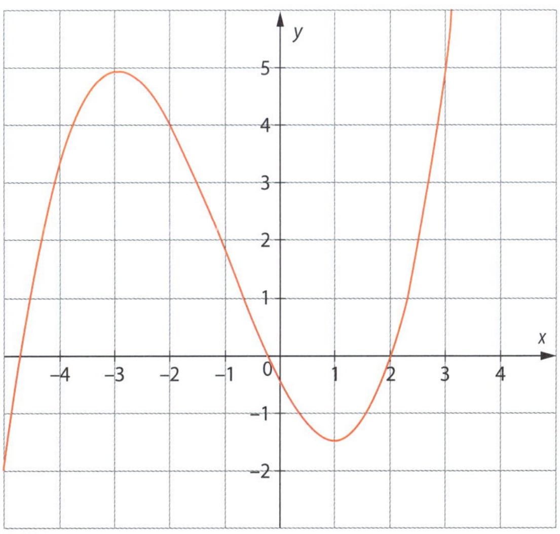

1. Calculer la fonction dérivée de f en fonction des paramètres b et c.

....

....

2. Justifier que $f'(x)$ est de la forme $6(x + 3)(x - 1)$.

3. En déduire les valeurs de b et c.

4. Vérifier graphiquement que $f(0) = -0{,}5$ et en déduire la valeur de d.

5. En déduire l'expression algébrique de la fonction f.

Équations de degré 3

Automatismes

28 L'équation $3x^2 + 2x + 1 = 0$ n'a pas de solution. Déterminer le nombre de solutions de l'équation :

$$x^3 + x^2 + x + 1 = 0$$

29 L'équation $3x^2 + 2x - 5 = 0$ a pour solutions $x_1 = -\frac{5}{3}$ et $x_2 = 1$.

Déterminer le nombre de solutions de l'équation $x^3 + x^2 - 5x - 2 = 0$.

30 **1.** Factoriser le polynôme $x^3 + 2x^2$.

2. Résoudre l'équation $x^3 + 2x^2 = 0$.

31 Déterminer des coefficients a, b, c et d tels que l'équation $ax^3 + bx^2 + cx + d = 0$ admet 1 pour unique solution.

32 Déterminer des coefficients a, b, c et d tels que l'équation $ax^3 + bx^2 + cx + d = 0$ ait 4, 8 et 13 pour solutions.

33 Algorithmique et programmation

1. L'équation $6x^2 + 12x - 18 = 0$ a pour solutions $x_1 = -3$ et $x_2 = 1$. Déterminer le nombre de solution de l'équation :

$$2x^3 + 6x^2 - 18x - 5 = 0$$

2. Justifier que la plus petite des solutions de l'équation $2x^3 + 6x^2 - 18x - 5 = 0$, notée s_1, vérifie :

$$s_1 < -3$$

3. Déterminer le plus petit intervalle $[a ; b]$ tel que a et b soient des entiers relatifs et s_1 appartienne à $[a ; b]$.

4. Ouvrir le fichier « Resol_equation.py » et tester la fonction *résolution* pour $a = -5$, $b = -4$ et $n = 3$.

PYTHON

Voir fiches 3, 4 et 6 p. 239-246

```python
def résolution(a,b,n):
    e=10**n
    while e>10**(-n-1):
        m=(a+b)/2
        f=2*m**3+6*m**2-18*m-5
        g=2*a**3+6*a**2-18*a-5
        if f*g<0:
            b=m
        else:
            a=m
        e=abs(a-b)
    m=(a+b)/2
    return(m)
```

Fichier à télécharger
www.lienmini.fr/7868-0504

a. Que renvoie la fonction *résolution* avec ces valeurs ?

b. À quoi correspond cette valeur ?

5. Déterminer des valeurs de a, b et n permettant d'obtenir :

a. une valeur approchée de s_1 à 10^{-5} près.

b. une valeur approchée de s_2 à 10^{-5} près.

c. une valeur approchée de s_3 à 10^{-5} près.

34 BIODIVERSITÉ Comment prolifèrent les méduses ?

Des biologistes étudient les capacités d'adaptation d'une espèce de méduses introduite dans un nouveau milieu naturel. Ils modélisent l'évolution de cette population de méduses grâce à la fonction f définie pour $t > 1$ par :

$$f(t) = 11 - \frac{10}{t}$$

où t représente le nombre d'années, après l'introduction de l'espèce dans son nouveau milieu, et $f(t)$ représente le nombre d'individus de l'espèce recensée, en milliers.

1. Calculer f', la dérivée de la fonction f.

2. En déduire que la population de méduses est en augmentation constante à partir de sa première année d'introduction.

3. Résoudre, pour $t > 1$, l'inéquation $f(t) > 11$.

4. Déduire de la question précédente que, d'après le modèle utilisé, la population totale de méduses ne dépassera jamais les 11 000 individus dans ce nouveau milieu.

35 EAU Quel est l'évolution du débit d'une rivière ?

Le débit d'une rivière, en aval d'un orage de montagne, est modélisé par la fonction f définie sur [0 ; 10] par :

$$f(t) = \frac{2t^3 - 75t^2 + 600t}{200} + 5$$

où t représente le temps, en heures, écoulé depuis la fin de l'orage et $f(t)$ le débit de la rivière, en m^3/s.

1. Déterminer le débit de la rivière à la fin de l'orage, puis 10 heures après la fin de l'orage.

2. Calculer la fonction dérivée de f sur l'intervalle [0 ; 10].

3. Vérifier que 5 et 20 sont solutions de l'équation $x^2 - 25x + 100 = 0$.

4. Résoudre, sur [0 ; 10], l'équation $f'(t) = 0$.

5. Déterminer combien de temps après la fin de l'orage, le débit de la rivière atteint son maximum.

6. Préciser la valeur du débit de la rivière, en m^3/s, au moment où celui-ci atteint son maximum.

36 ALIMENTATION Quel lien peut-on faire entre irrigation et rendement agricole ?

La production, en kg/ha, d'une céréale à haut rendement en fonction de la quantité d'eau utilisée, en milliers de m^3/ha, peut être modélisée par la fonction f définie par :

$$f(x) = -265x^3 + 3\,765x^2 - 14\,690x + 17\,360$$

où x est la quantité d'eau utilisée pour l'irrigation d'un hectare, en milliers de m^3, et $f(x)$ est la quantité de céréales produites par hectare, en kilogrammes.

La quantité d'eau minimale utilisée est de 3 000 m^3/ha et le maximum est de 6 700 m^3/ha.

1. Justifier que la fonction f est définie sur l'intervalle [3 ; 6,7].

2. Calculer $f(3)$ et $f(6,7)$.

3. Déterminer l'expression de la fonction f', dérivée de f.

4. Vérifier, à l'aide d'une calculatrice, que les deux solutions de l'équation $-795x^2 + 7\,530x - 14\,690 = 0$ sont respectivement inférieure à 2,75 et supérieure à 6,72.

5. Montrer que la fonction f est strictement croissante sur [3 ; 6,7].

6. Déterminer l'expression de la fonction f_M permettant de calculer la quantité moyenne de céréales produites par hectare, par mètre cube d'eau d'irrigation utilisé.

7. Tracer les représentations graphiques des fonctions f_M et f'_M à l'aide d'un logiciel de géométrie dynamique. En déduire que f_M atteint son maximum pour $x = 6,27$ environ.

8. En déduire la quantité d'eau à utiliser, par hectare de cette culture, pour que la ressource en eau soit utilisée le plus efficacement possible.

37 ÉNERGIE Quelle est la consommation moyenne d'énergie ?

La fonction f définie par $f(x) = 0,5x^4 - 5x^3 + 12x^2 + 32x$ permet de modéliser la quantité d'énergie, en térajoules, consommée annuellement par les villes et villages ruraux, en fonction du nombre d'habitants, exprimé en milliers de personnes.

Le modèle est considéré comme valide pour des villes de moins de 5 000 habitants.

1. Justifier que la fonction f est définie sur l'intervalle [0 ; 5].

2. Calculer $f(0)$ et $f(5)$.

3. Calculer $f'(x)$.

4. Vérifier que l'équation $x^2 - 5x + 4 = 0$ a pour solutions $x = 1$ et $x = 4$.

5. Déterminer l'expression de la fonction dérivée de la fonction f'.

6. Déterminer le nombre de solutions de l'équation $f''(x) = 0$.

7. Montrer qu'il n'y a pas de solution positive à l'équation $f'(x) = 0$.

8. En déduire que f est strictement croissante sur [0 ; 5].

9. Déterminer l'expression de f_M, permettant de calculer la quantité moyenne d'énergie consommée annuellement en fonction du nombre d'habitants d'une ville.

38 SANTÉ Comment contrôler une épidémie ?

Afin de limiter l'expansion d'une épidémie, les autorités sanitaires lancent une grande campagne de vaccination. Avant le début de la vaccination, le nombre quotidien de contaminations est de 4 000 cas par jour. On estime que, 15 jours après le début de la campagne de vaccination, ce nombre quotidien va suivre une évolution modélisable par la fonction suivante :

$$f(t) = \frac{60\ 000}{t}$$

où t est le nombre de jours écoulés depuis le début de la campagne de vaccination et $f(t)$ est le nombre de contaminations le jour numéro t.

1. Justifier que ce modèle n'est utilisable que si $t \geqslant 15$.

2. Calculer $f(15)$ et $f(16)$.

3. Montrer que la fonction f est strictement décroissante sur $[15\ ;\ 365]$. Comment peut-on interpréter ce résultat quant à l'efficacité de la campagne de vaccination ?

3. Déterminer le nombre de jours nécessaires après le début de la vaccination pour voir le nombre de contaminations quotidiennes passer en dessous des 2 000 cas.

4. Résoudre l'inéquation $f(t) < 1$. En déduire le nombre d'années que devrait durer cette campagne de vaccination pour s'assurer de l'éradication de cette maladie, en supposant que le modèle étudié reste valide durant toute cette période.

39 BIODIVERSITÉ Comment prévenir l'extinction d'une espèce ?

La fonction f permet de modéliser le développement d'une algue marine. Elle exprime l'évolution dans le temps de la surface, en m^2, sur laquelle l'algue va se propager, à partir d'une surface d, cultivée initialement. La fonction f est définie sur l'intervalle $[0\ ;\ 10]$ par :

$$f(x) = \frac{1}{30}x^3 - \frac{3}{5}x^2 + \frac{7}{2}x + d$$

où x est le nombre d'année écoulées depuis l'introduction initiale de la surface d d'algues et $f(x)$ est la surface d'algues après x années.

1. Déterminer f', la fonction dérivée de f.

2. Montrer qu'après 5 ans de propagation, la surface d'algues va commencer à décroître.

3. Factoriser le polynôme $\dfrac{x^2 - 12x + 35}{10}$.

4. Déterminer le nombre d'années pendant lequel ce recul de la surface occupée par les algues va durer.

5. On souhaite qu'après 5 ans d'introduction, les algues occupent une surface d'au moins 10 m^2. Quelle surface d d'algues faut-il initialement introduire ?

6. En reprenant les conditions de la question **5.**, calculer la surface occupée par les algues après 7 ans, puis après 10 ans.

40 BIODIVERSITÉ Quel modèle « proie - prédateur » ?

Pour recréer un écosystème, on introduit deux espèces dans une réserve naturelle : un petit mammifère et un carnivore qui est son principal prédateur. L'objectif est d'arriver à un équilibre de la population de proies, c'est-à-dire que l'excédent de natalité des petits mammifères corresponde exactement au nombre de prédations effectuées par les carnivores.

La croissance annuelle des petits mammifères est fixe et dépend exclusivement du nombre d'individus introduits au départ dans ce parc.

Elle peut se modéliser grâce à la fonction m définie par :

$$m(x) = \frac{40}{x}$$

où x est le nombre de centaines d'individus introduits au départ et $m(x)$ est le nombre de centaines d'individus supplémentaires par an, sans l'intervention des prédateurs.

Le nombre de proies prélevés annuellement par les carnivores est lui aussi fixe et dépend également du nombre de mammifères introduits au départ. Il peut être modélisé par la fonction p définie par :

$$p(x) = 2x^2 - 18x + 48$$

où $p(x)$ est le nombre de centaines d'individus prélevés par les prédateurs.

1. Trouver une équation permettant de modéliser la situation.

2. Déterminer le nombre de solutions de cette équation. (On pourra utiliser le résultat suivant :

l'équation $x^2 - 6x + 8 = 0$ a deux solutions : $x = 2$ et $x = 4$.)

3. Déduire de la question **2.** une solution à la problématique, et le nombre de petits mammifères que l'on peut introduire si l'on veut garder une population stable.

4. Est-il possible d'introduire initialement plus de petits mammifères que la quantité trouvée à la question **3.**, sans compromettre l'équilibre « proie - prédateur » souhaité ?

41 ALIMENTATION Peut-on anticiper les variations des cours des matières premières agricoles ?

L'industrie agroalimentaire est tributaire des coûts de production des matières premières agricoles et des prix de vente de celle-ci. Le coût de production et le prix de vente des matières premières peuvent varier en fonction de la quantité produite. La fonction définie sur l'intervalle [30 ; 64] par :

$$P(x) = -\frac{x^3}{24} + \frac{95}{16}x^2 - 275x + 4\,500$$

permet de modéliser le prix moyen de vente sur l'année du blé (en € par tonne) en fonction de la quantité annuelle produite (en millions de tonnes).

1. Préciser ce que représentent les nombres x et $P(x)$.

2. Quelles sont les productions annuelles minimale et maximale prévues par cette modélisation ?

3. Déterminer l'expression de P', la fonction dérivée de P.

4. Montrer que 40 et 55 sont les solutions de l'équation $-x^2 + 95x - 2\,200 = 0$.

5. En utilisant les résultats de la question **4.**, dresser le tableau de variations de la fonction P.

6. Quel est, d'après ce modèle, le cours le plus bas que peut atteindre la tonne de blé ?

7. Pour quelle valeur de production annuelle ce prix minimal est-il atteint ?

8. Quel serait le chiffre d'affaires des producteurs de blé une année où ils seraient contraints de vendre leur production au cours le plus bas ?

8. De la même façon, peut-on déterminer :

a. le cours le plus élevé anticipé par ce modèle ?

b. la valeur de la production annuelle lorsque ce maximum est atteint ?

c. le chiffre d'affaires des producteurs de blé une année où leur production serait vendue au cours le plus haut ?

9. Comparer les chiffres d'affaires des producteurs de blé entre une année de vente au plus bas et une année de vente au plus haut. Quelle interprétation peut-on faire de cette différence ?

42 SANTÉ Quel est le coût d'une épidémie ?

Les autorité de santé font le bilan du coût financier d'une épidémie saisonnière. La fonction f représente l'évolution du coût final de l'épidémie (en millions d'euros) en fonction du nombre de personnes infectées (en centaines de milliers de personnes). La fonction f est définie sur l'intervalle [1 ; 10] par :

$$f(x) = 90 - \frac{80}{x}$$

1. D'après cette modélisation, combien de personnes ont-elles été touchées par l'épidémie ?

2. Quel est le coût financier de l'épidémie, en millions d'euros ?

3. Déterminer l'expression de f' la fonction dérivée de f. En déduire que f est strictement croissante sur [1 ; 10].

4. Déterminer l'expression de la fonction f_M permettant de calculer le coût financier de l'épidémie (en millions d'euros) par centaine de milliers de personnes contaminées.

5. Calculer le coût moyen d'un patient infecté lorsque l'épidémie touche 100 000 personnes.

6. Calculer le coût moyen d'un patient infecté lorsque l'épidémie touche un million de personnes.

7. Tracer, à la calculatrice, les représentations graphiques des fonctions f et f_M.

8. Résoudre l'équation $f'(x) = f_M(x)$ et en déduire le nombre de patients (en centaines de milliers) pour lequel le coût financier par personne est le plus élevé.

DÉMARCHE SCIENTIFIQUE

43 EAU Ce village aura-t-il suffisamment d'eau ?

Un village de 1 000 habitants, isolé dans le désert, dispose d'une réserve d'eau alimentée par une rivière souterraine dont le débit annuel moyen peut être considéré comme constant.

On estime que la population du village va augmenter durant les vingt prochaines années en suivant le modèle d'accroissement suivant : « pendant dix ans, le nombre d'habitants augmente d'environ 100 divisé par le nombre d'années écoulées ».

Peut-on garantir que chaque habitant du village disposera d'au moins 40 m^3 d'eau par an durant les vingt prochaines années ?

Doc. 1.

Excédent d'eau

On estime que chaque année, entre d'une part l'évaporation et l'eau captée pour les besoins de l'agriculture et d'autre part les apports de la rivière souterraine, il y a un excédent de 60 000 m^3 dans le village.

Doc. 2.

Taux de mortalité

Le taux de mortalité devrait diminuer au cours des vingt prochaines années pour finir par atteindre une valeur de 9,9 décès pour 1 000 habitants.

Thèmes abordés
- Fonctions polynômes de degré 3
- Dérivation

Je m'évalue

Nom : ....
Prénom : ....
Date : ....

Quel investissement représentera la modernisation du parc de machines ?

Un agriculteur souhaite investir de l'argent dans son exploitation afin de moderniser son parc de machines et augmenter la rentabilité de ses productions.
Son banquier lui propose un schéma d'évolution de son chiffre d'affaires en fonction de l'investissement consenti.
Ce schéma d'investissement peut être modélisé par la fonction suivante :

$$f(x) = \frac{1}{10}(x^3 - 9x^2 + 24x + 5)$$

où x est la somme investie, en milliers d'euros, et
$f(x)$ représente l'augmentation du chiffre d'affaires de l'exploitation, en milliers d'euros aussi.

1 C.1.3 ANALYSER Justifier que la fonction f est définie pour $x > 0$.

....

2 C.1.3 ARGUMENTER Vérifier que le chiffre d'affaires augmentera même sans investissement. Calculer la valeur de cette augmentation.

....

3 C.1.3 MODÉLISER Pour s'assurer que le modèle d'investissement proposé par le banquier n'entraîne pas de perte d'argent (en cas d'investissement trop important par exemple), on veut montrer que $f(x) > 0$ dès que $x > 0$.

a. Calculer f' la fonction dérivée de f.

....

b. Vérifier que l'équation $3x^2 - 18x + 24 = 0$ a deux solutions : $x_1 = 2$ et $x_2 = 4$.

....

....

c. Déterminer le nombre de solutions de l'équation $f(x) = 0$.

....

....

d. Montrer que si $f(x) = 0$, alors $x < 0$.

....

....

4 C.1.3 ANALYSER Étudier les variations de la fonction f sur $[0 ; 10]$.

....

....

5 C.1.3 ANALYSER Déduire de la question **4.** qu'il existe une zone où les montants investis font baisser le chiffre d'affaires.

....

....

CHAPITRE
6

Calculs de probabilités

Je vais être capable de

- Calculer la probabilité d'un événement
- Calculer des fréquences conditionnelles à partir de tableaux croisés d'effectifs
- Calculer la probabilité associée à une expérience aléatoire à deux épreuves
- Représenter par un arbre de probabilités la répétition de deux ou trois épreuves aléatoires de Bernoulli identiques et indépendantes

Je démarre

Vidéo
Je regarde la vidéo
www.lienmini.fr/7868-0601

Le paradoxe de Von Mises (ou paradoxe des anniversaires) montre que dans un groupe de 25 personnes choisies au hasard, il y a une chance sur deux que deux d'entre elles aient le même jour anniversaire.

1 Quelle est la probabilité que la deuxième personne n'ait pas le même jour anniversaire que la première ?

....

2 Quelle est la probabilité pour qu'au moins deux de ces trois personnes aient la même date d'anniversaire ?

....

Je me rappelle

QCM
Je me rappelle
www.lienmini.fr/7868-0602
Note ton score du QCM en ligne .... /10

Questions flash

Cocher la bonne réponse parmi les trois proposées.

1 **Laquelle de ces trois actions n'est pas une expérience aléatoire ?**

a. ☐ Lancer deux dés à six faces et observer la somme des résultats des deux dés.

b. ☐ Placer trois boules de couleurs différentes dans une urne opaque.

c. ☐ Tirer une carte au hasard dans un jeu de 32 cartes.

2 **On tire une balle au hasard dans une urne opaque contenant une balle rouge, une balle blanche et une balle noire.
Quelles sont les issues de cette expérience aléatoire ?**

a. ☐ 1, 2 et 3

b. ☐ $\frac{1}{3}$

c. ☐ « Rouge », « Blanche » et « Noire »

3 **On lance un dé à six faces.
Quel est l'événement contraire de « Obtenir au moins 4 » ?**

a. ☐ « Obtenir 1, 2, 3, 5 ou 6 »
b. ☐ « Obtenir au plus 3 »
c. ☐ « Obtenir au moins 5 »

4 **On lance un dé à six faces, parfaitement équilibré.
Quelle est la probabilité d'obtenir un 3 ?**

a. ☐ $\frac{3}{6}$

b. ☐ $\frac{5}{6}$

c. ☐ $\frac{1}{6}$

5 **Une urne opaque contient des balles et des cubes de différentes couleurs.**

	Bleu	Violet	Vert	TOTAL
Balles	20	17	13	50
Cubes	12	23	15	50
TOTAL	32	40	28	100

Si l'on tire un objet au hasard, quelle est la probabilité d'obtenir une balle verte ?

a. ☐ $\frac{13}{100}$ b. ☐ $\frac{13}{50}$ c. ☐ $\frac{28}{100}$

6 **On reprend l'urne de la question 5.
Si l'on choisit un cube au hasard dans l'urne, quelle est la probabilité pour qu'il soit bleu ?**

a. ☐ $\frac{12}{32}$ b. ☐ $\frac{12}{50}$ c. ☐ $\frac{12}{100}$

7 **On reprend l'urne de la question 5.
Si l'on choisit un objet au hasard dans l'urne, quelle est la probabilité pour qu'il soit vert ?**

a. ☐ $P = \frac{28}{100}$

b. ☐ $P = \frac{13}{50} + \frac{15}{50}$

c. ☐ $P = \frac{13}{50} \times \frac{15}{50}$

8 **On lance deux pièces de 1 € parfaitement équilibrées.**

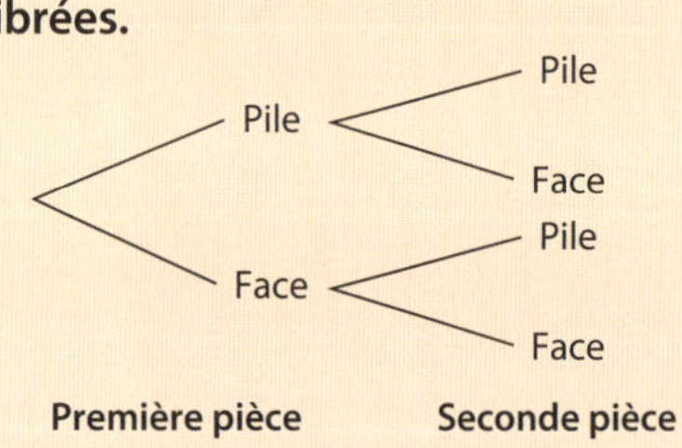

Quelle est la probabilité d'obtenir deux fois « Pile » ?

a. ☐ $\frac{1}{2}$ b. ☐ $\frac{2}{3}$ c. ☐ $\frac{1}{4}$

ACTIVITÉ 1

ALIMENTATION

Calculer la probabilité d'un événement

Comment contrôler la qualité dans une chaîne de production ?

L'équipe de contrôle de la qualité d'une chaîne d'embouteillage de boissons gazeuses met en place un protocole pour détecter trois types de défauts sur la production : défaut de pression de gaz dans les bouteilles, taux de sucre anormalement bas, taux de sucre anormalement élevé.
La première journée de mise en place du protocole consiste à faire une vérification de la totalité de la production afin de créer une référence pour les échantillons des contrôles futurs.

	Défaut de pression	Sucre bas	Sucre élevé	TOTAL
Défaut de pression	1 %	3 %	2 %	6 %
Sucre bas		5 %		5 %
Sucre élevé			7 %	7 %
TOTAL	1 %	8 %	9 %	18 %

1. Sur la base de ce tableau de données, calculer la probabilité de l'événement A : « Une bouteille prélevée au hasard sur la chaîne présente au moins un défaut ».

2. Calculer la probabilité de l'événement B : « Une bouteille prise au hasard a un défaut de pression ».

3. Décrire l'événement contraire $\overline{B}$ de l'événement B, puis calculer $P(\overline{B})$.

4. Calculer la probabilité de l'événement C : « Au moins la moitié de la production ne comporte aucun défaut » et la probabilité de l'événement D : « Une bouteille prise et testée au hasard a les trois défauts ».

5. Indiquer si les événements E : « Une bouteille prise au hasard a un défaut de pression et un taux de sucre trop bas » et F : « Une bouteille prise au hasard a un défaut de pression et un taux de sucre trop élevé » peuvent se produire simultanément. A-t-on $E = \overline{F}$?

6. Calculer la probabilité de l'événement G : « Une bouteille prise au hasard a un défaut de sucre ».

7. Calculer $P(B \cap G)$, la probabilité d'avoir simultanément les événements B et G.

8. On note $G \cup B$ l'événement « Une bouteille prise au hasard a un défaut relatif à son taux de sucre ou un défaut de pression ». Calculer $P(G \cup B)$. Comparer ce résultat avec celui obtenu dans la question **1.**

Si A et B sont deux événements d'une même expérience aléatoire, alors :
$$P(\overline{A}) = 1 - P(A) \quad \text{et} \quad P(A \cup B) = P(A) + P(B) - P(A \cap B)$$

ACTIVITÉ 2

BIODIVERSITÉ

Utiliser un tableau croisé d'effectifs

Peut-on prévoir les conséquences des impacts de foudre sur la composition d'une forêt ?

Une équipe de gardes forestiers répertorie deux essences particulières d'un massif : les pins et les chênes.
Ce recensement prend en compte l'âge estimé des arbres (plus ou moins de 30 ans). L'objectif de cette comptabilisation est d'estimer quel type d'arbre risque d'être le plus exposé à la foudre lors des grands orages.
Les résultats obtenus sont présentés dans le tableau suivant :

	Moins de 30 ans	Plus de 30 ans	TOTAL
Chênes	242	653	895
Pins	726	329	1 055
TOTAL	968	982	1 950

On considère que la foudre peut tomber n'importe où, sur n'importe quel arbre de la forêt, de façon aléatoire.

1. Calculer la probabilité que l'arbre frappé par la foudre soit un chêne.

2. Calculer la probabilité que l'arbre frappé par la foudre soit un arbre de moins de 30 ans.

3. Calculer la probabilité que l'arbre frappé par la foudre soit un pin de plus de 30 ans.

4. On note A l'événement « L'arbre frappé par la foudre est un pin » et B l'événement « L'arbre frappé par la foudre a plus de 30 ans ». Décrire les événements $\overline{A}$ et $\overline{B}$.

5. Calculer $P_A(B)$, la probabilité que la foudre ait frappé un arbre de plus de 30 ans sachant qu'elle a frappé un pin.

> $P_A(B)$ est la probabilité que l'événement B se réalise sachant que l'événement A s'est réalisé. Ce nombre s'appelle la probabilité conditionnelle de B sachant A.

6. Décrire puis calculer chacune des probabilités suivantes : $P_B(A)$, $P_A(\overline{B})$, $P_B(\overline{A})$, $P_{\overline{A}}(B)$ et $P_{\overline{B}}(A)$.

La probabilité d'un événement A sachant que l'événement B est réalisé s'appelle la **probabilité conditionnelle de A sachant B.** On la note $P_B(A)$.

ACTIVITÉ 3

SANTÉ

Calculer une probabilité conditionnelle

Quelle est la probabilité d'être malade lorsque l'on est testé positif à un virus ?

Un test biologique permet de dire si l'on est infecté par un virus.

Ce test est déclaré fiable à 99 % ; cela signifie que 99 % des personnes non infectées par le virus ont un test négatif et que 99 % des personnes infectées par ce virus ont un test positif.

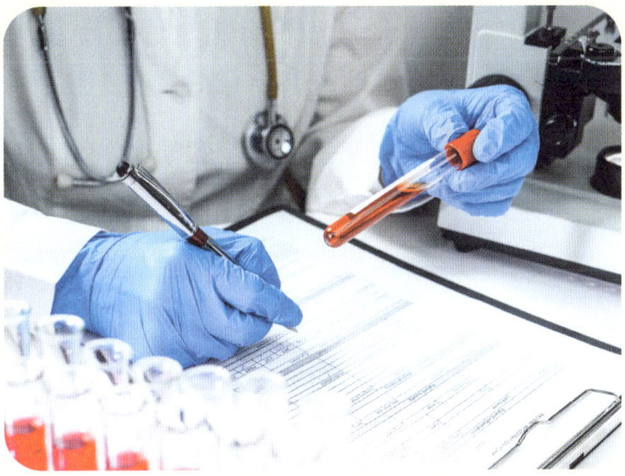

1 Déterminer le pourcentage de personnes qui auront un test négatif en étant infectées ou un test positif sans être infectées.

....

2 On estime que seulement 0,1 % de la population est infectée par ce virus. Compléter le tableau ci-contre pour un échantillon de 100 000 personnes.

	Personnes infectées	Personnes non infectées	TOTAL
Positives au test	....	....	....
Négatives au test	....	....	....
TOTAL	100	....	100 000

3 Calculer la probabilité P qu'une personne soit positive au test. ....

4 Calculer la probabilité Q qu'une personne soit positive et infectée. ....

5 Calculer la probabilité R qu'une personne soit infectée, parmi les personnes positives. ....

6 Comparer les nombres R et $\frac{Q}{P}$. ....

7 Calculer $P_{\text{« Sachant que l'on est positif »}}$(« On est infecté »). ....

....

....

8 Calculer cette même probabilité pour un test ayant la même fiabilité, mais dans une population contaminée à 40 %.

....

....

....

9 Comparer les résultats obtenus aux questions **8.** et **7.**.

....

....

La **probabilité** d'un événement A **sachant que** l'événement B, de probabilité non nulle, est réalisé est donnée par la formule : $P_B(A) = \frac{P(A \cap B)}{P(B)}$.

ACTIVITÉ 4

SANTÉ

Utiliser un arbre de probabilités

Peut-on être malade tout en étant testé négatif ?

Un laboratoire de recherche biomédicale met au point un test sur un nouveau virus.
Ce test a une fiabilité de 99 % pour les patients infectés et de 97 % pour les patients sains.

On note :

- S l'événement : « Le patient est sain » ;
- T l'événement : « Le test du patient est positif ».

1 Décrire les événements $\overline{S}$ et $\overline{T}$.

....

2 Compléter les deux arbres de probabilités suivants :

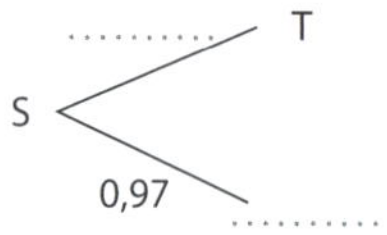

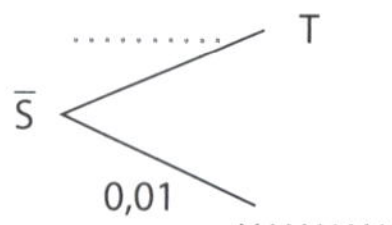

3 Calculer $P_S(T)$.

....

4 Ce test est déployé sur l'ensemble d'une région où la prévalence du virus (c'est-à-dire le pourcentage de la population de la région qui est infecté) est de 2 %.
Calculer $P(S)$ et $P(\overline{S})$.

....

5 Compléter l'arbre de probabilités ci-contre.

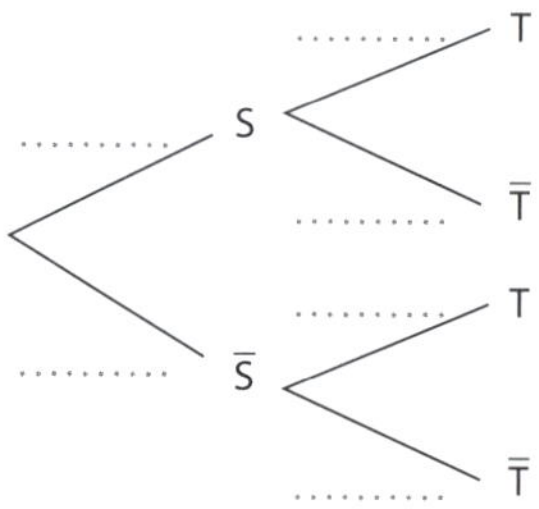

6 Calculer la probabilité pour qu'une personne choisie au hasard dans la population soit à la fois saine et positive au test, c'est-à-dire la probabilité d'être en présence d'un « faux positif ».

....

7 Calculer la probabilité pour qu'une personne choisie au hasard dans la population soit infectée et négative au test, c'est-à-dire la probabilité d'être en présence d'un « faux négatif ».

....

8 Comparer et interpréter ces deux derniers résultats.

....

....

....

....

Pour calculer une probabilité conditionnelle grâce à un **arbre de probabilités**, il faut se placer sur la branche qui suit l'événement que l'on sait être réalisé.

ACTIVITÉ 5

EAU

Utiliser la formule des probabilités totales

Comment prévoir les risques de contamination de l'eau dans un élevage ?

Pour alimenter ses vaches en eau, un éleveur de montagne utilise six abreuvoirs dispersés sur un grand terrain de pâturage.
Trois de ces abreuvoirs sont alimentés par une source naturelle, deux sont remplis grâce à un captage effectué dans un puits et le dernier est raccordé à une citerne de récupération des eaux de pluie.
Le risque de contamination de l'eau de source est très faible : il est estimé à 1 % ; le risque de contamination dans la citerne d'eau de pluie est de 5 % ; le risque de contamination de l'eau du puits est assez élevé puisqu'il est estimé à 25 %.
On considère qu'une vache se rend de façon aléatoire à n'importe lequel des six abreuvoirs.

1. Calculer la probabilité de l'événement A : « La vache va boire dans un abreuvoir alimenté par l'eau de source ».

....

2. Calculer les probabilités des événements B : « La vache va boire dans un abreuvoir alimenté par le puits » et C : « La vache va boire dans un abreuvoir alimenté par la citerne d'eau de pluie ».

....

3. On note D l'événement : « La vache boit une eau contaminée ». Déterminer $P_A(D)$, $P_B(D)$ et $P_C(D)$.

....

4. On veut déterminer $P(D)$, la probabilité qu'une vache boive de l'eau contaminée en choisissant un abreuvoir au hasard. Calculer la probabilité que la vache soit allée boire à un abreuvoir alimenté par la source et que l'eau de cet abreuvoir soit contaminée.

....

5. De la même façon, calculer $P(B) \times P_B(D)$ et $P(C) \times P_C(D)$.

....

....

6. Si la vache boit une eau contaminée, c'est qu'elle l'a bue dans un abreuvoir alimenté par la source ou le puits ou la citerne. Exprimer $P(D)$ en fonction de $P(A)$, $P(B)$, $P(C)$, $P_A(D)$, $P_B(D)$ et $P_C(D)$.

....

7. En déduire la valeur de $P(D)$, la probabilité qu'une vache boive une eau contaminée.

....

Si A, B et C sont trois événements deux à deux incompatibles d'un univers Ω, de probabilité non nulle et si $A \cup B \cup C = \Omega$, alors, pour tout événement D de Ω :

$$P(D) = P(A) \times P_A(D) + P(B) \times P_B(D) + P(C) \times P_C(D)$$

C'est la formule dite des **probabilités totales**.

ACTIVITÉ 6

ÉNERGIE

Déterminer l'indépendance de deux événements

Comment optimiser les opérations de maintenance d'un réseau de distribution d'électricité ?

Les équipes de maintenance du réseau de distribution d'électricité d'un département réalisent une étude statistique sur la nature des interventions qu'elles ont à faire sur le réseau. Parmi les informations récupérées lors de cette étude statistique, on relève les résultats suivants :

• Un quart des interventions se font dans le cadre d'une maintenance programmée à l'avance ; les trois autres quarts sont réalisés en urgence, pour traiter un incident survenu sur le réseau.
• 5 % des interventions nécessitent une réintervention. Les réinterventions ne sont pas comptabilisées comme des interventions.
• Une intervention sur 80 est une opération de maintenance programmée à l'avance qui nécessitera une réintervention.

1 Calculer la probabilité d'avoir à réintervenir après une intervention.

....

2 Calculer la probabilité d'avoir à réintervenir après une opération de maintenance programmée.

....

3 En comparant les deux résultats obtenus précédemment, on peut raisonnable estimer qu'il serait judicieux de programmer davantage d'interventions de maintenance puisque, sur ce type d'intervention, le taux de réintervention est très faible.
On prend en compte une opération de maintenance choisie au hasard dans la liste des opérations de maintenance effectuées. On note A l'événement « L'intervention choisie au hasard est une intervention de maintenance programmée » et B l'événement : « L'intervention choisie au hasard a fait l'objet d'une réintervention ».
Calculer $P(A)$ et $P(B)$. ....

4 Décrire l'événement $A \cap B$, puis calculer $P(A \cap B)$.

....

....

5 Calculer le produit $P(A) \times P(B)$ et le comparer au résultat calculé dans la question **4.**.

....

6 En déduire $P_A(B)$ et $P_B(A)$. Les événements A et B sont-ils indépendants ?

....

....

> Deux événements sont **indépendants** si la réalisation de l'un n'a aucune influence sur la réalisation de l'autre.

7 Discuter de la pertinence de l'argument consistant à conseiller de programmer davantage d'opérations de maintenance afin de faire baisser le nombre de réinterventions.

....

....

Si A et B sont deux **événements indépendants** alors on a ces trois égalités :

$$P(A) \times P(B) = P(A \cap B) \;;\; P_A(B) = P(B) \text{ et } P_B(A) = P(A)$$

Je retiens l'essentiel

Vocabulaire des événements

- Un événement est dit **certain** si sa probabilité est égale à 1.
- Un événement est dit **impossible** si sa probabilité est égale à 0.
- Si l'événement $\overline{A}$ est le **contraire** de l'événement A, alors : $P(\overline{A}) = 1 - P(A)$.
- **Réunion d'événements** : l'événement qui consiste à avoir l'événement A **ou** l'événement B se note $A \cup B$ et se lit « A ou B » ou « A union B ».
- **Intersection d'événements :** l'événement qui consiste à avoir l'événement A **et** l'événement B simultanément se note $A \cap B$ et se lit « A et B » ou « A intersection B ».
- Calcul de probabilités : $P(A \cup B) = P(A) + P(B) - P(A \cap B)$; $P(A \cap B) = P(A) + P(B) - P(A \cup B)$

Exemple : On tire au hasard une carte dans un jeu de 32 cartes. On considère les événements A : « La carte est un cœur » et B : « La carte est un As ».
Alors $A \cup B$: « La carte est un cœur ou bien un As » et $A \cap B$: « La carte est l'As de cœur ». On a :
$P(A) = \dfrac{8}{32}$, $P(B) = \dfrac{4}{32}$, $P(A \cap B) = \dfrac{1}{32}$ et $P(A \cup B) = \dfrac{11}{32}$. On a bien $P(A \cup B) = P(A) + P(B) - P(A \cap B)$.

- Deux événements A et B sont dit **incompatibles** s'il est impossible d'avoir A et B en même temps. Ce qui revient à écrire que $P_A(B) = 0$. En particulier, un événement et son contraire sont toujours incompatibles.

Probabilité conditionnelle

- Soit A et B deux événements tel que $P(A) \neq 0$. La probabilité de B sachant A s'appelle « **probabilité conditionnelle de B sachant A** », et se note $P_A(B)$.

On a : $P_A(B) = \dfrac{P(A \cap B)}{P(A)}$.

Exemple : Dans l'exemple précédent, $P_A(B) = \dfrac{P(A \cap B)}{P(A)} = \dfrac{\frac{1}{32}}{\frac{8}{32}} = \dfrac{1}{8}$.

- Trois événements A, B et C forment une **partition de l'univers** d'une d'expérience aléatoire si :
  – ils sont incompatibles deux à deux ($P(A \cap B) = P(A \cap C) = P(B \cap C) = 0$) ;
  – leur réunion est égale à la totalité de l'univers de l'expérience aléatoire ($P(A \cup B \cup C) = 1$: événement certain).
- **Formule des probabilités totales** : Soit E un événement et (A ; B ; C) une partition de l'univers, alors :

$$P(E) = P_A(E) \times P(A) + P_B(E) \times P(B) + P_C(E) \times P(C).$$

- A et B sont des **événements indépendants** si la réalisation de A n'influe pas sur la réalisation de B, c'est-à-dire si : $P_A(B) = P(B)$.

Donc dire que A et B sont indépendants est équivalent à écrire que : $P(A \cap B) = P(A) \cup P(B)$.

Épreuve de Bernoulli

Soit p un nombre réel de l'intervalle [0 ; 1].

- Une **épreuve de Bernoulli** est une expérience aléatoire n'ayant que deux issues :
  – L'issue A de probabilité $P(A) = p$;
  – et son contraire $\overline{A}$ de probabilité $P(\overline{A}) = 1 - p$.

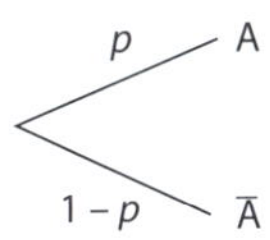

- Les nombres p et $q = 1 - p$ sont les **paramètres** de l'épreuve de Bernoulli.

Exemple : Lors d'une élection, 68 % des électeurs ont voté pour le candidat A. L'expérience qui consiste à choisir au hasard une personne parmi les électeurs et à lui demander si elle a voté ou non pour le candidat A est une expérience de Bernoulli, de paramètre $p = 0{,}68$.

J'apprends à résoudre

1 Calculer une probabilité conditionnelle

Énoncé On tire une carte au hasard dans un jeu de 32 cartes. On considère les deux événements suivants : A : « Tirer un As » et B : « Tirer un pique ». Calculer $P_A(B)$.

Solution

1. $P(A) \neq 0$ car il est possible de tirer un As dans un jeu de 32 cartes.
2. $P(A) = \frac{4}{32} = \frac{1}{8}$
3. A ∩ B : « Tirer un As » et « Tirer un pique », c'est « Tirer l'As de pique ».
4. $P(A \cap B) = \frac{1}{32}$
5. $P_A(B) = \frac{P(A \cap B)}{P(A)} = \frac{\frac{1}{32}}{\frac{1}{8}} = \frac{8}{32} = \frac{1}{4}$.

Point méthode

1. Vérifier que $P(A)$ est non nul (c'est-à-dire, que A est un événement possible)
2. Calculer $P(A)$ en utilisant la formule : $P(\text{Événement}) = \frac{\text{Nombre d'issues de l'événement}}{\text{Nombre d'issues possibles}}$
3. Expliciter l'événement A ∩ B
4. Calculer $P(A \cap B)$
5. Calculer $P_A(B)$ en utilisant la formule : $P_A(B) = \frac{P(A \cap B)}{P(A)}$

Voir exercices 10 à 12 p. 112

2 Utiliser la formule des probabilités totales

Énoncé Un établissement scolaire compte 50 % de demi-pensionnaires, 30 % d'externes et 20 % d'internes. La moitié des demi-pensionnaires et des externes sont des filles, contre seulement un quart des internes. Si l'on croise un élève au hasard dans ce lycée, quelle est la probabilité pour que cet élève soit une fille ?

Solution

1. Issues de l'expérience aléatoire : « Fille » ou « Garçon ».
2. Partition de l'univers : A : « Externes », B : « Demi-pensionnaires », C : « Internes ».
3. $P(A) = 0{,}3$; $P(B) = 0{,}5$ et $P(C) = 0{,}2$
4. $P_A(E)$: Probabilité pour que l'élève croisé soit une fille sachant que c'est un externe.
   $P_A(E) = 0{,}5$; $P_B(E) = 0{,}5$ et $P_C(E) = 0{,}25$
5. E : « L'élève croisé par hasard est une fille », donc $P(E) = 0{,}5 \times 0{,}3 + 0{,}5 \times 0{,}5 + 0{,}25 \times 0{,}2 = 0{,}45$.

Point méthode

1. Déterminer l'univers de l'expérience aléatoire
2. Trouver une partition (A ; B ; C) de l'univers de l'expérience aléatoire
3. Calculer $P(A)$, $P(B)$ et $P(C)$
4. Calculer $P(A \cap E)$, $P(B \cap E)$ et $P(C \cap E)$, ou $P_A(E)$, $P_B(E)$ et $P_C(E)$ suivant la situation
5. Calculer $P(E)$ en utilisant la formule des probabilités totales : $P(E) = P_A(E) \times P(A) + P_B(E) \times P(B) + P_C(E) \times P(C)$

Voir exercices 18 à 20 p. 114

3 Montrer que deux événements sont indépendants

Énoncé On tire une carte au hasard dans un jeu de 32 cartes. Montrer que les événements A : « Tirer un Roi » et B : « Tirer un cœur » sont indépendants.

Solution

1. $P(A) = P(\text{« Tirer un Roi »}) = \frac{4}{32}$
2. $P(B) = P(\text{« Tirer une carte de cœur »}) = \frac{1}{4}$
3. $P(A \cap B) = P(\text{« Tirer le Roi de cœur »}) = \frac{1}{32}$
   $P(A \cap B) = \frac{1}{32}$
4. $P(A) \times P(B) = \frac{4}{32} \times \frac{1}{4} = \frac{1}{32} = P(A \cap B)$
   Les deux événements sont indépendants.

Point méthode

1. Calculer $P(A)$
2. Calculer $P(B)$
3. Calculer $P(A \cap B)$
4. Vérifier que : $P(A \cap B) = P(A) \times P(B)$

Voir exercices 23 à 25 p. 115

Je m'entraîne

QCM en ligne
www.lienmini.fr/7868-0603

Je teste mes acquis

1 Une urne compte 7 boules rouges et 3 boules noires.
On tire simultanément 4 boules dans cette urne.
Indiquer un événement certain.

a. ☐ « Il y a au moins deux boules de couleurs différentes »
b. ☐ « Les 4 boules tirées sont rouges »
c. ☐ « Il y a au moins une boule rouge »

2 Dans l'expérience aléatoire précédente, indiquer un événement impossible.

a. ☐ « Toutes les boules tirées sont noires »
b. ☐ « Le tirage compte autant de boules rouges que de boule noires »
c. ☐ « Le tirage compte plus de boules noires que de boules rouges »

3 Dans l'expérience aléatoire de la question 1., décrire l'événement contraire de « Toutes les boules du tirage sont rouges ».

a. ☐ « Toutes les boules du tirage sont noires »
b. ☐ « Le tirage compte une boule noire »
a. ☐ « Le tirage compte au moins une boule noire »

4 Dans l'expérience de la question 1., indiquer un événement incompatible avec « On obtient 2 boules rouges et 2 boules noires » ?

a. ☐ « Il n'y a pas que des boules rouges dans le tirage »
b. ☐ « Il y a plus de boules rouges que de boules noires »
c. ☐ « Le tirage compte au moins une boule de chaque couleur »

5 On donne : $P(A) = 0,1$; $P(B) = 0,3$ et $P(A \cap B) = 0,2$. Alors :

a. ☐ $P(A \cup B) = 0,2$ b. ☐ $P(A \cup B) = 0,1$ c. ☐ $P(A \cup B) = 0,3$

6 On donne $P(A) = 0,2$ et $P(A \cap B) = 0,16$. Alors :

a. ☐ $P_A(B) = 0,02$
b. ☐ $P_A(B) = 0,8$
c. ☐ $P_A(B) = 0,5$

7 On lance deux pièces de 1 € parfaitement identiques et on note le résultat obtenu au « Pile ou Face ». Lequel de ces couples d'événements forment une partition de l'univers de cette expérience aléatoire ?

a. ☐ « Deux Piles » et « Deux Faces »
b. ☐ « Au moins une pièce sur Pile » et « Au moins une pièce sur Face »
a. ☐ « Même résultat sur les deux pièces » et « Résultats différents sur les deux pièces »

8 On lance deux dés à 6 faces ; un rouge et un bleu.
Indiquer deux événements qui ne sont pas indépendants.

a. ☐ « 6 avec le dé rouge » et «6 avec le dé bleu »
b. ☐ « Un résultat pair avec le dé rouge » et « Un résultat impair avec le dé bleu »
c. ☐ « Un résultat pair avec le dé rouge » et « un résultat supérieur à celui de dé rouge avec le dé bleu »

9 Une urne compte 7 boules rouges et 3 boules noires. On tire une boule dans cette urne.
Les paramètres de cette épreuve de Bernoulli sont :

a. ☐ 10,7 et 3
b. ☐ 0,7 et 0,3
c. ☐ 0,5 et 0,5

Événements certains, impossibles, contraires, incompatibles

Automatismes

1 On lance simultanément deux dés identiques à six faces et l'on fait la somme des deux résultats obtenus.

Indiquer si l'événement « Obtenir 1 » est possible ou impossible.

....

2 On reprend l'expérience aléatoire de l'exercice 1. Indiquer si les événements « Obtenir un résultat impair » et « Obtenir le même résultat pour les deux dés » sont :

1. incompatibles.

....

....

2. contraires.

....

....

3 On lance simultanément 10 pièces de 1 € et on note le nombre de pièces qui affichent « Pile ».

1. Déterminer les issues de cette expérience aléatoire.

....

2. Compléter le tableau suivant en inscrivant une croix dans la case correspondant à la bonne réponse :

Événement	Possible	Certain	Impossible
Obtenir 0	....	....	....
Obtenir 10	....	....	....
Deux pièces affichent la même valeur	....	....	....
Toutes les pièces affichent des valeurs différentes	....	....	....

4 SANTÉ Pour enrayer une épidémie, on utilise un vaccin dont l'efficacité est de 100 %. Aucune personne vaccinée ne peut être contaminée alors que 50 % des personnes qui ne sont pas vaccinées tomberont malades. On choisit une personne au hasard et on considère les événements suivants :

A : « La personne est vaccinée »
B : « La personne n'est pas vaccinée »
C : « La personne est malade »

1. Donner deux événements contraires parmi ces trois événements.

....

2. Donner deux événements incompatibles qui ne soient pas contraires, parmi ces trois événements.

....

Unions et intersections d'événements

Automatismes

5 On tire une carte au hasard dans un jeu de 32 cartes. Décrire l'événement $A \cup B$ sachant que A : « Tirer un Valet » et B : « Tirer un Roi »

....

6 On tire une carte au hasard dans un jeu de 32 cartes. Décrire l'événement $A \cap B$, sachant que A : « Tirer un trèfle » et B : « Tirer un Roi »

....

7 On tire une carte au hasard dans un jeu de 32 cartes.

1. Calculer la probabilité de tirer un As.

....

2. Calculer la probabilité d'avoir un cœur.

....

3. Calculer la probabilité d'avoir l'As de cœur.

....

4. En utilisant la formule $P(A \cup B) = P(A) + P(B) - P(A \cap B)$, calculer la probabilité de tirer un As ou une carte de cœur.

....

8 On lance une pièce de monnaie parfaitement équilibrée à deux reprises. On note A l'événement « Obtenir Pile lors du premier lancer » et B l'événement « Obtenir Pile lors du second lancer ».

1. Décrire les événements $A \cap B$ et $A \cup B$.

....

....

2. Calculer $P(A \cap B)$ et $P(A \cup B)$.

....

3. Vérifier la formule $P(A \cup B) = P(A) + P(B) - P(A \cap B)$.

....

9 On tire un objet au hasard dans un sac contenant des anneaux, des boules et des cubes de couleurs différentes. La composition de ce sac est résumée dans le tableau ci-dessous.

	Anneaux	Boules	Cubes
Rouge	3	1	6
Vert	2	5	3
Noir	5	4	1

On note R l'événement « L'objet tiré est rouge ». De même, on note B l'événement « L'objet tiré est une boule », etc. (un événement étant noté par son initiale).

1. Calculer : $P(R)$, $P(V)$, $P(N)$, $P(A)$, $P(B)$ et $P(C)$.

....

2. Calculer : $P(A \cap R)$, $P(A \cap V)$ et $P(A \cap N)$.

....

3. Donner la signification de l'événement $A \cup R$.

....

4. Calculer $P(A \cup R)$.

....

....

Probabilités conditionnelles

Automatismes

10 A et B sont deux événements d'une même expérience aléatoire tels que :

$$P(A) = 0{,}7 \; ; P(B) = 0{,}4 \text{ et } P(A \cap B) = 0{,}3$$

Calculer $P_A(B)$ et $P_B(A)$.

....

11 A et B sont deux événements d'une même expérience aléatoire tels que :

$$P(A) = 0{,}4 \; ; P(B) = 0{,}5 \text{ et } P_A(B) = 0{,}3$$

1. Calculer $P(A \cap B)$.

....

2. Calculer $P_B(A)$.

....

12 A et B sont deux événements d'une même expérience aléatoire tels que :

$$P(A \cap B) = 0{,}3 \text{ et } P_B(A) = 0{,}4$$

Calculer $P(B)$.

....

13 A et B sont deux événements d'une même expérience aléatoire tels que :

$$P(A) = 0{,}15 \,;\, P(B) = 0{,}25 \text{ et } P_A(B) = 0{,}5$$

1. Calculer $P(A \cap B)$.

2. Calculer $P(A \cup B)$.

14 SANTÉ Un laboratoire pharmaceutique veut tester un nouveau traitement sur un groupe de 84 patients. Une partie des patients reçoit le nouveau traitement et une autre partie reçoit un placébo. On comptabilise après huit jours de traitement, les patients guéris et ceux qui sont toujours malades. Les résultats de cette étude sont synthétisés dans le tableau ci-dessous.

	Guéris	Malades	TOTAL
Traitement	56	7	63
Placébo	18	3	21
TOTAL	74	10	84

1. Calculer la probabilité qu'un patient participant à cette étude ait reçu un placébo.

2. Un patient ayant participé à cette étude est guéri au bout de 8 jours. Calculer la probabilité qu'il ait reçu un placébo.

3. Déterminer la probabilité qu'un patient soit encore malade après huit jours, sachant qu'il a bénéficié du traitement.

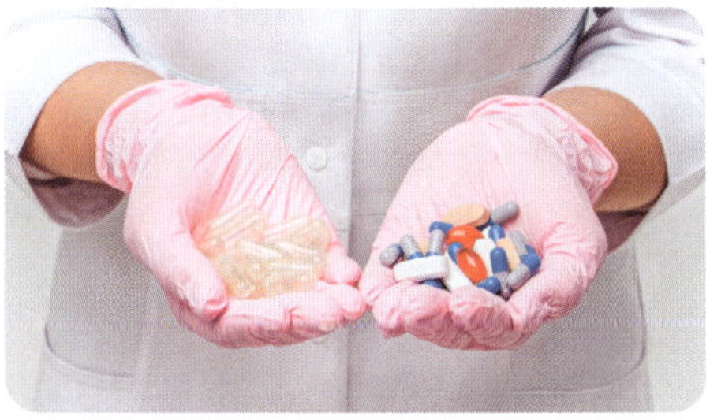

15 ALIMENTATION Une entreprise fabrique des biscuits dans trois lieux de production différents, désignés par les lettres A, B et C. On s'intéresse aux traces d'allergènes présents dans les biscuits en fonction du lieu où ils ont été produits. On a regroupé les résultats obtenus dans le tableau ci-dessous.

	A	B	C	TOTAL
Présence	17	102	51	170
Absence	103	398	529	1 030
TOTAL	120	500	580	1 200

1. Déterminer la probabilité pour qu'un biscuit de l'étude présente des traces d'allergène.

2. Si un biscuit présente des traces d'allergènes, calculer la probabilité qu'il ait été produit dans le lieu A.

3. Si un biscuit a été produit dans le lieu B, calculer la probabilité qu'il présente des traces d'allergènes.

16 On lance deux dés à six faces, parfaitement équilibrés. On note A l'événement « L'un des deux dés affiche un 6 » et B l'événement « Les deux dés affichent un résultat différent ».

1. Justifier que cette expérience aléatoire a 36 issues.

2. Expliciter l'événement $A \cap B$ et calculer $P(A \cap B)$.

3. Calculer $P(\overline{B})$. En déduire $P(B)$.

4. Déterminer la probabilité d'obtenir un six avec l'un des deux dés, sachant que chacun d'eux affiche un résultat différent.

17 BIODIVERSITÉ Une équipe de biologistes étudie l'évolution du milieu naturel d'une forêt primaire. Ils réalisent des prélèvements d'espèces et les classent suivant deux critères : s'agit-il d'une espèce autochtone ou d'une espèce importée ; s'agit-il d'une espèce en croissance démographique ou d'une espèce en recul démographique ? Les résultats obtenus par l'équipe sont compilés dans le tableau de la page suivante.

	Croissance	Recul	TOTAL
Autochtones	17	28	45
Importées	44	3	47
TOTAL	61	31	92

1. Si l'on décide de prélever une espèce au hasard dans cette forêt, déterminer la probabilité pour que l'on ait choisi une espèce en recul démographique.

....

....

2. Si l'on choisit au hasard une espèce autochtone, calculer la probabilité pour qu'elle soit en croissance démographique.

....

....

3. Si l'on choisit au hasard une espèce importée, calculer la probabilité pour qu'elle soit en croissance démographique.

....

....

Formule des probabilités totales

Automatismes

18 On réalise une expérience aléatoire.

La probabilité de l'événement A est $P(A) = 0{,}7$. La probabilité de l'événement E sachant que l'événement A réalisé est $P_A(E) = 0{,}2$ et la probabilité de l'événement E sachant que l'événement A n'est pas réalisé est $P_{\overline{A}}(E) = 0{,}6$.

1. Calculer $P(\overline{A})$.

....

2. Calculer $P(E)$.

....

....

19 Ω est l'univers d'une expérience aléatoire. A, B et C sont trois événements équiprobables de cette expérience aléatoire tels que :

$P(A \cap B) = P(A \cap C) = P(B \cap C) = 0$ et $A \cup B \cup C = \Omega$

E est un événement de cette même expérience aléatoire et on a :

$$P_A(E) = P_B(E) = 0{,}2 \text{ et } P_C(E) = 0{,}1$$

1. Calculer $P(A)$, $P(B)$ et $P(C)$.

....

....

2. Calculer $P(E)$.

....

20 Dans une classe de seconde, il y a 12 demi-pensionnaires, 8 externes et 4 internes. On sait que les garçons représentent un tiers des demi-pensionnaires, la moitié des externes et les trois quarts des internes. On choisit un élève au hasard dans la classe. On note :

- D : « L'élève est demi-pensionnaire »
- E : « L'élève est externe »
- I : « L'élève est interne »
- G : « L'élève est un garçon »

1. Calculer $P(D)$, $P(E)$ et $P(I)$.

....

2. Déterminer $P_D(G)$, $P_E(G)$ et $P_I(G)$

....

3. Utiliser la formule des probabilités totales pour calculer $P(G)$.

....

21 Une urne opaque contient 7 balles rouges et trois balles noires. On effectue deux tirages consécutifs sans remise. On note A l'événement « La première balle tirée est rouge » et B l'événement « La deuxième balle tirée est noire ».

1. Calculer $P(A)$. ....

2. Calculer $P(\overline{A})$. ....

3. Calculer $P_A(B)$. ....

4. Calculer $P_{\overline{A}}(B)$. ....

5. Calculer $P(B)$, la probabilité que la deuxième balle tirée soit noire.

....

....

22 Des erreurs de réglage dans les outils d'une scierie industrielle peuvent modifier l'épaisseur ou la longueur des planches de charpente fabriquées. On estime néanmoins que : 98 % des planches ont une épaisseur conforme ; parmi les planches d'épaisseur conforme, 95 % ont une longueur conforme. D'autre part, 3,5 % des planches ont une épaisseur non conforme et une longueur conforme.

On choisit une planche au hasard et on note :

- E l'évènement « La planche choisie à une épaisseur conforme » ;
- L l'événement « La planche choisie a une longueur conforme ».

1. Déterminer $P(E)$ et $P_E(L)$. ....

2. Déterminer $P_{\overline{E}}(L)$. ....

3. Calculer $P(\overline{E})$.

....

4. Utiliser la formule des probabilités totales pour calculer $P(L)$.

....

....

Événements indépendants

Automatismes

23 A et B sont deux événements d'une même expérience aléatoire tels que $P(A) = 0{,}2$; $P(B) = 0{,}5$ et $P(A \cap B) = 0{,}4$.

Déterminer si les événements A et B sont indépendants ou non.

....

....

....

24 A et B sont deux événements indépendants d'une même expérience aléatoire tels que $P(A) = 0{,}25$ et $P(B) = 0{,}5$.

Calculer $P(A \cap B)$.

....

....

25 Une urne opaque contient 7 balles rouges et 3 balles noires. On effectue deux tirages consécutifs avec remise.

On note A l'événement « La première balle tirée est rouge » et B l'événement « La deuxième balle tirée est noire ».

1. Calculer $P(A)$.

....

2. Calculer $P(B)$.

....

3. Déterminer si les événements A et B sont indépendants.

....

....

....

26 Une urne opaque contient 7 balles rouges et 3 balles noires. On effectue deux tirages consécutifs sans remise. On note A l'événement « La première balle tirée est rouge » et B l'événement « La deuxième balle tirée est noire ».

1. Calculer $P_A(B)$.

....

2. Calculer $P_{\overline{A}}(B)$.

....

3. Déterminer si les événements A et B sont indépendants.

....

....

....

....

Épreuves de Bernoulli

Automatismes

27 On lance une pièce de 2 € parfaitement équilibrée et on note si elle retombe sur le côté pile ou sur le côté face.

1. Quelles sont les deux issues de cette épreuve de Bernoulli ?

....

2. Quels sont les paramètres de cette épreuve de Bernoulli ?

....

....

28 Un jeu simple consiste à lancer un dé à six faces, parfaitement équilibré. Si le dé affiche 6 on a gagné ; si le dé affiche un autre résultat, on a perdu.

1. Justifier que cette expérience aléatoire est une épreuve de Bernoulli.

....

....

2. Déterminer les issues de cette expérience aléatoire.

....

3. Déterminer les paramètres de cette épreuve de Bernoulli.

....

29 On effectue un tirage au hasard, dans une urne opaque contenant 4 boules rouges et 7 boules blanches.

1. Identifier les issues de cette expérience aléatoire.

....

2. Déterminer les paramètres de cette épreuve de Bernoulli.

....

30 On répète trois fois une épreuve de Bernoulli de paramètres p et q.

Déterminer la probabilité d'obtenir deux fois la même issue.

....

....

31 On effectue trois lancers consécutifs d'une pièce de monnaie parfaitement équilibrée.

1. Déterminer les paramètres de cette épreuve de Bernoulli.

....

....

....

2. Compléter l'arbre de probabilités ci-dessous.

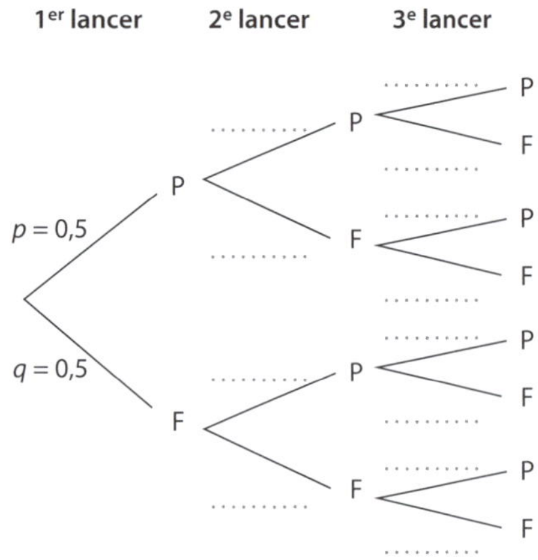

3. Calculer la probabilité des événements suivants :

a. A : « On obtient trois fois Pile ».

b. B : « On obtient trois fois le même résultat ».

c. C : « On obtient au moins deux fois le même résultat ».

32 L'arbre suivant représente deux naissances successives.

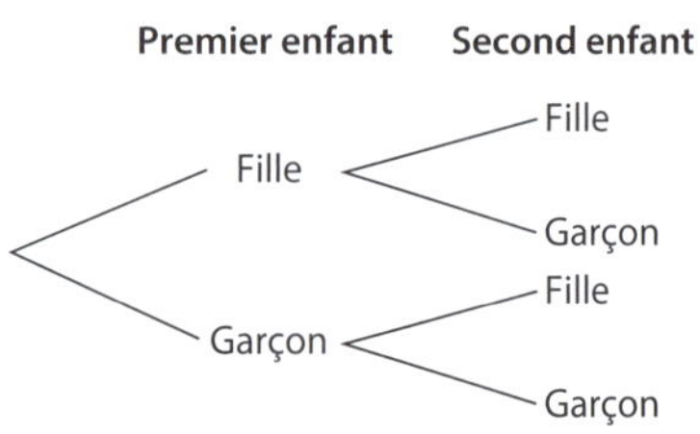

1. Madame et monsieur Martin ont deux enfants. Le plus âgé de ces deux enfants est une fille. Calculer la probabilité que madame et monsieur Martin aient deux filles.

2. Madame et monsieur Bernard ont deux enfants. Au moins un de ces deux enfants est un garçon.
Déterminer la probabilité pour que madame et monsieur Bernard aient deux garçons.

3. Cette situation s'appelle « Le paradoxe des deux enfants ». Expliquer pourquoi.

33 On effectue un tirage avec remise deux fois de suite dans une urne opaque contenant 16 boules blanches et 4 boules noires.

1. Préciser les paramètres de cette épreuve de Bernoulli.

2. Compléter l'arbre de probabilités ci-dessous.

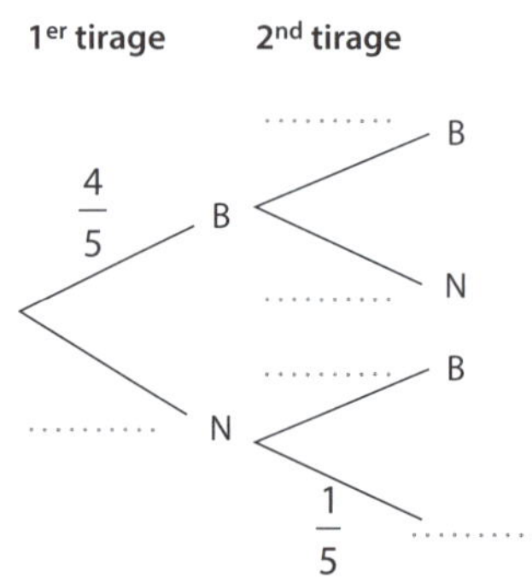

3. Calculer la probabilité de l'événement « On obtient une boule noire au premier tirage et une boule blanche au second ».

4. Calculer la probabilité de l'événement « On obtient une boule blanche au premier tirage et une boule noire au second ».

5. Comparer les deux résultats obtenus.

Je résous des problèmes

34 BIODIVERSITÉ Peut-on prévoir les caractéristiques physiques d'un animal ?

Un éleveur canin est spécialisé dans les chiens Huskys. Il vient d'avoir une portée de deux chiots à partir d'un couple de deux chiens aux yeux marron. Le premier des deux chiots a deux yeux bleus.

On considère que les chiots ont des yeux soit bleus, soit marron, et que leurs deux yeux ont la même couleur.

Le gène des yeux bleus est supposé récessif : le chiot doit avoir hérité de ce gène de ses deux parents pour avoir les yeux bleus.

La couleur des yeux de chacun des deux chiots constitue des événements indépendants.

Calculer la probabilité que le deuxième chiot ait aussi les yeux bleus.

35 ÉNERGIE Peut-on prévoir les coupures de courant en cas de tempête ?

À la suite à une tempête, une association de consommateurs s'intéresse aux coupures d'électricité qui ont pu survenir soit en zone rurale, soit en zone urbaine.

Pour cela, une enquête est réalisée sur 1 400 foyers. Les résultats de cette enquête sont donnés dans le tableau ci-dessous.

Foyers	Ayant subi une coupure	N'ayant pas subi de coupure	TOTAL
Zone rurale	335	85	420
Zone urbaine	49	931	980
TOTAL	384	1 016	1 400

1. On prend un foyer au hasard. Déterminer, au centième près :

a. la probabilité que le foyer soit en zone urbaine.

b. la probabilité que le foyer soit en zone rurale et n'ait pas subi de coupure.

2. Sachant qu'il s'agit d'un foyer ayant subi une coupure, calculer la probabilité qu'il soit en zone urbaine.

36 SANTÉ Comment surveiller l'état de santé d'une population animale ?

Afin d'étudier le rôle pathogène d'une bactérie (*A. phagocytophilum*) dans une population de chevreuils, un prélèvement de 150 chevreuils a eu lieu pendant la saison de chasse.

Les chevreuils ont été classés suivant trois critères : le sexe (mâle ou femelle), l'âge (jeune ou adulte) et leur état de santé (sain ou malade). Les résultats sont reportés dans les tableaux suivants :

Répartition des 150 chevreuils suivant les critères âge et état de santé			
	Jeunes	Adultes	TOTAL
Malades	10	26	36
Sains	58	56	114
TOTAL	68	82	150

Répartition des 150 chevreuils suivant les critères sexe et état de santé			
	Femelles	Mâles	TOTAL
Malades	18	18	36
Sains	50	64	114
TOTAL	68	82	150

On suppose que l'échantillon est parfaitement représentatif de la population des chevreuils.

Dans les questions suivantes, on arrondira les résultats à 10^{-2} près.

On prélève un chevreuil au hasard.

1. Quelle est la probabilité qu'il soit malade ?

2. Quelle est la probabilité que ce soit un jeune malade ?

3. On prélève une femelle au hasard. Quelle est la probabilité qu'elle soit malade ?

37 SANTÉ Comment étudier une épizootie dans un élevage ?

Un élevage bovin est touché par une épizootie de grippe. Le vétérinaire présente à l'éleveur un bilan de l'état de contamination de chacune de ses deux étables (tableau ci-dessous).

	Vaches	Taureaux
Malades	28	3
Sains(es)	52	17

1. On va chercher un animal au hasard dans une des deux étables. On note T : « L'animal choisi est un taureau » et V : « L'animal choisi est une vache ». Calculer $P(\text{T})$ et $P(\text{V})$.

2. On note M : « L'animal choisi est malade » et S : « L'animal choisi est sain(e) ». Calculer $P(\text{M})$ et $P(\text{S})$.

3. À quoi correspond l'événement $\text{T} \cap \text{M}$?

4. Calculer $P(\text{T} \cap \text{M})$.

5. On choisit un animal au hasard dans l'étable des taureaux. Quelle est la probabilité pour que cet animal soit malade ?

6. Calculer $\dfrac{P(\text{T} \cap \text{M})}{P(\text{T})}$ et comparer ce résultat avec celui obtenu à la question 5..

38 EAU Peut-on évaluer le risque climatique ?

Afin d'évaluer le risque qu'il prend sur des cultures maraîchères, un agriculteur cherche à calculer la probabilité de subir deux années consécutives de forte sécheresse. On estime que la probabilité de subir une forte sécheresse est égale à 0,15 chaque année et qu'il n'y a pas de lien entre les différentes périodes de sécheresse.

1. Justifier que les événements « Il y aura une forte sécheresse cette année » et « Il y aura une forte sécheresse l'année prochaine » sont indépendants.

2. À l'aide de l'arbre de probabilités ci-dessous, calculer le risque d'avoir une forte sécheresse deux années de suite.

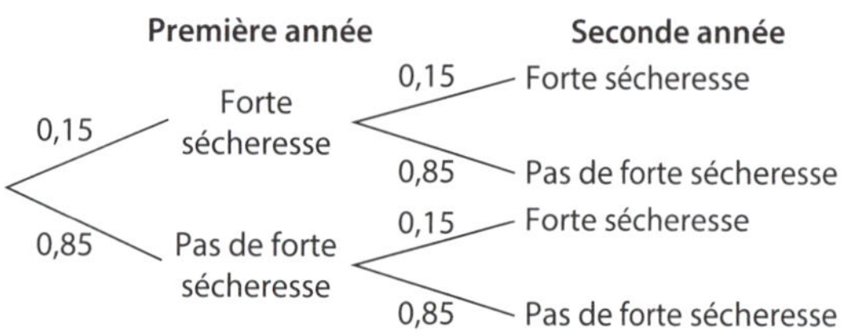

3. Quelle est la probabilité pour que cette région subisse trois années consécutives de sécheresse ?

39 BIODIVERSITÉ Comment estimer une population d'insectes ?

Le machaon fait partie des espèces de papillons. Une colonie de ces papillons se répartie de façon très spécifique sur un territoire de montagne. 70 % de la population se trouve dans les clairières, 20 % dans les sous-bois et les 10 % restant à proximité des étangs et lacs de montagne.

Une équipe d'entomologistes effectue trois séries de prélèvements pour estimer la proportion de cette variété de papillons parmi toutes les autres espèces de lépidoptères présentes dans la région.

Les résultats de ces prélèvements sont présentés dans le tableau ci-dessous.

	Clairière	Sous-bois	Étang - Lac
Machaon	17 %	6 %	22 %
Autres papillons	83 %	94 %	78 %

1. On capture un machaon au hasard dans cette zone de montagne. Calculer la probabilité qu'on l'ait capturé : dans une clairière, dans un sous-bois ; près d'un lac ; d'un étang.

2. On capture un papillon dans une clairière, calculer la probabilité pour que ce soit un machaon.

3. Même question si l'on capture un papillon près d'un étang ou dans un sous-bois.

4. En déduire, en utilisant la formule des probabilités totales, la probabilité de capturer un machaon si l'on attrape un papillon au hasard dans cette région.

40 SANTÉ Groupe sanguin et rhésus sont-ils indépendants ?

La répartition des différents groupes sanguins dans la population française est donnée dans le tableau ci-dessous.

Rhésus	Groupe sanguin				
	O	A	B	AB	TOTAL
Rh+	36 %	38 %	8 %	3 %	85 %
Rh–	6 %	7 %	1 %	1 %	15 %
TOTAL	42 %	45 %	9 %	4 %	100 %

1. Si l'on prend une personne au hasard, déterminer les probabilités suivantes : $P(Rh^+)$; $P(O)$; $P(AB)$.

2. Décrire l'évènement correspondant à $Rh^+ \cap AB$.

3. Comparer $P(AB^+)$ et $P(Rh^+) \times P(AB)$.

4. Si l'on arrondit chaque calcul de probabilité à 10^{-2} près, peut-on affirmer que le groupe sanguin d'une personne et son rhésus sont deux caractéristiques indépendantes ?

41 SANTÉ Qui va chez le médecin ?

On fait un sondage auprès de 500 personnes pour savoir si elles ont consulté un médecin au cours des 6 derniers mois. Les résultats de cette enquête sont compilés dans le tableau ci-dessous.

	Consultation	Pas de consultation	Total
Enfant	90	60	150
Adulte	310	40	350
Total	400	100	500

On choisit une personne au hasard parmi les individus sondés. On note :

- C : « La personne choisie au hasard a consulté un médecin au cours des 6 derniers mois » ;
- E : « La personne choisie au hasard est un enfant ».

1. Calculer $P(C)$ et $P(E)$.

2. Calculer $P(C \cap E)$.

3. Les évènements C et E sont-ils indépendants ?

42 ÉNERGIE Peut-on prévoir les caractéristiques d'un véhicule ?

On s'intéresse au parc automobile d'une ville moyenne, en ciblant certaines caractéristiques (voir tableau ci-dessous).

Type d'énergie du véhicule	Essence	Diesel	Hybride	Électrique
Véhicule de moins de 5 ans	327	108	112	41
Véhicule de 5 ans ou plus	925	965	17	5

1. La police arrête un véhicule au hasard dans la ville. Calculer les probabilités des événements suivants :

a. « Le véhicule a moins de 5 ans ».

b. « C'est un véhicule Diesel ».

c. « Le véhicule a un moteur hybride sachant que c'est un véhicule de moins de 5 ans ».

2. L'âge du véhicule et le type d'énergie qu'il utilise sont-ils des événements indépendants ?

DÉMARCHE SCIENTIFIQUE

43 SANTÉ Comment tester la fiabilité d'un test médical ?

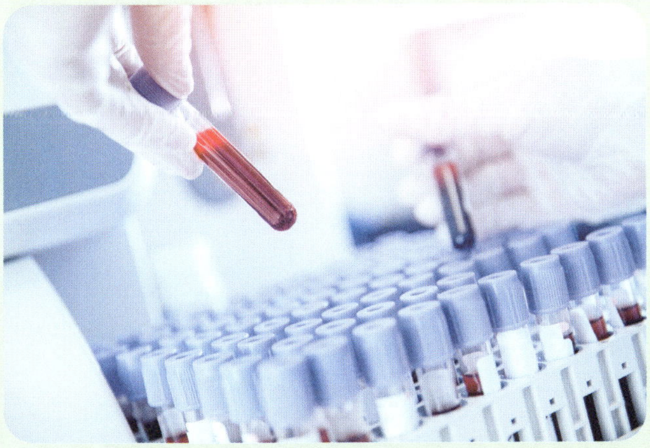

Un laboratoire pharmaceutique cherche à déterminer la fiabilité d'un test d'une maladie identifiée. Deux mille personnes choisies au hasard dans la population où, d'après les modélisations récentes, 1 % des personnes sont infectées, vont être testées puis isolées pendant neuf jours (temps maximal d'incubation pour cette maladie). Après les neuf jours d'isolement, on pourra vérifier, grâce à un diagnostic médical, si ces personnes sont saines ou malades et comparer ces résultats avec ceux du test initial.

Peut-on déterminer la fiabilité de ce test lorsqu'il affiche un résultat négatif et lorsqu'il affiche un résultat positif ?

Doc. 1.

Résultat du test initial

99 positifs et 1 901 négatifs.

Doc. 2.

Résultat des observations à neuf jours

- **Sur les personnes testées positives :**
19 sont tombées malades et 80 sont restées saines et non infectées.
- **Sur les personnes testées négatives :**
une seule personne a développé la maladie.

Thèmes abordés
- Probabilité conditionnelle
- Formule des probabilités totales

Je m'évalue

Nom : ....
Prénom : ....
Date : ....

Peut-on anticiper des conduites à risque ?

On étudie les conduites à risque d'un groupe de jeunes adultes que l'on a classé en trois tranches d'âges : les 18-20 ans, les 21-29 ans et les 30-35 ans.
Le groupe est composé à 60 % de femmes et à 40 % d'hommes qui se répartissent suivant la composition donnée par le tableau 1.
Le tableau 2 résume, par tranche d'âge, la proportion de femmes et d'hommes ayant régulièrement des conduites à risques.

Tableau 1

	18 - 20	21 - 29	30 - 35	TOTAL
Femme	35 %	42 %	23 %	100 %
Homme	31 %	47 %	22 %	100 %

Tableau 2

	18 - 20	21 - 29	30 - 35
Femme	17 %	8 %	2 %
Homme	26 %	11 %	6 %

1 C.1.3 ANALYSER Calculer la probabilité qu'un jeune adulte pris au hasard dans ce groupe soit un homme.

....

2 C.1.3 ANALYSER Calculer la probabilité qu'un jeune adulte pris au hasard dans ce groupe soit un homme entre 18 et 20 ans.

....

3 C.1.3 ANALYSER Calculer la probabilité qu'un jeune adulte pris au hasard dans ce groupe ait entre 30 et 35 ans.

....

4 C.1.3 ANALYSER Calculer la probabilité qu'un jeune adulte pris au hasard dans ce groupe de personnes ait des conduites à risques.

....

....

....

....

5 C.1.3 ANALYSER Calculer la probabilité qu'une personne choisie au hasard dans ce groupe de jeunes adultes, soit une femme ayant une conduite à risques.

....

7 C.1.3 ARGUMENTER On choisit une personne au hasard dans ce groupe de jeunes adultes. Indiquer si les événements « Cette personne est une femme » et « Cette personne a une conduite à risques » sont indépendants ou non.

....

....

....

....

CHAPITRE 7

Les suites géométriques

Je vais être capable de

- Caractériser et représenter graphiquement une suite géométrique
- Calculer un terme d'une suite géométrique
- Calculer la somme des premiers termes d'une suite géométrique
- Générer les termes d'une suite géométrique à l'aide des TICE

Je démarre

Vidéo

Je regarde la vidéo

www.lienmini.fr/7868-0701

Un nénuphar est capable de donner chaque jour naissance à un autre nénuphar. Le nénuphar se multiplie facilement par division de ses rhizomes.

1. À partir d'un seul nénuphar, combien en aura-t-on au bout de 2 jours ?

....

2. Au bout de combien de jours obtiendra-t-on 256 nénuphars ?

....

Je me rappelle

QCM
Je me rappelle
www.lienmini.fr/7868-0702
Note ton score du QCM en ligne .... /10

Questions flash

Cocher la bonne réponse parmi les trois proposées.

1 **Voici une suite numérique : 3 ; 9 ; 27 ; 81.**
Le terme suivant est :
a. ☐ 84
b. ☒ 243
c. ☐ 78

2 **On considère la suite numérique suivante :**
5 ; 35 ; 175 ; 875
On passe d'un terme à l'autre en :
a. ☐ additionnant le nombre 5.
b. ☒ multipliant par le nombre 7.
c. ☐ multipliant par le nombre 5.

3 **Dans la suite numérique suivante :**
31 ; 40,3 ; 52,39 ; 68,107
le troisième terme est :
a. ☐ 31
b. ☒ 52,39
c. ☐ 40,3

4 **Lors d'une augmentation de 5 %, le coefficient multiplicateur est :**
a. ☐ 5
b. ☐ 1,5
c. ☒ 1,05

5 **Lors d'une réduction de 10 %, le coefficient multiplicateur est :**
a. ☒ 0,9
b. ☐ 1,10
c. ☐ 10

6 **Soit la suite numérique suivante :**
13 ; 19 ; 25 ; 31 ; 37
Alors :
a. ☐ $U_4 = 25$
b. ☒ $U_4 = 37$
c. ☒ $U_4 = 31$

7 **Pour passer d'un terme à l'autre de cette suite :**
39 ; 7,8 ; 1,56 ; 0,312 ; 0,0624
a. ☒ on multiplie par 0,2.
b. ☒ on additionne −31,4.
c. ☐ on multiplie par 0,1.

8 **Un coefficient multiplicateur égal à 0,75 traduit une :**
a. ☒ réduction de 25 %.
b. ☐ réduction de 75 %.
c. ☐ augmentation 25 %.

9 **La courbe ci-contre représente une fonction *f*. Par lecture du graphique :**

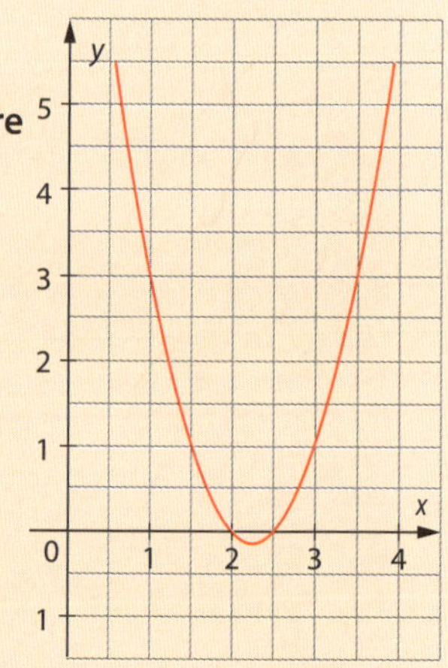

a. ☒ $f(3) = 1$
b. ☐ $f(3) = 3,5$
c. ☒ $f(3) = 1$ et $f(3) = 3,5$

10 **Lors de la période des soldes, un article valant 97 € subit une réduction de 15 %. Son prix soldé sera de :**
a. ☐ 82 €
b. ☒ 82,45 €
c. ☐ 111,15 €

ACTIVITÉ 1

ÉNERGIE

Reconnaître et représenter graphiquement une suite géométrique

Comment la fabrication de véhicules électriques va-t-elle évoluer ?

La fabrication de véhicules électriques par certains constructeurs permet de réduire les dégagements de dioxyde de carbone (CO_2).

Au cours de l'année 2020, la production d'un constructeur a été de 5 600 véhicules.
Le constructeur prévoit une augmentation de 16 % par an.

On note :

- P_0 la production de véhicules électriques en 2021 ; $P_0 = 5\,600$.
- P_1 la production de véhicules électriques en 2021.

1 Déterminer le coefficient multiplicateur permettant de traduire une augmentation de 16 %.

....

2 Montrer que $P_1 = 6\,496$.

....

3 Compléter le tableau suivant. Arrondir à l'unité.

Terme	P_0	P_1	P_2	P_3
Année	2020	2021	2022	2023
Nombre de véhicules	5 600	6 496	....	....

a. Calculer les rapports suivants (arrondir au centième) :

$\frac{P_1}{P_0} =$ .... $\frac{P_2}{P_1} =$ .... $\frac{P_3}{P_2} =$ ....

b. Que remarque-t-on pour les valeurs obtenues ?

....

On appelle **suite géométrique** une suite dans laquelle on passe d'un terme à l'autre en multipliant toujours par le même nombre que l'on appelle **raison**, notée q.

4 En déduire comment on passe d'un terme à l'autre.

....

5 On note q la valeur permettant de passer d'un terme à l'autre. Indiquer la valeur de q.

....

6 Sur le repère ci-contre, on a représenté les 10 premiers points de la suite géométrique. Indiquer si les points sont alignés.

....

....

....

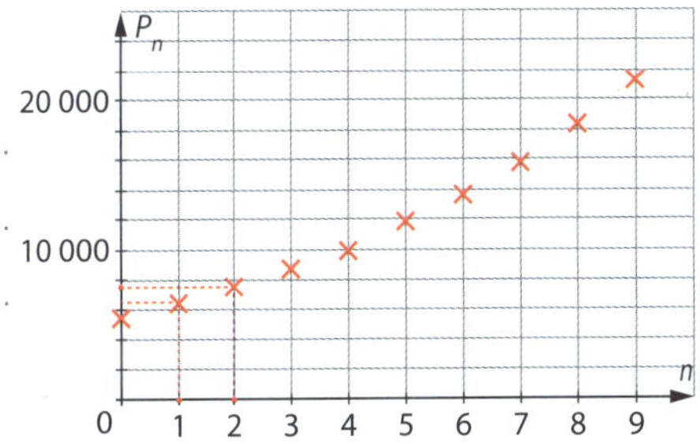

Le quotient de deux termes consécutifs d'une **suite géométrique** est constant.
Cette valeur est la **raison** de la suite.

ACTIVITÉ 2

SANTE

Calculer des termes d'une suite géométrique

Comment peut-on modéliser la culture bactérienne ?

Dans le corps humain, une bactérie peut donner naissance à 5 autres bactéries toutes les heures, dans les conditions de température favorables pour son développement. On note U_0 le nombre de bactéries initial, U_1 le nombre de bactéries au bout d'une heure et U_2 le nombre de bactéries au bout de 2 heures.

On a $U_0 = 1$, ce qui correspond au fait que l'on part d'une seule bactérie.

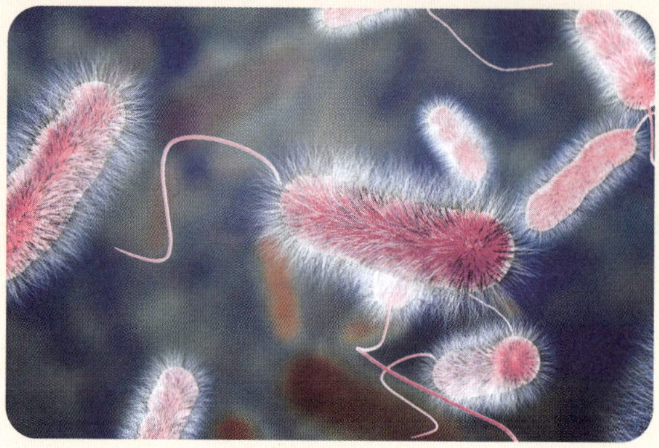

1 Calculer U_1.

....

2 Indiquer quelle formule permet de passer de U_0 à U_1. Cocher la bonne réponse.

☐ $U_1 = U_0 - 5$ ☐ $U_1 = U_0 + 5$ ☐ $U_1 = U_0 \times 5$

3 L'évolution du nombre de bactéries peut être modélisée par une suite géométrique.
Indiquer le premier terme U_0 et la raison q de cette suite.

....

4 Calculer la taille de la colonie bactérienne au bout de 4 heures.

....

5 Indiquer la formule utilisée pour calculer un terme U_n de cette suite. Cocher la bonne réponse.

☐ $U_n = U_0 - 5^n$

☐ $U_n = U_0 + 5^n$

☐ $U_n = U_0 \times 5^n$

Dans une suite géométrique, on calcule un terme utilisant la formule suivante :
$U_n = U_0 \times q^n$

6 À l'aide de la formule précédente, calculer U_6.

....

7 **a.** Ouvrir la feuille de calcul d'un tableur et reproduire le tableau ci-contre.

	A	B
1	Heure	Nombre de bactéries
2	0	1
3	1	
4	2	
5	3	
6	5	
7	6	
8	7	
9	8	
10	9	
11	10	
12	11	

b. Parmi les propositions suivantes, choisir la formule à saisir en **B3** :

☐ = B2*5 ☐ = B2*1.05 ☐ = B2 + 5

c. En vous aidant du tableur, compléter le tableau suivant :

n	3	5	8	10	11
U_n	....	....	....	....	....

8 Indiquer si, au bout de 10 heures, la colonie bactérienne aura dépassé les 10 000 000 bactéries. Justifier votre réponse.

....

....

Dans une suite géométrique, on peut **calculer n'importe quel terme** quand on connaît le premier terme et la raison.

ACTIVITÉ 3

BIODIVERSITE

Calculer la somme de termes d'une suite géométrique

Quelle sera la surface totale de l'exploitation au bout de 5 ans ?

Un chef d'exploitation a une surface initiale de 36 ha. Il prévoit d'agrandir son exploitation en acquérant chaque année une parcelle supplémentaire. La première année, il pourra acheter une surface égale à 2,5 % de la surface initiale, puis il compte augmenter la surface achetée de 2,5 % par an.

On note U_0 la surface initiale ($U_0 = 36$) et U_n la surface achetée l'année n.

Le chef d'exploitation souhaite savoir de quelle surface totale il disposera au bout de 5 ans.

1 Déterminer le coefficient multiplicateur permettant de réaliser une augmentation de 2,5 %.

....

2 Préciser la nature de la suite U_n. Justifier votre réponse.

....

....

3 Cocher la bonne réponse.

a. La raison de la suite (U_n) est :

☐ $q = 1{,}025$ ☐ $q = 0{,}975$

b. Pour cette suite, on peut écrire :

☐ $U_n = 36 \times 1{,}025^n$ ☐ $U_n = 36 + 1{,}025^n$

4 Calculer U_0, U_1, U_2, U_3 et U_4.

....

....

....

....

5 Calculer la surface totale S de l'exploitation au bout de 5 ans, qui correspond à $S = U_0 + U_1 + U_2 + U_3 + U_4$.

....

6 En utilisant la formule ci-contre, calculer la somme des 5 premiers termes de cette suite. Arrondir au dixième.

- Nombre de termes : ....
- Premier terme : ....
- Raison : ....
- Somme des 5 premiers termes : ....

> La **somme des $n+1$ premiers termes** d'une suite géométrique est donnée par la formule suivante :
> $$S = U_0 \times \frac{(1 - q^{n+1})}{(1 - q)}$$

7 Déterminer la surface totale de l'exploitation au bout de 5 ans.

....

8 La surface totale ne doit pas dépasser les 200 ha. Indiquer si c'est le cas.

....

Pour calculer la **somme des premiers termes** d'une suite géométrique, il faut le premier terme et la raison.

ACTIVITÉ 4

ALIMENTATION

Étudier une suite géométrique à l'aide des TICE

Comment évolue les levures ?

Les levures sont utilisées dans la production du fromage. Elles se multiplient par bourgeonnement ; une levure se dédouble toutes les heures.

On met en culture un échantillon de 5 levures et on cherche à déterminer la production totale de levures sur une période de 15 heures.

1 Calculer le nombre de levures au bout de 1 heure.

....

2 Calculer, avec la calculatrice, le nombre de levures au bout de 3 heures. ....

Démarche	Casio	NumWorks	Texas Instruments
Mettre le mode Récurrence/Suites	MENU (Récurrence) EXE	MENU (Suites) Ajouter une suite OK Choisir le type de suite : u_n OK	Mode Fonction SUITE f(x) (graph stats)
Saisir la suite	$a_n = 5 \times 2$ ^ F1 (n)	5 x 2 xy x,n,t EXE	Entrer 0 comme valeur nMin $u(n) = 5 \times 2$ ^ X,T,θ,n entrer
Régler les paramètres	F5(Set) Start : 0 End : 15	Tableau OK Régler l'intervalle OK N début 0 N fin 15 Pas 1	2nde Fenêtre (déf table) DébutTbl = 0 ΔTbl = 1
Afficher les valeurs	EXE F6 (Table)	Valider OK	2nde Graph (table)

3 Calculer la production totale de levures sur les 15 heures de culture.

Démarche	Casio	NumWorks	Texas Instruments
Copier la liste	Sélectionner la seconde colonne OPTN Lmem 1 EXE	Graphique OK Calcul OK	Quitter la liste : 2nde Quit Entrer dans le mode list :
Sélectionner la somme	MENU (Stats) EXE	Sélectionner Somme de termes OK	2nde List Maths 5 : som(EXE
Calculer la somme	Se placer en list 2 OPTN F1(LIST) F1(list) F6(>) F1 (Sum) OPTN F1(LIST) F1(list) 1	Utiliser les flèches Sélectionner le 1er terme OK Sélectionner le dernier terme OK	2nde List OP 5 : suite(Expr : 5 x 2 ^ X,T,θ,n Variable : n Début : 0 Fin : 15 Pas : 1 Coller EXE
Afficher les valeurs	EXE	Valider OK	EXE

La calculatrice, ou le tableur, permet de calculer un terme d'une suite géométrique, ainsi que la somme des premiers termes.

Je retiens l'essentiel

Coefficients multiplicateurs

- Lors d'une **augmentation** de t %, le coefficient multiplicateur appliqué est $c = 1 + t\,\%$.
- Lors d'une **diminution** de t %, le coefficient multiplicateur appliqué est $c = 1 - t\,\%$.

Exemples : • Pour une augmentation de 15 %, il faut appliquer le coefficient multiplicateur $c = 1 + 15\,\% = 1{,}15$.
• Pour une diminution de 20 %, il faut appliquer le coefficient multiplicateur $c = 1 - 20\,\% = 0{,}80$.

Définition d'une suite géométrique

- Dans une **suite géométrique**, on obtient un terme en multipliant le terme précédent par une valeur constante. Cette valeur est appelée la **raison** de la suite, notée q.
- Une suite géométrique est définie à l'aide de :
  – son premier terme U_0 ;
  – sa raison q.
- **Formule de récurrence** : $U_{n+1} = q \times U_n$
- **Formule explicite** : $U_n = U_0 \times q^n$

Exemple : Soit une suite géométrique de premier terme $U_0 = 3$ et de raison $q = 2$.
Les 4 premiers de termes de cette suite sont :
$U_0 = 3$; $U_1 = 3 \times 2 = 6$; $U_2 = 6 \times 2 = 12$; $U_3 = 12 \times 2 = 24$
On calcule U_7 de la manière suivante : $U_7 = 3 \times 2^7 = 384$.
Le 12e terme sera $U_{11} = 3 \times 2^{11} = 6\,144$.

Somme des termes d'une suite géométrique

- Pour une suite géométrique la **somme des (n + 1) premiers termes** est donnée par la formule suivante :

$$S = U_0 \times \frac{(1 - q^{n+1})}{(1 - q)}$$

où U_0 est le premier terme de la suite et q sa raison.

Exemple : On considère la suite (U_n) telle que : $U_0 = 6$ et $q = 4$.
La somme des 10 premiers termes sera :

$$S = 6 \times \frac{(1 - 4^{10})}{(1 - 4)} = 2\,097\,150$$

Représentation graphique d'une suite géométrique

- La **représentation graphique** d'une suite géométrique est une courbe de forme exponentielle qui se caractérise par une croissance rapide.
- C'est l'ensemble des points de coordonnées $(n\,;\,U_n)$.

Exemple : La représentation graphique des 8 premiers termes de la suite géométrique de premier terme $U_0 = 2$ et de raison $q = 3$ est donnée ci-contre.

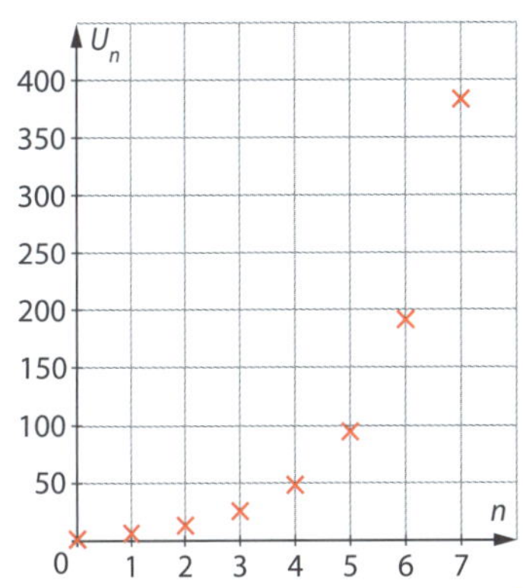

J'apprends à résoudre

1 Utiliser les coefficients multiplicateurs

Énoncé On réalise une augmentation de 15 % sur un article dont le prix est 73 euros.
Déterminer le coefficient multiplicateur correspondant à cette augmentation, puis en déduire le prix de l'article après l'augmentation de 15 %.

Solution

1. Coefficient multiplicateur : $c = 1 + 15\,\% = 1 + 0{,}15 = 1{,}15$
2. Prix de l'article après l'augmentation : $73 \times 1{,}15 = 83{,}95$

Point méthode

1. Calculer le coefficient multiplicateur pour une augmentation : $c = 1 + t\,\%$
2. Calculer la nouvelle valeur en multipliant la valeur de départ par le coefficient multiplicateur

Voir exercices 3 et 5 p. 129

2 Identifier une suite géométrique et ses caractéristiques

Énoncé Soit la suite (U_n) dont les termes sont : 13 ; 52 ; 208 ; 832.
Montrer qu'il s'agit une suite géométrique et déterminer son premier terme U_0 et sa raison q.

Solution

1. $\dfrac{U_1}{U_0} = \dfrac{52}{13} = 4$

   $\dfrac{U_2}{U_1} = \dfrac{208}{52} = 4$

   $\dfrac{U_3}{U_2} = \dfrac{832}{208} = 4$
2. Tous les résultats sont identiques et égaux à 4, donc la suite (U_n) est une suite géométrique de premier terme $U_0 = 13$ et de raison $q = 4$.

Point méthode

1. Calculer $\dfrac{U_{n+1}}{U_n}$ pour tous les termes consécutifs
   Si ces rapports sont tous égaux, leur valeur est la raison de la suite géométrique
2. Repérer le premier terme de cette suite

Voir exercice 10 p. 130

3 Calculer des termes d'une suite géométrique

Énoncé Soit une suite géométrique (U_n) de premier terme $U_0 = -2$ et de raison $q = 4$.
Calculer U_6 puis en déduire U_7.

Solution

1. $U_6 = -2 \times 4^6$, soit : $U_6 = -8\,192$.
2. $U_7 = -8\,192 \times 4$, soit : $U_7 = -32\,768$.

Point méthode

1. Calculer un terme quelconque : $U_n = U_0 \times q^n$
2. Déterminer un terme consécutif : $U_{n+1} = q \times U_n$

Voir exercices 11 et 12 p. 130

4 Calculer la somme des termes d'une suite géométrique

Énoncé Soit une suite géométrique (U_n) de premier terme $U_0 = 9$ et de raison $q = 5$.
Calculer la somme des 8 premiers termes de cette suite.

Solution

$$S = 9 \times \frac{(1 - 5^8)}{(1 - 5)}$$

Soit $S = 878\,904$.

Point méthode

Calculer la somme des $n + 1$ premiers termes :

$$S = U_0 \times \frac{(1 - q^{n+1})}{(1 - q)}$$

Voir exercice 19 p. 131

Je m'entraîne

QCM en ligne
www.lienmini.fr/7868-0703

Je teste mes acquis

1 Lors d'une augmentation de 12,5 %, le coefficient multiplicateur correspond à :

a. ☐ 0,125
b. ☐ 12,5
c. ☐ 1,125

2 Lors d'une diminution de 9 %, le coefficient multiplicateur correspond à :

a. ☐ 0,91
b. ☐ 1,09
c. ☐ 9

3 Le nombre 26 est augmenté de 7 %, sa valeur sera alors :

a. ☐ 27,82
b. ☐ 1,82
c. ☐ 24,18

4 Le nombre 35 est diminué de 13 %, sa valeur sera alors :

a. ☐ 4,55
b. ☐ 30,45
c. ☐ 39,55

5 Soit une suite géométrique telle que $U_0 = 15$ et $q = 7$.
Le terme U_{10} peut être calculé grâce à la formule :

a. ☐ $U_{10} = 15 \times 7^{10}$
b. ☐ $U_{10} = 10 \times 7^{15}$
c. ☐ $U_{10} = 15 \times 7^{7}$

6 Soit une suite géométrique telle que $U_0 = 2$ et $q = \frac{1}{3}$.
Alors U_7 est égale à :

a. ☐ $U_7 = \frac{2}{769}$
b. ☐ $U_7 = \frac{2}{2\,187}$
c. ☐ $U_7 = \frac{2}{243}$

7 La somme des 20 premiers termes d'une suite géométrique définie par $U_0 = 3$ et $q = 2$ est égale à :

a. ☐ $S = 1\,048\,575$
b. ☐ $S = 3\,486\,784\,400$
c. ☐ $S = 3\,145\,725$

8 La suite (U_n) est définie par $U_0 = 4$ et $q = 2$. Pour quelle valeur de n a-t-on $U_n = 2\,048$?

a. ☐ $n = 9$ b. ☐ $n = 8$ c. ☐ $n = 7$

Les coefficients multiplicateurs

Automatismes

1 Une augmentation de 10 % se traduit par un coefficient multiplicateur égal à :

1,10 1,10

2 Le coefficient multiplicateur est égal à 0,8. Indiquer s'il s'agit d'une augmentation ou d'une diminution.

Une diminution

3 On réalise une augmentation de 12 % sur une valeur initiale de 13,5.

1. Déterminer le coefficient multiplicateur correspondant à l'augmentation de 12 %.

1,12 1,12

2. Calculer la valeur finale après l'augmentation de 12 %.

13,5 × 1,12 = 15,12

4 Indiquer, dans chaque cas, si le coefficient multiplicateur correspond à une diminution ou une augmentation.

1. 0,96 : ↘ 2. 1,06 : ↗ 6 %
3. 2 : ↗ 4. 0,36 : ↘

5 Une banque propose à ses clients de placer un capital à un taux d'intérêt de 3,5 %.

1. Indiquer si ce placement traduit une augmentation ou une diminution.

augmentation

2. Déterminer le coefficient multiplicateur correspondant.

1,035 1,035 $1 + \frac{3,5}{100} = 1,035$

3. Le capital placé est de 5 000 €. Calculer la valeur du capital avec le taux d'intérêt.

5000 × 1,035 = 5175

6 ALIMENTATION Marie souhaite perdre du poids et pour cela elle décide de réduire ses apports caloriques de 10 % par semaine. Elle a calculé que ses apports sont de 2 400 kcal.

1. Calculer le coefficient multiplicateur correspondant à la réduction.

1 – 0,10 = 0,90

2. Calculer la valeur de ses apports caloriques après la première réduction.

2400 × 0,9 = 2160

Je m'entraîne

7 SANTÉ Pour préparer un marathon, Lionel met en place un plan d'entraînement avec une augmentation régulière de sa distance par semaine. La première semaine, il parcourt 10 km, puis 11,5 km la semaine suivante.

1. Calculer la distance supplémentaire parcourue entre les deux semaines. ....

2. Déterminer le pourcentage d'augmentation entre les deux semaines.

....

3. En déduire le coefficient multiplicateur correspondant à cette augmentation. ....

Caractéristiques d'une suite géométrique

Automatismes

8 Calculer l'intérêt simple d'un capital de 1 000 € placé au taux annuel de 2 %.

....

9 Un prix augmente de 100 %. Est-il doublé ?

....

10 (U_n) est une suite géométrique telle que $U_1 = 73{,}5$ et $U_2 = 257{,}25$.

1. Déterminer la raison de cette suite.

n = 183,75

2. Calculer le premier terme U_0 de cette suite.

73,5 − 183,75 = −110,25

11 (U_n) est une suite géométrique telle que $U_0 = 15$ et $q = 6$. 15 × 6^6

1. Calculer U_5.

116640

2. Calculer le 11e terme de cette suite.

15 × 6^10 = 906992640   11 = 5441955840

12 Un véhicule d'une valeur de 26 400 € perd 12 % tous les ans. La valeur du véhicule au cours des années peut être modélisée par une suite géométrique (U_n).

On note $U_0 = 26\,400$ le 1er terme.

1. Montrer que la raison de cette suite est $q = 0{,}88$.

....

2. Calculer la valeur U_1 du véhicule au bout de 1 an.

....

3. Déterminer la valeur du véhicule au bout de 5 ans.

....

13 Algorithmique et programmation

Pierre place la somme de 2 000 € à intérêts composés au taux annuel de 3,75 %. Il veut savoir si, sur une période de 10 ans, son placement sera supérieur à 3 000 €. L'évolution de son capital peut être modélisée par une suite géométrique.

1. Ouvrir le fichier « Taux.py » pour afficher le programme, l'exécuter et compléter le tableau suivant :

Année	Somme
0	2 000
1	....
2	....
3	....
4	....
5	....
6	....
7	....
8	....
9	....

PYTHON Voir la fiche 5, p. 243

```python
u= 2000
n=10
q=1.0375
for i in range (n-1):
  u = u*q
  print(round(u,2))
```

Fichier à télécharger
www.lienmini.fr/7868-0704

2. Modifier le programme pour déterminer en quelle année son placement dépassera les 3 000 €. ....

14 EAU Un jardinier dispose d'une citerne pouvant contenir 1 500 litres d'eau et remplie au deux tiers. En période de sécheresse, cette citerne perd d'un jour à l'autre 5 % du contenu qu'elle avait au début de la journée.

1. Calculer le volume d'eau quand la citerne est remplie au deux tiers. On le notera U_0. ....

2. a. Calculer le volume d'eau contenu dans la citerne après un jour de sécheresse. ....

b. Même question après deux jours de sécheresse.

....

3. Après dix jours de sécheresse, le jardinier décide d'arroser ses 65 arbustes. Il a besoin, pour cela, de 10 litres d'eau par arbuste. Indiquer si sa réserve sera suffisante.

....

....

....

15 BIODIVERSITÉ On étudie l'évolution de la concentration d'algues vertes dans un lac de montagne. Le premier prélèvement est $C_0 = 256$ mg/L.

Les résultats des prélèvements chaque semaine sont donnés dans le tableau suivant :

Terme	C_0	C_1	C_2	C_3
Semaine	1	2	3	4
Concentration (en mg/L)	256	265,2	274,8	284,7

1. Calculer les rapports suivants (arrondir à 10^{-3}) :
$\frac{C_1}{C_0} = ...$; $\frac{C_2}{C_1} = ...$
$\frac{C_3}{C_2} = ...$

2. Montrer que l'évolution de la concentration peut être modélisée par une suite géométrique. Préciser sa raison.

....

....

....

....

3. Calculer C_7 (arrondir au dixième).

....

16 ÉNERGIE On étudie l'évolution de la capacité de production éolienne (en gigawatt) de l'Europe.

Les résultats sont donnés dans le tableau ci-dessous.

Année	2015	2016	2017	2018
Puissance (en GW)	110	134,2	163,71	199,74

1. Indiquer si l'évolution de la capacité de production éolienne peut être modélisée par une suite dont vous préciserez la nature et les caractéristiques.

....

....

....

2. Déterminer la capacité éolienne en 2022 si les conditions sont identiques. (Arrondir au dixième.)

....

Somme de termes d'une suite géométrique

Automatismes

17 Soit la suite de terme général $U_n = 5 \times 0{,}7^n$.
Déterminer le premier terme.

....

18 Le prix d'une denrée alimentaire a augmenté le premier mois de 2 % puis a baissé le second mois de 10 %. Déterminer le taux d'évolution.

....

19 Une suite géométrique telle que $U_0 = -5$ et $q = 2$ est composée de 10 termes.

Calculer la somme des 10 premiers termes de cette suite.

....

20 ALIMENTATION Une préparation culinaire est stockée dans de mauvaises conditions. Lorsque la chaîne du froid est rompue, le nombre de bactéries dans la préparation double toutes les vingt minutes.

Au moment de la rupture de la chaîne du froid, la préparation contient 13 bactéries.

Calculer la production totale de bactéries sur 120 minutes.

....

21 BIODIVERSITÉ On étudie l'évolution d'un type d'insecte au cours du temps. La population initiale est composée de deux insectes, et elle double chaque jour.

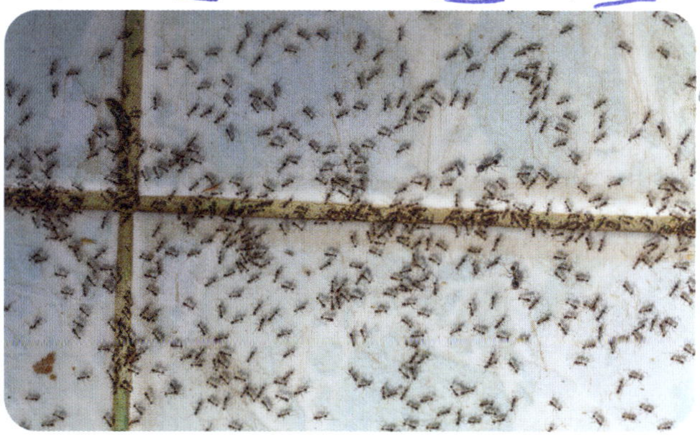

U_0 2
U_1 4
U_2 6
U_3 8
U_4 10
U_5 12
U_6 14
U_7 16

1. Montrer que l'évolution du nombre d'insectes peut être modélisée par une suite géométrique dont vous préciserez les caractéristiques.

oui car $U_0 = 2$, raison = 2X

$2 \times 2^7 = 256$

....

2. Calculer U_7. ~~16~~ ou 256 V

3. Calculer le nombre total d'insectes qu'il y aura sur une période 8 jours.

$2 \times \frac{1-2^8}{1-2} = 510$

~~16 ou~~ 256

22 Le salaire annuel d'embauche d'un employé est de 21 600 €. Son contrat prévoit une augmentation annuelle de 2,5 %.

On note $U_0 = 21\,600$ et U_n est le salaire au bout de n années.

1. Calculer U_1.

2. Exprimer U_{n+1} en fonction de U_n et en déduire la nature de la suite (U_n).

3. Déterminer :

a. le salaire annuel de cet employé au bout de 17 ans (arrondir à l'euro près).

b. au bout de combien d'années ce salaire aura doublé (en utilisant la calculatrice).

4. Calculer la somme totale que le salarié aura perçue sur une période de 17 ans.

Représentation graphique d'une suite géométrique

Automatismes

23 Soit la fonction $f(x) = 2x^2 + 3x + 5$.

Calculer l'image de 5 par la fonction f.

24 La représentation graphique de la fonction f est donnée ci-dessous.

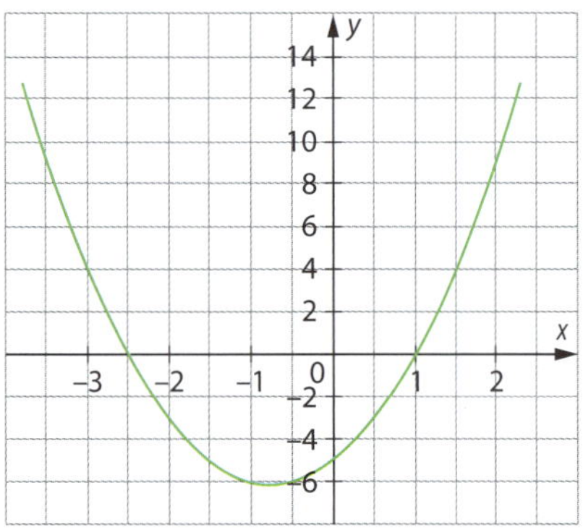

Par lecture graphique, déterminer $f(-3)$.

25 Soit (U_n) une suite géométrique de premier terme $U_0 = 2$ et de raison $q = 4$.

1. Calculer les 5 premiers de cette suite.

2. Représenter graphiquement les 5 premiers termes de cette suite dans le repère suivant :

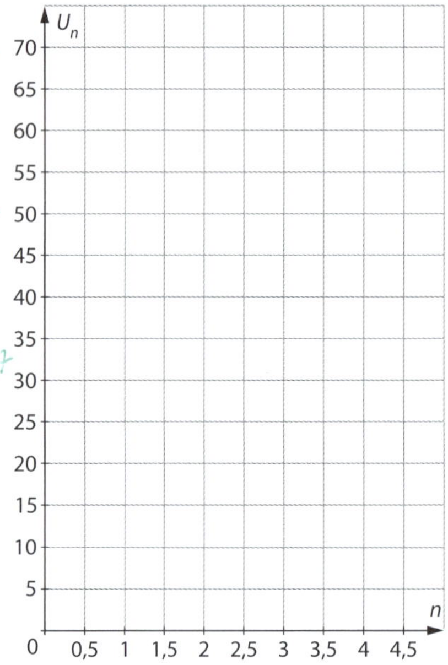

26 SANTÉ On injecte 8 cm³ d'un produit calmant à un malade.

À chaque heure, 10 % du produit présent dans l'organisme est éliminé. L'évolution de la quantité de calmant dans le sang sera modélisée par une suite géométrique. On note U_n le volume, exprimé en cm³, du produit calmant présent dans l'organisme du malade n heures après l'injection.

1. Déterminer les caractéristiques de cette suite.

2. Déterminer l'expression de U_{n+1} en fonction de U_n.

3. Compléter le tableau de valeurs suivant (arrondir au dixième).

n	0	1	2	3	4	5	6	7
U_n	...	...	...	...	...	...	...	...

4. Tracer la représentation graphique de la suite (U_n) dans le repère suivant.

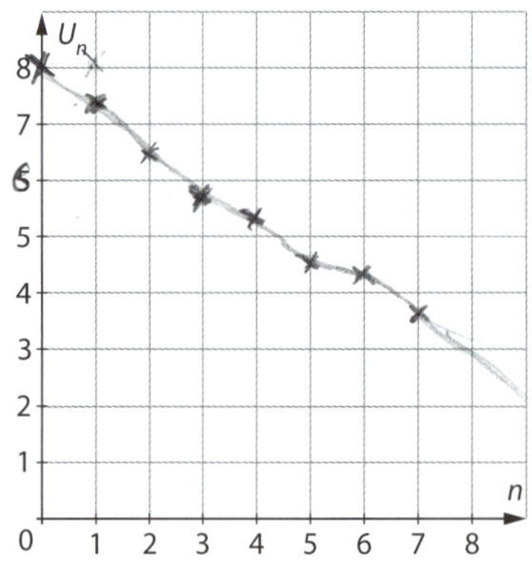

Je résous des problèmes

27 EAU Comment la banquise va-t-elle évoluer ?

Des études ont montré que le recul de la banquise est constant et de l'ordre de 13,4 % tous les 10 ans. En février 2021, la surface totale était de 14 millions de km².

1. Déterminer la surface de la banquise en février 2011.

2. À l'aide de la calculatrice, compléter le tableau suivant (arrondir à l'unité).

	Février 2011	Février 2021	Février 2031	Février 2041	Février 2051
n					
U_n					

3. Estimer en quelle année la banquise aura totalement disparue de la surface de la Terre si les conditions restent identiques.

28 EAU L'évaporation du bassin sera-t-elle significative ?

En raison de l'évaporation, une piscine perd chaque semaine 3 % de son volume d'eau.

On remplit un bassin avec 90 m³ d'eau et, pour compenser la perte due à l'évaporation, on décide de rajouter chaque semaine 2,4 m³ d'eau dans le bassin.

On note U_n le nombre de m³ d'eau contenus dans ce bassin au bout de n semaines.

On a donc $U_0 = 90$ et $U_{n+1} = 0{,}97 \times U_n + 2{,}4$.

1. On définit la suite (V_n) par :

$$V_n = U_n - 80$$

a. Établir l'expression de V_{n+1}.

b. Montrer que V_{n+1} peut s'écrire :

$$V_{n+1} = 0{,}97 \times (U_n - 80)$$

c. En déduire que la suite (V_n) est une suite géométrique dont vous préciserez la raison.

2. Exprimer V_n en fonction de n.

3. En déduire que $U_n = 80 + 10 \times 0{,}97^n$.

4. Dans ces conditions, déterminer le nombre de m³ d'eau dans ce bassin en 8 semaines d'évaporation.

29 BIODIVERSITÉ Comment comparer l'évolution de deux populations de cerfs ?

On souhaite comparer l'évolution de deux populations de cerfs.

En 2015, la population A comptait 2 000 animaux, et la population B, 2 700. On fait l'hypothèse que, chaque année, la population A augmente de 250 individus et la population B de 4 %.

On note A_n le nombre d'animaux de la population A en l'an $(2015 + n)$. On note de même B_n l'effectif la population B en l'an $(2015 + n)$.

1. Quelle est la nature de la suite (A_n) ? Justifier.

2. a. Démontrer que la suite (B_n) est géométrique de raison 1,04.

b. Exprimer B_n en fonction de n.

3. Afin de prévoir l'évolution des deux populations, on réalise une estimation sur une période de 10 ans.

Réaliser un tableau permettant de suivre cette évolution comme indiqué ci-dessous.

n	0	1	2	....	8	9
A_n	2 000					
B_n	2 700					

4. En quelle année le nombre d'animaux de la population A dépassera-t-il celui de la population B ?

30 SANTÉ Le modèle est-il pertinent ?

Le tableau suivant montre l'évolution de la masse d'un bébé lors des 5 premiers mois de sa vie.

Mois	Naissance	1	2	3	4	5
Rang	0	1	2	3	4	5
Masse (en kg)	3,250	3,900	4,680	5,620	6,740	8,010

1. On note U_0 la masse du bébé à la naissance et U_n sa masse au bout du n-ième mois. Représenter graphiquement les sept premiers termes de la suite (U_n).

2. Montrer que ces 7 termes représentent les premiers termes d'une suite géométrique dont on précisera les caractéristiques.

3. Établir la relation entre U_n et n.

4. À l'aide de la formule précédente, calculer la masse du bébé à 12 mois.

5. Des études ont montré que la masse moyenne d'un enfant âgé de 1 an situe entre 8,8 et 10,2 kg. Indiquer si le modèle précédent est pertinent. Justifier votre réponse.

31 SANTÉ Quand pourra-t-on procéder à une deuxième injection ?

Pour tester l'efficacité d'un médicament, on en injecte une dose de 2 mL à un malade. On étudie l'évolution de la quantité présente dans son sang au bout de n heures et constate que celle-ci diminue régulièrement de 30 % par heure.

On note S_n la quantité, exprimée en mL, de médicament présent dans le sang du malade n heures après l'injection.

1. Montrer que l'évolution du médicament dans le sang peut être modélisée par une suite dont on déterminera la nature et les caractéristiques.

2. a. Exprimer S_n en fonction de n.

b. Vérifier qu'au bout de deux heures, plus de la moitié de la quantité injectée a été éliminée.

3. Afin d'éviter un surdosage, on ne procède à une nouvelle injection de 2 mL que lorsqu'il ne reste plus que 0,2 mL de médicament dans le sang du patient. Peut-on procéder à une deuxième injection cinq heures après la première ?

32 BIODIVERSITÉ La prolifération des algues sera-t-elle invasive ?

Des algues prolifèrent dans un étang. Pour s'en débarrasser, le propriétaire installe un système de filtration.

En journée, la masse d'algues augmente de 3,5 % puis, à la nuit tombée, le propriétaire actionne pendant une heure le système de filtration qui retire 100 kg d'algues.

On admet que les algues ne prolifèrent pas pendant la nuit.

Le propriétaire estime que la masse d'algues dans l'étang au matin de l'installation du système de filtration est de 2 400 kg. On modélise par A_n la masse d'algues dans l'étang, exprimée en kg, après utilisation du système de filtration pendant n jours.

1. À quoi correspond la masse d'algues présente dans l'étang au matin de l'installation du système de filtration ?

2. Calculer A_1 et A_2. Interpréter les résultats obtenus.

3. Exprimer A_{n+1} en fonction de A_n.

4. À l'aide d'une calculatrice, déterminer la masse d'algues encore présente après une semaine de traitement. On donnera une valeur arrondie à l'unité.

5. Au bout de combien de jours la masse d'algues est-elle inférieure à 1 500 kg ?

33 ÉNERGIE Le plan de réduction des rejets permet-il de respecter la norme ?

Pour répondre à une nouvelle norme antipollution, un important groupe industriel de l'agroalimentaire doit ramener progressivement sa quantité de rejets, qui est de 50 000 tonnes par an en 2015, à une valeur inférieure ou égale à 30 000 tonnes en 10 ans au plus, soit une réduction de 40 %. Il s'engage à réduire chaque année sa quantité de rejets de 4 %.

1. S'il rejette 48 000 tonnes en 2016, respecte-t-il son engagement ? Justifier la réponse.

2. On note U_n la quantité de rejets de l'année « 2015 + n ».

a. Quelle est la nature de la suite (V_n) ? Justifier la réponse.

b. Exprimer U_n en fonction de n.

3. a. Calculer, à la tonne près, la quantité de rejets prévue en 2025.

b. La norme sera-t-elle respectée en 2025 ?

4. Un taux annuel de diminution de 5 % permettrait-il de respecter la norme ? Justifier la réponse.

34 ALIMENTATION Faudra-t-il arracher le vignoble ?

Dans un vignoble, des études ont décelé la présence de la flavescence dorée. Cette maladie est transmise par la cicadelle et peut être à l'origine l'origine de pertes de récolte importantes. Un pied de vigne contaminé peut entraîner la contamination de 7 pieds l'année suivante.

Sur une parcelle de 6,5 ha, on a détecté 0,5 % de pieds contaminés par la flavescence dorée.

La densité de plantation est de 2 700 pieds à l'hectare.

1. Déterminer le nombre de souches contaminées sur la parcelle de 6,5 ha.

2. Calculer le nombre de souches contaminées la deuxième année, si le vignoble n'est pas traité.

3. Il faudra arracher l'ensemble des pieds si plus de 50 % de la surface est atteinte.

Déterminer au bout de combien d'années le vignoble devra être arraché, si l'on ne réalise aucun traitement.

Je résous des problèmes

35 BIODIVERSITÉ La population de singes est-elle en voie d'extinction ?

Dans une réserve naturelle, on étudie l'évolution de la population d'une espèce de singes en voie d'extinction à cause d'une maladie.

Une étude sur cette population de singes a montré que leur nombre diminue de 15 % chaque année.

Au 1er janvier 2022, la population était estimée à 25 000 singes.

On modélise la population par une suite numérique. Pour tout entier naturel n, le terme U_n de la suite représente le nombre de singes au 1er janvier de l'année $(2022 + n)$. On a ainsi $U_0 = 25\,000$.

1. Calculer l'effectif de cette population de singes :
a. au 1er janvier 2023.
b. au 1er janvier 2024.

2. Justifier que $U_n = 25\,000 \times 0{,}85^n$.

3. À l'aide de ce modèle, on souhaite savoir au bout de combien d'années, après le 1er janvier 2022, le nombre de singes sera inférieur à 5 000.

a. Recopier et compléter le tableau suivant, en arrondissant les résultats à l'unité.

n	0	1	2	3	4	5	6	7	8
U_n									

b. Dans un repère orthogonal, tracer la représentation graphique de la suite (U_n).

c. Déterminer graphiquement en quelle année le nombre de singes sera inférieur à 5 000.

36 BIODIVERSITÉ En quelle année faudra-t-il agrandir la bergerie ?

Dans une exploitation agricole, on comptait 700 brebis en 2017.

À la fin de chaque année, après les ventes et les décès, l'exploitation conserve 70 % de son effectif pour l'année suivante. Elle achète 240 nouvelles brebis chaque année.

On peut constater que l'effectif de l'exploitation de l'année $(2017 + n)$ peut être modélisé par la suite (a_n) telle que $a_{n+1} = 0{,}70a_n + 240$, avec $a_0 = 700$.

Soit la suite (u_n) définie par : $u_n = a_n - 800$.

1. Montrer que la suite (u_n) est une suite géométrique dont le terme général peut s'écrire : $u_{n+1} = 0{,}7 \times u_n$.

2. Exprimer u_n en fonction de n.

3. En déduire une relation entre a_n et n.

4. Il faudra agrandir la bergerie dès que l'effectif sera égal à 780 brebis. Montrer que résoudre l'équation $800 - 100 \times 0{,}7^n = 780$ revient à résoudre l'équation $0{,}7^n = 0{,}2$.

5. En quelle année faudra-t-il agrandir la bergerie ?

DÉMARCHE SCIENTIFIQUE

37 ÉNERGIE L'installation de panneaux photovoltaïques sera-t-elle suffisante ?

En janvier 2020, Marc installe 32 m² de panneaux photovoltaïques à son domicile.

Son installation sera-t-elle suffisante pour couvrir ses besoins sur une période de 5 ans ?

Doc. 1.

Rendement des panneaux photovoltaïques

En France, 1 m² de panneaux photovoltaïques correctement orientés produit environ 95 kWh/an.

La première année, une installation produit effectivement cette quantité et on estime que la perte de rendement est de 3 % par an.

Doc. 2.

Consommation moyenne

La consommation moyenne pour un foyer est de 3 880 kWh/an.

Thèmes abordés
- Suites arithmétiques
- Suites géométriques

Je m'évalue

Nom : ....
Prénom : ....
Date : ....

Comment réduire la quantité de déchets toxiques ?

Un fabriquant de peintures souhaite réduire la quantité de déchets toxiques rejetée dans l'environnement en utilisant un système de traitement des déchets.
En 2022, il a rejeté 27,7 tonnes de déchets toxiques.
L'objectif est de réduire la quantité de produits toxiques à moins de 13 tonnes en 2028.
Le fabriquant a le choix entre deux formules :
- **Formule A :** Réduire la quantité de déchets de 1,7 tonnes par an.
- **Formule B** : Réduire la quantité de déchets de 12 % par an.

C.1.3 MODÉLISER

1 Montrer que l'évolution de la quantité de déchets peut être modélisée par une suite (A_n) dont on précisera la nature et les caractéristiques. Justifier la réponse.

....

....

2 Exprimer A_n en fonction de n. ....

3 Montrer que l'évolution de la quantité de déchets peut être modélisée par une suite géométrique (B_n) si la formule B est choisie. Vous préciserez alors la raison de cette suite.

....

4 Montrer que $B_n = 27{,}7 \times 0{,}88^n$.

....

5 C.1.3 ANALYSER Compléter le tableau suivant (arrondir au dixième).

Année	2022	2023	2024	2025	2026	2027	2028
n	0	1	2	3	4	5	6
A_n	....	....	....	....	....	....	....
B_n	....	....	....	....	....	....	....

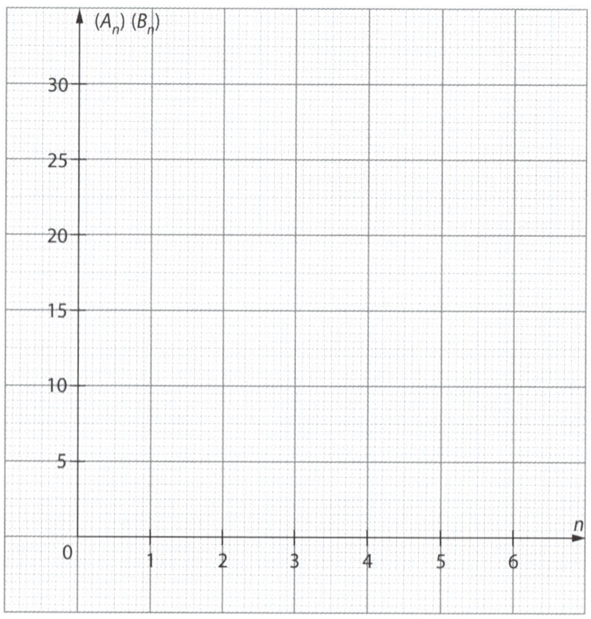

6 C.1.3 MODÉLISER Représenter graphiquement les deux formules dans le repère ci-contre.

7 C.1.3 ARGUMENTER Compte tenu de l'objectif fixé, quelle est la formule la plus adaptée ?

....

....

....

....

....

CHAPITRE 8

Les fonctions exponentielles

Je vais être capable de

- Découvrir la fonction exponentielle de base q et sa représentation graphique
- Utiliser les propriétés opératoires des fonctions exponentielles
- Étudier les variations d'une fonction exponentielle
- Définir et utiliser la fonction exponentielle de base e

Je démarre

Vidéo
Je regarde la vidéo
www.lienmini.fr/7868-0801

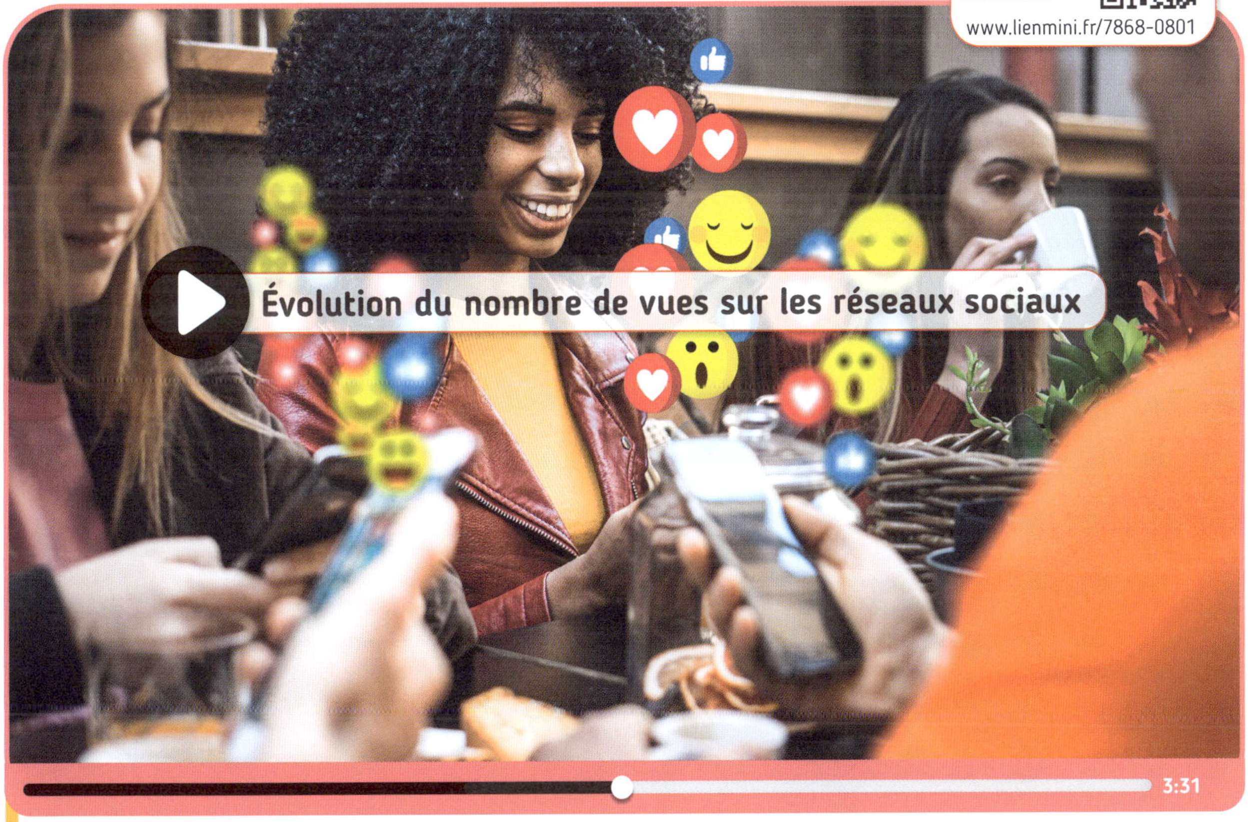

Le premier jour, la vidéo a recueilli 100 vues. Le nombre de vues pour une vidéo augmente tous les jours de 20 %.

1. Quel sera le nombre de vues au bout de 1 jour ? (Arrondir à l'unité.)

....

2. Au bout de combien de jours dépassera-t-on les 500 vues ?

....

Je me rappelle

QCM
Je me rappelle
www.lienmini.fr/7868-0802
Note ton score du QCM en ligne .... /10

Questions flash

Cocher la bonne réponse parmi les trois proposées.

1 **Le produit : $10^3 \times 10^4$ est égal à :**
a. ☐ 10^{12}
b. ☐ 10^7
c. ☐ 10^1

2 **Le quotient $\dfrac{2^6}{2^4}$ est égal à :**
a. ☐ 4
b. ☐ 2
c. ☐ 1

3 **La solution de l'équation $2x + 6 = 5x - 3$ est :**
a. ☐ $x = -3$
b. ☐ $x = 3$
c. ☐ $x = 1$

4 **Le quotient $\dfrac{10^6}{10^2}$ est égal à :**
a. ☐ 10^{12}
b. ☐ 10^8
c. ☐ 10^4

5 **Le résultat de $2^3 \times 4^5$ est :**
a. ☐ 8^8
b. ☐ 6^8
c. ☐ 2^{13}

6 **La simplification de l'expression $1{,}8 \times 10^4 \times 2 \times 10^3$ est :**
a. ☐ $3{,}6 \times 10^7$
b. ☐ $3{,}6 \times 10^6$
c. ☐ $3{,}6 \times 10^5$

7 **La fonction $f(x) = 1{,}03^x$ est :**
a. ☐ strictement croissante sur $\mathbb{R}$.
b. ☐ strictement décroissante sur $\mathbb{R}$.
c. ☐ constante sur $\mathbb{R}$.

8 **Soit $f(x) = 2x^2 + 3x - 5$. Alors :**
a. ☐ $f(4) = 39$
b. ☐ $f(4) = 38$
c. ☐ $f(4) = 40$

9 **On donne ci-dessous la courbe représentative d'une fonction f.**

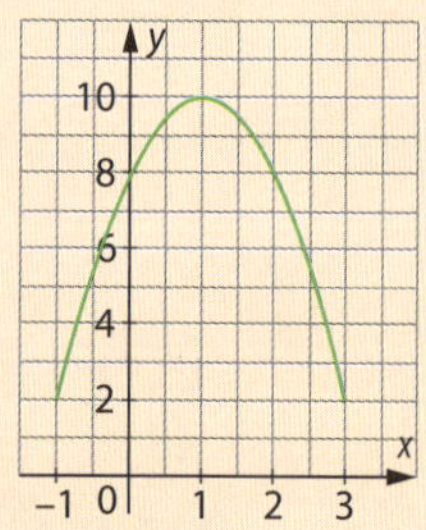

Indiquer si la fonction est :
a. ☐ croissante sur [–1 ; 1].
b. ☐ croissante sur [2 ; 10].
c. ☐ croissante sur [1 ; 3].

10 **La suite numérique $U_n = 2 \times 10^n$ est une suite :**
a. ☐ arithmétique de premier terme 2.
b. ☐ géométrique de premier terme 2.
c. ☐ géométrique de premier terme 10.

ACTIVITÉ 1

BIODIVERSITÉ

Découvrir la fonction exponentielle de base q et sa représentation graphique

Quand atteindra-t-on la valeur seuil ?

Une population animale compte un millier d'individus. La variation annuelle est de 17 %. Cela signifie que, tous les ans, la population augmente de 17 %.

On note :

- P_0 le nombre d'individus la première année. $P_0 = 1$.
- P_1 le nombre d'individus la deuxième année.

1 Compléter le tableau ci-contre (arrondir au millième).

Terme	P_0	P_1	P_2	P_3
Nombre d'individus	1	....	....	....

2 Montrer qu'il s'agit d'une suite géométrique de raison 1,17.

....

3 Exprimer P_n en fonction n. ....

4 On considère la fonction f définie sur l'intervalle [0 ; 10[par $f(x) = 1{,}17^x$.

> La fonction $f(x) = q^x$ avec $q > 0$ s'appelle fonction exponentielle de base q.

a. À l'aide de la calculatrice, tracer la représentation graphique de la fonction f.

Démarche	Casio	NumWorks	Texas Instruments
Mettre le mode Graphique	MENU (Graph) EXE	MENU (Fonctions) OK	f(x)
Saisir la fonction	Y1 = 1,17 ^ X, θ ,T EXE	f(x)= 1,17 x^y x,n,t Tracer le graphique OK	Y1 = 1,17 ^ X,T,θ,n Entrer
Régler les paramètres	F2 ZOOM F5 AUTO		Fenêtre Xmin = 0 Xmax = 10 Ymin = 0 Ymax = 2 Entrer
Afficher le graphique	EXE		Graph

b. Cocher la bonne réponse. La fonction f définie par $f(x) = 1{,}17^x$ sur l'intervalle [0 ; 10[est strictement :

☐ croissante. ☐ décroissante.

> La fonction $f(x) = q^x$ avec $q > 1$ est strictement croissante sur]−∞ ; +∞[.

5 Un seuil est fixé à 3 milliers d'individus.

a. À l'aide de la calculatrice, résoudre l'équation $1{,}17^x = 3$. ....

Démarche	Casio	NumWorks	Texas Instruments
Mettre le mode Équation	MENU (Equation) EXE F5 (Solveur)	MENU (Solveur) OK Equations OK	Maths C : Résoudre
Saisir l'équation	1,17 ^ X, θ ,T = 3 EXE	1,17 x^y x,n,t = 3 Résoudre l'équation OK	1,17 ^ X,T,θ,n Entrer 3 Entrer
Régler les paramètres		Xmin = 0 Xmax = 10 Résoudre l'équation	
Afficher les valeurs	F6 (Solve)	OK	Resol

b. En déduire en quelle année la population aura dépassé les 3 milliers d'individus.

....

La suite (U_n) définie pour tout entier n par $U_n = U_0 \times q^n$ est une suite géométrique de raison q. La **fonction exponentielle de base q** est le prolongement de cette suite géométrique sur tout l'ensemble $\mathbb{R}$ des nombres réels.

ACTIVITÉ 2

ÉNERGIE

Utiliser les propriétés opératoires de la fonction exponentielle

Comment retrouver la composition de l'engrais ?

Lors d'un cours d'agronomie, Juliette et Gabriel doivent retrouver la composition d'un engrais. Leur enseignant a décidé de leur compliquer la tâche en utilisant un code. Ils ont à leur disposition deux tableaux qu'ils devront utiliser ensemble.

- Le tableau 1 permet de déterminer la composition de l'engrais.
- Le tableau 2 permet de déterminer les différentes valeurs.

Le professeur met aussi à leur disposition un tableau contenant des expressions mathématiques utiles (tableau 3).

En associant les expressions qui sont égales, on peut retrouver la composition de l'engrais.

Tableau 1

Composition de l'engrais					
1	?	?	2	?	6
Unités d'azote		Unités de phosphore		Unités de potassium	

Tableau 2

q	0,5
a	2
b	3
n	2

Tableau 3 – Expressions mathématiques à utiliser

Numéro correspondant	①	②	③	④	⑤	⑥
Expression mathématique	q^{a+b}	q^{a-b}	$(q^a)^n$	$q^a \times q^b$	$\frac{q^a}{q^b}$	$q^{a \times n}$

1 Dans le tableau 3, donner le numéro correspondant à l'expression $q^{a \times n}$. ....

2 Montrer que si $q = 0{,}5$, $a = 2$ et $b = 3$, alors $q^{a+b} = 0{,}03125$. ....

3 En remplaçant q, a, b et n par les valeurs du tableau 2, calculer les différentes expressions mathématiques.

....

....

....

4 À l'aide des résultats précédents, relier les expressions mathématiques qui sont égales et peuvent donc s'associer.

① q^{a+b} •	• $q^{a \times n}$ ⑥
③ $(q^a)^n$ •	• $q^a \times q^b$ ④
⑤ $\frac{q^a}{q^b}$ •	• q^{a-b} ②

Ces égalités sont des propriétés de calcul de la fonction exponentielle de base q.

5 Associer les numéros correspondants aux expressions, pour compléter la composition de l'engrais ci-contre.

Composition de l'engrais					
1	....	....	2	....	6

6 Indiquer le nombre d'unités apportées par cet engrais. Cocher les bonnes réponses.

Cet engrais permet d'apporter :

- ☐ 14 unités d'azote.
- ☐ 12 unités d'azote.
- ☐ 32 unités de phosphore.
- ☐ 52 unités de phosphore.
- ☐ 36 unités de potassium.
- ☐ 46 unités de potassium.

Les **propriétés** de la fonction exponentielle de base q permettent de simplifier les calculs.

ACTIVITÉ 3

ÉNERGIE

Étudier graphiquement une fonction exponentielle de base q

Au bout de combien de temps la pièce atteindra-t-elle la température seuil ?

Dans une usine, on fabrique des pièces métalliques. On fait refroidir ces pièces dans un atelier où règne une température constante de 20 °C. La température d'une pièce métallique qui refroidit est donnée en fonction de la durée t ($t \in [0\,;10]$) par la relation :

$$f(t) = 80 \times 0{,}25^t + 20$$

où $f(t)$ s'exprime en °C et t en heures.

1 Calculer la température, arrondie au centième, pour les durées suivantes :

- $t = 0$: ....
- $t = 2$: ....
- $t = 3{,}5$: ....

2 On considère que la pièce métallique est totalement refroidie lorsque sa température est inférieure à 20,1 °C. On se propose de déterminer le temps qu'il faut pour atteindre cette température seuil.

À l'aide de la calculatrice, tracer les représentations graphiques des fonctions $f(t) = 80 \times 0{,}25^t + 20$ et $y = 20{,}1$.

Tutoriel à télécharger
www.lienmini.fr/7868-0803

3 Cocher les bonnes réponses :

La fonction f est strictement :

- ☐ croissante.
- ☐ décroissante pour $t > 0$.
- ☐ positive.
- ☐ négative pour $t > 0$.

La fonction $f(x) = q^x$ est strictement décroissante si $0 < q < 1$.

4 Afficher le point d'intersection des courbes représentatives des deux fonctions.

Démarche	Casio	NumWorks	Texas Instruments
Afficher le point d'intersection	F5 (G-solv) F5 (INTSECT) ou (ISCT)	Calcul OK Calculer OK Intersection OK	Second trace (calculs) 5 : Intersection ENTRER

5 Indiquer l'abscisse de ce point d'intersection (arrondir à 10^{-2}).

....

6 En déduire le temps qu'il faut pour que la pièce métallique soit complètement refroidie. Donner le résultat en heures et minutes.

....

7 Déterminer la température minimale que peut atteindre la pièce.

....

La fonction exponentielle à base q telle que $0 < q < 1$ est **strictement décroissante** et **positive** sur $\mathbb{R}$.

ACTIVITÉ 4

ALIMENTATION

Découvrir la fonction exponentielle de base e

Quand doit-on arrêter la culture des levures ?

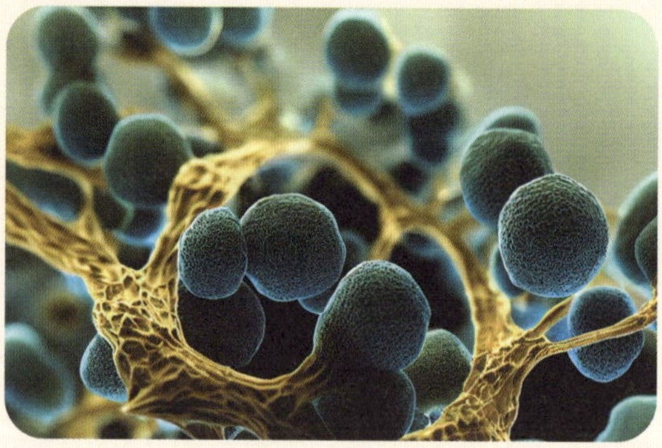

Le vin est le résultat d'un processus, la vinification, au cours duquel les levures présentes dans la peau des grains de raisin transforment les sucres en alcool. L'évolution de la quantité de levures doit être contrôlée pour vérifier que le processus de vinification est bien enclenché.

On étudie l'évolution d'une colonie de 0,01 milliard de levures sur une période de 5 jours.

L'évolution du nombre de levures dans un échantillon peut être modélisée par la fonction suivante :

$$g(t) = 0{,}01\mathrm{e}^{2t}$$

où t représente le temps (en jours) de culture de la colonie de levures et e est un nombre dont une valeur approchée est 2,718218.

1 À l'aide de la calculatrice, compléter le tableau de valeurs suivant, en arrondissant les résultats au centième.

t	0	1	2	3	4	5
$g(t)$	....	....	....	....	....	....

2 Tracer la courbe représentative de la fonction g dans le repère orthogonal ci-dessous.

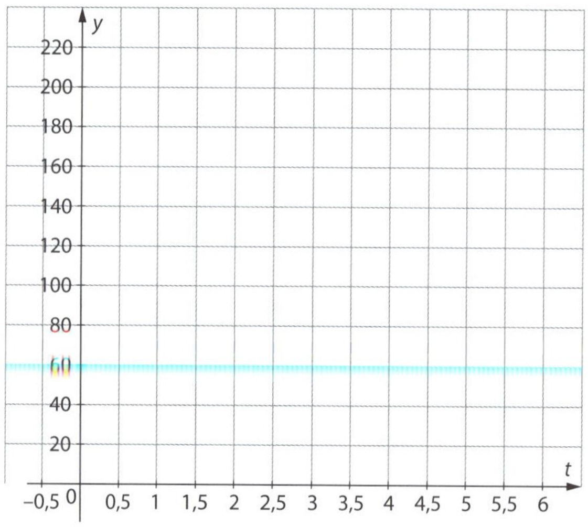

Tutoriel à télécharger
www.lienmini.fr/7868-0804

3 a. Cocher la bonne réponse. La fonction g est :

☐ croissante sur [0 ; 5].   ☐ décroissante sur [0 ; 5].

b. Dresser le tableau de variations de g sur l'intervalle [0 ; 5].

t	....
Variations de g	

La fonction définie par $f(x) = \mathrm{e}^x$, avec $\mathrm{e} \approx 2{,}718$ est appelée fonction exponentielle de base e.
Elle est strictement croissante sur $]-\infty ; +\infty[$.

4 Dans le repère précédent, tracer la droite d'équation $y = 100$.
Déterminer au bout de combien de jours le nombre de levures dépasse 100 milliards.

....

La **fonction exponentielle de base e** définie par $f(x) = \mathrm{e}^x$ est positive et strictement croissante sur $]-\infty ; +\infty[$.

Je retiens l'essentiel

Définition de la fonction exponentielle de base q

- La fonction g définie par $g(x) = q^x$, avec q strictement positif, s'appelle **fonction exponentielle de base q**.
- Pour tout nombre réel q, $g(0) = 1$.
- La fonction exponentielle de base q est :

– strictement positive et strictement croissante sur $]-\infty\,;+\infty[$ **si $q > 1$**.

– strictement positive et strictement décroissante sur $]-\infty\,;+\infty[$ **si $0 < q < 1$**.

Exemple : La fonction $h(x) = 4^x$ est croissante sur $]-\infty\,;+\infty[$.

Sa représentation graphique est tracée ci-contre.

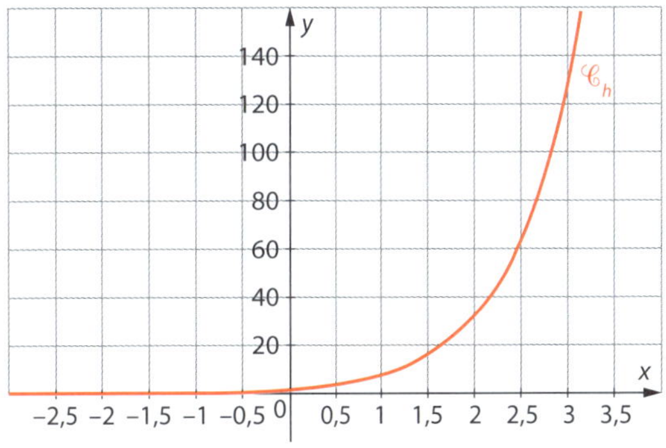

Propriétés opératoires

- $q^0 = 1$ et $q^1 = q$.
- Pour tous réels a et b, on a :

$$q^{a+b} = q^a \times q^b \quad ; \quad q^{-a} = \frac{1}{q^a} \quad ; \quad q^{a-b} = \frac{q^a}{q^b} \quad ; \quad (q^a)^b = q^{a\times b}$$

Exemples : $6^5 = 6^3 \times 6^2$; $4^{-2} = \frac{1}{16}$; $2^{6-3} = \frac{2^6}{2^3}$; $(3^5)^2 = 3^{10}$

Définition de la fonction exponentielle de base e

- La **fonction exponentielle de base e** est définie par $f(x) = \mathrm{e}^x$, où $\mathrm{e} \approx 2{,}718$.
- $f(0) = 1$
- La fonction exponentielle est toujours **positive et croissante** sur $]-\infty\,;+\infty[$.
- La **dérivée** de la fonction f est elle-même : $f'(x) = \mathrm{e}^x$.
- La **représentation graphique** de la fonction $f(x) = \mathrm{e}^x$ est tracée ci-contre.

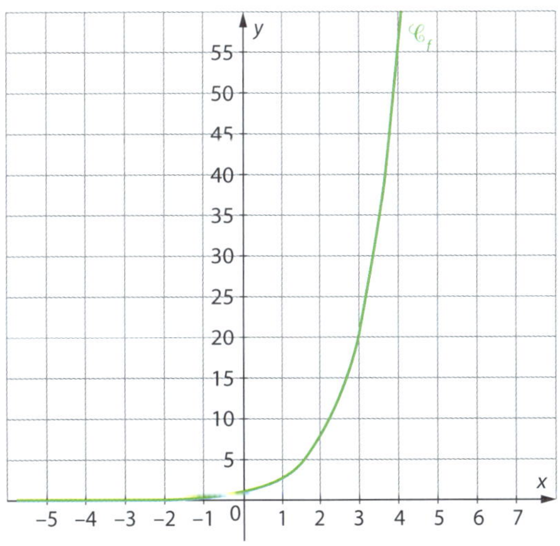

Propriétés opératoires

- $\mathrm{e}^0 = 1$
- Pour tous réels a et b, on a :

$$\mathrm{e}^{a+b} = \mathrm{e}^a \times \mathrm{e}^b \quad ; \quad \mathrm{e}^{-a} = \frac{1}{\mathrm{e}^a} \quad ; \quad \mathrm{e}^{a-b} = \frac{\mathrm{e}^a}{\mathrm{e}^b} \quad ; \quad (\mathrm{e}^a)^b = \mathrm{e}^{a\times b}$$

Exemples : $\mathrm{e}^5 = \mathrm{e}^3 \times \mathrm{e}^2$; $\mathrm{e}^{-2} = \frac{1}{\mathrm{e}^2}$; $\mathrm{e}^{6-3} = \frac{\mathrm{e}^6}{\mathrm{e}^3}$; $(\mathrm{e}^5)^2 = \mathrm{e}^{10}$

Fonctions du type $h(x) = \mathrm{e}^{ax+b}$

- Soit a et b des nombres réels. La fonction h définie par $h(x) = \mathrm{e}^{ax+b}$ est **strictement positive**.
- La **dérivée** de la fonction h est la fonction h', définie pour tout x par $h'(x) = a\mathrm{e}^{ax+b}$.

Exemple : On considère la fonction f définie par $f(x) = \mathrm{e}^{-2x+3}$.

La dérivée f' de la fonction f est égale à $f'(x) = -2\mathrm{e}^{-2x+3}$.

Comme $f'(x) < 0$, la fonction f est décroissante.

J'apprends à résoudre

1 Déterminer les variations d'une fonction exponentielle de base q

Énoncé On estime à 10 % la dépression annuelle de la valeur d'un tracteur.

Sa valeur initiale est de 80 000 €. L'évolution du prix est une suite géométrique (U_n).

1. a. Déterminer les caractéristiques de la suite (U_n).

b. Donner l'expression de U_n en fonction *n*.

2. Établir l'expression de la fonction *f* permettant d'étudier l'évolution du prix du tracteur.

3. Déterminer les variations de la fonction *f*.

Solution

1 **a.** La raison *q* est le coefficient multiplicateur :
$q = 1 - 10\,\% = 1 - 0{,}10 = 0{,}90$
Premier terme : $U_0 = 80\,000$
b. Donc : $U_n = 80\,000 \times 0{,}90^n$.

2 $f(x) = 80\,000 \times 0{,}90^x$

3 $q = 0{,}90$ donc $q < 1$.
La fonction *f* est strictement décroissante.

Point méthode

1 **a.** Déterminer le premier terme et la raison
La raison est le coefficient multiplicateur pour une réduction : $1 - t\,\%$.
b. Établir l'expression de la suite géométrique :
$U_n = U_0 \times q^n$

3 Si $q > 1$ alors *f* est croissante, et si $0 < q < 1$ alors *f* est décroissante.

Voir exercices 3 à 5 p. 145

2 Étudier les variations d'une fonction exponentielle de base e

Énoncé Soit la fonction *f* définie sur [0 ; 20] par $f(x) = -0{,}6 \times e^{3x}$.

1. Déterminer l'expression de la fonction dérivée f' de *f*.

2. Déterminer le signe de $f'(x)$.

3. En déduire les variations de la fonction *f*.

4. Dresser le tableau de variations de la fonction *f*.

Solution

1 $f'(x) = -0{,}6 \times 3 \times e^{3x} = -1{,}8 \times e^{3x}$

2 La fonction exponentielle est strictement positive. Or $f'(x)$ est le produit d'une fonction exponentielle et d'un nombre négatif. Donc $f'(x) = -1{,}8 \times e^{3x}$ est strictement négatif sur [0 ; 20].

3 $f'(x)$ étant négatif sur [0 ; 20], la fonction *f* est donc décroissante sur [0 ; 20].

4 Tableau de variations

x	0	5
Signe de $f'(x)$	–	
Variations de *f*	–0,6 ↘	$-1{,}8 \times 10^{-7}$

Point méthode

1 Calculer la dérivée : $f'(x) = af(x)$

2 Étudier le signe de la dérivée

3 Déduire du signe de la dérivée, les variations de la fonction :
- si $f'(x) < 0$ alors *f* est décroissante ;
- si $f'(x) > 0$ alors *f* est croissante.

4 Dresser le tableau de variations en indiquant :
- l'ensemble de définition ;
- le signe de $f'(x)$;
- le sens de variations de *f*.

Voir exercice 24 p. 148

Je m'entraîne

QCM en ligne

www.lienmini.fr/7868-0805

Je teste mes acquis

1 La fonction f définie par $f(x) = 0{,}6^x$ traduit une :

a. ☐ réduction répétée de 60 %.
b. ☐ réduction répétée de 40 %.
c. ☐ augmentation répétée de 40 %.

2 La fonction f définie par $f(x) = 1{,}2^x$ est :

a. ☐ croissante.
b. ☐ décroissante.
c. ☐ constante.

3 L'expression 10^{-8} est égale à :

a. ☐ $\frac{1}{10^8}$
b. ☐ $\frac{1}{10^{-8}}$
c. ☐ 10^8

4 L'expression $(2^4)^7$ est égale à :

a. ☐ 2^{28}
b. ☐ 2^{11}
c. ☐ 2^3

5 La fonction exponentielle définie sur $]-\infty\,;+\infty[$ par $g(x) = e^x$ est strictement :

a. ☐ croissante sur $]-\infty\,;+\infty[$.
b. ☐ décroissante sur $]-\infty\,;+\infty[$.
c. ☐ croissante sur $]-\infty\,;0[$ et décroissante sur $]0\,;+\infty[$.

6 La fonction $f(x) = 3e^{\frac{2}{3}x}$ définie sur $[-20\,;20]$ admet pour fonction dérivée :

a. ☐ $f'(x) = 3e^{\frac{2}{3}x}$
b. ☐ $f'(x) = 2e^{\frac{2}{3}x}$
c. ☐ $f'(x) = 2e^{x}$

7 La fonction h définie sur $[-5\,;4]$ par $h(x) = 3e^{-4x}$ est :

a. ☐ strictement décroissante pour tout $x \in [-5\,;4]$.
b. ☐ strictement croissante pour tout $x \in [-5\,;4]$.
c. ☐ strictement négative pour tout $x \in [-5\,;4]$.

8 L'expression $\frac{e^6}{e^2}$ est égale à :

a. ☐ e^3
b. ☐ e^4
c. ☐ e^{12}

9 Soit la fonction $f(x) = -e^{-2x}$ définie pour tout x réel. La dérivée f' de la fonction f est :

a. ☐ $f'(x) = -e^{-2x}$
b. ☐ $f'(x) = -2e^{-2x}$
c. ☐ $f'(x) = 2e^{-2x}$

Fonction exponentielle de base q

Automatismes

1 Soit la fonction $f(x) = 0{,}75^x$. Calculer $f(2)$.

....

....

2 Indiquer le sens de variation de la fonction $f(x) = 2^x$.

....

3 Déterminer le sens de variation des fonctions suivantes sur l'intervalle $[0\,;10]$.

1. $f(x) = 5^x$

....

2. $g(x) = 0{,}25^x$

....

3. $h(x) = 0{,}99^x$

....

4 À l'aide d'un tableur, représenter graphiquement les fonctions suivantes :

1. $f(x) = 5^x$
2. $g(x) = 0{,}45^x$
3. $h(x) = 1{,}25^x$

5 Soient les fonctions $f(x) = 6^x$ et $g(x) = 0{,}6^x$ définies sur l'intervalle $[0\,;4]$.

1. Compléter le tableau de valeurs suivant (arrondir à 10^{-2}) :

x	0	1	2	3	4
$f(x)$	....	....	....	....	....
$g(x)$	....	....	....	....	....

2. Indiquer le sens de variation des fonctions f et g.

....

....

3. Proposer une relation entre le signe de q et le sens de variations de la fonction exponentielle de base q.

....

....

Je m'entraîne

6 Associer chaque fonction à sa représentation graphique :

$f(x) = 0{,}45^x$; $h(x) = 9^x$; $g(x) = 3{,}1^x$.

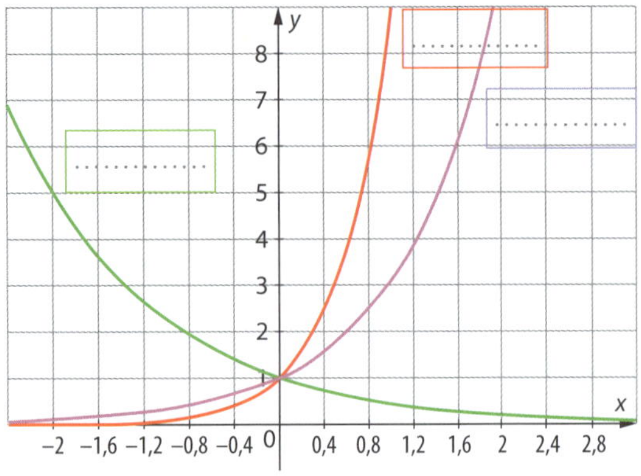

7 SANTÉ Suite à une infection, le nombre de bactéries contenues dans un organisme en fonction du temps (en heures) peut être modélisé par la fonction f définie sur [0 ; 10] par $f(x) = 50\,000 \times 1{,}15^x$.

1. À l'aide de la calculatrice, donner un arrondi au millier près du nombre de bactéries après 3 h, puis après 5 h 30.

....

....

2. Déterminer les variations de f sur [0 ; 10].

....

....

3. À l'aide de la calculatrice, déterminer au bout de combien de temps le nombre de bactéries aura doublé.

....

....

8 SANTÉ **Algorithmique et programmation**

Dans un laboratoire, on étudie l'élimination d'un médicament dans le sang. À partir d'un instant initial, on mesure pendant 10 heures la concentration, en grammes par litre (g/L), de médicament restant dans le sang du patient.

Si t indique le temps écoulé en heures, la concentration est donnée par la formule :

$$f(t) = 1{,}2 \times 0{,}67^t$$

pour tout nombre réel t de [0 ; 10].

1. Ouvrir le ficher « medicament.py » pour afficher le programme. À l'aide de ce dernier, calculer $f(2)$ puis $f(5{,}5)$.

PYTHON
Voir la fiche 3, p. 239

```python
def f(x):
    return(1.2*0.67**x)
```

....

....

....

Programme à télécharger
www.lienmini.fr/7868-0806

2. Modifier le programme pour arrondir les résultats à 10^{-2}, puis compléter le tableau suivant :

x	0	2	4	6	8	10
$f(x)$	....	....	....	....	....	....

....

....

....

....

Propriétés opératoires

Automatismes

9 À l'aide de la calculatrice, donner les valeurs arrondies au centième de $2{,}5^{0{,}3}$ et $9{,}6^{-0{,}2}$.

....

10 Écrire l'expression 3^{2x} en fonction de 3^x.

....

11 Simplifier les expressions suivantes :

1. $\dfrac{e^6}{e^2} =$ ....   **2.** $e^1 \times e^3 =$ ....

3. $(e^2)^3 =$ ....

12 Écrire : e^{x+1} ; e^{2x} ; e^{2x-1} en fonction de e^x.

....

....

13 Écrire 2^{x+2} ; 2^{x-3} ; 2^{-x+2} ; 2^{2x} en fonction de 2^x.

....

....

14 BIODIVERSITÉ

Des experts en démographie animale prévoient que la population de criquets va augmenter de 2,3 % par an. Dans une région donnée, la population initiale est de 42,3 milliers de criquets.

1. Déterminer le nombre de criquets à la fin de la première année (arrondir à 10^{-2}).

....

2. Montrer que cette évolution peut se traduire par l'expression $42{,}3 \times 1{,}023^x$, où x représente le nombre de criquets.

....

....

Résolution d'équation du type $q^x = a$

Automatismes

15 Résoudre l'équation $2x + 3 = 4$.

....

16 Montrer que $x = -1$ est solution de l'équation $5x + 4 = 2x + 1$.

....

17 À l'aide de la calculatrice, résoudre les équations suivantes (arrondir à 10^{-2}) :

1. $2^x = 5$ ....
2. $0{,}5^x = 7$ ....
3. $3^x = 9$ ....
4. $0{,}25^x = -4$ ....

18 Un capital de 10 000 € est placé à intérêts simples au taux annuel de 5 %.

Ce placement peut être modélisé par la fonction $f(x) = 10\,000 + 500x$, où x est le nombre d'années.

1. Calculer les valeurs acquises au bout de 2 ans, 5 ans, 10 ans et 12 ans.

....

....

2. Ce capital est placé à intérêts composés au taux annuel de 5 %. Ce placement peut être modélisé par la fonction $g(x) = 10\,000 \times 1{,}05^x$, où x est le nombre d'années.

Calculer les valeurs acquises au bout de 2 ans, 5 ans, 10 ans et 12 ans. (Arrondir à l'unité.)

....

....

3. Représenter, dans le repère ci-dessous, les fonctions f et g.

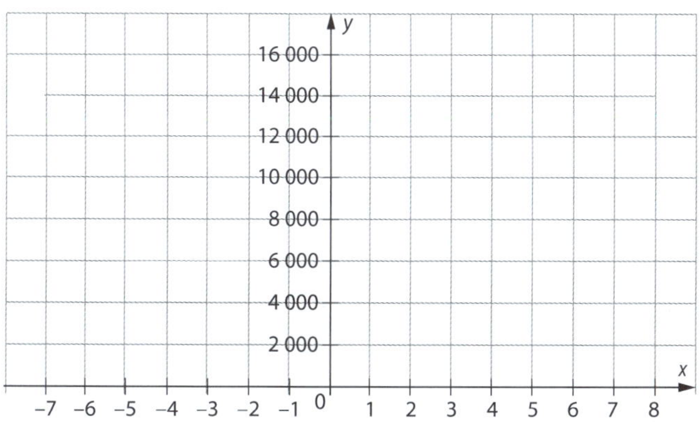

4. Déterminer graphiquement le temps de placement nécessaire pour obtenir un capital égal à 14 000 € dans les deux cas.

....

5. Retrouver ces résultats à l'aide de la calculatrice.

19 EAU Juliette possède un aquarium. Elle réalise quotidiennement des relevés de pH afin de prévenir les risques de maladies.

Pour la majorité des espèces aquatiques d'eau douce (poissons, plantes et micro-organismes), la valeur optimale du pH d'un bac d'ensemble se situe entre 6,8 et 7,5 unités. Les résultats des relevés sont donnés dans le tableau suivant.

Jour	1	2	3	4	5	6
pH	6,8	6,6	6,9	7,4	7,9	7,3
$[H_3O^+]$ (en mol/L)	.....	.....	.....	.....	.....	.....

1. Le traitement de son aquarium implique de connaître la concentration en ions oxonium H_3O^+. Cette concentration, notée $[H_3O^+]$ et exprimée en mol/L, est calculée à partir du pH par la formule suivante : $[H_3O^+] = 10^{-pH}$.

Compléter la dernière ligne du tableau ci-dessus (la concentration $[H_3O^+]$ sera donnée en écriture scientifique).

2. Calculer la concentration en H_3O^+ pour obtenir un pH égal à 7. ....

20 SANTÉ Un patient a reçu par voie intraveineuse une dose d'un médicament.

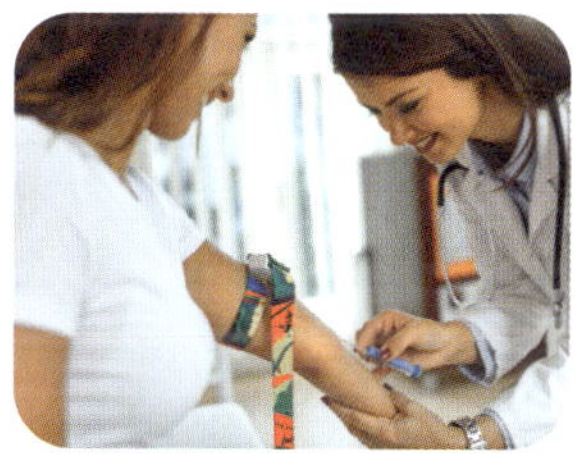

On admet que le processus d'élimination du médicament peut être modélisé par la fonction Q définie pour $t \in [0\,;15]$ par :

$$Q(t) = 8 \times 0,65^t$$

où t est le temps (en heures) et $Q(t)$ la quantité de médicament (en mg) présente dans le sang à l'instant t.

On donne ci-dessous la courbe représentative de la fonction Q.

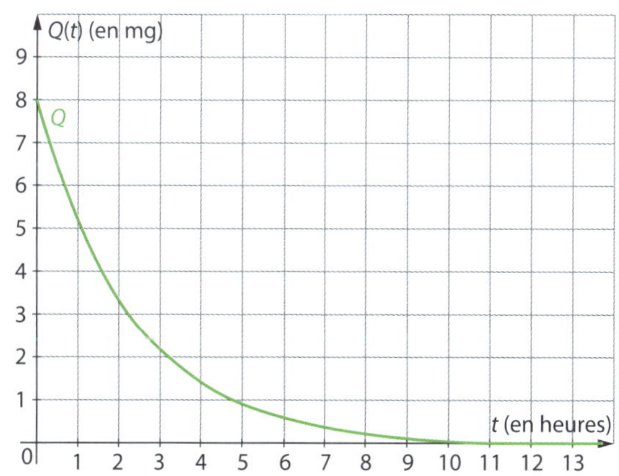

1. Indiquer par lecture graphique :

a. la quantité de médicament injectée initialement.

....

b. la quantité de médicament présente dans le sang après 3 h.

....

c. le temps au bout duquel il ne reste que 25 % de la quantité initiale de médicament dans le sang.

....

....

2. Retrouver les trois résultats précédents par le calcul.

Variations d'une fonction exponentielle de base e

Automatismes

21 La fonction f est définie par $f(x) = 2e^{2x}$ pour $x \in]-\infty ; +\infty[$. Calculer sa dérivée.

22 Une fonction f admet pour fonction dérivée $f'(x) = -3e^{5x}$.
Déterminer les variations de f pour $x \in]-\infty ; +\infty[$.

23 Dans chacun des cas suivants, déterminer la fonction dérivée de la fonction donnée.

1. $f(x) = e^{3x}$
2. $g(x) = 2e^{5x+5}$
3. $h(x) = -5e^{4x} + 2x^2 - 7$
4. $i(x) = 6e^{-3x} - 2$
5. $j(x) = -7e^{-x+8}$

24 Soit la fonction f définie sur $[-5 ; 5]$ par $f(x) = -3e^{0,5x}$.

1. Déterminer $f'(x)$ la fonction dérivée de f.
2. Montrer que pour tout $x \in [-5 ; 5]$, $f'(x) < 0$.
3. Dresser le tableau de variations de la fonction f.

x	....	....
Signe de $f'(x)$	....	
Variations de f		

4. a. Compléter le tableau de valeurs suivant en arrondissant les résultats au centième :

x	−5	−4	−3	−1	0
$f(x)$	....	....	....	....	....
x	1	3	4	5	
$f(x)$	....	....	....	....	

b. Tracer la courbe représentative de la fonction f dans le repère suivant :

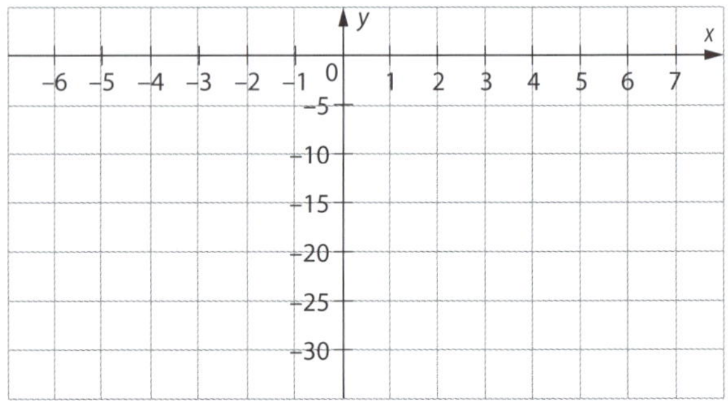

25 ÉNERGIE La température d'une plaque chauffante, lors de sa phase de refroidissement peut être modélisée par la fonction suivante :

$$\theta(t) = 200e^{-0,01t} + 20$$

$\theta(t)$ représente la température de la plaque (en °C) et t la durée de refroidissement (en secondes) avec $0 \leqslant t \leqslant 1\,000$.

1. Déterminer la température initiale de la plaque chauffante.
2. Calculer $\theta(1\,000)$. Interpréter ce résultat dans le cadre de l'exercice.
3. Déterminer la dérivée θ' de θ. En déduire les variations de la fonction θ.
4. À l'aide de la calculatrice, résoudre l'équation $\theta(t) = 100$ (arrondir à l'unité).
5. Déterminer la durée au bout de laquelle la température sera égale à 100 °C.

26 ÉNERGIE Comment évolue la température ?

On sort un thermomètre d'un congélateur à la date $x = 0$, congélateur réglé sur –10 °C. On le laisse sur une table à la température ambiante de 19 °C. La température T indiquée par le thermomètre est donnée, en fonction du temps x (en min), par la fonction exponentielle suivante :

$$T(x) = 19 - 30e^{-0,1x}$$

1. Calculer $T'(x)$.
2. En déduire le sens de variation de T et dresser son tableau de variations.
3. Recopier et compléter le tableau de valeurs suivant :

x	0	1	2	3	4	5	6	7	8
$T(x)$									

4. Tracer la courbe représentative de la fonction T dans un repère orthonormé, en prenant comme échelle 2 cm pour 1 unité.
5. Déterminer au bout de combien de temps la température aura atteint 0 °C.

27 ÉNERGIE Quand la machine aura-t-elle perdu la moitié de sa valeur ?

Le directeur d'une usine fait l'acquisition, au 1er janvier 2020, d'une machine dont le prix d'achat est de 4 millions d'euros. On estime que, compte tenu de l'usure, la machine perd chaque année 10 % de sa valeur de l'année précédente.

1. Calculer la valeur de la machine au bout de la première année.
2. Montrer que l'évolution du prix de la machine peut être modélisée par une suite géométrique dont vous préciserez les caractéristiques.
3. On note $v(x)$ la valeur, en millions d'euros, de la machine au bout de x années après son achat.

Justifier que la fonction $v(x) = 4 \times 0,9^x$ est un modèle adapté pour décrire l'évolution de la valeur de cette machine.

4. Déterminer le sens de variation de v.
5. Déterminer graphiquement l'année au cours de laquelle la machine aura perdu la moitié de sa valeur initiale.

28 ALIMENTATION Quelle sera la concentration en acide lactique ?

Pour la fabrication artisanale de yaourt, on mesure la concentration en acide lactique dans le lait. Cette concentration est exprimée en g/L et elle est modélisée en fonction du temps t (en minutes) par la fonction suivante :

$$C(t) = C_0e^{kt}$$

C_0 correspond à la concentration initiale en acide lactique, et k est une constante qui varie en fonction du ferment utilisé.

1. Au début de la fabrication, la concentration en acide lactique est de 1,8 g/L. Déterminer la valeur de C_0.
2. Au bout de 90 minutes, la concentration est égale à 4 g/L. Par la méthode de votre choix, déterminer la valeur de k. Arrondir à 10^{-5}.
3. En déduire l'expression de $C(t)$.
4. Calculer la concentration après 3 heures de fabrication.

29 SANTÉ Pourra-t-on gravir les massifs ?

L'évolution de la pression atmosphérique en fonction de l'altitude (en km) peut être modélisée par la fonction f définie sur $[0 ; +\infty[$ par :

$$f(x) = 1\,013,25e^{-0,12x}$$

f s'exprime en hecto-pascal (hPa) et x en km.

1. Calculer $f'(x)$ et déterminer les variations de la fonction f.
2. Un groupe de randonneurs souhaite faire l'ascension de plusieurs massifs montagneux. Au-dessous de 550 hPa, un individu aura du mal à survivre.

Indiquer les massifs montagneux que les randonneurs pourront gravir sans risque pour leur santé.

Massifs montagneux	Altitude (en m)
Mont Blanc	4 810
Pic de Sancy	1 886
Mont Cinto	2 710
L'Aneto	3 404

30 ÉNERGIE Quelle sera la vitesse maximale ?

Un parachutiste de 86 kg est lâché avec une vitesse initiale nulle à 4 500 mètres d'altitude. On considère la fonction g qui, à tout instant t positif (en s), associe la vitesse (en m/s) du parachutiste à cet instant. On suppose que, tant que le parachute n'est pas ouvert, la fonction g peut être définie par :

$$g(t) = 44 \times (1 - e^{-0,2t})$$

1. Étudier le signe de $44 - g(t)$ sur $[0 ; +\infty[$.
2. En déduire une vitesse, en m/s puis en km/h, que ce parachutiste ne peut pas dépasser pendant sa chute, même s'il n'ouvre pas son parachute.

31 ALIMENTATION La cuisson sera-t-elle optimale ?

Un cake qui était dans une étuve à 30 °C est placé dans un four chauffé à 180 °C pendant 35 minutes. La température du cake, exprimée en degrés Celsius, est donnée, sur l'intervalle [0 ; 35], par une fonction du temps t (en minutes) de la forme :

$$f(t) = ae^{-0,022t} + 180$$

1. Sachant que $f(0) = 30$, déterminer la valeur de a.

2. a. Justifier que $f'(t) = 3,3e^{-0,022t}$ pour tout $t \in [0 ; 35]$.

b. En déduire les variations de f sur [0 ; 35].

3. À l'aide d'une calculatrice, déterminer le temps nécessaire, en minutes, pour que la température du cake soit supérieure à 100 °C.

32 ÉNERGIE Comment varie la température ?

Une station météorologique a relevé la température sur une durée de 15 heures, de 21h00 à midi le lendemain.

À minuit il faisait 4 degrés, et la température augmente sans cesse, de 10 % par heure. L'évolution de la température peut être modélisée par la fonction f définie sur l'intervalle [−3 ; 12] par $f(x) = 4 \times 1,1^x$, où x est le temps (en h).

Partie 1

Soit la fonction h définie sur l'intervalle [−3 ; 12] par $h(x) = 1,1^x$.

1. Quelle est la nature de la fonction h ?

2. Déterminer, en justifiant, le sens de variation de la fonction h sur l'intervalle [−3 ; 12].

3. Montrer que la fonction f a le même sens de variation que h, puis en déduire le sens de variation de f.

4. Dresser le tableau de variation de la fonction f sur ce même intervalle.

Partie 2

La représentation graphique de la fonction f est la suivante.

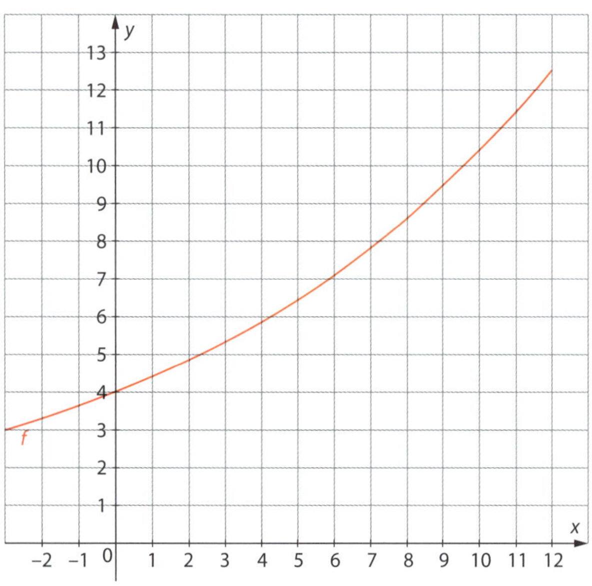

1. Par lecture graphique, déterminer la température :

a. à 21h00.

b. à 4h30.

2. Par lecture graphique, déterminer à quelle heure la température atteint :

a. 10 degrés.

b. 7 degrés.

33 SANTÉ Combien de temps faut-il pour éliminer un isotope ?

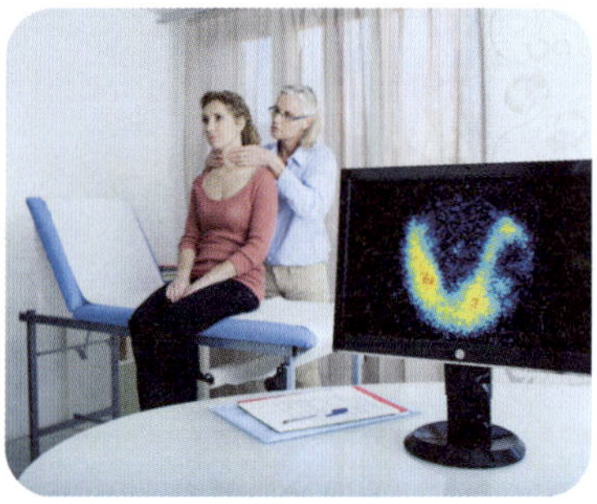

La scintigraphie est un examen qui sert à analyser les organes et leur fonctionnement. Elle est pratiquée après injection d'un produit faiblement radioactif et non toxique.

Lors d'une scintigraphie de la glande thyroïde, on injecte une dose d'iode dans le corps d'un patient. Cette dose se fixe sur la glande thyroïde de ce patient, puis se désintègre au cours du temps.

Partie 1

Le graphique ci-dessous représente le nombre de noyaux d'iode, exprimé en milliards, restant fixés sur la glande thyroïde en fonction du temps.

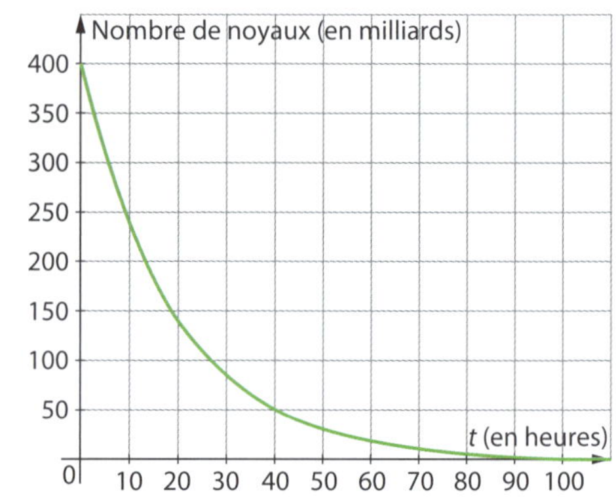

En utilisant le graphique, indiquer :

1. le nombre de noyaux injectés initialement.

2. le nombre de noyaux restant fixés sur la glande thyroïde après 100 heures.

3. le nombre minimal d'heures à attendre pour que 25 % des noyaux injectés aient été désintégrés.

Partie 2

On considère la fonction N définie sur l'intervalle [0 ; 100] par $N(t) = 400 \times 0,95^t$.

1. Calculer $N(0)$ et interpréter le résultat.

2. Calculer le nombre de noyaux restant fixés sur la glande thyroïde après un jour.

3. Résoudre l'équation $N(t) = 0$ et interpréter le résultat.

4. On considère que le produit a été éliminé de l'organisme lorsqu'il reste moins de 10 % de la quantité injectée initialement. Déterminer au bout de combien de temps on peut considérer que le produit a été éliminé de l'organisme. On exprimera cette quantité en jours et en heures.

34 BIODIVERSITÉ La nourriture sera-t-elle suffisante ?

Le nombre d'habitants d'une région ayant un fort taux de natalité est donné par la fonction $f(t) = 12e^{0,05t}$, où $f(t)$ est la population exprimée en millions d'habitants pour l'année 2020 + t.

1. À partir de quelle date la population aura-t-elle plus que triplé, sachant que $f(0) = 12$?

2. Cette région ne peut pas nourrir plus de vingt millions de personnes. Pendant combien d'années après 2020 la nourriture sera-t-elle suffisante ?

35 SANTÉ Comment prévoir l'évolution d'une colonie bactérienne ?

Lors de l'étude d'une solution antibactérienne, l'évolution du nombre n de bactéries (en millions) est donnée en fonction du temps par la relation suivante :

$$n(t) = 98 \times 0,84^t$$

où t est le temps, en heures ($t \in [0 ; 5]$).

1. Déterminer la quantité initiale de bactéries, puis la quantité au bout de 5 heures.

2. Par la méthode de votre choix, déterminer le temps au bout duquel le nombre de bactéries sera inférieur à 55 millions.

36 BIODIVERSITÉ Quelle sera la population en 2024 ?

Le 1er janvier 2021, la population d'un pays était de 54 millions d'habitants. On estime que son taux de croissance est de 4 % par an.

On note U_n le nombre d'habitants, en millions, au 1er janvier de l'année 2021 + n et on admet que (U_n) est une suite géométrique.

1. a. Donner la raison de la suite (U_n).

b. Donner l'expression du n-ième terme U_n en fonction de n.

2. a. Justifier que la fonction $f(t) = 54 \times 1,04^t$ permet d'exprimer le nombre d'habitants, en millions, en fonction de t, où t représente le temps en années (t appartenant à $[0 ; 15]$).

b. Déterminer le nombre d'habitants au 1er janvier 2023, puis au 1er juillet 2024.

DÉMARCHE SCIENTIFIQUE

37 ÉNERGIE Quand atteindra-t-on 50 % d'énergies renouvelables ?

Le recours aux énergies renouvelables est de plus en plus favorisé. En France, l'évolution de la part des énergies renouvelables est en augmentation depuis 10 ans.

À partir de quelle année atteindra-t-on 50 % d'énergies renouvelables en France, si l'évolution se poursuit ainsi ?

Doc. 1.

Modélisation de l'évolution des énergies renouvelables

$$C(t) = C_0 \times q^t$$

C_0 représente la part initiale des énergies renouvelables ;
q représente le taux d'augmentation.

Doc. 2.

Évolution des énergies renouvelables en France depuis 2012

Année	2012	2013	2014	2015	2016	2017	2018	2019	2020	2021	2022
Capacités électriques renouvelables (en Mégawatts)	29 000	33 930	39698	46 446	54 342	63 580	74 389	87 036	101 832	119 143	139 398

Thèmes abordés
- Suites géométriques
- Fonction exponentielle de base q
- Résolution d'équation du type $q^x = a$

Je m'évalue

Nom : ....
Prénom : ....
Date : ....

EAU Au bout de combien de temps le lac ne sera-t-il plus utilisable ?

Un agriculteur met en place un lac artificiel pour l'irrigation de ses cultures.
Le volume initial est de 40 000 m^3. Durant une période de sécheresse et d'irrigation, le volume d'eau du lac diminue de 15 % toutes les semaines.
On note :
- U_0 : le volume initial du lac ;
- U_1 : le volume du lac après une semaine de sécheresse ;
- U_2 : le volume du lac après 2 semaines de sécheresse.

On définit ainsi une suite (U_n).

Partie 1 – Modélisation par une suite

1. C.1.3 EXPLOITER Calculer U_1 et U_2.

....

2. C.1.3 ANALYSER Déterminer la nature de la suite (U_n) en précisant le premier terme et la raison. Justifier votre réponse.

....

....

3. C.1.3 MODÉLISER Exprimer U_n en fonction de n.

....

Partie 2 – Étude d'une fonction

On considère la fonction f définie sur [0 ; 10] par $f(x) = 40\,000 \times 0{,}85^x$.

1. C.1.3 ANALYSER Déterminer, en justifiant, le sens de variation, de la fonction f sur l'intervalle [0 ; 10].

....

2. En arrondissant les valeurs à l'unité, compléter le tableau ci-dessous.

x	0	1	2	3	4	5	6	7	8	9	10
$f(x)$	....	....	....	....	....	....	....	....	....	....	....

3. C.1.3 REPRÉSENTER Tracer la courbe représentative de la fonction f dans le repère ci-contre.

4. C.1.3 ARGUMENTER L'agriculteur estime que si le volume du lac est inférieur à 15 000 m^3, il ne pourra plus l'utiliser. Déterminer graphiquement au bout de combien de semaines son lac ne sera plus utilisable, si les conditions de sécheresse se poursuivent.

....

5. C.1.3 EXPLOITER Retrouver ce résultat par le calcul.

....

....

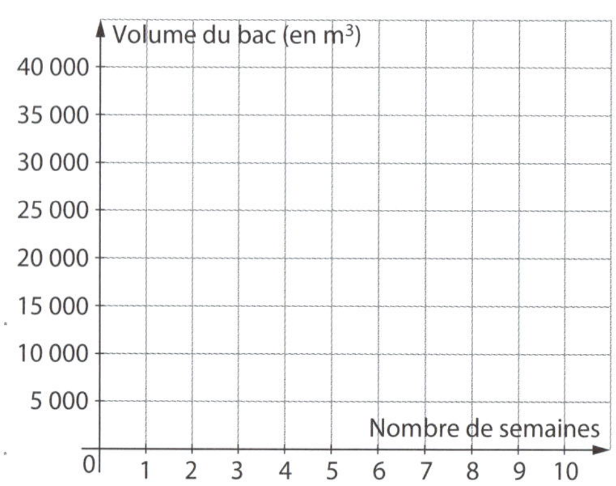

CHAPITRE 9

Les fonctions logarithmes

Je vais être capable de

- Étudier les fonctions logarithme décimal et népérien
- Connaître les propriétés opératoires des fonctions logarithmes
- Résoudre $\log(x) = a$; $\log(x) \geqslant a$ ou $\log(x) \leqslant a$
- Calculer la fonction dérivée, dresser un tableau de variations pour les fonctions du type $x \mapsto a\ln(x) + b$

Je démarre

Vidéo
Je regarde la vidéo
www.lienmini.fr/7868-0901

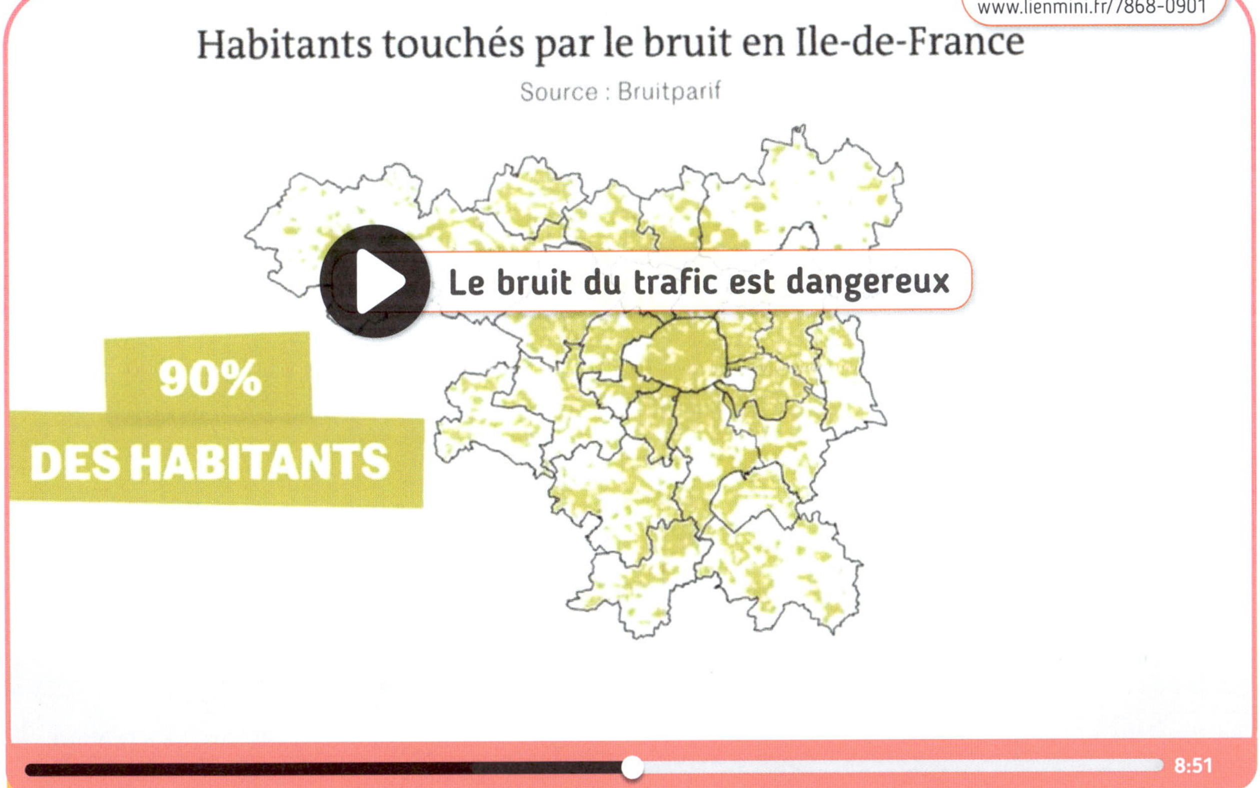

L'exposition au bruit peut entraîner de gros problèmes de santé. Pour mesurer le bruit, on utilise une échelle allant de 0 à 130 décibels. Le bruit devient pénible à partir de 65 décibels.

1 Citer quelques sources de pollution sonore domestique, urbaine, rurale ou maritime.

....

2 Indiquer les conséquences de la pollution sonore. Donner des outils pour limiter cette pollution.

....

....

Je me rappelle

QCM
Je me rappelle
www.lienmini.fr/7868-0902
Note ton score du QCM en ligne .... /10

Questions flash

Cocher la bonne réponse parmi les trois proposées.

1 $10^2 \times 10^3$ est égal à :

a. ☐ 10^6
b. ☐ 10^5
c. ☐ 100^5

2 $\frac{10^3}{10^2}$ est égal à :

a. ☐ 10^5
b. ☐ 1
c. ☐ 10

3 $10^{-2} \times 10^3$ est égal à :

a. ☐ 10
b. ☐ 10^{-5}
c. ☐ 100^{-6}

4 Si $e^{x-2} = 1$ alors x est égal à :

a. ☐ 10
b. ☐ 2
c. ☐ 1

5 Voici la représentation graphique d'une fonction f.

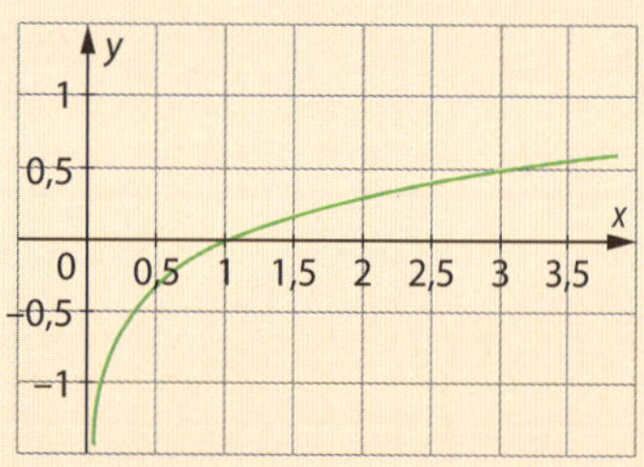

Si $x > 1$, alors $f(x)$ est :

a. ☐ décroissante.
b. ☐ négative.
c. ☐ positive.

6 $\frac{3^2 \times 5}{9 \times 5^{-1}}$ est égal à :

a. ☐ $\frac{3}{5}$
b. ☐ 1
c. ☐ 25

7 Soit a un réel. $(e^a)^n$ est égal à :

a. ☐ e^{na}
b. ☐ e^{a+n}
c. ☐ ne^a

8 Soit a et b deux réels. $e^a \times e^b$ est égal à :

a. ☐ e^{a+b}
b. ☐ e^{ab}
c. ☐ $2e^{ab}$

9 $(e^{1-2x})'$ est égal à :

a. ☐ e^{1-2x}
b. ☐ $-2xe^{1-2x}$
c. ☐ $-2e^{1-2x}$

10 Si $e^x = 1$ alors :

a. ☐ $x = e$
b. ☐ $x = 1$
c. ☐ $x = 0$

11 On donne ci-dessous la représentation graphique de la fonction f.
$f(2 \times 3)$ est égal à :

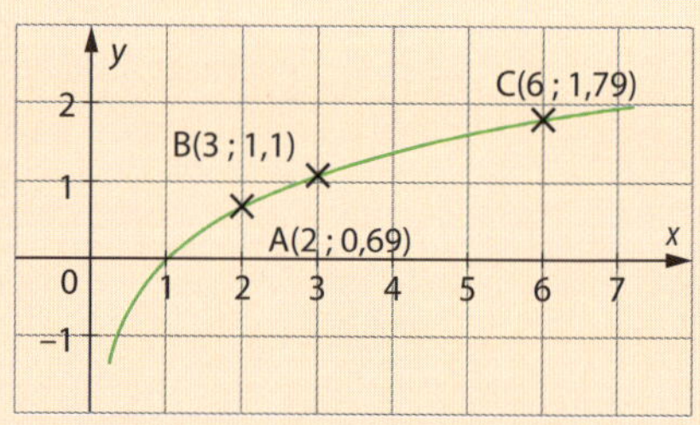

a. ☐ 6
b. ☐ $f(2) + f(3)$
c. ☐ $f(2) \times f(3)$

ACTIVITÉ 1

BIODIVERSITÉ

Découvrir la fonction logarithme décimal

Comment utiliser un indicateur de biodiversité ?

Un écologue étudie la faune d'un territoire donné et mesure la présence d'une espèce particulière.

Dans le cadre de son suivi, il segmente le territoire en zones et, au bout de cinq ans, il attribue à chaque zone une note $N(p)$ allant de 1 à 10, en fonction de la proportion p de l'espèce présente dans la zone.

La proportion p peut varier de 0 (espèce disparue) à 1 (espèce intacte), et il attribue les notes $N(0) = 1$ et $N(1) = 10$.

La fonction qui modélise la note attribuée est $N(p) = 10^p$.

1 Remplir le tableau ci-dessous à l'aide de la calculatrice. Arrondir à 10^{-1} près.

p	0	0,1	0,2	0,3	0,4	0,5	0,6	0,7	0,8	0,9	1
$N(p)$	....	....	....	....	....	....	....	....	....	....	....

2 Donner la note de la zone où il reste la moitié de l'espèce.

....

3 Donner la note de la zone où 30 % de l'espèce a disparu.

....

4 L'écologue écrit un rapport dans lequel il mentionne « la note de la zone 4 est 2 et la note de la zone 8 est 7,9 ». Pour connaître la proportion p d'espèce restante correspondant à ces notes, il précise qu'il faut calculer le logarithme décimal de la note.
Remplir le tableau suivant à l'aide de la calculatrice (arrondir à 10^{-1} près).

> Pour calculer le logarithme décimal d'un nombre, on utilise la touche log de la calculatrice.

p	0	0,1	0,2	0,3	0,4	0,5	0,6	0,7	0,8	0,9	1
$N(p)$	1	1,3	1,6	2	2,5	3,2	4	5	6,3	7,9	10
$\log(N(p))$	....	....	....	....	....	....	....	....	....	....	....

5 Interpréter ce tableau en précisant le lien existant entre p et $\log(N(p))$.

....

....

> Deux fonctions sont dites réciproques l'une de l'autre, lorsque l'une annule la transformation faite par l'autre.
> Par exemple, on a : $\sqrt{9} = 3$ et $3^2 = 9$ car la fonction carré et la fonction racine carrée sont réciproques pour les valeurs positives.

6 D'après le tableau de la question **4.**, on a : $\log(1) = 0$ et $\log(10) = 1$.
Conjecturer les valeurs de $\log(100)$, $\log(1\,000)$ et $\log(1\,000\,000)$.

....

La fonction **logarithme décimal**, notée log, est définie sur $]0\,;+\infty[$ grâce à la relation : $\log(10^x) = x$.
On dit que $\log(x)$ et 10^x sont deux fonctions **réciproques.** On a aussi : $10^{\log(x)} = x$.
Deux valeurs sont à retenir : $\log(1) = 0$ et $\log(10) = 1$.

ACTIVITÉ 2

ALIMENTATION

Utiliser et étudier la fonction logarithme décimal

Comment calculer l'acidité d'un aliment à l'aide du pH ?

Les aliments peuvent être classés en fonction de leur acidité : cette acidité est mesurée par le pH (Potentiel Hydrogène). Le pH d'un aliment est une valeur comprise entre 0 et 14. L'aliment est :

- neutre si son pH = 7 ;
- acide si son pH < 7 ;
- alcalin (ou basique) si son pH > 7.

Le pH est donné par la formule : $pH = -\log[H_3O^+]$, où $[H_3O^+]$ est la concentration en ions oxonium (en mol/L) dans l'aliment.

1 Le tableau ci-dessous donne la concentration en ions oxonium de différents aliments. À l'aide de la touche Log de la calculatrice, compléter la troisième colonne pour déterminer le pH des aliments. Arrondir à 10^{-1} près.

Aliment	$[H_3O^+]$	$pH = -\log[H_3O^+]$	$\log\left(\frac{1}{[H_3O^+]}\right)$
Blanc d'œuf	0,000 000 01	....	....
Camembert	0,000 000 03	....	....
Thé	0,000 000 06	....	....
Banane	0,000 031 62	....	....
Ketchup	0,000 158 49	....	....
Pomme golden	0,000 251 19	....	....
Fraise	0,001 000 00	....	....
Citron vert	0,003 981 07	....	....
Soda au cola	0,005 011 87	....	....
Lait de vache	0,000 000 32	....	....
Jaune d'œuf	0,000 000 79	....	....
Pastèque	0,000 003 16	....	....
Eau	0,000 000 10	....	....

2 Indiquer quel est l'aliment neutre parmi ces aliments. ....

3 Citer les trois aliments les plus acides. ....

4 Donner les trois aliments les plus alcalins. ....

5 Comparer l'acidité de la pastèque et de la fraise. ....

6 Calculer $\log\frac{1}{[H_3O^+]}$, pour chaque aliment dans la dernière colonne du tableau.

7 Conjecturer une formule reliant $\log[H_3O^+]$ et $\log\left(\frac{1}{[H_3O^+]}\right)$. ....

La fonction logarithme décimal permet de transformer des nombres dont l'écriture décimale est complexe en valeurs plus faciles à utiliser. On retient la propriété : $\log\left(\frac{1}{x}\right) = -\log(x)$.

ACTIVITÉ 3

SANTÉ

Découvrir une propriété de la fonction logarithme décimal

Comment calculer l'intensité acoustique et le niveau sonore ?

Pour mesurer les effets d'un son sur la santé, on utilise deux grandeurs :
- l'intensité sonore I, mesurée en watts par mètre carré (W/m^2) ;
- le niveau d'intensité sonore L, mesuré en décibels (dB).

Ces deux grandeurs sont liées par les relations :

$$L(I) = 20 + 10 \times \log(I) \quad \text{et} \quad I(L) = 10^{-2} \times 10^{\frac{L}{10}}$$

Passer une journée de 8 heures près d'une source sonore de niveau d'intensité 80 dB peut nuire au système auditif. De même, une exposition très courte à une source sonore de plus de 130 dB est dangereuse pour la santé.

1 À titre d'exemple, voici quelques valeurs du niveau d'intensité L. Compléter la dernière colonne du tableau en calculant l'intensité I de chaque source sonore.

	Niveau sonore L (en dB)	Intensité sonore I (en W/m^2)
Avion au décollage	130	
Coup de tonnerre	120	
Train à proximité	110	
Chantier en activité	100	
Circulation intense	90	
Classe bavarde	80	
Appartement normal	50	
Calme à la campagne	40	
Extérieur silencieux	20	
Seuil d'audibilité	0	

2 Indiquer les conséquences d'un bavardage excessif régulier.

3 Calculer, à l'aide de la touche Log de la calculatrice, la valeur $10 \times \log(1\,000) + 20$, puis indiquer à quelle situation du tableau correspond ce calcul.

4 Donner l'intensité sonore de 10 trains, puis indiquer le niveau sonore correspondant.

5 Indiquer de combien augmente le niveau sonore lorsqu'on multiplie l'intensité sonore par 10.

6 **a.** À l'aide de la calculatrice, comparer les valeurs $A = 10 \times \log(1\,000 \times 1\,000\,000)$ et $B = 10 \times \log(1\,000) + 10 \times \log(1\,000\,000)$.

b. Expliquer pourquoi $L(1\,000 \times 1\,000\,000) = L(1\,000) + L(1\,000\,000) - 20$.

Pour transformer des « grandes » multiplications en « petites » additions, on utilise souvent la formule à retenir : **$\log(ab) = \log(a) + \log(b)$**, où a et b sont des nombres strictement positifs.

ACTIVITÉ 4

ÉNERGIE

Découvrir la fonction logarithme népérien

Comment étudier l'évolution de la température d'un liquide ?

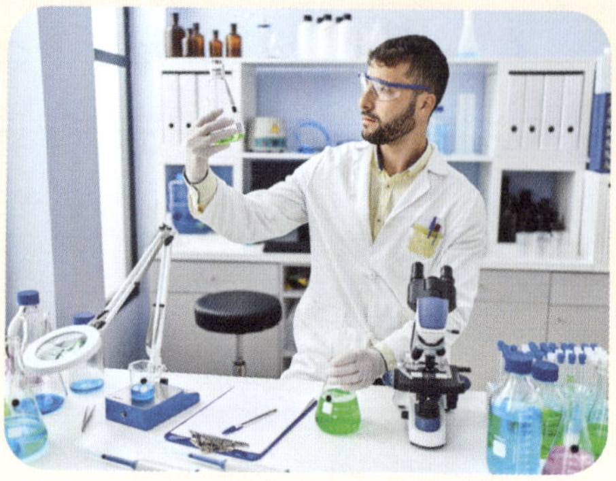

Pour avoir un suivi de l'évolution de la température d'un liquide dans un laboratoire, on ouvre un circuit de réchauffement. Au repos, le liquide est à 1 degré et au bout de 3 minutes de mise en marche du circuit, sa température dépasse 3 degrés.
On modélise ce processus de réchauffement par la fonction $f(x) = e^x$, où x est le temps, en minutes, depuis la mise en marche du circuit et f est la température du liquide, en degrés.

1 Remplir le tableau suivant en utilisant la touche e^x de la calculatrice.

x : Temps (en min)	0	0,5	1	2	2,5	3
e^x : Température (en °C)	....	....	....	....	....	....

2 Donner la température du liquide au bout de 2 minutes de mise en marche du circuit.

....

3 Calculer ln(7,39), en utilisant la touche ln de la calculatrice. Arrondir à l'unité. ....

4 Interpréter la valeur trouvée à partir du tableau de la question **1**.

....

5 Remplir le tableau suivant en utilisant la touche ln de la calculatrice.

x	0	0,5	1	2	2,5	3
e^x	1	1,65	2,72	7,39	12,2	20,1
$\ln(e^x)$	....	....	....	....	....	....

6 À partir de ce tableau, conjecturer une relation entre x et $\ln(x)$.

....

La fonction logarithme népérien, notée ln, est définie sur $]0\,;+\infty[$ par $f(x) = \ln(x)$. C'est la fonction réciproque de la fonction exponentielle.

7 Le graphique ci-contre présente les courbes représentatives de la fonction logarithme népérien et de la fonction exponentielle. Indiquer ce que représente chacune d'elles dans le cadre de la problématique.

....

....

....

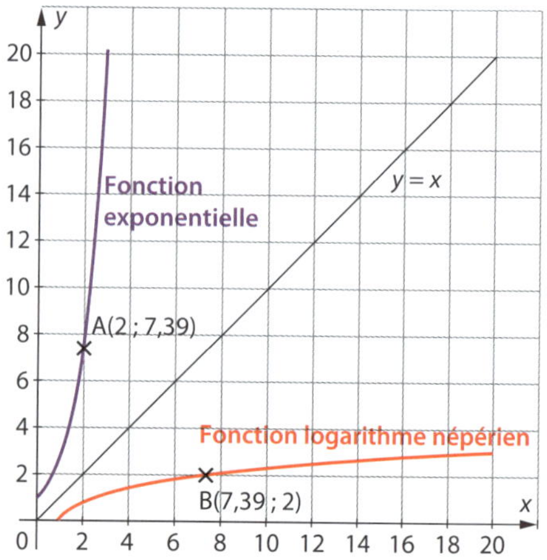

8 Expliciter le lien qui existe entre ces deux courbes et la droite d'équation $y = x$.

....

....

....

La fonction **logarithme népérien** est définie sur $]0\,;+\infty[$ comme la fonction réciproque de la fonction exponentielle. On a : $\ln(e^x) = x$ (avec x un nombre réel) et $e^{\ln(x)} = x$ (avec x strictement positif).

Je retiens l'essentiel

Fonction logarithme népérien

- La fonction **logarithme népérien** est définie sur $]0\,;+\infty[$ par $f(x) = \ln(x)$.
- Pour x positif, $y = \ln(x)$ équivaut à $x = e^y$. (Rappel : $e \approx 2{,}718$.)
- Sa **représentation graphique** est tracée en rouge dans le graphique ci-dessous.

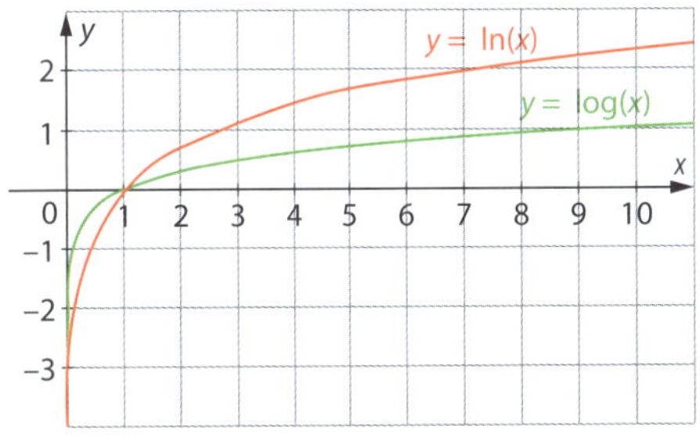

- La fonction logarithme népérien est **strictement croissante** sur $]0\,;+\infty[$. Autrement dit $a > b$ équivaut à $\ln(a) > \ln(b)$.
- La **fonction dérivée** de ln est $\ln'(x) = \dfrac{1}{x}$.
- **Valeurs particulières** : $\ln(1) = 0$; $\ln(e) = 1$.
- **Règles de calcul**

$\ln(a \times b) = \ln(a) + \ln(b)$; $\ln\left(\dfrac{a}{b}\right) = \ln(x) - \ln(b)$;

$\ln\left(\dfrac{1}{a}\right) = -\ln(a)$; $\ln(a^n) = n\ln(a)$

Exemples : $\ln(15) = \ln(3 \times 5) = \ln(3) + \ln(5)$; $\ln\left(\dfrac{3}{7}\right) = \ln(3) - \ln(7)$;

$\ln\left(\dfrac{1}{5}\right) = -\ln(5)$; $\ln(8) = \ln(2^3) = 3\ln(2)$

Fonction logarithme décimal

- La fonction **logarithme décimal** est définie sur $]0\,;+\infty[$ par $f(x) = \log(x)$.
- Sa **représentation graphique** est tracée en vert dans le graphique précédent.
- La fonction logarithme décimal est **strictement croissante** sur $]0\,;+\infty[$.
- La fonction logarithme décimal est la fonction réciproque de la fonction $g(x) = 10^x$.

Donc $y = \log(x)$ équivaut à : $x = 10^y$.

- La **fonction dérivée** de log est $\log'(x) = \dfrac{1}{x\ln(10)}$.
- **Valeurs particulières** : $\log(1) = 0$; $\log(10) = 1$; $\log(100) = 2$.
- **Règles de calcul** (analogues à celle du logarithme népérien) :

$\log(a \times b) = \log(a) + \log(b)$; $\log\left(\dfrac{a}{b}\right) = \log(a) - \log(b)$; $\log\left(\dfrac{1}{a}\right) = -\log(a)$; $\log(a^n) = n\log(a)$

- **Lien entre logarithme décimal et népérien** : $\log(x) = \dfrac{\ln(x)}{\ln(10)} \approx \dfrac{\ln(x)}{2{,}3026}$.

Fonction logarithme décimal et résolution d'équations et d'inéquations

- $q^x = a$ équivaut à $x = \dfrac{\log(a)}{\log(q)}$.
- $q^x > a$ équivaut à $x > \dfrac{\log(a)}{\log(q)}$ si $q > 1$.
- $q^x > a$ équivaut à $x < \dfrac{\log(a)}{\log(q)}$ si $q < 1$.

Exemple : Le 1er janvier 2023, Louanne a 8 lapins, ce nombre double chaque mois. Au bout de combien de mois le nombre de lapins dépasse-t-il 2 000 ?

$8 \times 2^n = 2\,000$ équivaut à $2^n = 250$.	← Mettre la situation en équation : $q^n = a$
Donc $\log(2^n) = \log(250)$.	← Appliquer le logarithme aux deux termes de l'équation
Ou encore : $n \times \log(2) = \log(250)$.	← Appliquer la propriété : $\log(q^n) = n\log(q)$
Donc $n = \dfrac{\log((250)}{\log((2)} \approx 7{,}96$,	← En déduire que : $n = \dfrac{\log(q)}{\log(a)}$
soit 8 mois après le 1er janvier.	

J'apprends à résoudre

1 Utiliser les propriétés de la fonction logarithme décimal

Énoncé Écrire $\log\left(\frac{72}{6}\right)$ en fonction de $\log(2)$ et $\log(3)$.

Solution

1. $72 = 8 \times 9 = 2^3 \times 3^2$ et $6 = 2 \times 3$
2. • $\log\left(\frac{72}{6}\right) = \log(72) - \log(6)$
   • $\log\left(\frac{72}{6}\right) = \log(2^3 \times 3^2) - \log(2 \times 3)$
   $= \log(2^3) + \log(3^2) - \log(2) - \log(3)$
   $= 3\log(2) + 2\log(3) - \log(2) - \log(3)$
   $= 2\log(2) + \log(3)$

Point méthode

1. Écrire 72 et 6 sous forme de produit de facteurs 2 et 3
2. • Utiliser les règles de calculs :
   $\log\left(\frac{a}{b}\right)$ et $\log(a \times b)$ puis $\log(a^n)$.
   • Simplifier

Remarque : La méthode serait tout à fait analogue avec la fonction ln.

Voir exercices 2 à 5 p. 161

2 Résoudre une inéquation du type $a^x < q$

Énoncé Résoudre l'inéquation $10^x < 221$.

Solution

1. $10^x < 221$
   Donc $\log(10^x) < \log(221)$ car log est croissante.
2. $x\log(10) < \log(221)$
3. $x < \frac{\log(221)}{\log(10)}$, soit $x < 2{,}35$.

Point méthode

1. Appliquer le logarithme aux deux membres de l'équation
2. Appliquer la propriété : $\log(10^x) = x\log(10)$
3. Utiliser la relation : $x = \frac{\log(q)}{\log(10)}$

Voir exercices 16 p.162 et 20 p. 163

3 Étudier les variations d'une fonction logarithmique

Énoncé Étudier les variations de la fonction définie sur [1 ; 4] par $f(x) = 2\ln(x) - 5$.

Solution

1. $f'(x) = \frac{2}{x}$
2. Si $x > 1$ alors $f'(x) > 0$. Donc $f'(x)$ est positif sur [1 ; 4].
3. Tableau de variations de f

x	1	4
Signe de $f'(x)$	+	
Variations de f	−5 ↗	−2,23

Point méthode

1. Calculer $f'(x)$
2. Étudier le signe de $f'(x)$
3. • Dresser un tableau de variations de f
   • Marquer les valeurs de $f(x)$ dans la dernière ligne

Voir exercices 29 et 30 p. 164

Je m'entraîne

QCM en ligne
www.lienmini.fr/7868-0903

Je teste mes acquis

1 La bonne proposition est :

a. ☐ $\log(0) = 1$
b. ☐ $\log(10) = 1$
c. ☐ $\log(e) = 1$

2 La bonne proposition est :

a. ☐ $\ln(10) = 1$
b. ☐ $\ln(e) = 0$
c. ☐ $\ln(e) = 1$

3 Sachant que $\log(x) = 3$, alors :

a. ☐ $x = 1\,000$
b. ☐ $x = 3$
a. ☐ $x = 2{,}718$

4 $\log(50)$ est égal à :

a. ☐ $\log(5) + 5\log(2)$
b. ☐ $\log(2) + 2\log(5)$
c. ☐ $10\log(5)$

5 $\ln\left(\frac{1}{16}\right)$ est égal à :

a. ☐ $2\ln(2)$
b. ☐ $8\ln(2)$
c. ☐ $-4\ln(2)$

6 La fonction dérivée de la fonction f définie par $f(x) = 3 - 4\ln(x)$ est :

a. ☐ $f'(x) = \frac{-4}{x}$
b. ☐ $f'(x) = 3 - x$
c. ☐ $f'(x) = -4$

7 La solution de l'équation $\ln(x) = 0$ est :

a. ☐ $x = 0$
b. ☐ $x = 1$
c. ☐ $x = 10$

8 La fonction log est :

a. ☐ croissante sur $[0\,;+\infty[$.
b. ☐ décroissante sur $]0\,;+\infty[$.
c. ☐ croissante sur $]0\,;+\infty[$.

9 Les courbes des fonctions log et ln sont tracées ci-dessous.

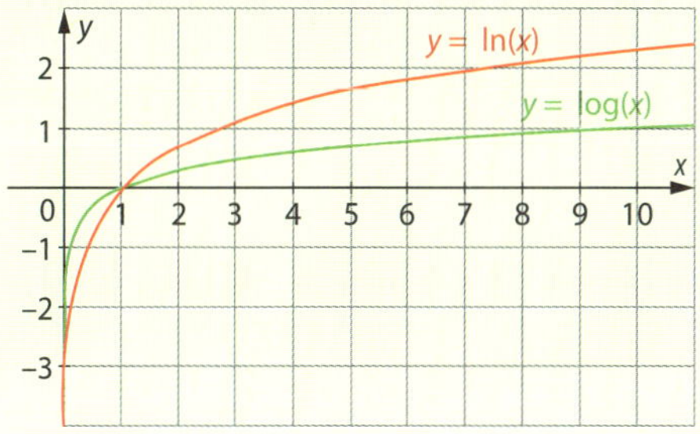

On peut en déduire que :

a. ☐ si $x > 1$ alors $\ln(x) > \log(x)$.
b. ☐ $\ln(x) > \log(x)$
c. ☐ $\ln(x) < \log(x)$

10 Si $\ln(2x - 1) > 0$ alors :

a. ☐ $x > 0$
b. ☐ $x < 1$
c. ☐ $x > 1$

Règles de calcul des fonctions log et ln

Automatismes

1 Calculer $\log(10)$ et $\ln(e)$; $\log(1)$ et $\ln(1)$.

....

....

2 Exprimer en fonction de $\ln(2)$:

$\ln\left(\frac{1}{2}\right)$; $\ln(4)$ et $\ln(8)$.

....

....

....

3 Simplifier $\log(500) + \log\left(\frac{1}{5}\right)$.

....

....

....

4 Calculer $\log(5) + \log(2)$.

....

5 Calculer $2\log(5) + \log(6) + \log(2) - \log(3)$.

....

....

....

Je m'entraîne

6 Calculer $\log(0,001)+4$.

....

....

....

7 Écrire $4+\log(0,00027)$ en fonction de $\log(3)$.

....

....

....

....

....

8 Remplir le tableau suivant :

x	0,1	0,01	0,001	....	0,00001
$\log(x)$	....	....	....	–4	....

9 Remplir le tableau suivant :

x	10	100	1 000	....	100 000
$\log(x)$	....	....	....	4	....

10 **1.** Exprimer les nombres suivants en fonction de $\ln(2)$:

$A=\ln(16)$; $B=\ln\left(\frac{1}{8}\right)$

....

....

....

2. Exprimer les nombres suivants en fonction de $\ln 2$ et $\ln 3$:

$A=\ln(24)$, $B=\ln\left(\frac{9}{8}\right)$

....

....

....

3. Écrire $\ln(9)+2\ln(3)-\ln(27)$ à l'aide d'un seul logarithme.

....

....

11 Remplir le tableau suivant (arrondir à 10^{-1} près) :

a	b	$a\times b$	$\ln(a\times b)$	$\ln(a)+\ln(b)$
2	5	....	....	....

12 Remplir le tableau suivant (arrondir à 10^{-1} près) :

a	b	$\frac{a}{b}$	$\ln\left(\frac{a}{b}\right)$	$\ln(a)-\ln(b)$
2	5	....	....	....

Résolution d'équations et inéquations

Automatismes

13 Résoudre les équations suivantes :

1. $\log(x)=-1$

....

2. $\log(x)=2$

....

14 Résoudre les équations suivantes :

1. $\ln(x)=0$

....

2. $\ln(x-3)=0$

....

15 Résoudre les équations suivantes :

1. $\log(x)=3,5$ (donner le résultat au centième)

....

2. $\ln(5x-3)=0$

....

3. $2\log(x)-4=0$

....

16 Résoudre les inéquations suivantes :

1. $\log(x)>1$

....

2. $3\log(x)-6<0$

....

....

3. $\ln(x)<1$

....

4. $\ln(7x+15)>0$

....

17 Résoudre les équations suivantes :

1. $e^{(5x-3)}=1$

....

....

2. $e^{5x}=3$

....

....

3. $2e^{x}-4=0$

....

....

18 Résoudre les inéquations suivantes :

1. $\log(x) > \log(5)$

......

2. $\log(2x+1) > \log(5x)$

......

3. $\log(2x+1) > \log(x+1)$

......

19 Résoudre les inéquations suivantes, où n est un nombre entier.

1. $1{,}5^n > 5$ en utilisant la fonction log.

......

2. $1{,}5^n > 5$ en utilisant la fonction ln.

......

3. $0{,}95^n < 0{,}25$ en utilisant la fonction log.

......

20 Résoudre les équations suivantes, où n est un nombre entier.

1. $175 \times (1{,}5)^n > 1\,400$

......

2. $175 \times 0{,}8^n < 25$

......

21 (u_n) est une suite géométrique de premier terme $u_0 = 1$ et de raison $q = 2$.

1. Justifier que $u_n = 2^n$.

......

2. Trouver le rang du premier terme supérieur à 2 050.

......

22 Le graphique ci-dessous présente la courbe représentative de la fonction f définie par :

$$f(x) = \log(10x) + 1$$

Résoudre graphiquement les équations et inéquations suivantes :

1. $\log(10x) + 1 = 2$

......

2. $\log(10x) + 1 < 3$

......

Dérivée et fonctions log et ln

Automatismes

23 Calculer la fonction dérivée de la fonction donnée.

1. $f(x) = \dfrac{2\log(x)}{5}$ ......

2. $g(x) = 5 - \dfrac{3}{2}\ln(x)$ ......

24 Calculer la fonction dérivée de la fonction donnée.

1. $f(x) = 1 - \ln(10)\log(x)$

......

2. $g(x) = 1 - 3\ln(x)$

......

3. $h(x) = 3{,}5\ln(x) - 6$

....

4. $k(x) = \dfrac{2\ln(x)}{3} + 4$

....

....

25 Calculer les fonctions dérivées des fonctions suivantes, définies sur [1 ; 4].

Fonction f	$-10\ln(x)$	$-4+2{,}9\ln(x)$	$\dfrac{5}{3}\ln(x)+9$
Fonction dérivée f'	....	....	....

Variations d'une fonction logarithme

Automatismes

26 Justifier que les fonctions logarithme décimal et logarithme népérien sont strictement croissantes sur $]0\,;+\infty[$.

....

....

....

....

....

....

....

....

27 Les courbes représentatives de deux fonctions f et g sont représentées dans le graphique ci-dessous, sur l'intervalle [0,1 ; 10].

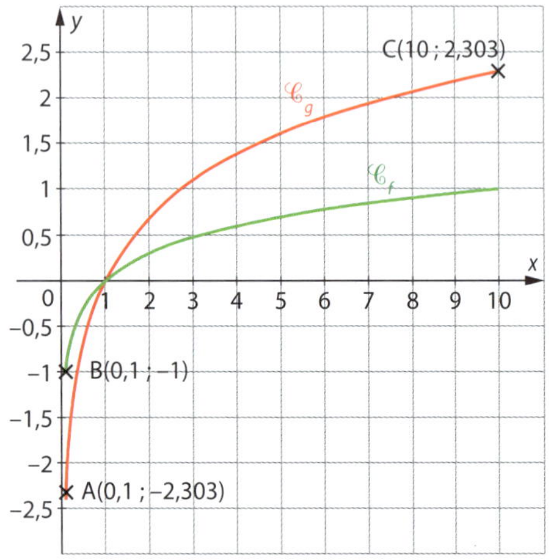

1. Compléter les tableaux de variations des fonctions f et g.

x	0,1 10
Variations de f	

x	....
Variations de g	

2. L'une de ces deux fonctions est la fonction logarithme décimal, l'autre le logarithme népérien. Attribuer à chaque courbe sa fonction.

....

....

28 La fonction f est définie sur [0,1 ; 10] par $f(x) = \ln(x)$.

1. Calculer la fonction dérivée f'.

....

2. Déterminer une équation de la tangente à la courbe de f au point d'abscisse 1.

....

....

....

29 La fonction g est définie sur [0,1 ; 10] par :

$$g(x) = 3 - 2\ln(x)$$

1. Calculer la fonction dérivée g'.

....

2. Étudier le signe de $g'(x)$.

....

3. Dresser le tableau de variations de g.

x	....
Signe de $g'(x)$	....
Variations de g	

30 La fonction f est définie sur [0,1 ; 5] par :

$$f(x) = -7\ln(x) + 5$$

1. Calculer la fonction dérivée f'. ....

2. Étudier le signe de $f'(x)$.

....

3. Dresser le tableau de variations de f.

x	....
Signe de $f'(x)$	....
Variations de f	

31 La fonction f est définie sur [0,1 ; e] par :

$$f(x) = 5{,}6\ln(x) + 4$$

1. Calculer la fonction dérivée f'.

2. Étudier le signe de $f'(x)$.

3. Dresser le tableau de variations de f.

x		
Signe de $f'(x)$		
Variations de f		

32 La fonction f est définie sur [1 ; e] par $f(x) = \dfrac{2}{7}\ln(x)$.

1. Calculer la fonction dérivée f'.

2. Étudier le signe de $f'(x)$.

3. Dresser le tableau de variations de f.

x		
Signe de $f'(x)$		
Variations de f		

33 Algorithmique et programmation

La date du décès d'un être vivant peut être déterminée grâce à la fonction :

$$A(p) = -8\,310\ln(p)$$

où p est la proportion de carbone 14 que contient encore le corps (avec $0 < p < 1$), et $A(p)$ est le nombre d'années écoulées depuis le décès.

On donne le programme Python suivant et le résultat obtenu.

PYTHON

Voir la fiche 3, p. 239

```python
from math import *
def age(p):
  age=float(-8130*log(p))
  return age
print("Âge de momie 1", age(0.9))
print("Âge de momie 2", age(0.8))
```

```
Âge de momie 1 856.5809922981276
Âge de momie 2 1814.1570721845248
```

1. Expliquer les résultats de ce programme.

2. Donner le pourcentage de carbone 14 que contient la momie 1.

3. Donner le pourcentage de carbone 14 que contient la momie 2.

4. La momie Ötzi, découverte dans les Alpes en 1991, a perdue 46,7 % de son carbone 14. Modifier le programme pour estimer son âge.

Fichier à télécharger
www.lienmini.fr/7868-0904

5. La momie de Toutankhamon contient encore 66,6 % de son carbone 14. Estimer son âge.

6. On estime que l'âge de Lucy, la plus ancienne hominidé connue, est de 3,5 millions d'années. À votre avis, peut-on raisonnablement penser que cet âge a été déterminé grâce à la proportion de carbone 14 ? On pourra répondre en utilisant un programme adapté et en procédant par tâtonnement.

34 La fonction f est définie sur [0,5 ; 4] par $f(x) = 3 - 4\ln(x)$.

1. Justifier que f est décroissante sur [0,5 ; 4].

2. Remplir le tableau suivant à l'aide de la calculatrice.

x	0,5	1	2	e	3,5	4
$f(x)$						

3. Déterminer une équation de la tangente à la courbe de f au point d'abscisse 1.

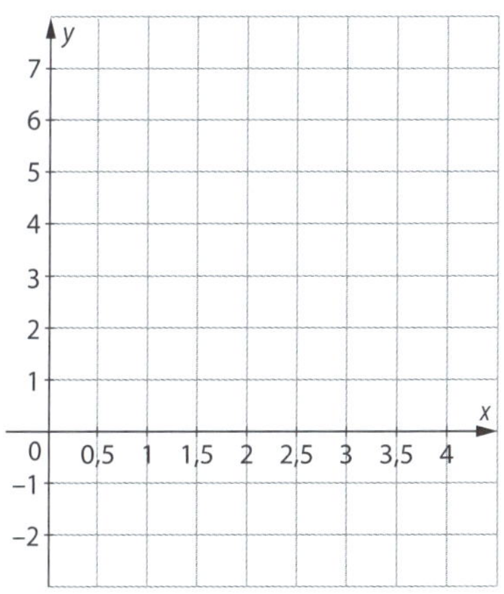

4. Tracer la courbe représentative de f à la calculatrice, puis sur le repère ci-contre sans utiliser la règle.

5. Tracer à la règle, sur le même graphique, la tangente de la question **3.**.

Je résous des problèmes

35 SANTÉ Quand le nombre de contaminés dépassera-t-il un certain seuil ?

Des scientifiques étudient le développement d'une maladie contagieuse. On considère que trois personnes étaient infectées au départ (semaine $n = 0$) et que ce nombre est multiplié chaque semaine par le taux de viralité q.

On note v_n le nombre de personnes infectées la semaine n.

1. Déterminer v_0.

2. Vérifier que (v_n) est une suite géométrique de raison q et exprimer v_n en fonction de n.

3. On suppose que $q = 1$. Donner le nombre de contaminés la semaine 12.

4. On suppose que $q = 1{,}55$. Au bout de combien de temps le nombre de contaminés dépassera-t-il 2 000 ?

5. On suppose que $q = 0{,}9$. Au bout de combien de temps le nombre de contaminés deviendra-t-il inférieur à 2 ?

6. Interpréter le développement de la maladie en fonction du taux de viralité q.

36 BIODIVERSITÉ Quelle échelle pour mesurer la force du vent ?

Les vents, lorsqu'ils dépassent une vitesse de 95 km/h, peuvent causer d'énormes dégâts, notamment dans les forêts, et menacent alors la biodiversité.

L'échelle de Beaufort, qui mesure la force du vent, comporte 13 degrés (de 0 à 12). Le degré Beaufort b et la vitesse moyenne du vent v (en km/h) sont liés par la relation :

$$9b^3 = v^2$$

1. Calculer le degré Beaufort, arrondi à l'unité, pour une vitesse du vent $v = 70$ km/h.

2. Calculer la vitesse du vent v, en km/h, correspondant à un vent de degré 9 sur l'échelle de Beaufort.

3. Démontrer que $\log(v) = 1{,}5\log(b) + 0{,}477$.

4. Déterminer le type de fonction qu'on obtient si on pose $x = \log(b)$ et $y = \log(v)$.

5. Justifier que $v = 10^{1{,}5\log(b) + 0{,}477}$.

6. Déterminer à partir de quel degré Beaufort un vent est dangereux pour la biodiversité.

37 SANTÉ Comment calculer un niveau sonore ?

Le niveau d'intensité sonore (en décibels, dB) d'un son est donné par la formule :

$$N = 120 + 10\log(n \times I)$$

où I est l'intensité sonore (en watts par m²) et n est le nombre de sources sonores.

Le niveau d'intensité sonore d'une seule tronçonneuse est de 80 dB.

1. Calculer l'intensité sonore d'une tronçonneuse.

2. Calculer l'intensité sonore atteinte dans un chantier de 10 tronçonneuses.

3. En déduire que le niveau sonore dans ce chantier est de 90 dB.

4. Montrer que le niveau sonore atteint dans un chantier de n tronçonneuses est $80 + 10\log(n)$.

5. On souhaite un niveau sonore inférieur à 85 dB. Pour éviter les nuisances sonores, combien de tronçonneuses peut-on utiliser au maximum ?

38 EAU Comment évolue le pH en fonction de la concentration en ions oxonium ?

L'acidité d'une solution est mesurée par son pH grâce à la relation : $\text{pH} = -\log[H_3O^+]$, où $[H_3O^+]$ est la concentration en ions oxonium (en mol/L). Une solution est dite acide si son pH est inférieur à 7.

Sur l'étiquette d'une bouteille d'eau minérale gazeuse, on peut lire l'indication $\text{pH} = 6,5$.

1. Donner la concentration en ions oxonium de cette eau.

2. Une bouteille d'une autre eau a une concentration en $[H_3O^+]$ de $5 \times 10^{-7{,}7}$ mol/L. Cette eau est-elle acide ?

3. Démontrer que si la concentration $[H_3O^+]$ est multipliée par 10, le pH diminue de 1 unité.

39 BIODIVERSITÉ Comment se désintègrent les noyaux radioactifs ?

Dans la nature, les noyaux d'atomes radioactifs se désintègrent au fil du temps : c'est la loi de décroissance radioactive. Cette loi est donnée par la relation :

$$N(t) = N(t_0) \times e^{-\lambda \times t}$$

où : t est le temps écoulé, en secondes ;

- $N(t_0)$ est le nombre initial de noyaux radioactifs ;
- $N(t)$ est le nombre de noyaux radioactifs encore présents à la date t ;
- λ est une constante radioactive (en s^{-1}).

Pour le polonium radioactif, substance extrêmement toxique, on a $\lambda = 5{,}797\,5 \times 10^{-8}\ s^{-1}$. On considère qu'une dose de $1{,}7 \times 10^{14}$ noyaux de polonium est létale.

1. Calculer le nombre de noyaux de polonium au bout de 10 ans si on a, au départ, un nombre de noyaux correspondant à une dose létale.

2. Démontrer que : $t = -\dfrac{1}{\lambda}\ln\left(\dfrac{N(t)}{N(t_0)}\right)$.

3. Déterminer le temps au bout duquel il reste moins d'un noyau de polonium.

40 BIODIVERSITÉ Comment utiliser une échelle logarithmique ?

Le tableau ci-dessous présente certaines étapes importantes de l'évolution de la vie depuis le Big-Bang.

On souhaite présenter ce tableau sur un axe horizontal gradué selon les années (x) avant J.-C.

Événements	x : Date (en années)	log(x)
Big-Bang	–13,7 milliards	
Terre	–4,5 milliards	
Procaryotes	–3 milliards	
Eucaryotes	–1 milliard	
Faunes de Burgess	–555 000 000	
Sortie de l'eau	–400 000 000	
Dinosaures	–65 000 000	
Hominidés	–7 000 000	

1. On prend pour unité 1 mm pour un million d'années. À quelle distance de l'origine doit-on on placer le point désignant l'apparition des Hominidés ?

2. Où devrait-on placer le point correspondant à l'apparition de la Terre ?

3. Trouvez-vous que cela est pratique ?

4. À l'aide de la calculatrice, remplir la dernière colonne du tableau.

5. Peut-on placer sur un même axe tous les points représentant la dernière colonne du tableau ?

6. Représenter les valeurs, en années, de la troisième colonne sur l'axe des abscisses dans le repère ci-dessous, où on a représenté une échelle logarithmique.

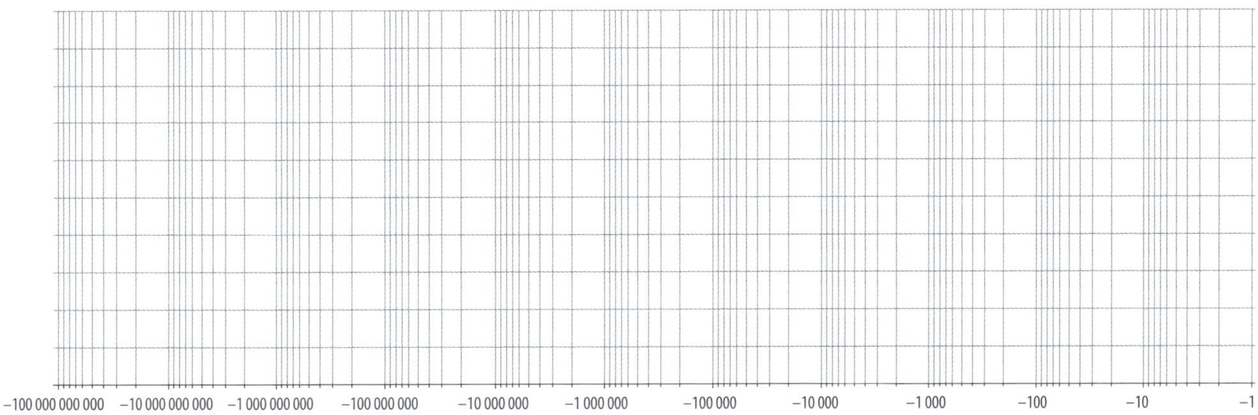

DÉMARCHE SCIENTIFIQUE

41 SANTÉ Comment prévoir le moment où la population des bactéries va décroître ?

Des scientifiques ont mis en culture une population de bactéries.

Au début de l'étude, à l'instant $t = 0$, on observait 1 000 bactéries et les chercheurs estiment que la population est multipliée par 1,4 toutes les heures.

Ils savent également que, dans un premier temps, la population devrait croître jusqu'à atteindre 10 millions de bactéries. Ensuite elle devrait décroître.

Au bout de combien de temps le nombre de bactéries va-t-il commencer à baisser ?

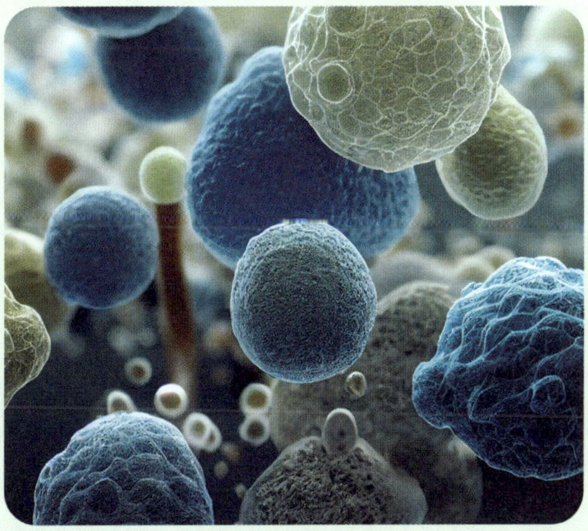

Je m'évalue

Nom : ....
Prénom : ....
Date : ....

Comment modéliser le bruit d'une éolienne à l'aide d'une fonction logarithme ?

Le niveau sonore d'une éolienne est d'environ 50 dB à une distance A de 150 m, puis il baisse jusqu'à 37 dB à une distance B de 400 m.
On modélise sur [20 ; 2 000] ce niveau sonore par la fonction N telle que :

$$N(I) = a + b \times \ln(I)$$

où N est le niveau sonore (en dB) et I la distance de la source (en m).

1 C.1.3 ANALYSER On se propose de déterminer les constantes a et b.
Établir un système d'équations qui traduit la situation.

....

2 C.1.3 EXPLOITER Résoudre ce système et trouver a et b. Arrondir à l'unité.

....

3 C.1.3 EXPLOITER On suppose que $N(I) = 115 - 13 \times \ln(I)$. Calculer le niveau sonore à une distance de 700 m. Arrondir à l'unité.

....

4 C.1.3 EXPLOITER Justifier que N est décroissante sur [20 ; 2 000].

....

5 C.1.3 ARGUMENTER On donne ci-contre la représentation graphique de N. Indiquer à partir de quelle distance de l'éolienne le niveau sonore est supérieur à 40 dB.

....

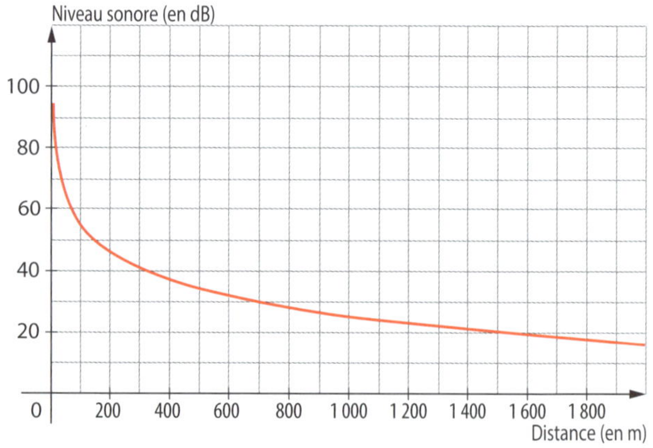

6 C.1.3 EXPLOITER Retrouver le résultat de la question précédente par le calcul (arrondir à l'unité).

....

CHAPITRE 10

Intégrale d'une fonction - Calcul d'aires

Je vais être capable de

- Faire le lien entre primitive et intégrale
- Calculer les primitives et une intégrale d'une fonction
- Calculer la valeur moyenne d'une fonction à l'aide d'une intégrale

Je démarre

Vidéo
Je regarde la vidéo
www.lienmini.fr/7868-1001

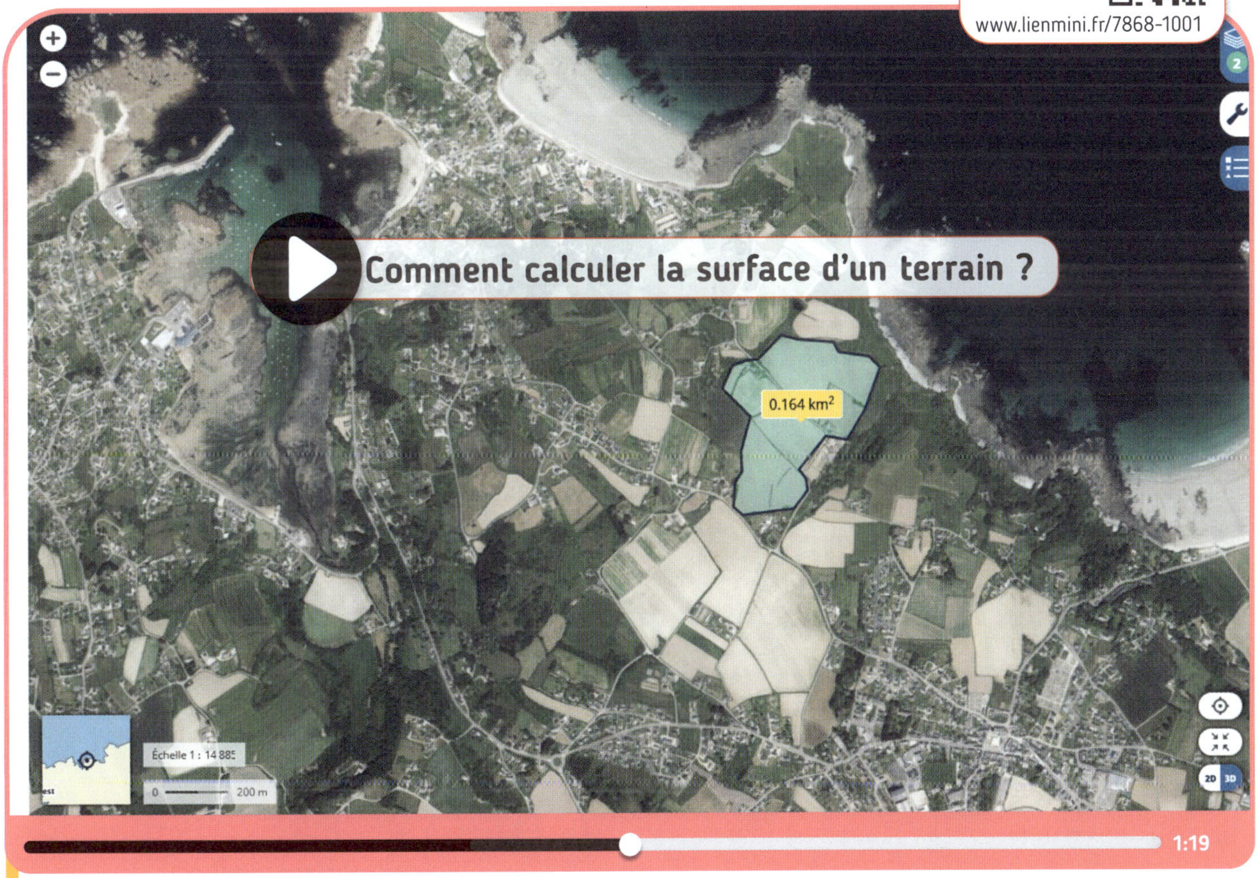

Pour calculer l'aire d'un terrain à usage agricole ou urbain, on a besoin de plusieurs formules de géométrie plane. Les terrains n'ont souvent pas une forme simple. Aujourd'hui on utilise des moyens techniques modernes, plus précis.

1. Proposer des méthodes géométriques pour calculer l'aire d'un jardin.

....

....

2. Donner des moyens modernes qui permettent de trouver l'aire d'une parcelle.

....

Je me rappelle

QCM
Je me rappelle
www.lienmini.fr/7868-1002
Note ton score du QCM en ligne .... /10

Questions flash

Cocher la bonne réponse parmi les trois proposées.

1 La dérivée de $f(x) = 5$ est :
a. ☐ 0
b. ☐ 5
c. ☐ $5x$

2 La dérivée de $f(x) = \frac{5}{7}x - 3$ est :
a. ☐ x
b. ☐ 3
c. ☐ $\frac{5}{7}$

3 La dérivée de $f(x) = \frac{5}{7} - x$ est :
a. ☐ x
b. ☐ $\frac{5}{7}$
c. ☐ -1

4 La dérivée de $f(x) = -3x^2 + 1$ est :
a. ☐ -3
b. ☐ $-6x$
c. ☐ $-3x + 1$

5 L'aire hachurée est égale à :
a. ☐ 6 unités de surface.
b. ☐ 9 unités de surface.
c. ☐ 4 unités de surface.

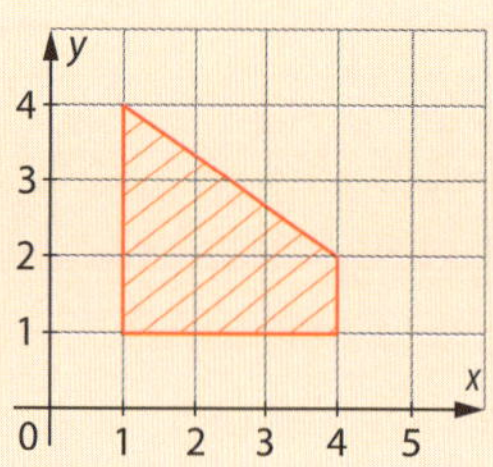

6 L'aire de la figure ci-contre est égale à :
a. ☐ $B \times h$
b. ☐ $\frac{h \times (B + b)}{2}$
c. ☐ $(B + b) \times h$

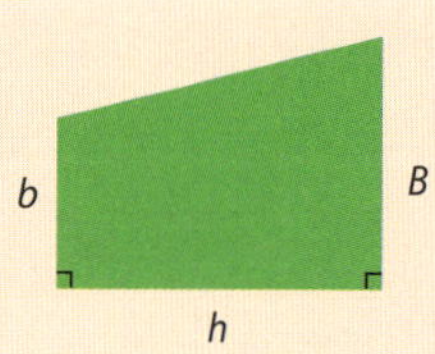

7 La fonction $f(x) = -2x$ est la dérivée de :
a. ☐ -2
b. ☐ $-x^2$
c. ☐ x

8 La fonction $f(x) = 4x - 1$ est la dérivée de :
a. ☐ 4
b. ☐ $2x^2 - x$
c. ☐ $4x$

9 La fonction $f(x) = 3 - x$ est la dérivée de :
a. ☐ 2
b. ☐ $7 + 3x - \frac{1}{2}x^2$
a. ☐ $-x^2$

10 L'aire hachurée, en unités de surface, est :

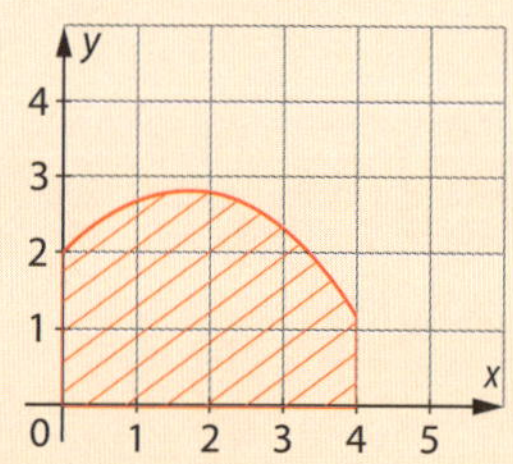

a. ☐ comprise entre 9 et 10.
b. ☐ égale à 8.
c. ☐ inférieure à 8.

11 L'aire de la surface rouge est :

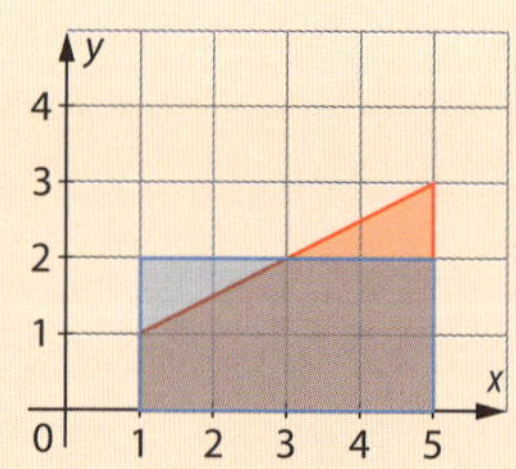

a. ☐ égale à celle de la surface bleue.
b. ☐ supérieure à celle de la surface bleue.
c. ☐ inférieure à celle de la surface bleue.

ACTIVITÉ 1

ÉNERGIE

Découvrir la notion de primitive

Comment la vitesse est-elle liée à la distance ?

Dans un accélérateur de particules, les particules produites sont accélérées pour produire de l'énergie. Cette énergie a de multiples utilisations : par exemple en médecine pour créer des rayons X, en alimentation pour irradier et stériliser des aliments.

Si une particule est en mouvement avec une accélération constante g, son mouvement est caractérisé par sa vitesse et par la distance parcourue en fonction du temps t (en s).

- La **vitesse** $v(t)$ (en m/s) est donnée par $v(t) = gt + v_0$, où v_0 est la vitesse à l'instant $t = 0$.
- La **distance** parcourue $x(t)$ (en m) est donnée par $x(t) = \frac{1}{2}gt^2 + v_0t + x_0$, où x_0 est la position l'instant $t = 0$.

Dans la suite, on suppose que $g = 1\ 000\ 000$ m/s^2 ; $v_0 = 200\ 000$ m/s, $x_0 = 0$.

1 Déterminer les expressions de $v(t)$ et $x(t)$ en fonction de t.

....

2 Calculer la distance parcourue par la particule en 1 millième de seconde.

....

3 Calculer, dans le cas général, la dérivée de la fonction $x(t)$ en fonction du temps.

....

Si g est la fonction dérivée de f, on dit aussi que f est une primitive de g.

4 Indiquer le lien qui existe entre la fonction distance et la fonction vitesse.

....

5 Donner la fonction distance parcourue $x(t)$ pour une vitesse égale à $v(t) = 2t + 5$, avec $x_0 = 0$.

....

6 Combien peut-on trouver de fonction distance pour une fonction vitesse donnée ?

....

7 Les fonctions distance $x(t)$ sont appelées fonctions **primitives** de la fonction vitesse. Calculer les primitives de $v(t) = 4t - 2$.

....

8 Calculer, dans le cas de l'accélérateur de particules cité ci-dessus, le temps au bout duquel on atteint 99 % de la vitesse de la lumière. Arrondir à l'unité.
(On rappelle que la vitesse de la lumière est d'environ 299 792 458 m/s.)

....

....

....

Si la fonction f est la dérivée de la fonction F (**$F'(x) = f(x)$**), alors on dit que F est une **primitive** de f.
Dans ce cas, la fonction f admet une infinité de primitives, définies par $F(x) + k$, où k est une constante.
En effet : $(F(x) + k)' = F'(x) + 0 = F'(x) = f(x)$.

ACTIVITÉ 2

EAU

Découvrir la notion d'intégrale

Comment peut-on calculer la quantité d'eau dans un système d'irrigation ?

Pour arroser ses plantations et apporter la juste quantité d'eau, sans gaspiller, un maraîcher utilise un système automatique programmable. Ce système permet de contrôler la quantité d'eau, le débit et les horaires d'arrosage.
Un système d'arrosage à débit constant de 12 m^3/h se met en route entre minuit et 10 heures.

1 Déterminer la quantité d'eau totale fournie entre 3 heures et 8 heures.

....

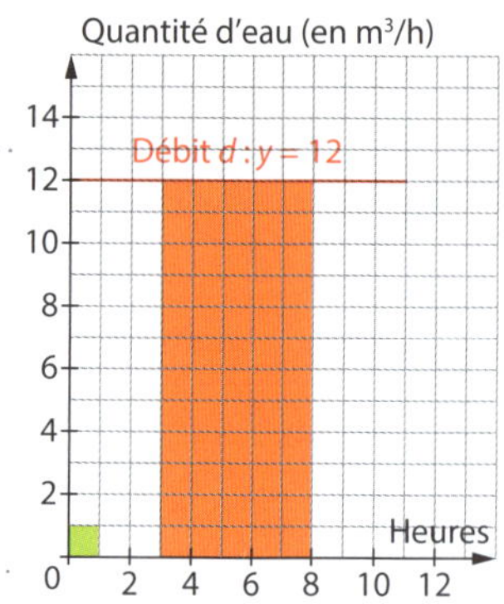

2 On représente le débit par une fonction constante $f(x) = 12$ définie sur $[0 ; 10]$. Sa représentation graphique est le segment de la droite d'équation $y = 12$ (voir figure ci-contre).

a. Compter le nombre de carreaux, entre la courbe de f et l'axe des abscisses sur l'intervalle $[3 ; 8]$, c'est-à-dire l'aire de la surface orange.

....

b. Sachant qu'un carreau correspond à un m^3, comparer ce résultat à celui de la question **1.**.

....

3 Calculer $A = 12 \times (8 - 3)$ et faire le lien avec les questions précédentes.

....

4 Trouver une formule générale qui donne l'aire entre la courbe d'une fonction constante positive f, représentée par une droite d'équation $y = k$, et l'axe des abscisses, sur un intervalle $[a ; b]$.

....

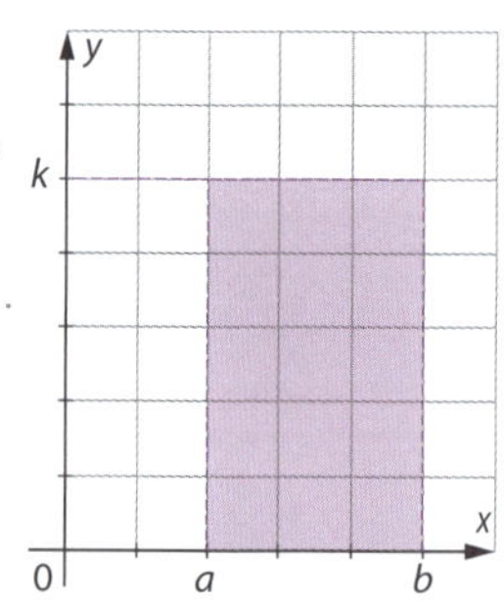

5 Soit la fonction F définie sur $[0 ; 10]$ par $F(x) = 12x$.
Calculer $F(8) - F(3)$ et comparer le résultat à la valeur de A déterminée à la question **3.**

La fonction $F(x) = 12x$ est une primitive de $f(x) = 12$.

....

6 Déterminer une primitive de $g(x) = -7$ et de $h(x) = -\frac{1}{5}$.

....

Une **primitive** de la fonction constante $f(x) = k$ est $F(x) = kx$.

L'intégrale de f sur l'intervalle $[a ; b]$, notée $\int_a^b k.dx$, est le nombre $F(b) - F(a)$.

Si f est une fonction constante positive, l'intégrale de f est l'aire du rectangle délimité par l'axe des abscisses et la droite représentative de f sur l'intervalle $[a ; b]$.

Donc : $F(b) - F(a) = \int_a^b k.dx = k(b - a)$.

ACTIVITÉ 3

BIODIVERSITÉ

Connaître les primitives des fonctions affines

Comment calculer l'aire de la face d'une ruche à enduire ?

Les ruches sont exposées au soleil, à la pluie, et à d'autres agents de la nature. Pour protéger le bois, camoufler la ruche dans son environnement, distinguer les différents éléments de la ruche et les personnaliser, on peut trouver dans les boutiques d'apiculture une peinture naturelle, qui ne sera pas nocive pour les abeilles.

Chamsy souhaite utiliser cette peinture pour enduire la façade de sa ruche. Pour cela, il doit calculer l'aire de la surface à peindre. Cette façade a la forme d'un trapèze, ce qu'on peut modéliser par la représentation graphique ci-contre.

On veut calculer l'aire A, comprise entre la courbe de la fonction $f(x) = mx$ (où m est un nombre réel) et l'axe des abscisses sur l'intervalle $[a ; b]$.

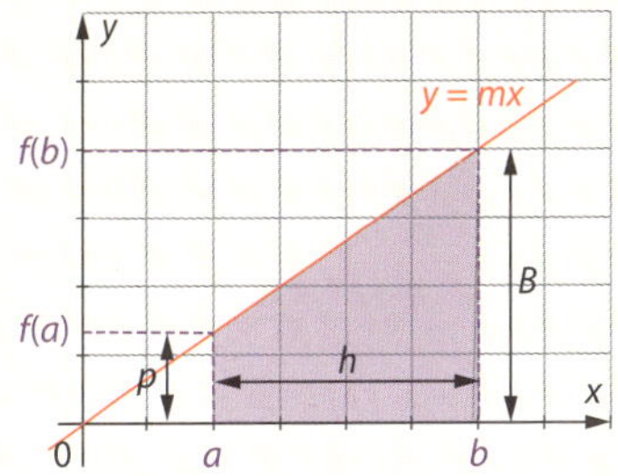

1 D'après le schéma, exprimer la hauteur h, la petite base p et la grande base B de ce trapèze, en fonction de a, b, $f(a)$ et $f(b)$.

....

2 En déduire l'aire A, en unités d'aire (u.a), de ce trapèze.

....

3 Écrire cette aire en termes d'intégrale (voir Activité 2 p. 172).

....

4 Déterminer $f(a)$ et $f(b)$ en fonction de m.

....

5 Démontrer que $A = \frac{1}{2}mb^2 - \frac{1}{2}ma^2$.

....

....

6 Exprimer A en utilisant la fonction F définie par $F(x) = \frac{1}{2}mx^2$.

....

7 Justifier que F est une primitive de f, c'est-à-dire que $F'(x) = f(x)$.

....

....

Une **primitive** de la fonction $f(x) = mx$ est la fonction $F(x) = \frac{1}{2}mx^2$. De plus, l'**intégrale de f entre a et b** est égale à $\int_a^b f(x).dx = F(b) - F(a)$. Si f est une fonction positive, cette intégrale est égale à l'aire comprise entre la courbe de f et l'axe des abscisses, sur un intervalle $[a ; b]$.

ACTIVITÉ 4

BIODIVERSITÉ

Comprendre la notion de valeur moyenne d'une fonction

Comment évolue une population de mollusques ?

Dans la nature, les mollusques vivent dans les forêts, les bois et les jardins où ils recherchent des zones humides et sombres. De nombreuses espèces de mollusques sont menacées et leur chasse est règlementée. En France, depuis plus de 30 ans, il est interdit de prélever certains mollusques, notamment l'escargot de Bourgogne.
Maxime et Maëva ont décidé de suivre, sur une période de 8 ans, l'évolution de la population d'un certain mollusque. Ils ont modélisé cette évolution grâce à la fonction $f(x) = 10 \times e^{0,5x}$ définie sur l'intervalle $[0\,;8]$.

1 Calculer, à l'aide de la calculatrice, l'effectif de cette population au début, puis après 8 ans. Arrondir à l'unité.

....

....

2 Tracer la courbe représentative de cette fonction sur l'écran de votre calculatrice. On prendra comme réglages de la fenêtre : Xmin = 0 ; Xmax = 8 et Ymin = 0 ; Ymax = 600.

3 Calculer ensuite, à l'aide de la calculatrice, l'aire comprise entre la courbe de f, l'axe des abscisses, la droite d'équation $x = 0$ et la droite d'équation $x = 8$.
On notera I cette valeur, arrondie à l'unité.

> L'aire recherchée est l'intégrale $\int_0^8 10 \times e^{0,5x}.dx$.

Démarche	Casio	NumWorks	Texas Instruments
Mettre le mode adapté	2nde G-Solv EXE	MENU (Graphique) OK Calculer OK	2nde Calculer Enter
Saisir les valeurs	∫dx EXE LOWER 0 EXE UPPER 8 EXE 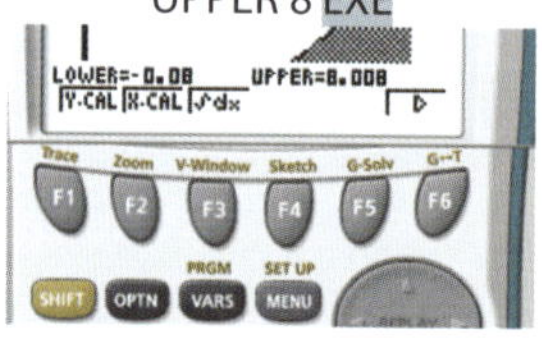 	Intégrale de f sur $[a\,;b]$ OK 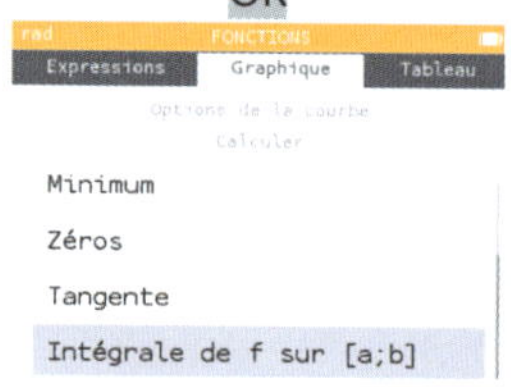 	∫f(x)dx Enter 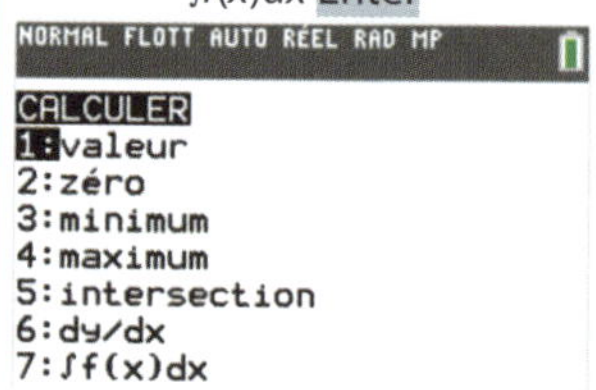

....

4 Calculer $M = \dfrac{1}{8-0} \times I$, en prenant $I = 1072$ u.a (unités d'aire).

....

5 Interpréter cette valeur dans le cadre de l'énoncé.

....

6 Calculer l'évolution annuelle moyenne du nombre de mollusques sur les trois dernières années de la période de 8 ans.

....

....

La **valeur moyenne** M d'une fonction f sur un intervalle $[a\,;b]$ est définie par $M = \dfrac{1}{b-a}\displaystyle\int_a^b f(x).dx$.

Je retiens l'essentiel

Primitives d'une fonction

- Soit *f* une fonction définie sur un intervalle *I*. On appelle **primitive** de *f* sur *I* toute fonction *f* dérivable sur *I* telle que : $F'(x) = f(x)$.

- Si *f* est une primitive de *f*, alors la fonction $(F + k)$ (*k* est une constante) est aussi une primitive de *f*.

- Les primitives des **fonctions de référence** sont données dans le tableau ci-contre.

- Si *F* et *G* sont des primitives de *f* et de *g*, alors $aF + bG$ est une primitive de $af + bg$ (*a* et *b* sont des nombres réels.)

Exemple : $F(x) = 6x - 3x^2$ est une primitive de $f(x) = 3x^2 - x^3$, car $F'(x) = f(x)$.

Fonction *f*	Primitives *F*
0	*k* (constante)
a	$ax + k$
x	$\frac{1}{2}x^2 + k$
x^2	$\frac{1}{3}x^3 + k$
$\frac{1}{x}$	$\ln(x) + k$
e^x	$e^x + k$

Intégrale d'une fonction

- Soit *f* une fonction positive définie sur un intervalle *I*, *a* et *b* deux réels de *I* avec $a \leqslant b$.

L'**intégrale de *f* entre *a* et *b***, notée $\int_a^b f(x).dx$, est l'aire, en unités d'aire (u.a.), de la surface comprise entre la courbe de *f*, l'axe des abscisses, la droite d'équation $x = a$ et la droite d'équation $x = b$.

Remarque : Si *g* est une fonction négative, alors $\int_a^b g(x).dx$ est égale à l'opposé de l'aire compris entre la courbe, l'axe des abscisses, et les droites d'équations $x = a$ et $x = b$.

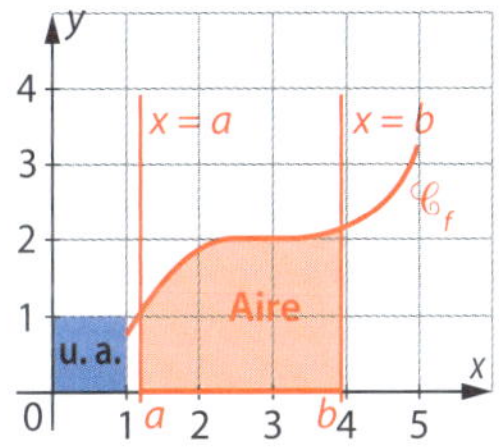

- Pour une **fonction constante**, $f(x) = m$, la surface en question est un rectangle de longueur $(b - a)$ et largeur *m*.

Donc : $\int_a^b f(x).dx = m \times (b - a)$.

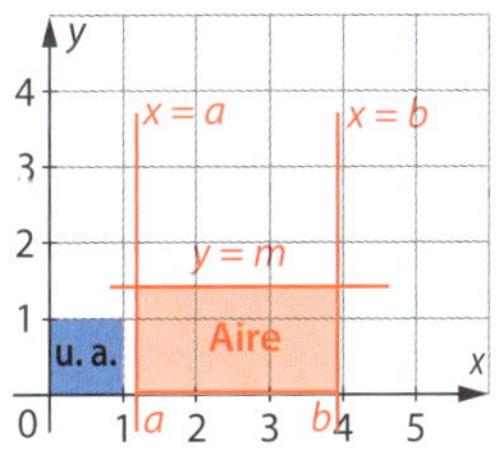

Exemple : $\int_{-1}^{6} 5.dx = 5 \times (6 - (-1)) = 35$ u.a.

- Si *F* est une primitive de la fonction *f*, on a la relation : $\int_a^b f(x).dx = F(b) - F(a)$.

Exemple : $F(x) = x^2$ est une primitive de la fonction $f(x) = 2x$.

Donc $\int_1^2 2x.dx = F(2) - F(1) = 2^2 - 1^2 = 3$ u.a.

Valeur moyenne d'une fonction

- La **valeur moyenne** d'une fonction *f* sur un intervalle $[a ; b]$ est : $M = \frac{1}{b-a}\int_a^b f(x).dx$.

Exemple : Calculer la valeur moyenne *M* de $\int_1^4 \ln(x).dx$

Avec la calculatrice (voir p. 174), on trouve $\int_1^4 \ln(x).dx = 2{,}545$ u.a.

Donc $M = \frac{1}{4-1} \times 2{,}545 = \frac{1}{3} \times 2{,}545 \approx 0{,}85$ u.a.

J'apprends à résoudre

1 Déterminer la primitive qui vérifie une condition particulière

Énoncé Soit la fonction f définie par $f(x) = 2x + 4$.

Calculer la primitive F de f qui s'annule en $x = 1$.

Solution

1. $F(x) = 2\times\frac{1}{2}x^2 + 4x + k = x^2 + 4x + k$ (avec k un réel)
2. $F(1) = 1 + 4 + k = 0$, donc $k = -5$.
3. Donc $F(x) = x^2 + 4x - 5$.

Point méthode

1. Déterminer la forme générale des primitives de f en utilisant le tableau des primitives usuelles
2. Résoudre l'équation $F(1) = 0$ pour trouver la constante k
3. Donner la primitive demandée

Voir exercices 1 à 4 p. 177

2 Calculer l'aire d'une portion de plan à l'aide d'une intégrale

Énoncé Soit la fonction définie sur [0 ; 2] par $f(x) = 3x^2 + 1$.

Calculer l'aire A de la surface comprise entre la courbe de f, l'axe des abscisses, la droite d'équation $x = 0$ et la droite d'équation $x = 2$.

Solution

1. Une primitive de f est :
   $F(x) = 3\times\frac{1}{3}x^3 + x = x^3 + x$ (on a pris $k = 0$)
2. $F(2) - F(0) = (8+2) - (0+0) = 10$

   Donc $A = \int_0^2 f(x).dx = 10$ u.a.

Point méthode

1. Comprendre qu'il s'agit de calculer $\int_0^2 f(x).dx$, et calculer une primitive de f
   Par simplicité, prendre toujours la primitive où $k = 0$
2. Calculer $F(2) - F(0)$. Donner le résultat en u.a.

Voir exercices 13 et 14 p. 178

3 Calculer la valeur moyenne d'une fonction

Énoncé La courbe de la fonction f représentée ci-contre est symétrique par rapport au point A.

Calculer la valeur moyenne M de la fonction f sur l'intervalle [–2 ; 2].

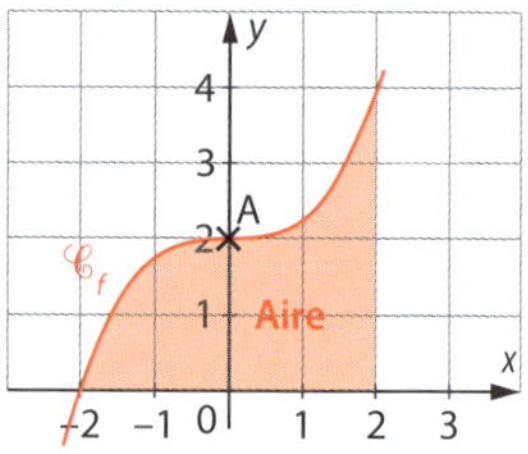

Solution

1. Comme la courbe est symétrique par rapport à A, l'aire colorée est la même que celle du rectangle de base le segment [OA] et de hauteur 4.
2. Donc : $Aire = \int_{-2}^{2} f(x).dx = 8$ u.a
3. $M = \frac{1}{2-(-2)}\int_{-2}^{2} f(x).dx = \frac{1}{4}\times 8 = 2$

Point méthode

1. Utiliser les propriétés de la courbe pour ramener la surface a une forme simple
2. Utiliser la relation entre intégrale et aire sous la courbe, puis déterminer cette aire en comptant les carreaux
3. Appliquer la formule : $M = \frac{1}{b-a}\int_a^b f(x).dx$

Voir exercices 25, 26 p. 180

Je m'entraîne

QCM en ligne
www.lienmini.fr/7868-1003

Je teste mes acquis

1 Une primitive de $f(x) = -2$ qui s'annule en 1, est :
a. ☐ $F(x) = -2x$
b. ☐ $F(x) = -2x + 2$
c. ☐ $F(x) = 0$

2 Une primitive de $f(x) = -6x + 4$ est :
a. ☐ $F(x) = -6$
b. ☐ $F(x) = -x$
c. ☐ $F(x) = -3x^2 + 4x + 1$

3 Une primitive de $f(x) = -6x^2$ qui vaut −2 pour $x = 1$ est :
a. ☐ $F(x) = -12x$
b. ☐ $F(x) = -2x^3$
c. ☐ $F(x) = -3x^3 - 2$

4 $\int_0^1 (x-1).dx$ est égal à :
a. ☐ −1 u.a.
b. ☐ 0 u.a.
c. ☐ $-\frac{1}{2}$ u.a.

5 $\int_0^2 (3x^2 - 3).dx$ est égal à :
a. ☐ 2 u.a.
b. ☐ 3 u.a.
c. ☐ $F(x) = 5$.

6 La valeur moyenne de la fonction carré sur l'intervalle [0 ; 6] est :
a. ☐ 36 u.a. b. ☐ 12 u.a. c. ☐ 72 u.a.

7 Soit la fonction f représentée ci-dessous.
$\int_{-2}^2 f(x).dx$ est égal à :

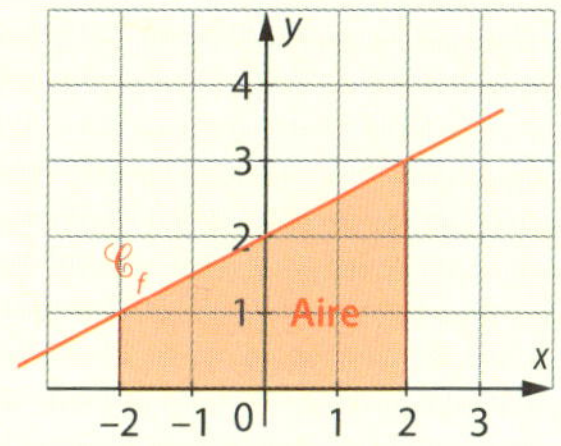

a. ☐ 12 u.a.
b. ☐ 8 u.a.
c. ☐ 2 u.a.

8 Soit la fonction g représentée ci-dessous.

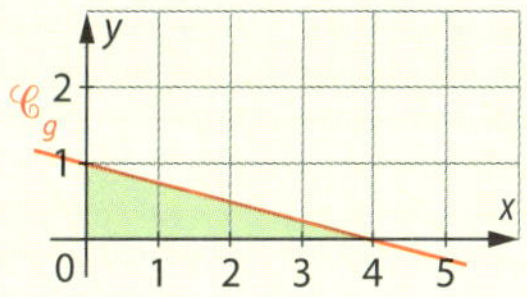

La valeur moyenne de la fonction g sur l'intervalle [0 ; 4] est :
a. ☐ 4 u.a.
b. ☐ 0,25 u.a.
c. ☐ $\frac{1}{2}$ u.a.

9 À l'aide de la calculatrice, $\int_1^2 (2\ln(x)+1).dx$ est égal à :
a. ☐ 2 u.a.
b. ☐ 1,77 u.a.
c. ☐ e u.a.

Primitives de fonctions affines

Automatismes

1 Déterminer la forme générale des primitives des fonctions suivantes :
1. $f(x) = -2 - 2x$
....
2. $f(x) = 8{,}46x - 8$
....

2 Calculer la primitive F de chaque fonction f vérifiant la condition donnée.
1. $f(x) = -x$ et $F(0) = -\frac{5}{6}$.
....
2. $f(x) = 9{,}75x + 3$ et $F(0) = \frac{2}{3}$.
....

3 Déterminer la forme générale des primitives des fonctions suivantes :
1. $f(x) = -\frac{7}{5}$ ....
2. $f(x) = -2e$ ....

4 Déterminer une primitive des fonctions suivantes :

Fonction f	-1	x	$2x+1$	$3x^2 - 4x$
Primitive F	....	....	....	....

5 Déterminer la forme générale des primitives des fonctions suivantes :
1. $f(x) = 4x - 5$ ....
2. $f(x) = 9 - 2x$ ....
3. $f(x) = 12x + \frac{3}{2}$ ....
4. $f(x) = -\frac{x}{2} - \frac{3}{5}$ ....

6 Calculer la primitive F, avec la condition donnée, de chaque fonction.

1. $f(x) = -4x + 3$ et $F(1) = 0$.

....

2. $f(x) = 9 + 2x$ et $F(-1) = 0$.

....

3. $f(x) = 6x + \frac{3}{7}$ et $F(0) = 2$.

....

4. $f(x) = \frac{x}{2} - \frac{3}{4}$ et $F(-1) = 0$.

....

Primitives des fonctions polynômes de degré 2

Automatismes

7 Calculer les primitives des fonctions suivantes :

1. $f(x) = 3x^2 - x$

....

2. $f(x) = x^2 - 1$

....

8 Calculer la primitive F de chaque fonction, vérifiant la condition donnée.

1. $f(x) = -6x^2 + 3$ et $F(1) = 3$.

....

2. $f(x) = 4x + 3x^2$ et $F(-1) = 0$.

....

9 Calculer la primitive F de chaque fonction, avec la condition donnée.

1. $f(x) = 9{,}63x^2 - 8x - 2$ et $F(0) = 0$.

....

2. $f(x) = -0{,}96x^2 - 0{,}62x$ et $F(0) = 3$.

....

3. $f(x) = -3x^2 + 1$ et $F(0) = -\frac{3}{5}$.

....

4. $f(x) = 9{,}75x^2 - 0{,}2x$ et $F(0) = 0{,}93$.

....

10 Calculer les primitives des fonctions suivantes :

1. $f(x) = -6x^2 - \frac{x}{2} + 4$

....

2. $f(t) = -1 - 2t + 3t^2$ ....

11 Remplir le tableau suivant, en répondant par Vrai ou Faux.

Fonction f	Primitive F	Vrai ou Faux
2	0	....
$2x - 0{,}5$	$x^2 - 0{,}5x$	....
$3x^2 - 4x + 9$	$6x - 4$	....
$-1 - 2x - 27x^2$	$-x - x^2 - 9x^3$	....
$-12x - 15x^2$	$12 - 30x$	....
$0{,}6x - 0{,}39x^2$	$0{,}3x^2 - 0{,}13x^3$	....

12 Dans chaque cas, déterminer la fonction f dont la fonction F est une primitive.

1. $F(x) = 3x^3 + 4x^2 - 2x$

....

2. $F(x) = -\frac{2}{9}x^3 + 3{,}1x^2 + 3$

....

3. $F(x) = -\frac{x^3}{3} - \frac{3}{5}x + 4$

....

4. $F(x) = 0{,}25x^3 - 0{,}5x^2 + 0{,}63$

....

5. $F(x) = \frac{1}{3}x^3 - x^2 + 7x$

....

6. $F(x) = -0{,}32x^3 - 0{,}31x^2 + 3$

....

Calcul d'intégrales à l'aide d'une primitive

Automatismes

13 Calculer les intégrales suivantes :

1. $\int_6^{11} 4.dx$

....

....

2. $\int_1^2 2x.dx$ ....

14 Calculer les intégrales suivantes :

1. $\int_0^5 4x - 3.dx$

....

....

2. $\int_0^1 3x^2.dx$ ....

Je m'entraîne

15 Calculer les intégrales suivantes :

1. $\int_0^{11}(-4x+2).dx$

....

2. $\int_0^{2}(4x-1).dx$

....

3. $\int_0^{5}(10x-5).dx$

....

4. $\int_1^{10}(3x^2-4x).dx$

....

Calcul d'intégrales à l'aide de la calculatrice

Automatismes

16 Déterminer les intégrales suivantes à l'aide de la calculatrice.

1. $\int_0^{1}x^3.dx$

....

2. $\int_1^{2}\frac{2}{x}.dx$

....

17 Calculer les intégrales suivantes :

1. $\int_1^{10}4\log(x).dx$

....

2. $\int_0^{1}10^x.dx$

....

3. $\int_1^{2}3\ln(x).dx$

....

18 Calculer les intégrales suivantes :

1. $\int_1^{4}2\ln(x)+4.dx$

....

2. $\int_0^{1}e^{-x+2}.dx$

....

3. $\int_0^{2}e^{2x-1}.dx$

....

Primitives, intégrales et lecture graphique

Automatismes

19 Déterminer laquelle des fonctions f_1 et f_2, représentées ci-dessous, est une primitive de l'autre. Justifier.

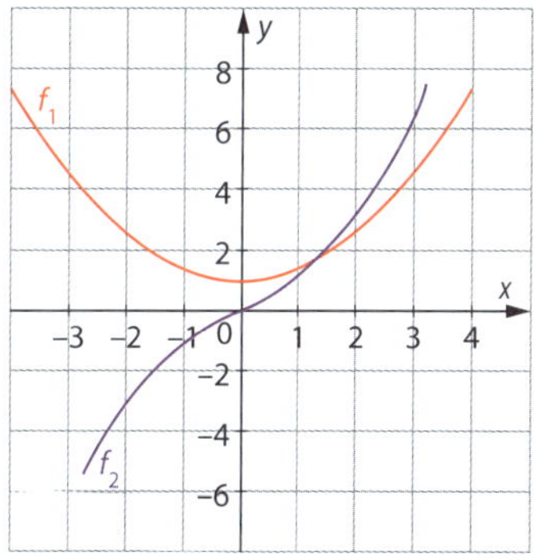

....

....

....

....

20 Grâce à la représentation graphique ci-dessous, relever la valeur de $\int_{-2}^{2}f(x).dx$ puis en déduire l'aire A, en cm², de la surface colorée. Une unité sur le graphique correspond à 2 cm.

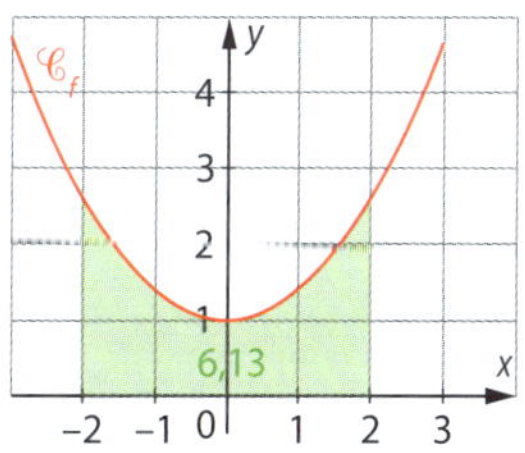

....

....

21 Exprimer chacune des aires des surfaces suivantes à l'aide d'une intégrale et donner leurs valeurs.

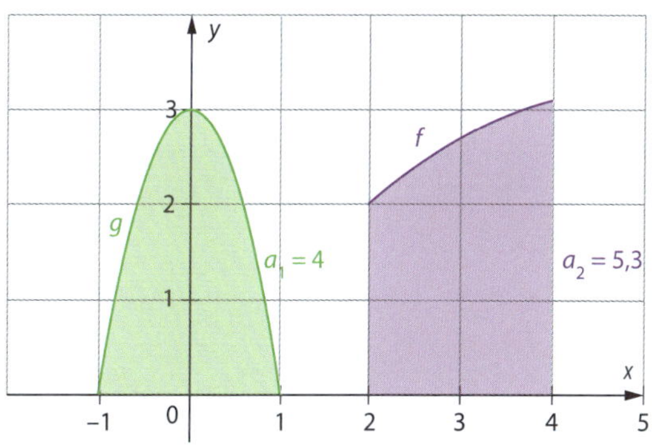

....

....

22 D'après un logiciel, l'aire colorée en bleu ci-dessous, est nulle. Sachant que la fonction représentée est la fonction f telle que : $\int_{-3}^{0} f(x).dx = -3{,}0375$ u.a., corriger cette valeur.

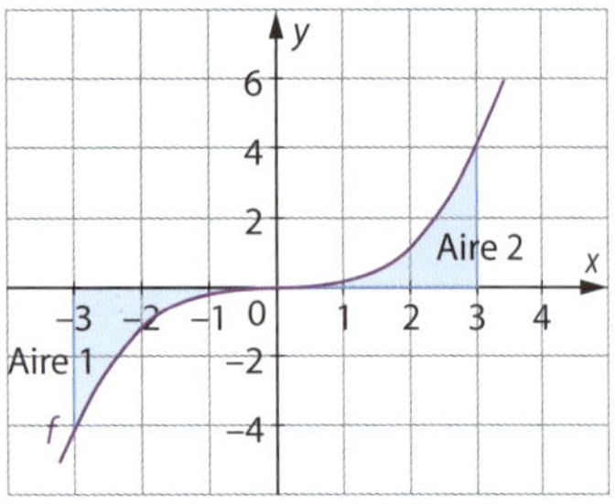

....

23 Donner une interprétation géométrique de l'intégrale $\int_{0}^{10} x^2.dx$.

....

24 Donner une interprétation géométrique et algébrique de l'intégrale $\int_{0}^{x} t.dt$.

....

Valeur moyenne d'une fonction

Automatismes

25 Calculer la valeur moyenne M des fonctions suivantes sur [7 ; 17].

1. $f(x) = 4$

....

2. $f(x) = 2x$

....

26 Calculer la valeur moyenne M en utilisant les intégrales.

1. $\int_{0}^{5} (4x - 3).dx$

....

2. $\int_{0}^{1} 3x^2.dx$

....

27 Calculer la valeur moyenne M en utilisant les intégrales suivantes :

1. $\int_{0}^{11} (-4x + 2).dx$

....

2. $\int_{0}^{2} (4x - 1).dx$

....

3. $\int_{0}^{5} (10x - 5).dx$

....

4. $\int_{1}^{10} (3x^2 - 4x).dx$

....

28 **Algorithmique et programmation**

Le programme Python suivant calcule une primitive de la fonction f définie par $f(x) = x^2$.

PYTHON Voir la fiche 1, p. 237

```
1 from sympy import *
2 x = symbols('x')
3 f = x**2
4 F=integrate(f,x)
5 print ("une primitive de ",f," est : F
   =", F)
```

- **Ligne 1 :** on importe la bibliothèque « sympy » qui contient le calcul intégral.
- **Ligne 2 :** on déclare x comme une variable « symbolique ».
- **Ligne 3 :** on définit la fonction : « x**2 ».
- **Ligne 4 :** on calcule une primitive.
- **Ligne 5 :** on affiche le résultat.

1. Modifier le programme pour calculer une primitive de x.

Fichier à télécharger www.lienmini.fr/7868-1004

....

2. Modifier le programme pour calculer une primitive de $-x + 4$.

....

3. Modifier le programme pour calculer une primitive de $2x^2 + 4x$.

....

4. Modifier le programme pour calculer une primitive de e^{2x}.

....

Je résous des problèmes

29 SANTÉ À quel âge les capacités pulmonaires sont-elles maximales ?

La courbe ci-dessous représente la capacité pulmonaire f, en litres, en fonction de l'âge t d'une personne, en années.

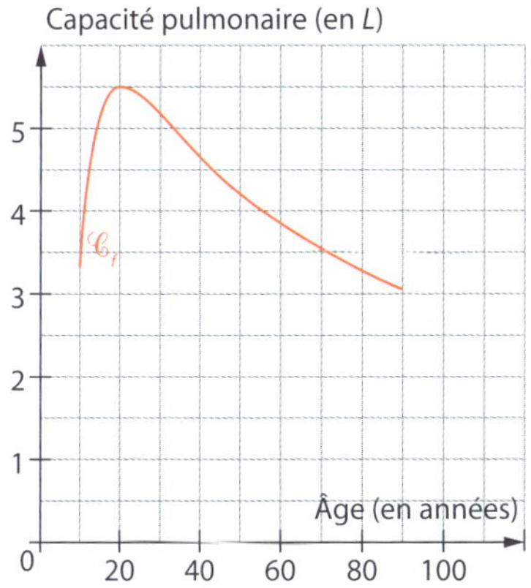

1. Déterminer l'année où les capacités pulmonaires d'une personnes sont maximales.

2. Déterminer les capacités pulmonaires de Valérie qui a 50 ans.

3. Donner l'intervalle d'âges dans lequel les capacités pulmonaires restent au dessus de 3,5 litres.

4. Calculer $\int_{20}^{60} f(t).dt$, sachant qu'une primitive de f est $F(x) = 55(\ln(x))^2 - 220\ln(x)$. Arrondir à 10^{-1} près.

5. Calculer les capacités pulmonaires moyennes entre 20 et 60 ans.

30 SANTÉ Comment une grippe aviaire évolue-t-elle ?

Une variété très contagieuse de grippe aviaire a contaminé tout un élevage en une journée. Jules-Édouard a modélisé l'évolution de cette grippe par la fonction suivante, définie sur l'intervalle [2 ; 8] :

$$f(t) = 640t^2 - 2\,300t + 2\,200$$

où $f(t)$ est le nombre de volatiles contaminés et t le temps (en heures).

1. Calculer le nombre de volatiles contaminés au bout de 5 heures.

2. Justifier que f est croissante sur [2 ; 8].

3. Déterminer une primitive F de f sur [2 ; 8].

4. Déterminer le nombre moyen de volatiles contaminés par heure.

31 SANTÉ Comment la concentration des antibiotiques diminue-t-elle au fil du temps ?

La concentration d'un antibiotique, après administration, dans le corps d'un animal est modélisée par la fonction f, définie sur l'intervalle [1 ; 12], dont la représentation graphique est donnée ci-dessous.

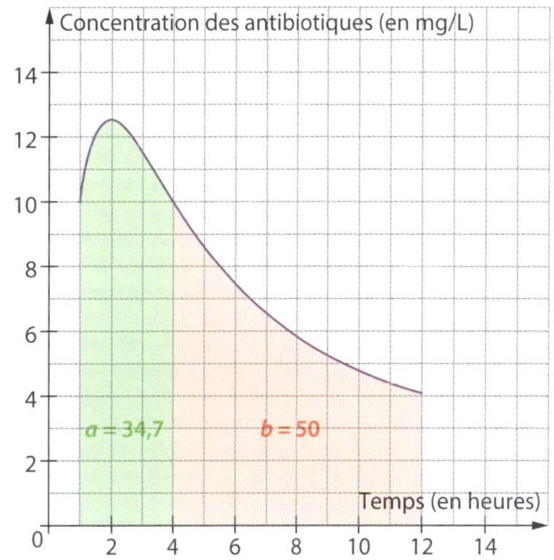

1. Déterminer graphiquement le temps, après administration, au bout duquel la concentration des antibiotiques dans le corps est maximale.

2. Au bout de combien de temps cette administration passe-t-elle en dessous de 5 mg/L ?

3. Déterminer, à partir de la représentation graphique, $\int_{1}^{4} f(t).dt$ et $\int_{4}^{12} f(t).dt$.

4. Calculer la concentration moyenne de cet antibiotique dans le corps entre la première et la quatrième heure.

5. Calculer la concentration moyenne de cet antibiotique, dans le corps entre la quatrième heure et la douzième heure.

32 EAU Comment le manque de pluie impacte-t-il l'écosystème ?

Par manque de pluie, des nappes phréatiques se sont complètement vidées. Dans un certain pays, on a estimé qu'il faut 20 heures de pluie forte et continue pour remplir complètement, ou presque, une nappe. Or c'est pratiquement impossible…

La partie remplie de cette nappe, en pourcentage, est modélisée par l'intégrale de la fonction suivante, définie sur [0 ; 20] :

$$f(x) = 1{,}5x - 0{,}075x^2$$

1. Donner, sans calcul, la valeur de $\int_0^{20} f(t).dt$.

2. Vérifier le résultat de la question précédente par le calcul.

3. Donner, en pourcentage, la partie remplie de la nappe après quatre heures de pluie continue.

4. Calculer $f'(x)$.

5. En déduire que le maximum de f sur [0 ; 20] est égal à 10.

6. Combien d'heures de pluie continue faut-il pour remplir la moitié de la nappe ?

7. Calculer la valeur moyenne correspondante de la fonction f.

33 ÉNERGIE Comment une voiture développe-t-elle de l'énergie ?

La masse d'une voiture est de 1 600 kg. Lorsqu'elle accélère, elle développe une énergie cinétique E tel que :

$$E(x) = 800x^2$$

où x est la vitesse en m/s et E l'énergie développée, en joules.

1. Donner l'énergie développée par la voiture de Mamadou, qui roule à une vitesse de 10 m/s dans une voiture qui pèse 1 600 kg.

2. Donner la vitesse à ne pas dépasser, si on veut adopter une conduite économique avec une énergie développée qui ne dépasse pas 400 000 J.

3. Calculer l'énergie développée moyenne si la vitesse passe de 0 à 36 m/s.

34 ÉNERGIE Comment exprimer la vitesse d'un paquebot ?

Un paquebot de croisière a une masse de 150 000 tonnes. Il navigue à une vitesse pouvant aller jusqu'à 24 nœuds nautiques.

On peut approximativement convertir une vitesse n, donnée en nœuds, en une vitesse v en m/s, en utilisant la formule suivante :

$$v(n) = \frac{n}{2}$$

1. Convertir en m/s une vitesse de 20 nœuds.

2. En déduire la distance parcourue en une journée.

3. Calculer la vitesse moyenne en m/s, lorsque la vitesse en nœuds a augmenté de 0 à 20.

35 ÉNERGIE Quelle est la consommation d'un pétrolier lors de l'arrêt ?

Pour les grands navires pétroliers, il existe une distance d'arrêt, à partir de laquelle il faut déclencher une procédure d'arrêt. Une fois cette procédure déclenchée, la vitesse est donnée par la formule suivante :

$$v(t) = -0{,}0019t + 1{,}11$$

où v s'exprime en m/s et t en s.

1. Calculer la vitesse au moment du déclenchement de la procédure.

2. Calculer la primitive de v qui s'annule en 568,42.

3. En déduire la distance restante avant l'arrêt total, au moment du déclenchement de la procédure.

4. Calculer la durée entre le déclenchement de la procédure et l'arrêt total du navire.

5. Interpréter le résultat précédent.

36 EAU Comment calculer le volume d'eau d'une rivière en été ?

Le débit d d'une rivière est de 30 m^3/s lors des basses eaux d'été.

1. Donner la quantité d'eau écoulée par cette rivière en une minute.

2. Définir une fonction constante $d(t)$ pour exprimer ce débit, sur un intervalle d'amplitude (longueur) une minute.

3. Calculer la primitive V de $d(t)$ qui s'annule en 0.

4. Calculer $V(60)$ et interpréter ce résultat.

37 EAU Comment calculer le volume d'eau d'une rivière en hiver ?

Le débit d d'une rivière est de 160 m^3/s lors des hautes eaux hivernales.

1. Donner la quantité d'eau écoulée par cette rivière en une minute.

2. Définir une fonction constante $d(t)$ pour exprimer ce débit, sur un intervalle d'amplitude (longueur) une minute.

3. Calculer la primitive V de $d(t)$ qui s'annule en 0.

4. Calculer $V(60)$ et interpréter ce résultat.

38 ALIMENTATION Comment prévoir ce qu'il reste à vendanger ?

Une certaine année, dans une commune de la vallée du Rhône, les vendanges se sont déroulées entre le premier et le 21 septembre.

On a modélisé le pourcentage de la surface vendangée par l'aire entre la courbe de la fonction définie sur [1 ; 21] par $f(x) = -0{,}075x^2 + 1{,}65x - 1{,}575$ et l'axe des abscisses.

On donne ci-dessous la représentation graphique de cette fonction.

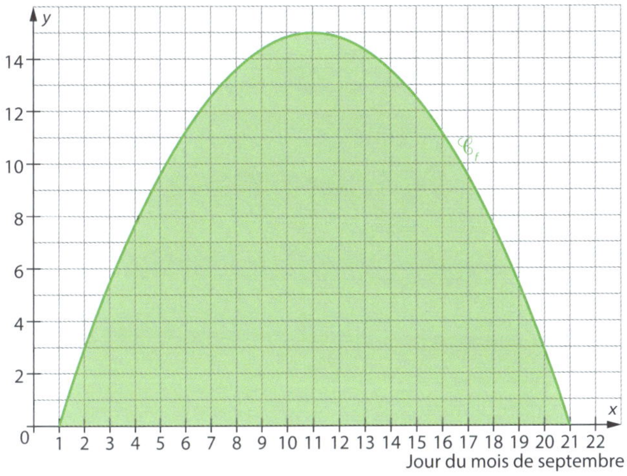

1. Calculer une primitive F de la fonction f.
2. Calculer $\int_1^{21} f(x).dx$
3. Interpréter le résultat précédent.
4. Déterminer, sans calcul, le pourcentage de la surface vendangée le 11 septembre.
5. Calculer le pourcentage de surface qui reste à vendanger après le 6 septembre.

39 SANTÉ Quelle est la vitesse du sang dans une aorte ?

Le débit volumique sanguin d'un être vivant au repos est $D = 8{,}3 \times 10^{-5}$ m³/s.

En général, le débit volumique D d'un liquide traversant un tube est égal à $D = S \times v$, où S est la section du tube (en m²) et v la vitesse du liquide en m³/s.

1. Calculer la primitive V de D qui s'annule en $t = 0$ s, t étant la variable, exprimée en secondes.
2. En déduire le volume pompé par le coeur d'un être humain au repos en une heure.
3. Calculer la vitesse du sang au niveau d'une aorte de section 0,0002 m².

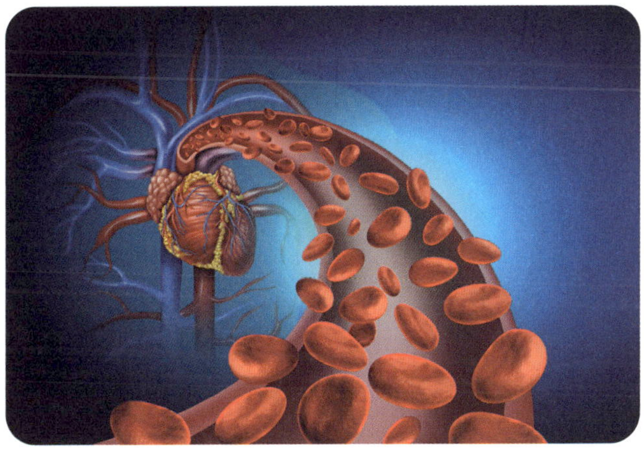

DÉMARCHE SCIENTIFIQUE

40 ÉNERGIE Comment optimiser la consommation de carburant ?

Christiana et Benoit, transporteurs routiers de produits alimentaires, souhaitent avoir une conduite économique. Le parcours qu'ils doivent emprunter impose une conduite à vitesse variable.

Peut-on dire que leur conduite sur ce parcours était économique ?

Doc. 1.

Pour une conduite économique, la vitesse moyenne de l'engin lors du parcours ne doit pas dépasser 75 km/h.

Doc. 2.

Sur ce parcours, la vitesse de Christiana et Benoit est illustrée par le graphique suivant.

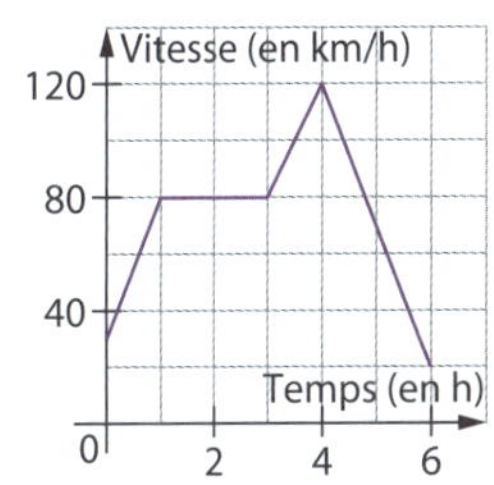

Thèmes abordés
- Dérivation
- Primitives et intégrales
- Valeur moyenne d'une fonction

Je m'évalue

Nom : ....
Prénom : ....
Date : ....

Comment calculer l'aire de la façade d'un hangar ?

ALIMENTATION

Le secteur de l'alimentation nécessite une logistique très importante : toute une chaîne entre les producteurs et les consommateurs. Le stockage des produits alimentaires est l'un des points délicats de cette chaîne : les produits doivent être conservés dans des hangars adaptés, garantissant une bonne hygiène.

Le contour de la façade d'un hangar de stockage d'aliments est modélisé, sur l'intervalle [0 ; 14], par la fonction :

$$h(x) = -0{,}2x^2 + 2{,}8x + 0{,}2$$

x est la largeur (en m) et h est la hauteur (en m).

On souhaite utiliser un isolant sur toute cette façade.

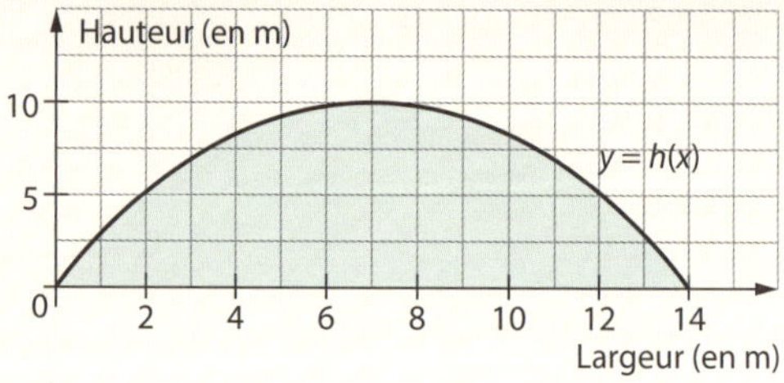

1 C.1.3 EXPLOITER Calculer $h'(x)$.

....

2 C.1.3 EXPLOITER En déduire le maximum de h.

....

....

3 C.1.3 ARGUMENTER Expliquer à quoi correspond cette valeur pour le hangar.

....

4 C.1.3 EXPLOITER Calculer une primitive H de h. ....

5 C.1.3 EXPLOITER Calculer $H(14) - H(0)$. Interpréter cette valeur en termes d'intégrale.

....

6 C.1.3 EXPLOITER Vérifier la valeur de $\int_0^{14} h(t).dt$ à l'aide la calculatrice (arrondir au centième).

....

7 C.1.3 ARGUMENTER Donner une interprétation géométrique de cette valeur.

....

8 C.1.3 EXPLOITER Donner la valeur moyenne M de h sur l'intervalle [0 ; 14].

....

9 C.1.3 ARGUMENTER Donner les dimensions d'un rectangle qui a la même aire que la façade de ce hangar.

....

10 C.1.3 EXPLOITER Le prix de l'isolant posé est de 20 €/m². Calculer le prix de l'isolation de la façade du hangar.

....

CHAPITRE 11

Variables aléatoires discrètes

Je vais être capable de

- Déterminer la loi de probabilité de certaines variables aléatoires discrètes
- Reconnaître une situation aléatoire modélisée par une loi de Bernoulli
- Calculer et interpréter l'espérance d'une variable aléatoire discrète

Je démarre

Vidéo

Je regarde la vidéo

www.lienmini.fr/7868-1101

Sur une planche de Galton, une bille en train de tomber peut aller, de façon équiprobable, à gauche ou à droite. On s'intéresse aux deux premiers niveaux de la planche.

1 Quelles issues vont amener la bille au centre de la planche, en position 2 ?

....

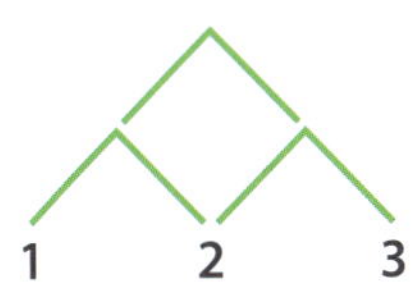

2 Calculer les probabilités que la bille arrive en position 1, 2 ou 3.

....

Je me rappelle

QCM
Je me rappelle
www.lienmini.fr/7868-1102
Note ton score du QCM en ligne .... /10

Questions flash

Cocher la bonne réponse parmi les trois proposées.

1 **On réalise l'expérience aléatoire suivante : on lance une pièce de monnaie ; si elle tombe sur « Pile » on note 1 ; sinon on note 0.**
Les issues de cette expérience aléatoire sont :

a. ☐ « Pile » et « Face »
b. ☐ $\frac{1}{2}$
c. ☐ 0 et 1

2 **On lance une pièce de monnaie deux fois d'affilée et on compte le nombre de fois où l'on obtient « Pile ».**
Les issues de cette expérience aléatoire sont :

a. ☐ « Pile » et « Face »
b. ☐ 0 ; 1 et 2
c. ☐ « Pile ; Pile » ; « Pile ; Face » et « Face ; Face »

3 **La probabilité d'un événement A est égale à : $P(A) = 0{,}37$. Déterminer la probabilité de l'événement $\overline{A}$:**

a. ☐ 0, 37 b. ☐ $\frac{1}{0{,}37}$ c. ☐ 0, 63

4 **On considère une urne opaque dans laquelle on effectue un tirage d'un objet et dont voici la composition :**

	Vert	Bleu
Boules	7	3
Cubes	14	6
Cylindres	9	11

L'univers de cette expérience aléatoire est :

a. ☐ Ω = {Vert ; Bleu ; Boule ; Cube ; Cylindre}
b. ☐ Ω = {3 ; 6 ; 7 ; 9 ; 11 ; 14}
c. ☐ Ω = {Boule verte ; Boule bleue ; Cube vert ; Cube bleu ; Cylindre vert ; Cylindre bleu}

5 **On considère l'urne de la question 4..**
La probabilité de tirer un objet bleu est égale à :

a. ☐ $\frac{2}{5}$
b. ☐ $\frac{3}{7} + \frac{6}{14} + \frac{11}{9}$
b. ☐ $\frac{20}{30}$

6 **On considère l'urne de la question 4.**
La probabilité d'avoir un objet bleu sachant que l'on a tiré une boule est égale à :

a. ☐ $\frac{2}{5}$
b. ☐ $\frac{1}{5}$
c. ☐ $\frac{3}{50} \times \frac{50}{10}$

7 **On tire une carte au hasard dans un jeu de 32 cartes.**
Deux événements indépendants sont :

a. ☐ « Tirer un As de cœur » et « Tirer une carte rouge ».
b. ☐ « Tirer un sept » et « Ne pas tirer un 10 ».
c. ☐ « Tirer un 9 » et « Tirer une carte de trèfle ».

8 **On répète deux fois la même expérience aléatoire.**

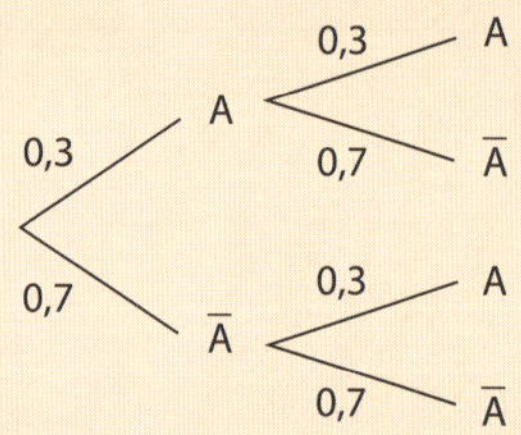

La probabilité d'obtenir deux fois l'événement A est égale à :

a. ☐ $0{,}3 + 0{,}3 = 0{,}60$
b. ☐ $0{,}3 \times 0{,}3 = 0{,}09$
c. ☐ $\frac{1}{4}$

9 **Trouver laquelle des expériences aléatoires suivantes est une épreuve de Bernoulli :**

a. ☐ Noter le résultat d'un lancer de dé à 6 faces.
b. ☐ Jouer à « Pile ou Face » avec une pièce.
c. ☐ Tirer une carte au hasard dans un jeu de 32 cartes.

10 **Déterminer la moyenne de la série statistique suivante :**

Valeurs	1	2	3	4	5	6
Effectifs	9	11	3	7	17	3

a. ☐ 3,06 b. ☐ $\frac{50}{6}$ c. ☐ 3,42

ACTIVITÉ 1

BIODIVERSITÉ

Découvrir les variables aléatoires discrètes

De quelles façons peut-on étudier une colonie d'oiseaux ?

Une équipe d'ornithologistes étudie une population de mésanges. Ils prélèvent, au hasard, des mésanges grâce à de petits pièges et s'intéressent dans un premier temps à l'âge des oiseaux capturés.
Les résultats d'un mois de captures et d'observations sont résumés dans le tableau ci-dessous.

Âge des mésanges capturées (en années)	1	2	3	4	5	6	7
Nombre de mésanges capturées	32	54	67	58	21	11	2

Capturer une mésange au hasard et noter son âge peut être considéré comme une expérience aléatoire.

1 Déterminer les issues de cette expérience aléatoire.

2 Déterminer l'univers Ω de cette expérience aléatoire.

3 On définit la fonction X, qui associe un nombre à chaque issue de l'expérience aléatoire, de la façon suivante : $X(n \text{ ans}) = n$.
Déterminer $X(1 \text{ an})$ et $X(4 \text{ ans})$.

4 On note $\{X = 5\}$ la réalisation de l'événement « La mésange capturée a 5 ans ». Que signifie alors $\{X \geqslant 5\}$ et $\{X \leqslant 3\}$?

5 On s'intéresse maintenant, à partir des mêmes captures, à la proportion de mâles et de femelles dans la population de mésanges étudiée. Les résultats sont présentés dans le tableau ci contre.

	Femelles	Mâles
Effectifs	156	89

Quel est l'univers de cette expérience aléatoire ?

6 On définit la fonction Y, de Ω dans $\{0 ; 1\}$, telle que $Y(\text{Mâle}) = 0$. Que vaut $Y(\text{Femelle})$?

7 Que signifie $\{Y = 0\}$? Et $\{Y = 1\}$?

Si Ω est l'univers d'une expérience aléatoire, alors une fonction X qui, à chaque élément de Ω, associe un nombre est appelée **variable aléatoire**.

ACTIVITÉ 2

ALIMENTATION

Déterminer la loi de probabilité d'une variable aléatoire discrète

Comment effectuer un tri dans une production agricole ?

Un producteur de pommes répartit sa récolte en cinq catégories :

- Les pommes avec une forme régulière et un diamètre supérieur ou égal à 8,5 cm sont classées en catégorie 1.
- Les pommes avec une forme régulière dont la hauteur est comprise entre 7,5 et 8,5 cm sont classées en catégorie 2.
- Les pommes avec une forme régulière dont la hauteur est comprise entre 6 et 7,5 cm sont classées en catégorie 3.
- Les pommes saines de hauteur inférieure à 6 cm sont classées en catégorie 4.
- Les pommes abimées, ou aux contours trop irréguliers, sont classées en catégorie 5.

Voici la répartition qu'il obtient.

Classement	Catégorie 1	Catégorie 2	Catégorie 3	Catégorie 4	Catégorie 5
Nombre de pommes	3 681	3 815	2 741	614	929

1 On choisit une pomme au hasard dans la production et on note sa catégorie. Déterminer l'univers Ω de cette expérience aléatoire.

....

2 Calculer la probabilité de l'événement « La pomme choisie au hasard est de catégorie 3 ».

....

....

3 On considère la **variable aléatoire** X qui associe à chaque issue dans Ω un nombre de l'ensemble $\{1 ; 2 ; 3 ; 4 ; 5\}$ de la façon suivante : à l'issue « Catégorie n », on associe le nombre n.
Préciser la valeur de $P(X = 3)$.

....

4 Compléter le tableau suivant :

n_i	1	2	3	4	5
$P(X = n_i)$	....	....	....	....	....

5 Expliciter l'événement $\{X \geqslant 4\}$, puis calculer $P(X \geqslant 4)$.

....

....

....

....

Soit X une variable aléatoire définie sur un univers Ω et dont les valeurs sont les nombres : $x_1, x_2, ..., x_n$.
La loi de probabilité de X associe à toute valeur x_i la probabilité $P(X = x_i)$.

ACTIVITÉ 3

ÉNERGIE

Étudier la loi de Bernoulli

Peut-on estimer la probabilité de voir plusieurs éoliennes fonctionner simultanément ?

Pour fonctionner, une éolienne a besoin qu'il y ait du vent ayant une certaine vitesse. En dessous de 10 km/h, le vent n'est pas assez fort pour entrainer les pales de l'éolienne ; au-dessus de 90 km/h, le vent est trop fort et l'éolienne est obligée de s'arrêter pour ne pas prendre le risque d'être détériorée par une trop grande vitesse de rotation de ses pales.

Trois éoliennes, A, B et C, sont installées sur une crête. On estime, dans cette étude, qu'elles sont suffisamment éloignées pour que les vents auxquels chacune est soumise relèvent de phénomènes indépendants.

Pour chacune des trois éoliennes, la probabilité pour que le vent souffle à moins de 10 km/h est de 0,15, et la probabilité pour qu'il souffle à plus de 90 km/h est de 0,05.

On s'intéresse à l'expérience aléatoire « On observe un instant t choisi au hasard et on note si l'éolienne A tourne ou si elle est à l'arrêt ».

1. Quel est l'univers Ω de cette expérience aléatoire ?

....

2. La variable aléatoire X vaut 1 si l'éolienne A tourne et 0 si l'éolienne A est à l'arrêt.
Calculer $P(X = 0)$.

....

....

3. Déterminer l'événement contraire de l'événement« L'éolienne A est à l'arrêt ».

....

4. En déduire $P(X = 1)$.

....

5. Déterminer les valeurs de $0{,}8^n \times 0{,}2^{1-n}$ lorsque $n = 1$, puis lorsque $n = 0$.

....

6. Justifier que $P(X = n) = 0{,}8^n \times 0{,}2^{1-n}$ avec $n = 0$ ou 1.

....

7. Compléter le tableau suivant décrivant la loi de probabilité de X :

n	0	....
$P(X = n)$	....	....

8. Compléter l'arbre de probabilités ci-contre.

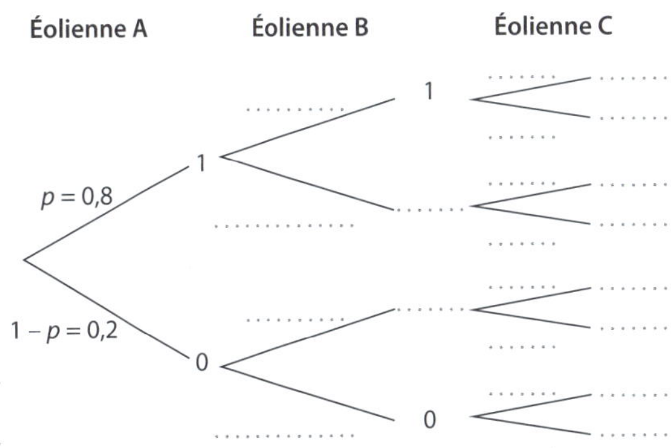

9. Calculer la probabilité pour que les trois éoliennes soient en train de tourner en même temps.

....

....

Si X est une variable aléatoire définie sur un univers Ω, qui ne prend que les valeurs 0 et 1 et telle que $P(X = 1) = p$, on dit que X suit la **loi de Bernoulli de paramètre p**.

ACTIVITÉ 4

SANTÉ

Calculer l'espérance d'une variable aléatoire discrète

Peut-on estimer la taille moyenne d'une population ?

On souhaite déterminer la taille moyenne des jeunes françaises et français de 16 ans, pour comparer ces données à des résultats plus anciens et observer l'évolution de la taille moyenne des adolescents au fil des générations.
On choisit 1 200 lycéens de 16 ans, au hasard à travers la France, et on obtient les résultats suivants :

Intervalle de taille (en cm)	[154 ; 160[	[160 ; 166[	[166 ; 172[	[172 ; 178[	[178 ; 184[	[184 ; 190[	[190 ; 196[	TOTAL
Filles	47	171	196	167	26	3	0	**610**
Garçons	1	7	26	182	228	138	8	**590**

1 On choisit un lycéen au hasard et on note l'intervalle de taille dans lequel il se situe. Déterminer l'univers Ω, de cette expérience aléatoire.

....

2 La variable aléatoire X associe à tout intervalle de taille, son centre de classe.
Calculer $X([160 ; 166[)$ et $X([178 ; 184[)$.

....

3 Établir la loi de probabilité de la variable X.

n_i	157	163	169	175	181	187	193
$P(X = n_i)$	....	....	....	....	....	....	....

4 On appelle **espérance mathématique** de la variable aléatoire X la valeur moyenne de X. On la note E(X).
Justifier que l'espérance mathématique de X est :
$E(X) = 157 \times P(X = 157) + 163 \times P(X = 163) + 169 \times P(X = 169) + \ldots + 187 \times P(X = 187) + 193 \times P(X = 193)$

....

....

5 On choisit un garçon au hasard parmi l'ensemble des lycéens et on note l'intervalle de taille dans lequel il se situe. On appelle G la variable aléatoire qui associe à toute issue de cette expérience aléatoire le centre de classe de l'intervalle obtenu. De même en choisissant une fille, on appelle F la variable aléatoire construite sur le même modèle que la variable G.

a. Calculer $E(G)$ et $E(F)$. ....

....

b. Justifier que $E(X) < \dfrac{E(F) + E(G)}{2}$.

....

....

Si X est une variable aléatoire définie sur un univers Ω et dont les valeurs sont les nombres $x_1, x_2, ..., x_n$, alors **l'espérance mathématique** de X, notée E(X), se détermine en calculant tous les produits $x_i \times P(X = x_i)$, puis en les additionnant.

Je retiens l'essentiel

Variable aléatoire

- L'ensemble des issues d'une expérience aléatoire est appelé **univers** de cette expérience aléatoire.
- Une **variable aléatoire** est une fonction de l'univers Ω d'une expérience aléatoire dans $\mathbb{R}$, qui à chaque issue de Ω associe un nombre réel.
- Lorsque la variable aléatoire X est à valeurs dans $\mathbb{N}$ (ou une partie de $\mathbb{N}$), on dit qu'il s'agit d'une **variable aléatoire discrète**.

Exemple : Dans un jeu de 32 cartes, une variable aléatoire X associe la valeur 1 aux cartes de Cœur, 2 aux Carreaux, 3 aux Trèfles et 4 aux Piques. Par exemple X (Dame de Cœur) = 1 et X(4 de trèfle) = 3.

- Si a est un nombre, on note **$\{X = a\}$** l'événement « ***X* prend la valeur *a*** » et $\{X > a]$ l'événement « X prend une valeur supérieure à a ».

Loi de probabilité

- Si X est une variable aléatoire dont les valeurs sont les nombres x_i, alors la fonction de $\{x_1 ; x_2 ; \ldots ; x_n\}$ dans [0 ; 1] qui, à tout nombre x_i, associe le nombre $P(X = x_i)$, est appelée **loi de probabilité** de la variable aléatoire X.
- **Propriété :** $P(X = x_1) + P(X = x_2) + \ldots + P(X = x_n) = 1$

Exemple : On lance deux dés à six faces, parfaitement équilibrés, et l'on note le couple de nombres obtenus. La variable aléatoire X associe à chaque couple de nombres la somme des deux nombres obtenus. La loi de probabilité de la variable aléatoire X est donnée par le tableau suivant :

x_i	2	3	4	5	6	7	8	9	10	11	12
$P(X = x_i)$	$\frac{1}{36}$	$\frac{1}{18}$	$\frac{1}{12}$	$\frac{1}{9}$	$\frac{5}{36}$	$\frac{1}{6}$	$\frac{5}{36}$	$\frac{1}{9}$	$\frac{1}{12}$	$\frac{1}{18}$	$\frac{1}{36}$

Loi de Bernoulli

- Si X est une variable aléatoire ayant pour uniques valeurs 0 et 1, et telle que $P(X = 1) = p$, alors on dit que X suit une **loi de Bernoulli** de paramètre p.
- $\{X = 0\}$ et $\{X = 1\}$ sont des événements contraires, donc $P(X = 0) = 1 - P(X = 1) = 1 - p$.

Exemple : Dans un jeu de « Pile ou Face » avec une pièce équilibrée, la variable aléatoire X définie par X(Pile) = 1 et X(Face) = 0 suit une loi de Bernoulli de paramètre $p = 0{,}5$: $P(X = 0) = P(X = 1) = 0{,}5$.

- **Répétition d'une épreuve de Bernoulli**

Soit X une variable qui suit une loi de Bernoulli de paramètre p.
Si l'on répète trois fois cette expérience aléatoire, la probabilité de l'événement « X est deux fois égale à 1 et une fois à 0 » est égale à : $p^2 \times (1 - p)$.

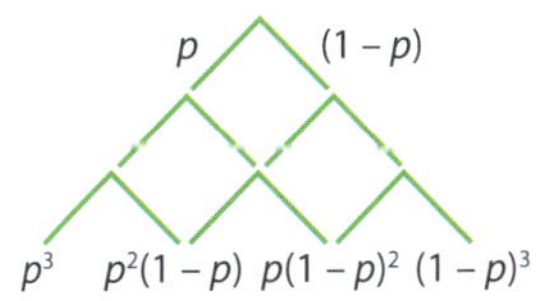

Espérance d'une variable aléatoire

- X est une variable aléatoire dont les valeurs sont égales à $x_1 ; x_2 ; \ldots ; x_n$. On note p_i le nombre $P(X = x_i)$. On appelle **espérance mathématique** de la variable aléatoire X la somme de tous les produits $x_i \times p_i$. On la note E(X).

Exemples : 1. On lance un dé à 6 faces, équilibré. Si l'on obtient 1 ou 3 on gagne 12 € ; si l'on obtient 2, 4, 5 ou 6 on perd 9 €. L'espérance mathématique de X est : $E(X) = \frac{2}{6} \times 12 + \frac{4}{6} \times (-9) = -2$.

2. Si X est une variable aléatoire suivant une loi de Bernoulli de paramètre p, alors :

$$E(X) = 1 \times p + 0 \times (1 - p) = p$$

J'apprends à résoudre

1 Déterminer la loi de probabilité d'une variable aléatoire discrète

Énoncé Une urne opaque contient 3 boules rouges, 2 boules blanches et 5 boules noires. On effectue le tirage d'une boule dans l'urne. Si la boule tirée est rouge, on marque 3 points, si elle est blanche on marque 2 points et si elle est noire, on marque 5 points. La variable aléatoire X associe à chaque tirage son score.

Solution

1. $\Omega = \{\text{Rouge} ; \text{Blanche} ; \text{Noire}\}$
2. $X(\text{Rouge}) = 3$; $X(\text{Blanche}) = 2$ et $X(\text{Noire}) = 5$
3. $P(X = 3) = 0,3$; $P(X = 2) = 0,2$ et $P(X = 5) = 0,5$

X	2	3	5
$P(X)$	0,2	0,3	0,5

Point méthode

1. Déterminer toutes les issues e_i de l'expérience aléatoire considérée
2. X est une variable aléatoire ; déterminer la valeur de chaque $X(e_i)$
3. Calculer la probabilité p_i de chacune de ces issues e_i. Dans un tableau, associer chaque valeur $X(e_i)$ à p_i.

Voir exercices 6 à 8 p. 194

2 Utiliser une répétition d'épreuves de Bernoulli

Énoncé Une urne opaque contient 3 boules blanches et 7 boules noires. On effectue une série de tirages d'une boule dans cette urne, avec remise. La variable aléatoire X vaut 1 si la boule tirée est blanche et 0 si la boule tirée est noire. Déterminer la probabilité des événements suivants :

1. A : « Tirer deux boules blanches d'affilée »

2. B : « Tirer trois boules noires d'affilée »

3. C : « Tirer deux boules de deux couleurs différentes »

Solution

1. X suit une loi de Bernoulli de paramètre 0,3.
2. Les épreuves sont indépendantes car il s'agit de tirages avec remise.
3. • $P(A) = p^1(1-p)^{1-1} \times p^1(1-p)^{1-1} = 0,3 \times 0,3 = 0,09$
   • $P(B) = (p^0(1-p)^{1-0})^3 = 0,7^3 = 0,343$
   • $P(C) = p^1(1-p)^{1-1} \times p^0(1-p)^{1-0} + p^0(1-p)^{1-0} \times p^1(1-p)^{1-1} = 2 \times 0,3 \times 0,7 = 0,42$

Point méthode

1. Déterminer le paramètre de la loi de Bernoulli suivie par la variable aléatoire X
2. Vérifier que les épreuves de Bernoulli répétées sont indépendantes
3. Calculer les probabilités demandées :
   • à l'aide de la formule $P(X = n) = p^n(1-p)^{n-1}$
   • à l'aide d'un arbre de probabilités

Voir exercices 15 p. 195 et 16 p. 196

3 Calcul de l'espérance d'une variable aléatoire

Énoncé On lance un dé à 6 faces, parfaitement équilibré, et l'on note la valeur de la face obtenue. On définit la variable aléatoire X de la façon suivante : X(« On a obtenu la face n ») $= n$.

Calculer l'espérance mathématique de la variable aléatoire X.

Solution

1. Issues de l'expérience aléatoire : $\Omega = \{1 ; 2 ; 3 ; 4 ; 5 ; 6\}$
2. $X(1) = 1$; $X(2) = 2$; $X(3) = 3$; $X(4) = 4$; $X(5) = 5$ et $X(6) = 6$
3. $P(X = n) = \frac{1}{6}$ pour $1 \leqslant n \leqslant 6$.
4. Espérance mathématique :
   $\text{E}(X) = \frac{1}{6} \times (1 + 2 + 3 + 4 + 5 + 6) = 3,5$

Point méthode

1. Déterminer toutes les issues e_i de l'expérience aléatoire considérée
2. X est une variable aléatoire ; déterminer la valeur de chaque $X(e_i)$
3. Calculer la probabilité p_i de chacune de ces issues e_i
4. Calculer la somme des $p_i \times X(e_i)$

Voir exercices 18 à 20 p. 197

Je m'entraîne

QCM en ligne

www.lienmini.fr/7868-1103

Je teste mes acquis

1 On lance une pièce de monnaie. Déterminer laquelle de ces fonctions est une variable aléatoire.

a. ☐ X : qui associe « Pile » ou « Face » à chaque lancer de pièce.
b. ☐ X : qui associe « Perdu » à l'issue « Face » et « Gagné » à l'issue « Pile ».
c. ☐ X : qui associe la valeur 0 à l'issue « Face » et la valeur 1 à l'issue « Pile ».

2 X est une variable aléatoire dont on donne une partie de la loi de probabilité. Déterminier $P(X = 300)$.

x_i	0	100	200	300	400
$P(X = x_i)$	0,1	0,1	0,2		0,2

a. ☐ $P(X = 300) = 300$
b. ☐ $P(X = 300) = 0,2$
c. ☐ $P(X = 300) = 0,4$

3 X est une variable aléatoire construite à partir du lancer d'un dé à six faces, dont on donne la loi de probabilité :

x_i	1	2	3	4	5	6
$P(X = x_i)$	0,1	0,2	0,3	0,2	0,1	0,1

Déterminer laquelle de ces affirmations est vraie :
a. ☐ Le dé lancé n'est pas équilibré.
b. ☐ $P(X = 3) < P(X = 6)$
c. ☐ $P(X > 3) > P(X < 6)$

4 X est une variable aléatoire dont on donne la loi de probabilité :

x_i	−8	−5	0	12	25
$P(X = x_i)$	0,15	0,25	0,45	0,05	0,05

a. ☐ $P(X > 0) = 0,45$
c. ☐ $P(X > 0) = 0,55$
b. ☐ $P(X > 0) = 0,1$

5 On tire une boule au hasard dans une urne opaque qui contient des boules bleues, blanches et rouges, et on note sa couleur. Indiquer la variable X qui ne suit pas une loi de Bernoulli :

a. ☐ X(Bleue)= 0 ; X(Blanche) = 1 ; X(Rouge) = 0
b. ☐ X(Bleue)= 0 ; X(Blanche) = 1 ; X(Rouge) = 2
c. ☐ X(Bleue)= 1 ; X(Blanche) = 1 ; X(Rouge) = 0

6 On lance un dé à six faces, parfaitement équilibré. La variable aléatoire X est égale à 0 si le résultat et pair et à 1 si le résultat est impair. Déterminer laquelle de ces affirmations est vraie.

a. ☐ X suit une loi de Bernoulli de paramètre $\frac{1}{2}$.
b. ☐ X ne suit pas une loi de Bernoulli.
c. ☐ X suit une loi de Bernoulli de paramètre $\frac{1}{6}$.

7 La variable aléatoire X suit une loi de Bernoulli de paramètre 0,2. Alors :

a. ☐ $P(X = 1) = 0,2$ et $P(X = 0) = 0,8$
b. ☐ $P = 0,2$
c. ☐ $P(X = 1) = 0,8$ et $P(X = 0) = 0,2$

8 L'espérance mathématique d'une variable X qui suit une loi de Bernoulli de paramètre 0,3 est égal à :

a. ☐ 0,7
b. ☐ 0,3
c. ☐ $\frac{0,7 + 0,3}{2}$

9 X est une variable aléatoire dont on donne la loi de probabilité :

x_i	−10	−5	0	10	15
$P(X = x_i)$	0,1	0,2	0,4	0,1	0,2

Calculer l'espérance mathématique de X.
a. ☐ 0,2 b. ☐ 2,5 c. ☐ 2

Variables aléatoires discrètes

Automatismes

1 On tire une carte au hasard dans un jeu de 32 cartes et on note la valeur de la carte sans s'intéresser à sa couleur (pique, cœur, carreau ou trèfle).
Préciser l'univers de cette expérience aléatoire.

....

2 Soit X une variable aléatoire discrète obtenue en notant le résultat du lancer d'un dé à six faces. Donner la signification de $\{X < 4\}$.

....

....

3 Soit X une variable aléatoire discrète obtenue en faisant la somme des résultats du lancer de deux dés à six faces.

1. Le couple (4 ; 5) indique que l'on a obtenu un 4 et 5. Calculer $X((4 ; 5))$. ....

2. Déterminer toutes les issues de $\{X = 4\}$.

....

4 On réalise l'expérience aléatoire suivante : on lance un dé à six faces tant que l'on n'a pas obtenu un 6. Pour chaque expérience aléatoire réalisée, X représente le nombre de lancers que l'on a effectués avant d'obtenir un 6.

1. Justifier que X est une variable aléatoire.

....

....

2. Déterminer la plus petite valeur de X.
Préciser à quel événement elle correspond.

....

....

3. Calculer $X((2 ; 1 ; 3 ; 1 ; 5 ; 4 ; 6))$.

....

4. Préciser si la variable aléatoire X a une valeur maximum.

....

5 Une urne opaque contient 8 boules rouges et 2 boules noires. On réalise l'expérience aléatoire suivante : tant que l'on n'a pas tiré de boule noire, on effectue un tirage sans remise d'une boule dans l'urne et on note sa couleur. Pour chaque expérience aléatoire réalisée, X représente le nombre de tirages que l'on a effectué pour obtenir une boule noire.

1. Déterminer les valeurs que peut prendre la variable aléatoire X.

....

2. Préciser les tirages successifs qui correspondent à l'événement $\{X = 4\}$.

....

Loi de probabilité

Automatismes

6 On lance un dé à six faces, parfaitement équilibré. La variable aléatoire X donne le résultat du lancer. Compléter la loi de probabilité de X.

x_i	1	2	3	4	5	6
$P(X = x_i)$	....	....	....	....	....	....

7 La variable aléatoire X suit la loi de probabilité suivante :

x_i	−10	−5	0	5	10
$P(X = x_i)$	0,1	0,4	0,2	0,1	0,2

1. Déterminer $P(X = 5)$.

....

2. Calculer $P(X \leqslant 5)$.

....

....

8 Une urne opaque contient 7 boules rouges, 2 boules noires et une boule verte. On réalise l'expérience aléatoire suivante : on tire une boule au hasard dans l'urne. La variable aléatoire X est égale à 0 si la boule tirée est rouge, à 1 si la boule tirée est noire et à 2 si la boule tirée est verte.

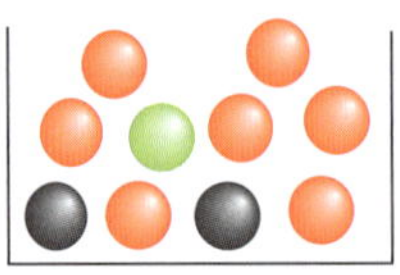

1. Compléter le tableau ci-dessous permettant de décrire la loi de probabilité de X.

x_i	....	....	....
$P(X = x_i)$	....	....	....

2. Décrire l'événement $\{X = 1\}$.

....

....

3. Décrire l'événement $\{X < 2\}$.

....

....

....

4. Calculer $P(X < 2)$.

....

....

....

9 Une urne opaque contient 9 boules noires et 1 boule blanche. On réalise l'expérience aléatoire suivante : tant que l'on n'a pas tiré la boule blanche, on effectue un tirage sans remise d'une boule dans l'urne et on note sa couleur. Pour chaque expérience aléatoire réalisée, X représente le nombre de tirages que l'on a effectués avant d'obtenir la boule blanche.

1. Déterminer la valeur minimale prise par la variable X.

....

....

2. Préciser l'événement correspondant à cette valeur minimale de X.

....

....

....

3. Calculer $P(X = 1)$.

....

4. Calculer la probabilité de l'événement « On tire une boule noire au premier tirage et la boule blanche au deuxième tirage ».

....

....

....

5. Déduire de la question **4.** la valeur de $P(X = 2)$.

....

6. Déterminer la probabilité de l'événement « Noire ; Noire ; Blanche ».

....

....

7. En déduire la loi de probabilité de la variable aléatoire X.

....

....

....

10 ÉNERGIE Le tableau suivant répertorie les foyers d'une commune moyenne en fonction du type d'habitat (collectif ou individuel) et de la principale source d'énergie utilisée pour se chauffer.

	Individuel	Collectif
Électricité	886	912
Gaz	647	857
Fuel	861	256
Bois	578	3

Chacun des 5 000 foyers de la commune est classé d'après la catégorisation suivante :

	Individuel	Collectif
Électricité	1	2
Gaz	3	4
Fuel	5	6
Bois	7	8

On choisit un foyer au hasard dans la commune. La variable aléatoire X prend pour valeur la catégorie du foyer choisi.

1. Déterminer la loi de probabilité de X en complétant le tableau ci-dessous.

x_i	1	2	3	4	5	6	7	8
$P(X=x_i)$	....	....	....	....	....	....	....	....

2. Donner la signification de l'événement $\{X \text{ est pair}\}$.

....

....

3. Calculer $P(X < 8)$.

....

11 Une variable aléatoire X suit la loi de probabilité présentée dans le tableau ci-dessous.

x_i	0	10	20	25	50
$P(X=x_i)$	0,15		0,25	0,15	0,2

1. Déterminer $P(X = 10)$.

....

2. Calculer $P(X < 25)$.

....

3. Calculer $P(0 < X < 50)$.

....

12 On réalise l'expérience aléatoire suivante : on lance un dé à six faces, parfaitement équilibré ; si on obtient 6, on rejoue ; si l'on obtient un autre résultat que 6, on note ce résultat. La variable aléatoire X est égale au nombre noté après chaque expérience aléatoire.

1. Compléter le tableau suivant permettant de décrire la loi de probabilité de X :

x_i	....	....	....	....	....
$P(X=x_i)$	....	....	....	....	....

2. On veut créer un dé à 5 faces, parfaitement équilibré. Déterminer la loi de probabilité de la variable aléatoire X qui indique le résultat du lancer de ce dé en complétant le tableau suivant :

x_i	1	2	3	4	5
$P(X=x_i)$	....	....	....	....	....

3. En déduire une façon de « simuler » un dé à 5 faces parfaitement équilibré.

....

Loi de Bernoulli

Automatismes

13 On lance une pièce de 1 € parfaitement équilibrée. Si l'on obtient « Pile », la variable aléatoire X est égale à 1 ; si l'on obtient « Face », X est égale à 0.

1. Compléter le tableau suivant donnant la loi de probabilité de X.

x_i	....	....
$P(X=x_i)$	....	....

2. Déterminer la valeur du nombre p tel que la loi de probabilité de X soit :

$P(X = 1) = p$ et $P(X = 0) = (1 - p)$.

....

....

14 Une variable aléatoire X suit une loi de Bernoulli de paramètre 0,25.

1. Calculer $P(X = 1)$.

....

2. Calculer $P(X = 0)$.

....

15 Une pièce de monnaie est mal équilibrée. Lorsqu'elle est lancée, elle a seulement 38 % de chance d'afficher « Pile ».

On joue à « Pile ou Face » avec cette pièce. Lorsque l'on fait « Pile », la variable aléatoire X vaut 1 ; lorsque l'on fait « Face », elle vaut 0.

1. Justifier que X suit une loi de Bernoulli.

....

....

2. Préciser le paramètre de la loi de Bernoulli suivie par X.

3. On lance la pièce trois fois d'affilée. Justifier que les événements « Obtenir pile au premier lancer », « Obtenir pile au deuxième lancer » et « Obtenir pile au troisième lancer » sont indépendants.

4. Calculer la probabilité d'obtenir trois fois « Pile ».

16 On lance simultanément trois pièces de monnaie parfaitement équilibrées. Chaque pièce affichant « Pile » marque 1 et chaque pièce affichant « Face » marque 0. La variable aléatoire X est égale au produit des trois résultats obtenus.

1. Montrer que X suit une loi de Bernoulli.

2. Compléter l'arbre de probabilité suivant :

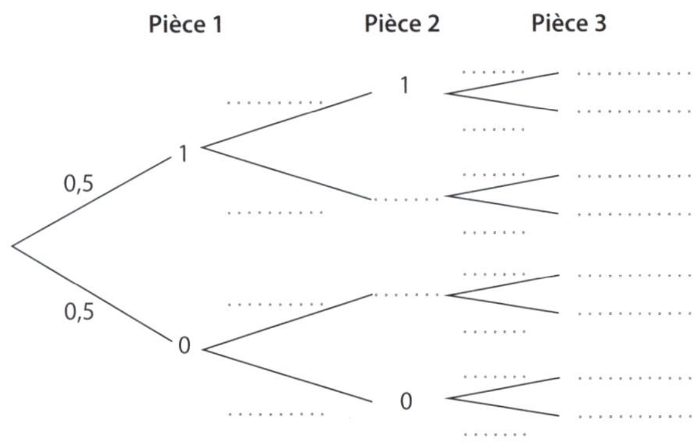

3. Compléter le tableau suivant donnant la loi de probabilité de X :

x_i	0	1
$P(X = x_i)$	....	....

4. En déduire le paramètre de la loi de Bernoulli de X.

17 Algorithmique et programmation

Une variable aléatoire X suit une loi de Bernoulli de paramètre 0,99. Lorsque X est égale à 1, on dit que l'on a obtenu un succès, et lorsque X est égale à 0, on a obtenu un échec.

1. Calculer la probabilité d'obtenir un succès lors de cette expérience aléatoire.

2. Déterminer la probabilité d'obtenir deux succès si l'on répète deux fois cette expérience aléatoire.

3. On cherche à déterminer le nombre de répétitions de cette expérience aléatoire qu'il faudra faire pour que la probabilité de n'avoir que des succès devienne inférieure à 0,5.
Dans le programme suivant, préciser à quoi correspond la variable N.

PYTHON
Voir la fiche 6, p. 245

```
def BernoulliN():
    N=1
    P=0.99
    while P>0.5:
        P=P*0.99
        N=N+1
    return(N)
```

4. Lancer le programme « Bernoulli_BN.py » et déterminer le nombre de répétitions à partir duquel la probabilité de n'avoir que des succès sera inférieure à 0,5.

Programme à télécharger
www.lienmini.fr/7868-1104

5. On cherche à déterminer, grâce au programme ci-dessous, le nombre de répétitions à effectuer pour que la probabilité de n'avoir que des succès, avec une variable aléatoire suivant une loi de Bernoulli de paramètre 0,75, soit inférieure à 0,2.

PYTHON
Voir fiches 3, p. 239 et 6, p. 245

```
def BernoulliPN(A,p):
    N=1
    P=A
    while P>p:
        P=P*A
        N=N+1
    return(N)
A=float(input("A ="))
p=float(input("p ="))
print (BernoulliPN(A,p))
```

a. Préciser les valeurs de A et de p qu'il faudra choisir.

b. Lancer le programme « Bernoulli_BN_2.py » et déterminer le nombre de répétitions nécessaires.

Programme à télécharger
www.lienmini.fr/7868-1105

Espérance mathématique

Automatismes

18 Une variable aléatoire X suit la loi de probabilité suivante :

x_i	10	20	30	40	50
$P(X = x_i)$	0,1	0,2	0,5	0,2	0,1

Calculer l'espérance mathématique de X.

....

19 Une variable aléatoire X suit la loi de probabilité suivante :

x_i	−5	−3	7	12	18
$P(X = x_i)$	0,1	0,2	0,5	0,2	0,1

Calculer l'espérance mathématique X.

....

20 Un parieur propose un défi à un jeu de dés : il lance un dé à six faces, parfaitement équilibré. Si le résultat affiché est entre 1 et 5, il a perdu et offre 10 € au joueur qu'il a défié. Si le dé affiche un 6, alors le parieur a gagné et il empoche 80 €.

Le parieur affirme que ce jeu est très avantageux pour le joueur adverse puisque celui-ci a 5 fois plus de chance de gagner que lui.

1. La variable aléatoire X permet de modéliser les gains du parieur. Compléter le tableau suivant :

x_i	−10	80
$P(X = x_i)$	....	....

2. Calculer l'espérance mathématique de la variable aléatoire X.

....

3. Déterminer si l'affirmation du parieur selon laquelle ce jeu est plus avantageux pour son adversaire que pour lui, est exacte.

....

....

....

21 On lance une pièce de monnaie parfaitement équilibrée. On marque un point pour chaque résultat « Pile » et zéro point pour chaque résultat « Face ».
La variable aléatoire X associe le score total obtenu après une série de trois lancers.

1. Déterminer les valeurs de la variable aléatoire X.

....

....

2. Déterminer la loi de probabilité de la variable aléatoire X :

X	0	1	2	3
$P(X)$				

3. Calculer l'espérance mathématique de la variable aléatoire X.

....

....

22 Un dé à 6 faces est pipé de telle manière que la probabilité d'obtenir chacune des faces du dé lors d'un lancer est proportionnelle à la valeur de la face en question.

X est la variable aléatoire qui associe à chaque lancer la valeur obtenue.

Autrement dit, il existe un nombre k fixé tel que la loi de probabilité de X puisse s'écrire :

Face du dé : i	1	2	3	4	5	6
$P(X = i)$	k	$2k$	$3k$	$4k$	$5k$	$6k$

1. En utilisant le fait que la somme des probabilités doit être égale à 1, déterminer la valeur de k sous la forme d'une fraction.

....

....

....

....

....

....

2. Calculer l'espérance mathématique de la variable aléatoire X.

....

....

....

....

....

....

....

Je résous des problèmes

23 ALIMENTATION Quel est le risque d'acheter un produit périmé ?

Sur les rayonnages d'une épicerie, il reste 12 lots de yaourts. Trois de ces lots seront périmés le lendemain, les huit autres le seront beaucoup plus tard.
Les douze lots sont disposés de façon totalement aléatoire sur le rayon, si bien que lorsqu'un client choisit un lot à acheter, on peut considérer qu'il fait un choix au hasard.

1. La variable aléatoire X est égale à 1 si le client a choisi un lot périmé le lendemain, et 0 sinon. Justifier que X suit une loi de Bernoulli et préciser son paramètre.

2. Seuls trois clients achètent un lot de yaourt ce jour-là. Calculer la probabilité pour que ce soit les trois lots périmés le lendemain.

3. Cinq clients achètent un lot de yaourt ce jour-là. Calculer la probabilité pour que les trois lots périmés le lendemain fassent partie des ventes de la journée. (On pourra utiliser un arbre de probabilités.)

24 SANTÉ Quelle est « l'espérance de vie » d'un piéton sur une autoroute ?

Lorsqu'un automobiliste tombe en panne sur l'autoroute, il est fréquent qu'il descende de sa voiture pour essayer de la réparer. Dans l'immense majorité des cas, l'automobiliste en panne remontera dans sa voiture qui sera dépannée, mais, malheureusement, quelques fois, en descendant de son véhicule, l'automobiliste crée un suraccident qui lui est fatal.
Le tableau statistique ci-dessous répertorie les cas de suraccidents mortels survenus sur une portion d'autoroute, en précisant la durée écoulée entre l'incident initial et le suraccident fatal.

Durée écoulée entre l'incident initial et l'accident (en min)	5	10	15	20	30
Nombre de victimes	77	21	8	3	1

1. La variable aléatoire X indique la durée, en minutes, entre l'incident initial et l'accident fatal, pour une victime choisie au hasard dans cette étude. Présenter la loi de probabilité de X sous la forme d'un tableau.

2. Calculer l'espérance de la variable aléatoire X.

3. Quelle interprétation peut-on faire du message de prévention suivant « En cas d'arrêt sur le bord de l'autoroute, les huit premières minutes peuvent être fatales. Restez vigilant ! » ?

25 BIODIVERSITÉ Peut-on évaluer le risque lié aux insectes dans une zone tropicale ?

Une équipe d'entomologistes réalise une estimation de la quantité d'insectes présents dans une mangrove, à partir d'un échantillonnage. Ces insectes sont classés en 5 catégories : 1 inoffensifs ; 2 gênants ; 3 susceptibles de transmettre des maladies ; 4 dangereux ; 5 mortels.

Catégorie de l'insecte prélevé	1	2	3	4	5
Nombre d'insectes dans l'échantillon par catégorie	102	512	376	23	7

On note X la variable aléatoire qui donne la catégorie à laquelle appartient un insecte ramassé au hasard dans cette mangrove.

1. Donner la loi de probabilité de X.

2. Calculer $P(X \geqslant 4)$.

3. Une zone est décrété dangereuse si la proportion d'insectes dangereux ou mortels est supérieure à 10 %. La mangrove étudiée est-elle une zone dangereuse ?

26 ÉNERGIE Comment déterminer une consommation moyenne d'énergie ?

Le tableau ci-dessous donne un aperçu de la consommation annuelle d'énergie électrique par personne :

Consommation (en kWh)	1 800	2 000	2 200	2 400	2 600
Répartition dans la population	12 %	28 %	38 %	8 %	3 %

1. La variable aléatoire X associe la valeur de la consommation électrique d'une personne choisie au hasard.
Déterminer la loi de probabilité X.

2. Calculer l'espérance mathématique de X.

3. En déduire la valeur de la consommation moyenne d'électricité.

27 EAU Comment estimer la composition d'une eau minérale ?

Une usine produit de l'eau minérale en bouteilles en s'approvisionnant à quatre sources de montagne différentes. Les eaux de chacune de ces sources ont un taux de calcium différent. Elles ne sont pas mélangées dans les bouteilles et on estime que la production est répartie ainsi :

	Source A	Source B	Source C	Source D
Pourcentage de bouteilles remplies avec cette source	12 %	44 %	20 %	24 %
Taux de calcium (en mg/L)	341	120	253	468

On choisit une bouteille d'eau au hasard dans la production de l'usine.

1. La variable aléatoire X associe à la bouteille choisie sont taux de calcium. Déterminer la loi de probabilité de X.

2. Calculer l'espérance mathématique de X.

3. Si l'usine décidait de mélanger les eaux des différentes sources avant de les mettre en bouteille, quel serait le taux de calcium de l'eau minérale obtenue ?

Je résous des problèmes

28 SANTÉ Comment estimer l'efficacité de la couverture vaccinale d'une population ?

On s'intéresse au pourcentage de personnes vaccinées contre la grippe saisonnière au sein de la population d'un département rural. Une estimation permet d'affirmer que près de 38 % de la population du département est vaccinée. On choisit une personne au hasard parmi les habitants du département et on lui demande si elle est vaccinée contre la grippe saisonnière.

1. Justifier que cette expérience aléatoire est une épreuve de Bernoulli.

2. La variable aléatoire X prend la valeur 1 si la personne choisie est vaccinée, et 0 sinon. Justifier que X suit une loi de Bernoulli.

3. Préciser le paramètre de la loi de Bernoulli suivie par la variable aléatoire X.

4. Si l'on réunit trois personnes choisies au hasard dans ce département dans une même pièce, quelle sera la probabilité pour qu'aucune des trois ne soit vaccinée ?

29 SANTÉ Les douleurs articulaires dépendent-elles de l'âge ?

Le risque de souffrir de problèmes articulaires augmente avec l'âge. Le tableau ci-dessous indique à quel âge sont arrivées les premières douleurs pour un groupe de personnes souffrant de problèmes articulaires.

Âge (en années)	65	66	67	68	69	70
Répartition (en %)	12	14	15	27	23	9

1. La variable aléatoire X associe à chaque personne de ce groupe prise au hasard, l'âge auquel elle a ressenti ses premières douleurs articulaires. Déterminer la loi de probabilité de X.

2. Calculer l'espérance de X.

3. On donne le résultat suivant : $P(X = 68) > P(X = 70)$.
Expliquer pourquoi ce résultat n'est pas contradictoire avec l'affirmation « Le risque de souffrir de problèmes articulaires augmente avec l'âge ».

30 ÉNERGIE Quel risque courent nos ordinateurs en cas d'orage ?

Lors d'un orage, il y a un risque que des appareils électriques soient sérieusement endommagés s'ils sont en train de fonctionner. On estime qu'il y a une chance sur 10 pour qu'un ordinateur en train de fonctionner soit irrémédiablement endommagé lors d'un épisode orageux, et que cette dégradation ne peut survenir que dans les 15 minutes les plus intenses de l'orage.
Janna utilise son ordinateur environ trois heures par jour. On fait l'hypothèse qu'un orage peut se produire à n'importe quel moment de la journée.

1. Un orage a lieu. Calculer la probabilité pour que l'ordinateur de Janna soit en train de fonctionner durant les 15 minutes les plus intenses de l'orage.

2. On note X la variable aléatoire qui vaut 0 si l'ordinateur de Janna n'est pas endommagé lors d'un orage, et 1 s'il est endommagé. Déterminer la loi de probabilité de X.

3. Calculer l'espérance $E(X)$ de la variable aléatoire X.

4. On estime qu'il y a en moyenne trois épisodes orageux par mois. Y est la variable aléatoire qui vaut 0 si l'ordinateur de Janna n'est pas endommagé durant un mois, et 1 sinon.
Calculer l'espérance $E(Y)$ de la variable Y.

5. Expliquer pourquoi $E(Y) > E(X)$.

DÉMARCHE SCIENTIFIQUE

31 ALIMENTATION Quelle est la proportion de boîtes défectueuses ?

On effectue des tests de qualité sur une chaîne de production de boîtes de conserves.

Le protocole de test est le suivant : on prélève trois boîtes de conserve au hasard sur la chaîne de production toutes les 2 heures et l'on teste chacune des trois boîtes.

Peut-on estimer, à partir des résultats connus, la proportion de boites de conserves défectueuses dans la production de cette chaîne ?

Doc. 1.

Liste des tests réalisés sur chaque boîte
- Contrôle du contenu de la boîte (test biologique)
- Contrôle de l'étanchéité de la boîte de conserve
- Vérification de l'absence de traces de rouille
- Conformité de l'étiquetage

Doc. 2.

Résultats partiels des tests sur 10 mois
- Nombre de lots testés : 18 000
- Nombres de lots comptant trois boîtes défectueuses : 144

Thèmes abordés
- Calculs de probabilités
- Variables aléatoires
- Loi de Bernoulli

Je m'évalue

Nom : ....
Prénom : ....
Date : ....

Peut-on estimer le risque qu'une personne malade en contamine deux autres ?

Une maladie contagieuse se propage au sein de la population. On estime que si une personne saine reste plus de quinze minutes à proximité d'une personne infectée, elle sera contaminée. Après un mois d'épidémie, 10 % de la population est infectée.

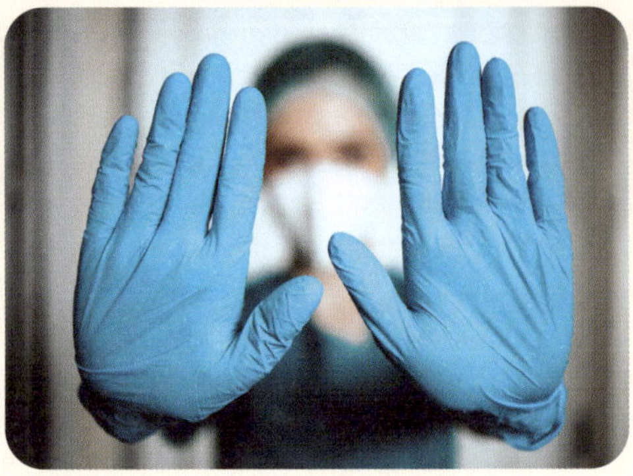

1 C.1.3 ANALYSER On choisit une personne au hasard dans la population. La variable aléatoire X prend la valeur 1 si cette personne est infectée, et 0 si elle est saine. Justifier que X suit une loi de Bernoulli dont on précisera le paramètre.

....

....

....

2 C.1.3 MODÉLISER Déterminer la loi de probabilité de X.

....

3 C.1.3 ANALYSER Calculer la probabilité pour que deux personnes se retrouvant par hasard dans la même pièce soient toutes les deux saines, puis toutes les deux infectées.

....

4 C.1.3 ANALYSER En déduire la probabilité pour que, sur deux personnes prises au hasard, l'une soit infectée et pas l'autre.

....

5 C.1.3 ANALYSER Calculer la probabilité pour que trois personnes se retrouvant par hasard dans la même pièce soient toutes les trois saines, puis toutes les trois infectées.

....

6 C.1.3 ANALYSER En déduire la probabilité pour qu'il y ait, parmi les trois personnes, au moins quelqu'un d'infecté et au moins quelqu'un de sain.

....

7 C.1.3 ANALYSER Déterminer la probabilité qu'une personne saine se retrouve par hasard avec deux personnes dont au moins une serait contaminée.

....

8 C.1.3 ARGUMENTER Déterminer le pourcentage p d'infection dans la population qui entrainera qu'une personne saine ait un risque supérieur à 50 % de se retrouver, par hasard, en présence de deux personnes dont au moins une est contaminée.

....

....

....

....

CHAPITRE 12

Traitement de données

Je vais être capable de

- Interpréter les indicateurs d'une série statistique à une variable
- Utiliser les fonctionnalités d'un tableur pour croiser deux variables qualitatives
- Analyser un tableau croisé de données

Je démarre

Vidéo
Je regarde la vidéo
www.lienmini.fr/7868-1201

La durée médiane d'un déplacement quotidien à pied ou à vélo est de 10 min.
La durée moyenne d'un trajet à pied est de 16 min.

1. Donner la proportion de personnes se déplaçant à pied ou à vélo pendant moins de 10 min.

....

2. La distance à vélo parcourue par jour par trois lycéens est de 2,2 km, 2,4 km et 3,5 km.
Donner la distance moyenne parcourue par ces trois lycéens.

....

Je me rappelle

QCM
Je me rappelle
www.lienmini.fr/7868-1202
Note ton score du QCM en ligne .... /10

Questions flash

Cocher la bonne réponse parmi les trois proposées.

1 **Un recensement des variétés de pommes est réalisé. La nature de la variable étudiée est :**

a. ☐ qualitative.
b. ☐ quantitative discrète.
c. ☐ quantitative continue.

2 **À la question « quel mode de transport utilisez-vous pour vous déplacer ? », les réponses permettent de déterminer :**

a. ☐ la moyenne.
b. ☐ des fréquences.
c. ☐ les quartiles.

3 **Parmi les 450 élèves, 27 viennent en vélo. La proportion de ces élèves est de :**

a. ☐ 0,06
b. ☐ 0,27
c. ☐ 16,67

4 **Dans une enquête portant sur 350 personnes, 38 % marchent quotidiennement.**
L'effectif de personnes qui marchent est :

a. ☐ 92
b. ☐ 133
c. ☐ 350

5 **Le relevé des températures dans la salle de cours est : 16 °C ; 19 °C ; 22 °C ; 18 °C ; 19 °C.**
L'étendue est :

a. ☐ 22 °C
b. ☐ 19 °C
c. ☐ 6 °C

6 **Un candidat à un examen a obtenu les trois notes suivantes : 13 au coefficient 1,5 ; 15 au coefficient 0,5 et 8 au coefficient 2.**
La moyenne est :

a. ☐ 10,75
b. ☐ 12
c. ☐ 14,33

7 **Voici un tableau de données :**

Âge	[6 ; 18[	[18 ; 25[	[25 ; 35[
Effectifs	22	23	15

L'âge moyen est, au dixième près :

a. ☐ 18,7
b. ☐ 21,5
c. ☐ 20,14

8 **Voici un diagramme en boîte.**

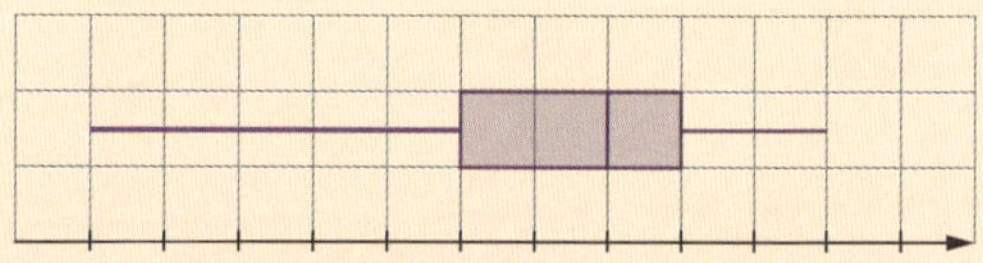

À quelle série peut-il correspondre ?

a. ☐ Série 1
b. ☐ Série 2
c. ☐ Série 3

9 **Pour deux groupes, la moyenne est de 10. Le 1er groupe a un écart-type de 0,2 et le 2e de 0,3.**
Indiquer l'affirmation exacte.

a. ☐ Le 1er groupe est plus homogène.
b. ☐ Les deux groupes sont identiques.
c. ☐ 50 % du 2e groupe a eu entre 9,7 et 10,3.

10 **On donne le tableau de données suivant :**

Classe	[500 ; 1 000[	[1 000 ; 1 500[	[1 500 ; 2 000[
ECC	23	57	10

La valeur médiane est, à l'unité près :

a. ☐ 45
b. ☐ 1 250
b. ☐ 1 193

ACTIVITÉ 1

ALIMENTATION

Comparer des séries statistiques à une variable

Comment évolue la consommation de vin en Europe ?

Eurostat a transmis les données de 12 pays de l'Union Européenne sur leur consommation de vin sur deux périodes, 2000 et 2020.

Les résultats sont donnés en litres/habitant/an.

Année	Portugal	Italie	France	Danemark	Autriche	Allemagne
2000	45,9	46,8	53,1	32,2	30,9	24,4
2020	47,4	44,1	32,6	28,2	27,1	25,0

Année	Belgique	Pays-Bas	Suède	Espagne	République tchèque	Royaume-Uni
2000	21,7	19,9	15,4	35,6	12,3	16,7
2020	23,5	22,7	21,0	20,4	20,4	19,8

1 Déterminer l'étendue *e* pour chacune des deux périodes.

....

....

L'étendue est la différence entre la valeur maximale et minimale.

2 À l'aide de la calculatrice, compléter le tableau ci-dessous (arrondir au dixième).

Année	Moyenne	Écart-type	Médiane	1er quartile	3e quartile	Écart interquartile
2000	....	....	....	....	....	....
2020	....	....	....	....	....	....

3 Représenter sur le graphique ci-contre le diagramme en boîte pour l'année 2000, puis pour l'année 2020.

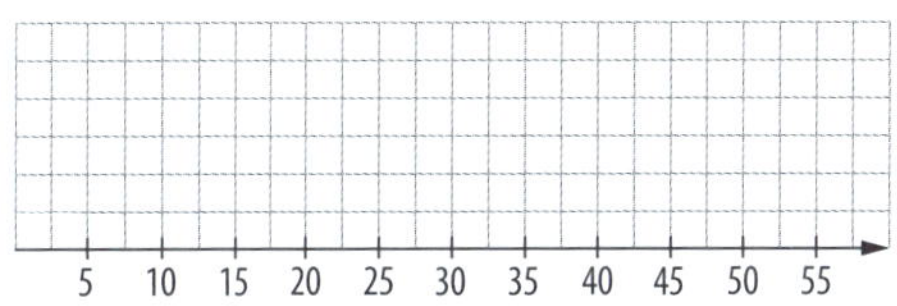

4 Comparer l'évolution de la consommation de vin entre 2000 et 2020 (il y a plusieurs réponses possibles).

....

....

....

....

....

....

....

....

....

Tutoriel à télécharger
www.lienmini.fr/7868-1203

Les couples **(médiane, écart interquartile)** et **(moyenne, écart-type)** sont deux façons différentes de caractériser une série statistique et de juger l'homogénéité de la série.

ACTIVITÉ 2

ÉNERGIE

Estimer les indicateurs de données statistiques regroupées par classe

Comment la puissance de raccordement électrique des parcs éoliens est-elle répartie ?

Une association sur l'énergie a dénombré les puissances de raccordement électrique (en kilowatts) de parcs éoliens de moins de 24 000 kW dans une région française.

Les données brutes sont dans le fichier à télécharger.

1 Ouvrir le fichier tableur « Eolienne ». Puis, en suivant les indications données dans la feuille de calcul « Données brutes », déterminer la puissance moyenne de raccordement et l'écart-type (arrondir au kW près).

$\overline{x}_1$ = ... σ_1 = ...

....

....

Fichier à télécharger
www.lienmini.fr/7868-1204

2 Le tableau ci-dessous donne les valeurs regroupées par classes d'amplitude 5 000 kW.

Puissance de raccordement (en kW)	[1 700 ; 6 700[	[6 700 ; 11 700[	[11 700 ; 16 700[	[16 700 ; 21 700[
Nombre de parcs éoliens	66	246	118	30

Tutoriel à télécharger
www.lienmini.fr/7868-1205

À l'aide de la calculatrice, déterminer la puissance moyenne de raccordement et l'écart-type (arrondir au kW près).

$\overline{x}_2$ = ... σ_2 = ...

....

....

Le centre de classe est la valeur centrale de l'intervalle $[a\,;b]$ et vaut $\frac{a+b}{2}$.

3 Un autre regroupement est proposé, par classes de 2 500 kW et en commençant à 1 700 kW.
Le polygone des fréquences cumulées correspondant est donné ci-contre.
On donne la puissance moyenne de raccordement $\overline{x} = 10\,417$ kW et l'écart-type $\sigma = 3\,577$ kW, à l'unité près.

a. Calculer les bornes de l'intervalle $[\overline{x} - 2\sigma\,;\overline{x} + 2\sigma]$.

....

....

b. Justifier qu'environ 95 % des parcs éoliens appartiennent à l'intervalle $[\overline{x} - 2\sigma\,;\overline{x} + 2\sigma]$.
On pourra utiliser le polygone des effectifs cumulés croissants.

....

....

....

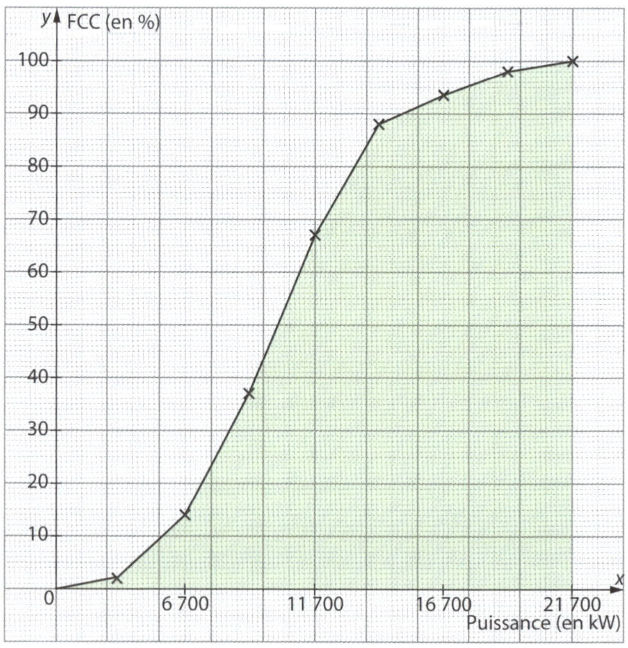

Lorsque l'on regroupe des données en classes, on peut obtenir une valeur moyenne différente.
Si la distribution présente une symétrie, environ **95 % des données** sont dans l'intervalle $[\overline{x} - 2\sigma\,;\overline{x} + 2\sigma]$.

ACTIVITÉ 3

EAU

Croiser des données statistiques qualitatives

Quelle est la proportion de plans d'eau en bon état ?

Un plan d'eau en bon état ne contient pas de substances toxiques (bon état chimique) et accueille une biodiversité riche et variée (bon état écologique).
Les données des Agences de l'eau concernant les plans d'eau (étangs, lacs ou barrages) renseignent sur :

- l'état écologique (très bon, bon, moyen, médiocre ou mauvais) ;
- l'état chimique (bon, bon état non atteint).

1 Identifier les variables étudiées et préciser leur nature.

....

....

....

2 Ouvrir le fichier tableur « Plan d_eau ». Puis, en suivant les indications données dans la feuille de calcul, créer un tableau croisé dynamique suivant les champs « État chimique » et « État écologique ».

Fichier à télécharger
www.lienmini.fr/7868-1206

3 Recopier les données dans le tableau ci-dessous.

		État écologique					Total selon l'état chimique
		Très bon	Bon	Moyen	Médiocre	Mauvais	
État chimique	Bon	.....	.....	.....	.....	.....	.....
	Bon état non atteint	.....	.....	.....	.....	.....	.....
Total selon l'état écologique		.....	.....	.....	.....	.....	.....

4 Indiquer le nombre de plans d'eau étudiés.

....

5 Indiquer le nombre de plans d'eau ayant un bon état chimique.

....

6 Indiquer le nombre de plans d'eau ayant un bon état chimique et un mauvais état écologique.

....

- Le nombre de plans d'eau étudiés est appelé effectif total.
- Le nombre de plans d'eau ayant un bon état chimique est appelé effectif marginal.
- Le nombre de plans d'eau ayant un bon état chimique et un mauvais état écologique est appelé effectif conjoint.

7 Déterminer la proportion de plans d'eau ayant un état écologique moyen.

....

8 Déterminer la proportion de plans d'eau en bon état (ceux ayant un bon état chimique et un état écologique très bon ou bon).

....

Dans une étude statistique à deux variables (au moins une est qualitative), le **tableau de contingence** croise les **effectifs conjoints** des deux variables.

ACTIVITÉ 4

BIODIVERSITÉ

Exploiter des fréquences conditionnelles

Existe-t-il un lien entre l'espèce et son année de bagage ?

Pascal participe à une campagne de capture d'oiseaux. Il note l'espèce et l'année de bagage de l'oiseau, puis les libère.
Le graphique suivant donne la répartition de l'année de bagage en fonction de l'espèce. Le bagage consiste à poser un anneau muni d'un numéro pour identifier et suivre l'oiseau.

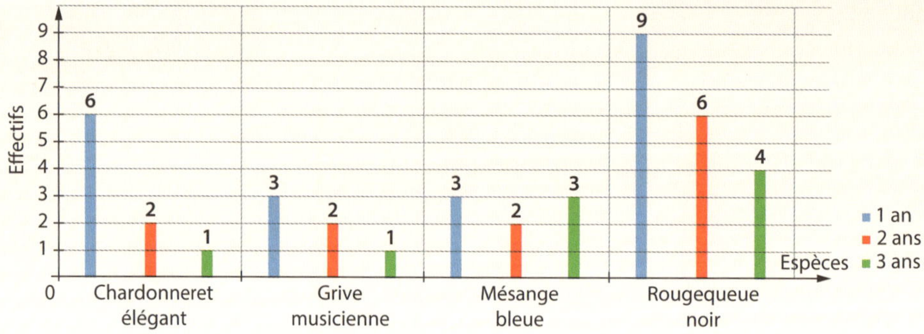

1 Donner les variables étudiées et préciser leur nature.

nombre effectif espèces d'oiseaux suivants les années.
Var 1 : année de bagage, modalité : 1-2-3, qualitative
Var 2 : espèce

2 Déterminer la fréquence d'oiseaux bagués de 1 an capturés.

$\frac{21}{42} \times 100 = 50\,\%$

3 Déterminer la fréquence de chardonnerets élégants bagués de 1 an capturés, parmi tous les chardonnerets élégants capturés.

$\frac{6}{9} \times 100 = 67\,\%$

4 Le graphique ci-dessous donne le diagramme empilé des fréquences conditionnelles par espèce en fonction des années de bagages.

a. Expliquer la valeur 29 %.

il y a 29 % de chardonneret élégant bagué à 1 an

b. Comparer cette fréquence conditionnelle à celle de la fréquence par espèce.

la fréquence de 3 ans et son marginale

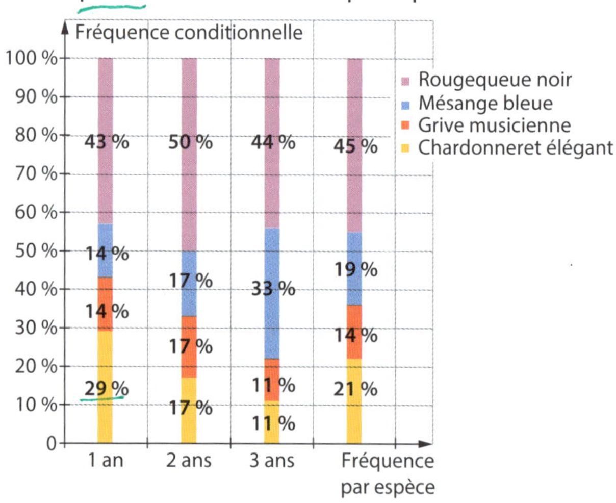

La comparaison de la **fréquence conditionnelle** et de la **fréquence marginale** permet de mesurer l'écart entre la représentation de la modalité et celle de la population.

Je retiens l'essentiel

Interprétation des indicateurs statistiques

- Une série statistique à une variable quantitative peut se caractériser par les couples d'indicateurs suivant : **(mode, étendue)**, **(médiane, écart interquartile)** et **(moyenne, écart-type)**.
- Si les valeurs ont une distribution assez symétrique autour de la moyenne, généralement **95 %** environ des valeurs appartiennent à l'intervalle $\left[\bar{x}-2\sigma\ ;\bar{x}+2\sigma\right]$.

Exemple : Le diagramme en bâtons ci-contre donne la distribution des notes à un examen. La note moyenne est de 10,7 et l'écart-type de 3,6 à (au dixième près).
66 notes sur 69 sont dans l'intervalle $\left[\bar{x}-2\sigma\ ;\bar{x}+2\sigma\right]$, soit 95,65 % des notes.

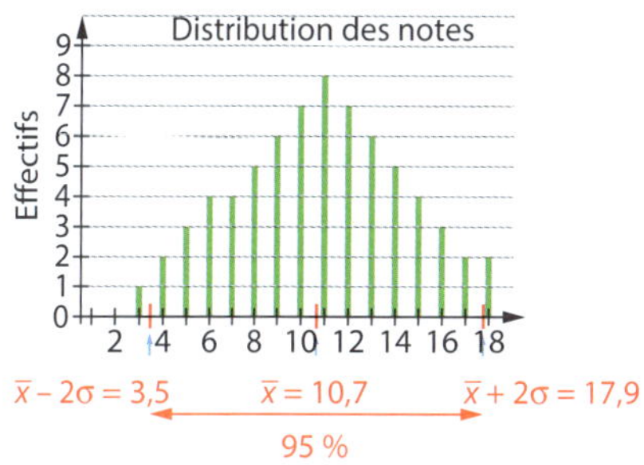

Traitement des données d'une série statistique à deux variables qualitatives

- Sur une même population, l'étude de deux **variables qualitatives** donne pour chaque individu un couple de **modalités conjointes** (modalité de la 1re variable ; modalité de la 2e variable).
- Un **tableau croisé** est un tableau à double entrée qui donne les effectifs liés aux couples de modalités conjointes **(effectif conjoint)**. Le total de la ligne (respectivement colonne) donne les effectifs liés aux modalités de la 1re variable (respectivement 2e variable) : c'est l'**effectif marginal**.

Exemple : Une étude analyse la texture de la peau (lisse ou rugueuse) et la saveur (acide, sucrée, neutre) des pommes. Pour une pomme, un couple de modalité conjointe est (lisse ; sucrée) ou (lisse ; acide).

		2e variable : Saveur			Effectif marginal par texture
		Acide	Neutre	Sucrée	
1re variable : Texture	Lisse	2	3	3	8
	Rugueuse	1	1	2	4
Effectif marginal par saveur		3	4	5	12

Effectif marginal suivant la texture : 8 pommes sont de texture lisse.

Effectif total : 12 pommes sont étudiées.

Effectif conjoint : 1 pomme est de texture rugueuse et de saveur acide.

Effectif marginal suivant la saveur : 4 pommes sont de saveur neutre.

Interprétation des données d'un tableau croisé

- La **fréquence conjointe** est le rapport entre l'effectif conjoint et l'effectif total.
- La **fréquence marginale** est le rapport entre l'effectif marginal et l'effectif total.
- Une **fréquence conditionnelle** est le rapport entre l'effectif conjoint et l'effectif marginal.
- Une comparaison entre la fréquence conditionnelle et la fréquence marginale permet de mesurer l'écart entre la représentation de la modalité et celle observée sur la population (**surreprésentation** ou **sous-représentation**).

Exemple : On reprend l'exemple précédent.
– Fréquence conjointe : la fréquence de pommes de texture lisse et de saveur sucrée est de $\frac{3}{12}=0{,}25$.
– Fréquence marginale : la fréquence de pommes de saveur sucrée est de 0,42 $\left(\frac{5}{12}\approx 0{,}42\right)$.
– Fréquence conditionnelle : la fréquence de pommes de saveur sucrée parmi les pommes de texture lisse est de 0,375 $\left(\frac{3}{8}=0{,}375\right)$.
– On en déduit que, parmi les pommes de texture lisse, les pommes de saveur sucrée sont sous-représentées par rapport aux pommes étudiées en général (0,375 < 0,42).

J'apprends à résoudre

1 Déterminer une fréquence conjointe

Énoncé 15 adolescents répondent à une enquête et indiquent la durée passée sur les réseaux (moins de 2h ou plus de 2h) et le support utilisé (ordinateur, tablette ou téléphone).

N°	1	2	3	4	5	6	7	8	9	10	11	12	13	14	15
Durée (en h)	−2	−2	−2	−2	−2	−2	−2	+2	+2	+2	+2	+2	+2	+2	+2
Support	Tél	Tél	Tél	Tél	Tél	Ordi	Tablette	Tél	Tél	Tél	Té	Tél	Tél	Tél	Ordi

Déterminer la fréquence d'adolescents passant plus de 2h sur les réseaux et utilisant un téléphone.

Solution

1. • 1re variable : la durée, avec 2 modalités (−2h ou +2h) - Nature qualitative
   • 2e variable : le support, avec 3 modalités (Tél, Ordi, Tablette) - Nature qualitative
2. • Champs de ligne : la durée
   • Champs de colonne : le support

Compter - Durée	Support			
Durée	Ordinateur	Tablette	Téléphone	Total Résultat
Moins 2h	1	1	5	7
Plus 2h	1		7	8
Total Résultat	2	1	12	15

3. 7 adolescents passent plus de 2h sur les réseaux et utilisent leur téléphone.
   • Effectif conjoint : 7
   • Effectif total : 15
4. Fréquence conjointe : $\frac{7}{15} = 0,47$
   47 % des adolescents passent plus de 2h sur les réseaux et utilisent leur téléphone.

Point méthode

1. Identifier les variables étudiées, modalités et nature
2. Utiliser le tableur : saisir les données en colonne et insérer un tableau dynamique
3. Identifier l'effectif conjoint et l'effectif total
4. Calculer la fréquence conjointe (rapport entre l'effectif conjoint et l'effectif total)

Voir exercices 13 à 14 p. 211-212

2 Déterminer une fréquence conditionnelle

Énoncé On reprend les données du tableau croisé de la question **1**..

Déterminer, parmi les adolescents utilisant le téléphone, la fréquence de ceux qui l'utilisent pendant plus de 2h.

Solution

1. Le profil étudié est suivant la 2e variable : le support (profil colonne).
2. L'effectif de la modalité « Tél » et « +2h » est de 7. L'effectif marginal suivant « Tél » est de 12.
3. Fréquence conditionnelle : $\frac{7}{12} = 0,58$

Parmi les adolescents qui utilisent le téléphone, 58 % des adolescents passent plus de 2h.

Compter - Durée	Support			
Durée	Ordinateur	Tablette	Téléphone	Total Résultat
Moins 2h	50%	100%	42%	47%
Plus 2h	50%		58%	53%
Total Résultat	100%	100%	100%	100%

Point méthode

1. Repérer le profil étudié
2. Identifier l'effectif conjoint et l'effectif marginal suivant la modalité
3. Calculer la fréquence conditionnelle (rapport entre l'effectif conjoint et l'effectif total)

Autre méthode
Utiliser le tableur et afficher les données en « % de la colonne »

Voir exercices 18 à 20 p. 212

Je m'entraîne

QCM en ligne
www.lienmini.fr/7868-1207

Je teste mes acquis

1 Un indicateur de position très sensible aux valeurs extrêmes est :
a. ☐ le mode.
b. ☐ la médiane.
c. ☐ la moyenne.

2 L'indicateur de dispersion qui indique 50 % de l'effectif est :
a. ☐ l'étendue.
b. ☐ l'écart interquartile.
c. ☐ l'écart-type.

3 Le diagramme en bâtons qui représente une distribution symétrique est :

a. ☐ série 1 b. ☐ série 2 c. ☐ série 3

4 On donne le tableau de données suivant :

Classe	[0 ; 3[	[3 ; 6[	[6 ; 9[	[9 ; 12[
Effectif	2	16	22	6

La médiane est :
a. ☐ 6,58
b. ☐ 23
c. ☐ dans la classe [6 ; 9[.

5 La pesée de deux lots de pommes donne :
Lot 1 : masse moyenne 175 g, écart-type 25 g
Lot 2 : masse moyenne 150 g, écart-type 50 g
On déduit que :
a. ☐ le lot 1 est plus hétérogène.
b. ☐ le lot 2 est plus hétérogène.
c. ☐ les 2 lots sont homogènes.

6 Dans le tableau croisé ci-contre, la fréquence de la modalité « Petit » est :
a. ☐ 10
b. ☐ 0,3
c. ☐ 0,25

	A	B	C	D
Grand	8	10	5	7
Petit	4	1	2	3

7 Dans le tableau croisé ci-contre, la fréquence de la modalité « vert et moyen » est environ :

	Court	Moyen	Long
Rouge	5	1	3
Vert	0	4	6
Bleu	4	7	4

a. ☐ 0,118 b. ☐ 0,33 c. ☐ 0,4

8 On donne le diagramme empilé des effectifs ci-contre.
Parmi les individus qui ont la modalité « long », la fréquence de « vert » est environ :
a. ☐ 0,1875
b. ☐ 0,42
c. ☐ 0,6

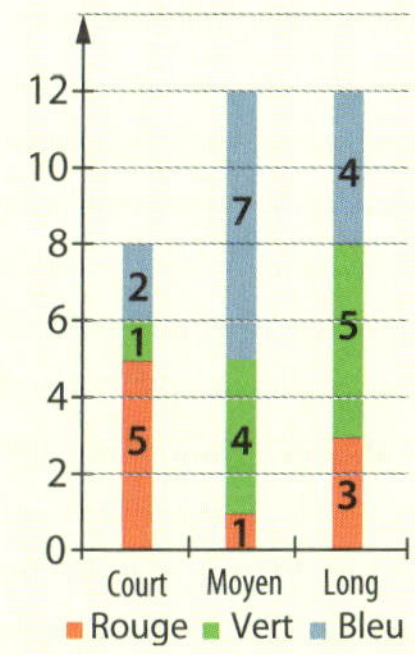

9 On donne le tableau « profil-ligne » par taille suivant :

	A	B	C	Fréquence par taille
Grand	33 %	40 %	27 %	100 %
Petit	50 %	20 %	30 %	100 %
Fréquence par lettre	38 %	35 %	27 %	100 %

30 % représente :
a. ☐ la fréquence de la lettre « C » parmi la taille « Petit ».
b. ☐ la fréquence de la taille « Petit » parmi la lettre « C ».
c. ☐ la fréquence de la lettre « C » et la taille « Petit ».

10 7 % des adolescents utilisent la tablette pour consulter les réseaux. Parmi ceux qui passent moins de 2 h, 14 % utilisent la tablette. Chez les adolescents qui passent moins de 2 h sur les réseaux, l'utilisation de la tablette est :
a. ☐ sous-représentée.
b. ☐ surreprésentée.
c. ☐ obsolète.

Interprétation des indicateurs statistiques

Automatismes

1 Donner la médiane et l'écart interquartile de la série statistique : 5 ; 6 ; 7 ; 7 ; 8 ; 8 ; 8 ; 8 ; 9 ; 9 ; 11 ; 12.

Q1 = 7 Q3 = 9
Med 8 = 9 - 7 = 2

2 Calculer les indicateurs de la série statistique ci-contre.

Modalité	2	3	4
Effectif	35	58	27

Mode : 3 Médiane : 3
Moyenne : 2,93

3 Calculer la moyenne et l'écart-type de la série statistique représentée dans l'histogramme ci-dessous, avec la calculatrice (arrondir au centième).

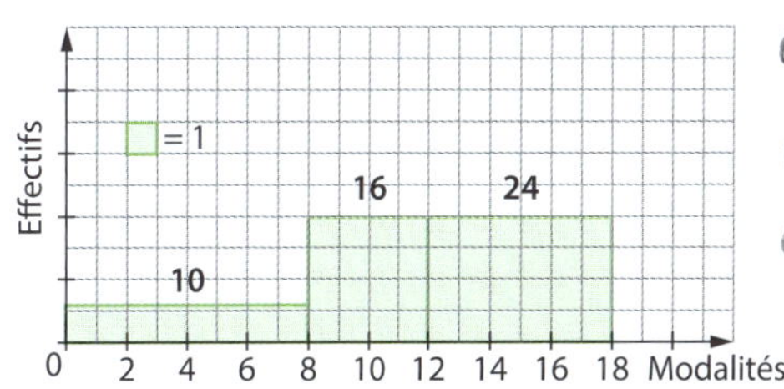

[0 ; 8[10
[8 ; 12[16
[12 ; 18[24

6 - 16 = 10 : 11,06

10 - 16 = 5 4,27

4 Un laborantin a mesuré le pH de 60 échantillons. Le pH moyen est de 5,15 et l'écart-type de 0,4. Les valeurs sont représentées dans le polygone des fréquences cumulées croissantes ci-dessous.

1. Calculer les bornes de l'intervalle $[\bar{x} - 2\sigma ; \bar{x} + 2\sigma]$.

2. Graphiquement déterminer le pourcentage d'échantillons appartenant à l'intervalle $[\bar{x} - 2\sigma ; \bar{x} + 2\sigma]$.

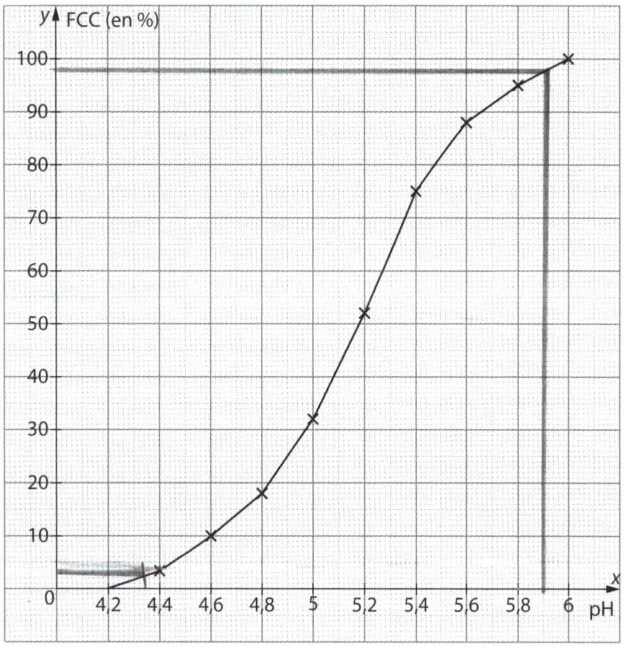

5 **1.** Déterminer la moyenne et l'écart-type, au centimètre près, de la série statistique suivante :

Taille (en m)	Effectif
[1,55 ; 1,65[	22
[1,65 ; 1,70[	32
[1,70 ; 1,75[	48
[1,75 ; 1,80[	32
[1,80 ; 2,00[	20

2. Déterminer le pourcentage d'individus appartenant à l'intervalle $[\bar{x} - \sigma ; \bar{x} + \sigma]$.

6 Les diagrammes en boîte ci-dessous donnent les distributions des températures mensuelles (en °C) dans deux villes B et C au cours de l'année.

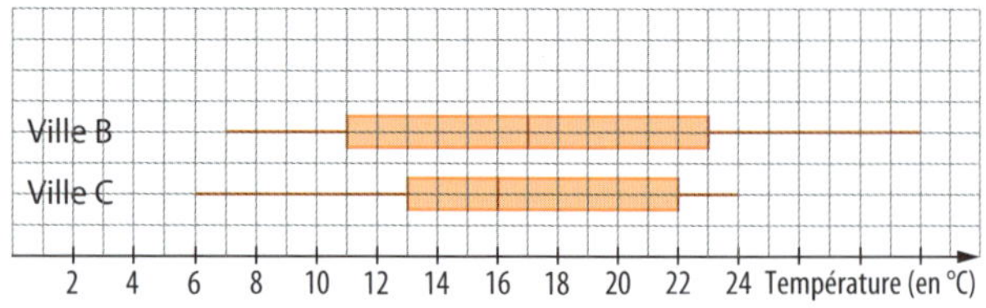

a. Dans une troisième ville, la ville A, les températures mensuelles (en °C) sont :

4 ; 8 ; 10 ; 12 ; 24 ; 22 ; 23 ; 19 ; 13 ; 7 ; 6

Construire, sur le graphique ci-dessus, le diagramme en boîte de la ville A.

b. Comparer les températures de la ville A à celles des villes B et C. (Plusieurs comparaisons sont possibles.)

7 Trois producteurs, ayant trois races caprines différentes, ont relevé la quantité de lait de leurs chèvres (en kg/lactation).

Fichier à télécharger
www.lienmini.fr/7868-1208

1. Ouvrir le fichier tableur « chevre », puis déterminer pour chaque race les indicateurs statistiques.

Race	Poitevine	Savoie	Alpine
Médiane			
Écart interquartile			
Moyenne			
Écart-type			

2. Comparer les résultats des trois races.

8 1. Ouvrir le fichier « radar », insérer un tableau dynamique et grouper les vitesses par tranches de 10 km/h.

Fichier à télécharger
www.lienmini.fr/7868-1209

2. Déduire le pourcentage de véhicules dont l'excès de vitesse est supérieur à 20 km/h.

9 Algorithmique et programmation

Le tableau ci-dessous donne les fréquences cumulées croissantes (FCC) des vitesses des véhicules verbalisés après un contrôle radar.

Vitesse (en km/h)	[130 ; 140[	[140 ; 150[	[150 ; 160[	[160 ; 170[
FCC (en %)	45	95	99	100

1. Donner la classe médiane.

2. Soit le programme suivant qui donne la vitesse médiane. Expliquer le calcul de la ligne 5. (On pourra s'appuyer sur le tutoriel à télécharger de la page 204.)

PYTHON
Voir la fiche 3, p. 239

```
1  A=[140,45]
2  B=[150,95]
3  ymed=50
4  def Mediane(A,B,ymed):
5    m=(B[0]-A[0])/(B[1]-A[1])*(ymed-A[1])+A[0]
6    return (m)
7  print("La médiane est:",Mediane(A,B,ymed))
```

Programme à télécharger
www.lienmini.fr/7868-1210

Associer deux variables qualitatives

Automatismes

10 Sur 200 jeunes qui ont passé le permis sans conduite accompagnée, 118 l'ont obtenu au 1er passage. Déterminer le pourcentage de réussite sans conduite accompagnée.

11 280 personnes sont interrogées. 45 % ont un animal de compagnie. Calculer le nombre de personnes qui ont un animal de compagnie.

12 80 lycéens participent régulièrement aux activités de l'UNSS. Cela représente les $\frac{2}{9}$ de l'effectif des élèves. Déterminer le nombre d'élèves dans ce lycée.

13 Voici un diagramme présentant les résultats d'une enquête auprès de jardiniers amateurs concernant la motivation en fonction de l'objectif du jardinage.

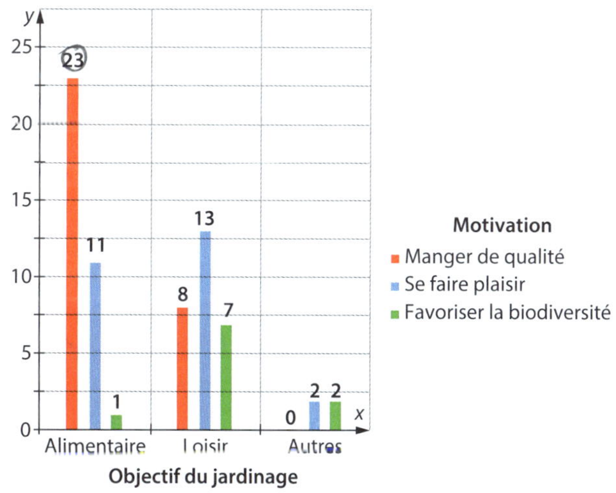

1. Calculer le nombre de jardiniers amateurs interrogés.

67 jardiniers

2. Calculer le nombre de jardiniers amateurs dont la vocation est le loisir.

28 = 8 + 13 + 7 -

3. Déterminer la proportion de jardiniers amateurs dont la vocation est alimentaire, visant une alimentation de qualité (arrondir à 10^{-2} près).

$\frac{23}{67} \times 100 = 34,33$

14 1. Une étude porte sur l'image que les gens se font de la science. Ouvrir le fichier « science », insérer un tableau dynamique pour croiser les deux variables étudiées.

2. Donner le nombre de personnes qui ont une très bonne image de la science.

....

3. Déterminer le pourcentage de personnes qui ont une assez bonne image de la science et se la représente comme un progrès pour l'humanité.

Fichier à télécharger
www.lienmini.fr/7868-1211

....

Interpréter les données d'un tableau croisé

Automatismes

15 Sur 350 personnes, 322 ont un smartphone dont 170 possèdent aussi un ordinateur.
Déterminer, parmi les personnes ayant un smartphone, la fréquence de ceux qui ont un ordinateur.

....

....

....

16 Sur 51 réponses, 14 personnes ont répondu « gris » dont 57 % ont validé « lumineux ». Déterminer le nombre de personnes qui ont répondu « gris » et « lumineux ».

....

....

17 Une entreprise fabrique des objets. Le produit A représente 25 % de ces objets. Lors d'un contrôle parmi les produits A, 5 % sont rejetés.

Déterminer le pourcentage de produits A rejetés par rapport à la production totale.

....

....

18 Le diagramme empilé à 100 % donne la répartition des ouvrages d'une bibliothèque selon leur état.

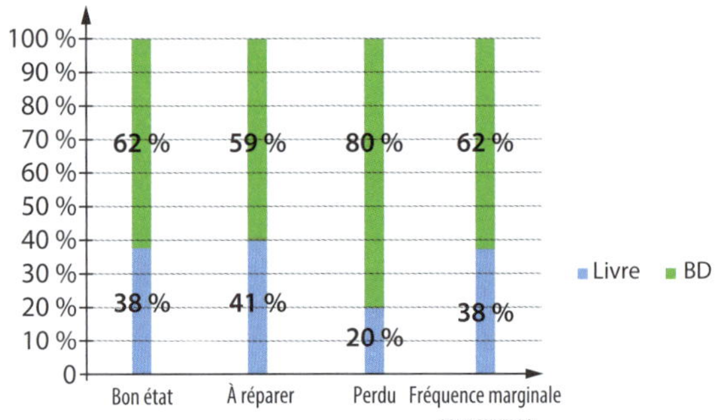

Analyser les ouvrages selon l'état.

40 % en bon état = plus de BD que de livres
(39,...) 40 % à réparer = plus de BD que de livres
20 % perdu = il y a beaucoup plus de BD
38,40... perdu alors que les livre sont plus réparés, il y a plus de BD pour la fréquence marginale pour ouvrage.

....

19 630 personnes travaillant de façon permanente dans une exploitation agricole ont répondu à une enquête. Le tableau croisé donne le statut du travailleur et son temps de travail annuel.

Statut \ Durée de travail	Temps Complet	¾ temps	½ temps	¼ temps	Total par statut
Chef d'exploitation	343	25	24	98	....
Salarié non familial	21	5	12	12	....
Personnel familial	32	9	15	34	....
Total par temps de travail	....	....	....	....	....

1. Compléter les marges du tableau ci-dessus.
2. Déterminer la proportion de personne travaillant à temps complet. Arrondir à 10^{-3} près.

....

....

3. Déterminer, parmi les salariés familiaux, la proportion de personnes travaillant à temps complet. Arrondir à 10^{-3} près.

....

....

4. Comparer ces résultats.

....

....

....

20 1. Ouvrir le fichier « sante » et réaliser un tableau en croisant l'IMC et l'estimation de l'état de santé.

Fichier à télécharger
www.lienmini.fr/7868-1212

a. Donner, parmi les personnes d'IMC normal, la fréquence de personne estimant leur état de santé « bon ».

....

....

b. Insérer un graphique empilé à 100 % en fonction de l'IMC (profil ligne).

21 ALIMENTATION Comment la consommation des fruits frais évolue-t-elle ?

Dans une publication d'Agreste de 2021, on étudie la consommation de fruits frais, en kg/an/habitant. Les résultats sont donnés dans le tableau ci-dessous.

Fruit	1980	2000	2020
Pêches en frais	5,3	6,0	4,3
Poires en frais	4,9	3,9	2,6
Pommes en frais	12,1	13,3	10,1
Oranges en frais	7,8	5,6	6,2

1. Représenter ces données par un diagramme en bâtons.
2. Déterminer le taux de diminution de la consommation de pommes entre :
a. 1980 et 2020.
b. 2000 et 2020.
3. Déterminer le taux d'augmentation de la consommation d'orange entre 2000 et 2020.
4. Comparer l'évolution de la consommation en fruits frais ces vingt dernières années.

22 BIODIVERSITÉ Quel est le taux d'artificialisation des sols en France ?

La lutte contre l'artificialisation des sols a pour objectif de limiter la consommation de nouveaux espaces. Pour la France Métropolitaine :

- en 2000, le taux de sols artificialisés est de 7,4 % ;
- en 2018, la surface de sols artificialisées est de 4 958 766 ha pour une surface de sols de 54 919 251 ha.

1. Déterminer le taux de sols artificialisés en France en 2018.
2. Pour l'année 2020, les données par départements sont reportées dans le fichier joint.

Ouvrir le fichier « sols » et déterminer le taux de sols artificialisés pour chaque département.

Fichier à télécharger
www.lienmini.fr/7868-1214

3. Déterminer l'étendue, la médiane et l'écart interquartile pour :
a. l'ensemble des départements.
b. l'ensemble des départements de la France métropolitaine sauf la Région Île de France.
c. les départements français d'Outre-mer.
4. Analyser les résultats de 2020.

23 BIODIVERSITÉ Quelle est la menace de disparition des oiseaux ?

Le Comité Français de l'UICN a communiqué la liste rouge des espèces menacées sur le territoire français. Les diagrammes ci-contre donnent la répartition des espèces par catégorie de menaces.

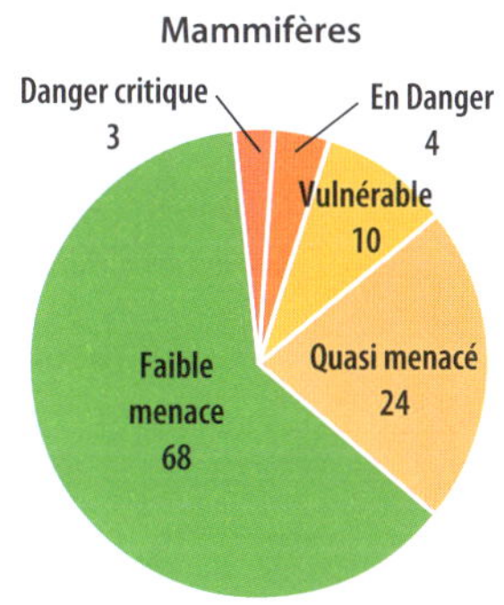

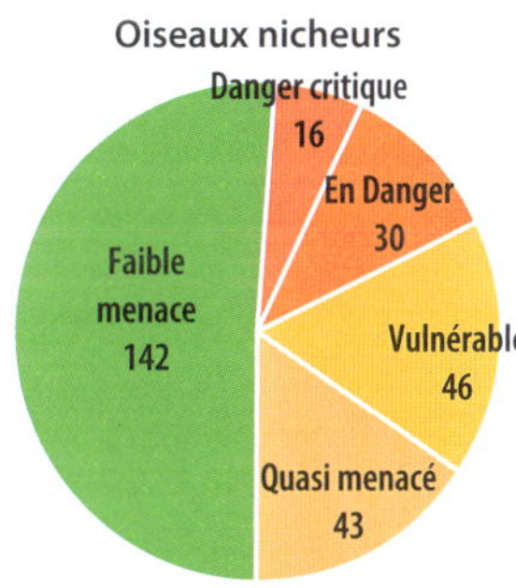

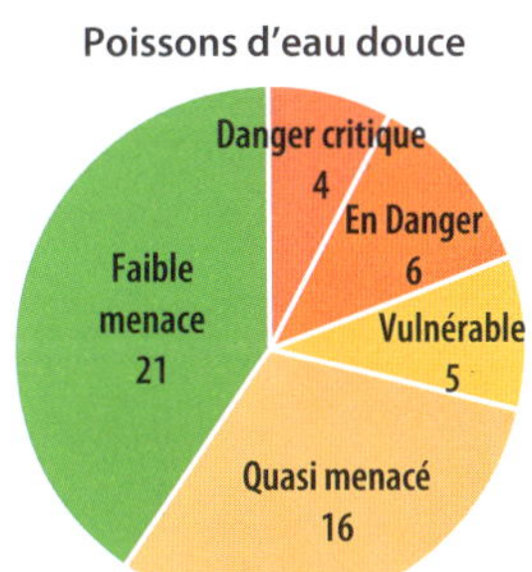

Une espèce menacée est dans la catégorie « Danger critique », « En danger » ou « Vulnérable ».

1. Construire le tableau des espèces évaluées croisant le groupe et la catégorie de menace.
2. Déterminer la proportion d'espèces à faible menace par rapport à l'ensemble des espèces évaluées.
3. Déterminer la proportion d'espèces d'oiseaux menacées par rapport à l'ensemble des espèces évaluées.
4. Déterminer la proportion d'espèces menacées par groupe.
5. Évaluer la menace portant sur les oiseaux.

24 EAU Combien d'eau potable a été prélevée ?

Une agence de l'eau a mesuré le volume d'eau potable prélevée pour une année dans différents points.

Le fichier « eau » donne le volume (en m^3) d'eau potable prélevée pour les lieux dont le prélèvement est inférieur à 100 000 m^3/an.

Fichier à télécharger
www.lienmini.fr/7868-1215

1. Ouvrir le fichier « eau » et déterminer le volume médian, l'écart interquartile et le volume moyen.
2. Construire le tableau donnant les effectifs par volume prélevé, regroupés en classe de 10 000 m^3.
3. Décrire la distribution des valeurs autour de la moyenne.
4. Déterminer la proportion de lieux dont le prélèvement annuel est supérieur à 50 000 m^3.

25 SANTÉ Quel est le lien entre les systèmes sanguins AOB et Rhésus ?

Lors d'une collecte de don de sang, le groupe est défini, entre autres, par le système AOB et le système Rhésus. Les résultats sont donnés sur l'image ci-dessous et dans le fichier « groupe sanguin ».

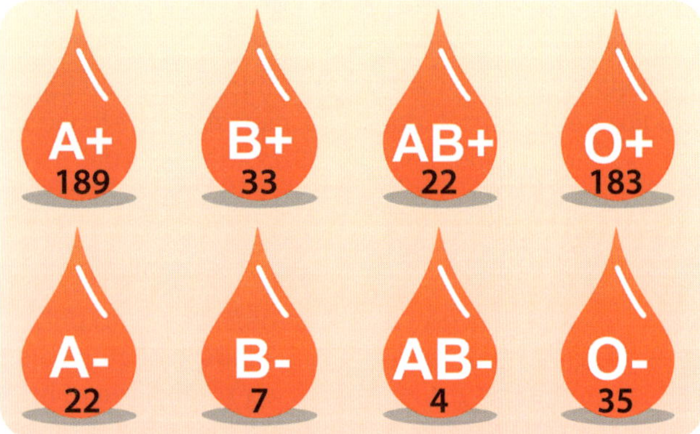

1. Construire le tableau des effectifs observés, en croisant le système AOB et le système rhésus.

Fichier à télécharger
www.lienmini.fr/7868-1216

2. Construire le tableau des fréquences conditionnelles selon le système AOB.
3. Comparer le système rhésus du groupe B au profil total du système AOB.
4. Estimer si le système rhésus est lié au système AOB pour cet échantillon de donneurs.

26 ÉNERGIE Comment mesurer l'innovation technologique ?

La performance technologique d'un pays peut se mesurer par le nombre de brevets déposés.

Le tableau ci-dessous donne le nombre de brevets déposés dans le domaine des énergies renouvelables pour la France, l'Espagne et l'Allemagne.

Domaine \ Pays	France	Espagne	Allemagne
Éolien	30	27	240
Solaire	100	37	215
Hydroélectricité	6	2	15
Biocarburants	28	13	34

1. Donner la proportion de brevets éoliens et allemands.
2. Construire le tableau des fréquences conditionnelles des énergies par rapport au pays (profil colonne).
3. Décrire le profil de la France sur les brevets par énergie par rapport aux trois pays.
4. Représenter dans un diagramme empilé les pays par domaine.
5. Commenter, à l'aide du graphique, la modalité « solaire ».
6. Conclure sur les brevets déposés.

27 BIODIVERSITÉ L'état de conservation d'un milieu est-il lié à la zone biogéographique ?

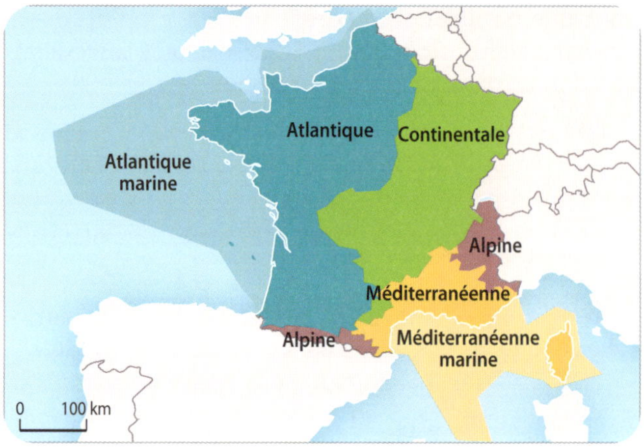

Une évaluation de l'état de conservation de 80 sites naturels a donné les résultats suivants :

- **Région biogéographique Atlantique :** 11 états optimaux, 13 corrects, 17 altérés et 11 dégradés ;
- **Région biogéographique Continentale :** 5 états optimaux, 8 corrects, 7 altérés et 8 dégradés.

1. Construire un tableau croisant la zone biogéographique et l'état de conservation.
2. Déterminer la proportion de sites évalués dans la région Atlantique.
3. Déterminer la proportion de sites dont l'état est altéré ou dégradé.
4. Construire le tableau des fréquences par rapport à la région géographique.
5. Interpréter les résultats pour déduire si l'état de conservation dépend de la région biogéographique.

28 ALIMENTATION Le goût dépend-t-il de l'aspect visuel ?

Une analyse sur un nouveau plat cuisiné est réalisée auprès de 30 testeurs pour déterminer la saveur, l'aspect visuel, le packaging et la quantité.

1. Ouvrir le fichier « testeur » et réaliser un tableau croisé avec les variables Aspect et Goût.

Fichier à télécharger
www.lienmini.fr/7868-1217

2. Donner la proportion de testeurs qui estiment l'aspect visuel moyen et le goût mauvais.
3. Comparer, parmi les testeurs qui estiment l'aspect visuel correct, l'avis sur le goût du plat par rapport à l'ensemble des testeurs.
4. Conclure.

Je résous des problèmes

29 ÉNERGIE Quelle sera la meilleure période pour la tomate ?

Une station météo est équipée d'un héliographe, appareil permettant de mesurer l'ensoleillement.

La durée d'ensoleillement est essentielle dans la croissance des plantes. Les tomates ont besoin d'au moins 8 heures d'ensoleillement par jour.

Le tableau ci-dessous donne la durée mensuelle d'ensoleillement (en heures) pour l'année précédente dans cette station.

Janvier	Février	Mars	Avril	Mai	Juin	Juillet
70,4	119,6	150,2	208	289	262,4	360,2

Août	Septembre	Octobre	Novembre	Décembre
272	197,9	135	88,2	70,4

1. Représenter ces données par un diagramme.
2. Calculer la durée annuelle d'ensoleillement dans cette station.
3. Déterminer, pour chaque mois, la moyenne d'ensoleillement journalière (le mois de février à 28 jours).
4. Déterminer, à partir des moyennes mensuelles, la durée moyenne d'ensoleillement et l'écart-type de l'année étudiée.
5. Donner les mois favorables à la culture des tomates.

30 ALIMENTATION Quelle est le mode de vente privilégié des apiculteurs ?

Parmi les apiculteurs vendant leur miel en circuit court, Maya souhaite connaître le mode de commercialisation (vente directe seule ou vente avec un intermédiaire seulement ou vente directe et avec un intermédiaire) en fonction du nombre de ruches (entre 10 et 49 ruches, entre 50 et 150 ruches, plus de 150 ruches).

Fichier à télécharger
www.lienmini.fr/7868-1218

1. Ouvrir le fichier « apiculture » et réaliser un tableau croisé des effectifs avec les variables Modes de commercialisation et Taille du rucher. Grouper les valeurs par taille (entre 10 et 49 ; 50 et 149 ; plus de 150).
2. Déterminer la proportion d'apiculteurs commercialisant leur miel en vente directe seule.
3. Construire le tableau des fréquences par rapport à taille du rucher.
4. Comparer le mode de commercialisation des apiculteurs ayant moins de 50 ruches au profil des apiculteurs en général.
5. Donner le mode de vente privilégié des apiculteurs de moins de 50 ruches.

31 EAU D'où provient l'eau douce prélevée ?

Le tableau ci-dessous donne la répartition des usages de l'eau douce prélevée (en milliards de m^3).

Eaux \ Usage	Eau potable	Agricole	Industriels
De surface	1,8	1,7	1,5
Souterraines	3,5	1,2	1

1. Déterminer la proportion d'eau de surface prélevée.
2. Déterminer, parmi l'usage agricole, la proportion d'eau de surface prélevée.
3. Déterminer, parmi l'eau de surface prélevée, la proportion d'usage agricole.
4. Pour alimenter les canaux et le refroidissement des centrales de production d'électricité, on prélève respectivement 5,4 et 16 milliards de m^3 d'eau douce de surface.
Déterminer la proportion d'eau de surface prélevée en tenant compte de ces deux usages, puis conclure.

DÉMARCHE SCIENTIFIQUE

32 ÉNERGIE Que peut-on dire des « passoires énergétiques » en France ?

À partir de données collectées par l'ADEME, une étude sur les performances énergétiques des logements est réalisée pour 2022.

Quelles sont les caractéristiques des « passoires énergétiques » ?

Fichier à télécharger
www.lienmini.fr/7868-1219

Doc. 1.

Le diagnostic de performance énergétique

Le diagnostic de performance énergétique (DPE) renseigne sur la performance énergétique d'un logement.

Dans le fichier tableur « DPE » se trouvent les données de performances énergétiques des logements.

Doc. 2.

Les « passoires énergétiques »

Un logement est considéré comme « passoire énergétique » s'il est classé F ou G.

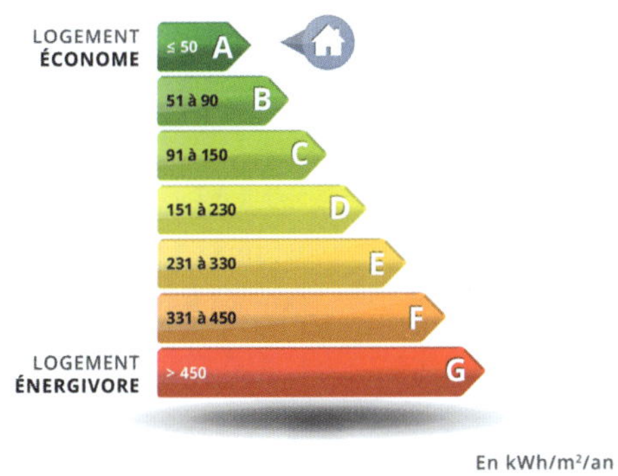

Je m'évalue

Nom : ....
Prénom : ....
Date : ....

Quelle est l'efficacité du patch à la capsaïcine sur la douleur ?

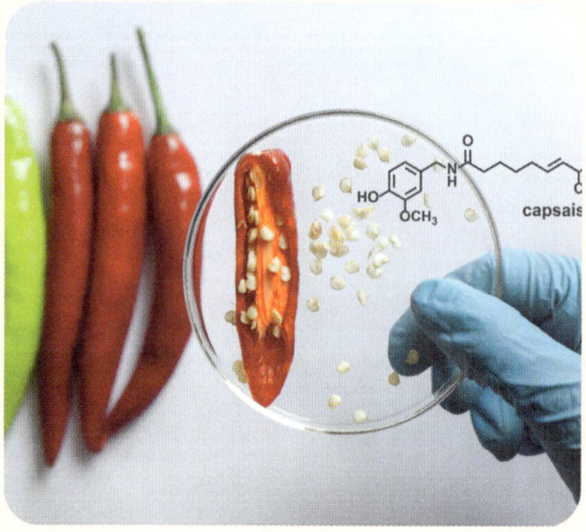

La capsaïcine est le composé responsable de la saveur piquante du piment. Elle peut être utilisée dans le traitement de la douleur, sous forme de patch.
Une étude a été conduite afin de mesurer l'efficacité du patch à la capsaïcine sur la diminution de la douleur chez des patients après trois mois de traitement. Les patients avaient soit un patch à 8 % de capsaïcine, soit un patch à 0,04 % de capsaïcine (placébo).
Ils ont donné leur ressenti à l'issue de l'expérience : disparition de la douleur, diminution de la douleur supérieure à 30 %, diminution de la douleur inférieure à 30 %.

1 **C.1.2 EXPLOITER** Ouvrir le fichier « capsaïcine » et construire un tableau croisé des effectifs entre le type le ressenti à la douleur et le patch appliqué.

Fichier à télécharger
www.lienmini.fr/7868-1221

2 **C.1.2 ANALYSER**

a. Déterminer la proportion de personne ayant eu un patch à la capsaïcine à 8 %.

....

b. Déterminer la fréquence des patients ayant eu un patch à la capsaïcine à 8 % parmi ceux ressentant une diminution de la douleur inférieure à 30 %.

....

....

3 **C.1.2 REPRÉSENTER** Représenter ci-contre un diagramme empilé des fréquences selon le type de patch appliqué.

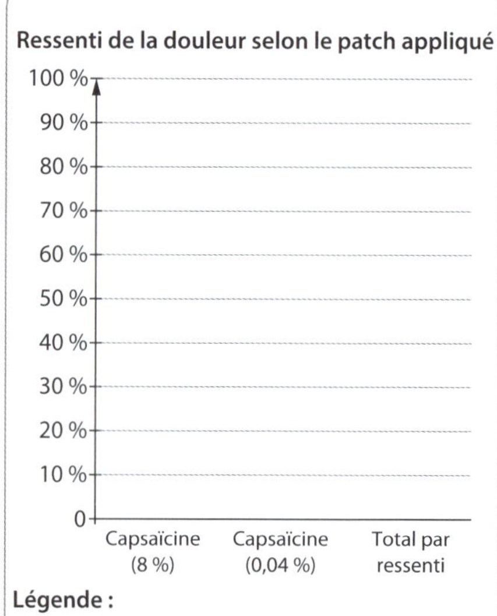

4 **C.1.2 ANALYSER** Comparer le ressenti de la douleur des patients ayant eu le patch à la capsaïcine 8 % par rapport à l'ensemble des patients observés.

....

....

....

....

....

....

....

....

5 **C.1.3 ARGUMENTER** Conclure, de manière subjective, quant à l'efficacité de la capsaïcine à 8 % dans l'amélioration du ressenti de la douleur.

....

....

Thèmes abordés
- Fonction exponentielle de base e
- Résolution d'équations du type $e^x = a$
- Primitive et intégrale
- Valeur moyenne d'une fonction

Nom : ....
Prénom : ....
Date : ....

Problème 1 ALIMENTATION

Quelle sera l'évolution de la température ?

Dans le domaine de l'élevage laitier, un tank à lait permet de conserver et de stocker le lait à une température constante. Pour cela, un refroidisseur est utilisé pour abaisser la température du lait issu de la traite. La température de stockage du lait est de 3 à 4 °C pour un lait destiné aux industries. L'évolution de la température θ du lait lors de la phase de refroidissement à l'instant t est donnée par la fonction suivante :

$$\theta(t) = 22e^{-0,046t}$$

où θ s'exprime en °C et t en secondes, avec $t \in [0 ; 40]$.

A Étude de la phase de refroidissement

1. Expliquer pourquoi la phase de refroidissement dure 40 secondes.

....

....

2. Déterminer la température du lait au début de la phase de refroidissement ($t = 0$).

....

....

....

3. Par la méthode de votre choix, justifier que l'évolution de la température sera en diminution constante lors de la phase de refroidissement.

....

....

....

....

....

....

....

4. Recopier et compléter le tableau de valeurs ci-dessous (arrondir au dixième).

t	0	5	10	15	20	25	30	35	40
$\theta(t)$	....	....	....	....	....	....	....	....	....

5 Tracer la courbe représentative de la fonction θ dans un repère orthonormé en prenant comme échelle 1 grand carreau pour 4 unités.

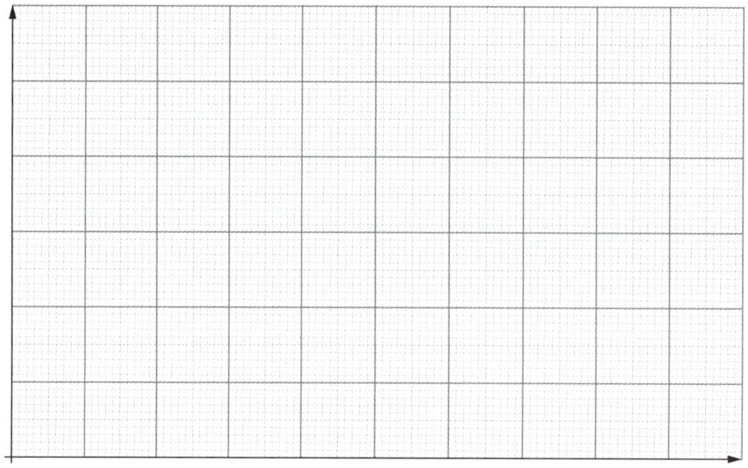

B Exploitation de la phase de refroidissement

6 Déterminer graphiquement le temps nécessaire pour amener la température du lait à la température de 4 °C. Vous laisserez apparents les traits de construction.

7 Retrouver le résultat précédent par le calcul.

8 La longueur du tube de refroidissement est de 9 m.
Déterminer la vitesse de circulation du lait dans le tube de refroidissement pour que le lait passe de 22 °C à 4 °C (arrondir au centième).

C Étude de la température moyenne

Pour éviter l'altération des qualités nutritionnelles du lait, la température moyenne lors de la phase de refroidissement ne doit pas dépasser les 12 °C.
La température moyenne (en °C), lors de la phase de refroidissement entre les temps t_1 et t_2, est donnée par la formule suivante :

$$M(t) = \frac{1}{t_2 - t_1}\int_{t_1}^{t_2}\theta(t)\,dt$$

9 Montrer que la fonction F définie sur [0 ; 40] par $F(t) = -478{,}26\mathrm{e}^{-0{,}046t}$ est une primitive de la fonction θ.

10 Déterminer une valeur approchée de la température moyenne, à 0,1 près, lors de la phase de refroidissement.

11 D'après ce qui précède, peut-on dire que les qualités nutritionnelles du lait seront altérées lors de la phase de refroidissement ? Justifier votre réponse.

Thèmes abordés
- Suites arithmétiques
- Suites géométriques
- Représentation graphique

Nom : ....
Prénom : ....
Date : ....

Problème 2 ÉNERGIE

Les objectifs de gestion des déchets seront-ils atteints ?

Dans les années à venir, pour diminuer la pollution, une politique de gestion des déchets doit être mise en place notamment pour les produits d'origine industrielles.
En 2022, une entreprise spécialisée dans la fabrication d'emballages pointent deux éléments majeurs de pollution :
- la production de 73 tonnes de déchets en carton ;
- l'utilisation de récipients jetables en plastique.

Cette entreprise décide alors de mettre en place un plan de gestion des déchets dont les objectifs sont les suivants :
- réduire le tonnage de déchets en carton de 1,7 tonnes par an ;
- augmenter l'utilisation de récipients recyclables de 3,5 % par an.

A Réduction des déchets en carton

1. Calculer le tonnage de déchets en carton en 2023.

....

2. Compléter le tableau suivant :

Année	2022	2023	2024	2025	2026
Rang	0	1	2	3	4
Tonnage de déchets en carton	....	....	....	....	....

3. Représenter ces données dans un repère orthogonal, en prenant comme échelle :
- en abscisse : 1 grand carreau pour 1 année ;
- en ordonnée : 1 grand carreau pour 5 tonnes (commencer à 45).

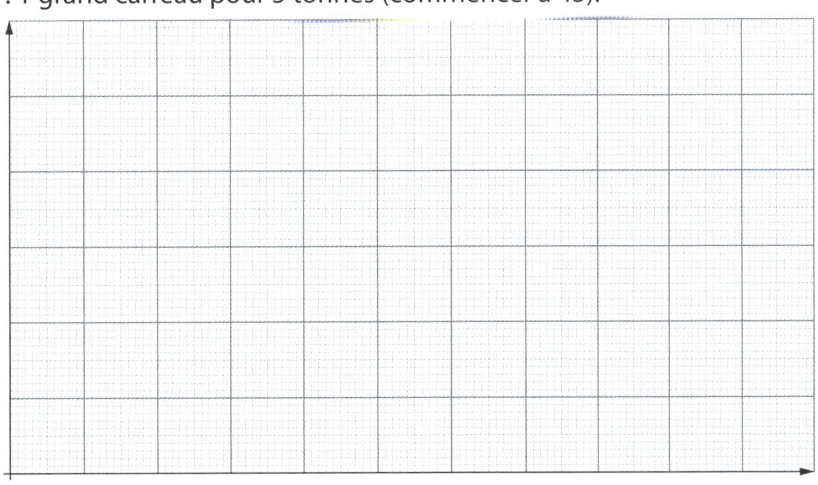

4 Indiquer si le tonnage des déchets en carton peut être représenté par une suite arithmétique dont vous préciserez les caractéristiques. Justifier votre réponse.

5 Tracer la droite d'ajustement D correspondant à l'évolution du tonnage des déchets en carton en fonction des années.

6 Déterminer l'équation de cette droite sous la forme $y = ax + b$, où a correspond au coefficient directeur de la droite et b à l'ordonnée à l'origine.

7 Le tonnage doit atteindre 55 tonnes pour atteindre les objectifs écologiques. À l'aide de la droite d'ajustement, déterminer graphiquement en quelle année le tonnage sera égal à 55 tonnes.

8 Retrouver ce résultat par le calcul (arrondir au dixième).

B Augmentation des déchets recyclables

En 2022, cette entreprise utilise 300 récipients jetables et seulement 200 récipients recyclables.

9 Indiquer le nombre de récipients recyclables attendus en 2023.

10 Déterminer le coefficient multiplicateur permettant de calculer le nombre de récipients recyclables.

11 Montrer que l'évolution du nombre de récipients recyclables peut être modélisée par une suite (S_n) dont on déterminera la nature et les caractéristiques.

12 Exprimer S_n en fonction de n.

13 Résoudre l'équation $200 \times 1{,}035^n > 300$.

14 En déduire en quelle année le nombre de récipients recyclables sera supérieur au nombre de récipients jetables.

Thèmes abordés
- Statistiques à deux variables quantitatives
- Logarithme décimal et résolution d'équation
- Fonctions polynomiales de degré 2 et 3

Nom : ....
Prénom : ....
Date : ....

Problème 3 SANTÉ

Comment les nanoparticules sont-elles inhalées ?

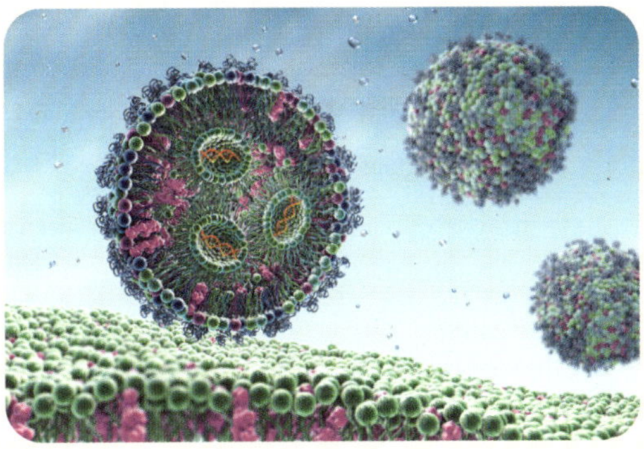

Une nanoparticule mesure moins de 100 nm (1 nm correspond à 10^{-9} m).

Une étude estime la quantité de particules sphériques se déposant dans les voies respiratoires en fonction de leur diamètre.

Les résultats de cette étude sont rassemblés dans le tableau ci-dessous.

Diamètre (en nm)	1	3	10	20	100	200
Taux de dépôt dans le nez (en %)	80	50	20	10	6	5
Taux de dépôt dans les bronches (en %)	20	34	30	20	8	3

1 Quel est le diamètre des nanoparticules arrêtées très majoritairement par le nez ?

....

2 **a.** Représenter, par un nuage de points, le taux de dépôt dans les bronches en fonction du diamètre de la particule.

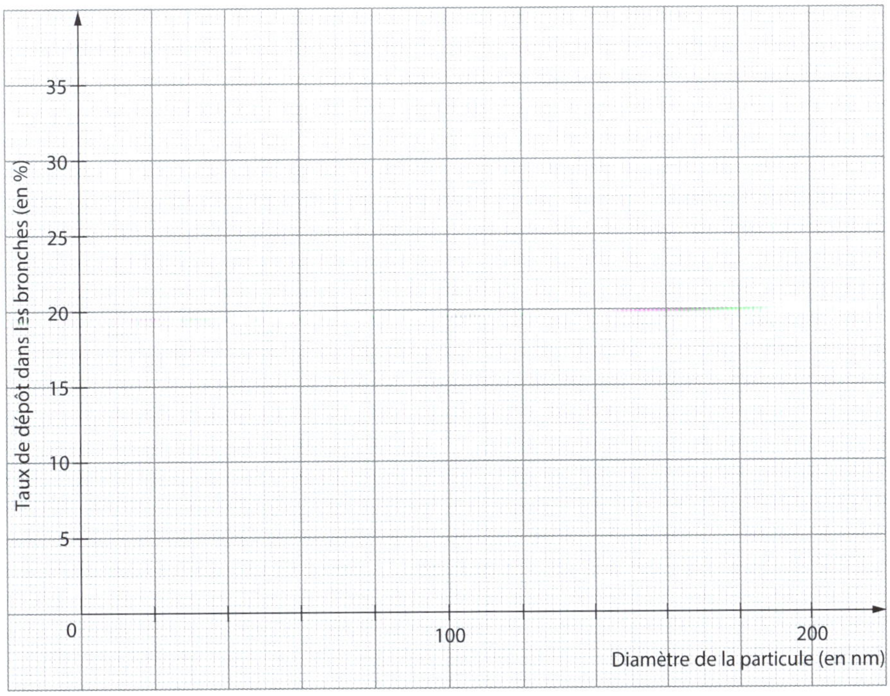

b. Justifier qu'un ajustement avec les courbes de tendance n'est pas envisageable.

....

3 **a.** Compléter le tableau ci-dessous, en effectuant un changement de variable utilisant le logarithme décimal du diamètre des particules. (Arrondir au dixième.)

log (diamètre)	....	....	....	....	....	....
Taux de dépôt dans le nez (en %)	80	60	20	10	6	5
Taux de dépôt dans les bronches (en %)	20	34	30	20	8	3

b. À l'aide d'un tableur, représenter, sur un même graphique, les nuages de points représentant les taux de dépôt, dans le nez puis dans les bronches, en fonction du logarithme du diamètre de la particule.

c. Déterminer, avec le tableur, les équations des courbes d'ajustement pour les dépôts, dans le nez puis dans les bronches, en fonction du logarithme du diamètre de la particule. (Arrondir au dixième.)

....

....

....

4 Déterminer le diamètre des particules pour lequel le dépôt sur les bronches est maximal.

....

....

....

....

....

....

....

....

....

....

....

....

....

....

5 Déterminer le diamètre des particules pour lequel le dépôt dans les bronches est supérieur au dépôt dans le nez.

....

....

....

....

....

....

....

....

....

Problèmes de synthèse

Thèmes abordés
- Probabilités
- Probabilités conditionnelles
- Proportionnalité

La partie A est indépendante des autres.

Nom : ....
Prénom : ....
Date : ....

Problème 4 BIODIVERSITÉ

Quelle quantité de cacao peut-on espérer produire sur une plantation ?

Le cacao est une denrée très prisée, utilisée dans la confection de confiseries au chocolat, comme les tablettes, les pâtes à tartiner, ainsi que dans les différents types de chocolats.

Le cacaoyer ne pousse que dans certaines régions du monde et sa culture est très délicate. Elle dépend de plusieurs paramètres, dont la surface des plantations et la présence d'insectes pollinisateurs.

A Observation des fleurs visitées par des insectes

Des chercheurs souhaitent savoir si l'environnement entourant les cacaoyers à une influence sur le nombre de fleurs visitées par les insectes et la pollinisation potentielle.

Deux cultures ont été observées :
- culture témoin (environnement habituel) ;
- culture expérimentale (couverture forestière et densité de feuilles mortes plus importantes).

11 660 fleurs ont été surveillées, dont 55 % des fleurs de la culture témoin. 87,8 % des fleurs n'ont pas été visitées.

Il y a en a eu autant de fleurs visitées dans la culture témoin que dans la culture expérimentale.

1 Compléter le tableau ci-dessous.

Culture \ Observation	Fleurs visitées	Fleurs non visitées	Total par culture
Témoin	....	....	....
Expérimentale	....	....	....
Total par observation	....	....	11 660

2 Calculer la probabilité qu'une fleur soit visitée.

....

....

3 Calculer la probabilité qu'une fleur soit visitée parmi les fleurs observées de la culture expérimentale.

....

....

....

4 Calculer la probabilité qu'une fleur soit visitée parmi les fleurs observées de la culture témoin.

5 Justifier que la gestion de l'environnement peut influencer sur la pollinisation potentielle.

B Étude la pollinisation

Un cacaoyer produit des petites fleurs toute l'année (environ 75 000). La disposition des étamines ne facilite pas la pollinisation. 60 % des fleurs produites ne sont pas pollinisées et tombent au bout de 48 h. Parmi les fleurs pollinisées, 5 % reçoivent un nombre de grains de pollen nécessaire pour former un fruit (la nouaison). Seuls 1 % des fruits formés arrivent à maturité.

Une fleur de cacaoyer est prise au hasard. On note :

- Po : l'événement « La fleur est pollinisée » ;
- F : l'événement « La fleur forme un fruit ».

6 Déterminer la probabilité pour que la fleur de cacaoyer soit pollinisée.

7 Déterminer la probabilité pour que la fleur de cacaoyer soit pollinisée et forme un fruit.

8 Calculer le nombre de fruits que l'on peut espérer arriver à maturité chaque année, pour un cacaoyer.

C Rendement de la plantation

Pour une plantation de cacaoyer, il est recommandé de prévoir une surface de 9 m^2 par arbre.
La surface de l'exploitation d'un producteur est de 5 ha.
Une cabosse contient au minimum 30 fèves. La masse d'une fève séchée est en moyenne de 1 g.

9 Déterminer le nombre de cacaoyers sur la plantation. Arrondir à l'unité inférieure.

10 Calculer la masse de fèves de cacao séchées produites chaque année. Arrondir au kg près.

11 En déduire le rendement, c'est-à-dire la masse de fèves produites par hectare.

Problèmes de synthèse

Thèmes abordés
- Loi de probabilité
- Suites géométriques
- Fonction logarithme népérien

Les parties A et B sont indépendantes.

Nom : ....
Prénom : ....
Date : ....

Problème 5 BIODIVERSITÉ

Combien de trèfles faut-il cueillir pour espérer trouver un trèfle à quatre feuilles ?

On estime que la nature crée un trèfle à quatre feuilles pour 10 000 trèfles à trois feuilles. Un promeneur ramasse des trèfles au hasard dans un champ, à la recherche d'un trèfle à quatre feuilles. S'il en trouve un, il considère qu'il a gagné et qu'il peut s'arrêter de chercher.

A Modélisation

1 Justifier que l'action « Prendre un trèfle au hasard et vérifier s'il a quatre feuilles ou pas » est une expérience aléatoire.

....

2 Justifier que cette expérience aléatoire est une épreuve de Bernoulli.

....

....

3 X est la variable aléatoire qui associe la valeur 1 à l'événement « Le trèfle cueilli au hasard a 4 feuilles » et la valeur 0 à l'événement « Le trèfle cueilli au hasard a 3 feuilles ».
Calculer $P(X = 1)$ et $P(X = 0)$.

....

4 Déterminer la loi de probabilité de X (compléter le tableau ci-contre).

5 Déterminer l'espérance mathématique de la variable aléatoire X.

X	....	....
$P(X = i)$	....	....

....

B Étude du modèle

6 On estime que, dans un champ de un hectare, il y a entre 20 000 et 25 000 tiges de trèfle par mètre carré.

a. Déterminer un encadrement du nombre N de tiges de trèfle que l'on peut trouver dans un champ d'un hectare.

....

....

b. Justifier que l'on puisse considérer que le fait de cueillir un trèfle au hasard dans un champ s'apparente à un tirage avec remise.

....

....

C Résolution

On cherche à estimer le nombre de trèfles qu'il faudra cueillir avant d'avoir « une chance raisonnable » d'obtenir un trèfle à quatre feuilles.

7 On note {4F} l'issue qui réalise l'événement « Le promeneur cueille un trèfle à quatre feuilles dès sa première tentative ».

a. Quel événement réalise l'issue {3F ; 3F ; 3F ; 3F ; 4F} ?

b. Est-ce un événement élémentaire ?

8 On note Y la variable aléatoire qui à chaque issue associe le nombre de trèfles cueillis.
Calculer $Y(\{4F\})$ et $Y(\{3F ; 3F ; 3F ; 3F ; 4F\})$.

9 Quelles sont les valeurs que peut prendre la variable aléatoire Y ?

10 Si Y prend de très grandes valeurs, $Y > 10^8$ par exemple, justifier, à partir des résultats obtenus dans la **partie B**, que le modèle utilisé n'est plus pertinent.

11 Calculer $P(Y = 1)$ et $P(Y = 2)$.

12 Justifier que $P(Y = 3) = 0{,}999\,9^2 \times 0{,}000\,1$.

13 On introduit la suite (U_n) définie par $U_n = P(Y = n)$.
Justifier que (U_n) est géométrique, de premier terme $U_1 = 0{,}000\,1$, et préciser sa raison.

14 Justifier l'égalité : $\{Y \leqslant 4\} = \{Y = 1\} \cup \{Y = 2\} \cup \{Y = 3\} \cup \{Y = 4\}$.

15 Déduire de la question précédente que : $P(Y \leqslant n) = 0{,}000\,1 \times \dfrac{1 - 0{,}999\,9^n}{1 - 0{,}999\,9} = 1 - 0{,}999\,9^n$.

16 Résoudre l'inéquation d'inconnue n : $P(Y \leqslant n) > 0{,}5$.

17 Avec les hypothèses choisies, combien faudrait-il cueillir de trèfles pour avoir plus de 50 % de chances d'obtenir un trèfle à quatre feuilles ? La modélisation adoptée sera-t-elle toujours pertinente ?

Thèmes abordés
- Fonction carré et fonction inverse
- Fonction logarithme népérien
- Calcul intégral

Nom : ....
Prénom : ....
Date : ....

Problème 6 EAU

Quel est l'impact d'un orage de montagne sur l'approvisionnement en eau ?

Un éleveur possède une citerne cylindrique de 1 mètre de diamètre et de 2 mètres de hauteur, qu'il utilise comme réservoir d'eau pour abreuver ses vaches. La citerne se remplit par captation de l'eau d'une source dont le débit de 10 L/h est constant en temps normal.

A Modélisation

1 Calculer le volume intérieur de la citerne en m^3, à 10^{-3} près, puis en déduire sa capacité en litres.

....

2 Calculer le temps nécessaire pour remplir cette citerne à partir de la captation de la source.

....

3 Lors d'un épisode orageux en montagne, le débit de la source varie brusquement jusqu'à atteindre un pic de près de 35 L/h. Cette variation de débit peut être modélisée par la fonction suivante :

- Pour $t < 1 : f(t) = 10$
- Pour $1 \leqslant t < 8 : f(t) = 0{,}5t^2 - t + 10{,}5$
- Pour $8 \leqslant t < 32 : f(t) = \dfrac{784}{3t} + \dfrac{11}{6}$
- Pour $t \geqslant 32 : f(t) = 10$

t est le temps écoulé (en heures) depuis le début de l'orage, et *f* modélise le débit de la source (en L/h).

Déterminer, à l'aide du graphique ci-contre, la durée (en heures) pendant laquelle le débit de la source va augmenter.

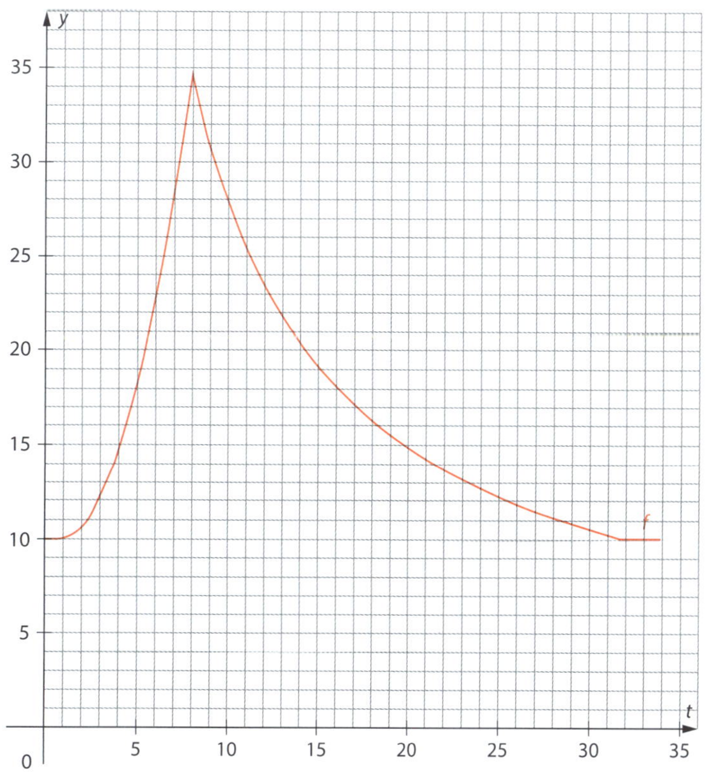

....

....

....

4 De même, déterminer la durée (en heures) pendant laquelle le débit de la source va diminuer.

....

....

....

B Résolution

5 Justifier, par le calcul, les résultats obtenus aux questions **3** et **4**.
(*Indication* : Calculer la dérivée de la fonction *f* sur les intervalles]1 ; 8[et]8 ; 32[.)

....

....

....

....

....

....

6 Déterminer l'heure à laquelle se produit le pic de débit et calculer la valeur du débit de la source à ce moment-là, de deux manières différentes.

....

....

....

7 Dresser le tableau de variations de la fonction *f* sur l'intervalle [1 ; 32].

t	....	....	....
Variations de *f*			

8 On veut calculer la quantité d'eau capté par la citerne entre le début de l'orage et le retour à une situation normale.
Justifier que le retour à une situation normale a lieu 32 heures après le début de l'orage.

....

....

....

9 On admet la relation suivante : $\int_0^{32} f(t)dt = \int_0^1 f(t)dt + \int_1^8 f(t)dt + \int_8^{32} f(t)dt$.
Utiliser cette relation pour calculer $\int_0^{32} f(t)dt$.

....

....

....

....

....

....

10 Déduire de la question **9.** la quantité d'eau supplémentaire que la citerne va capter à la suite d'un orage.

....

....

....

....

....

Problèmes de synthèse

Thèmes abordés
- Fonction carré
- Calcul intégral
- Calcul de probabilités

Les parties sont indépendantes.

Nom : ....
Prénom : ....
Date : ....

Problème 7 ÉNERGIE

Comment modéliser la montée en puissance d'un système de production d'énergie ?

Le but de cet exercice est d'étudier deux modélisations de démarrage et d'arrêt d'un groupe électrogène de forte puissance, servant de système de secours en alimentation en électricité d'un site industriel sensible.

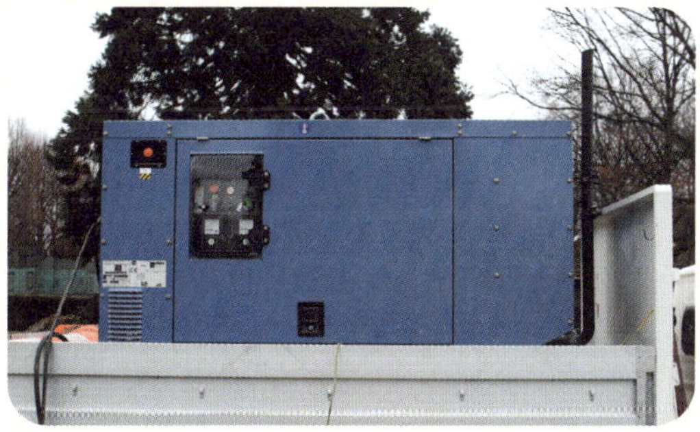

A Mise en route du groupe électrogène

Le groupe électrogène a, une fois lancé, une puissance de 12 kW. On suppose qu'il est mis en marche de huit heures à vingt heures sans interruption. Entre huit heures et dix heures, la production d'électricité augmente progressivement pour atteindre une puissance de 12 kW, puis, de dix-huit à vingt heures, elle ralentit pour atteindre la valeur zéro lors de son arrêt, à vingt heures.

- **Premier modèle :** La montée en puissance du générateur est modélisée par trois fonctions f, g et h qui, à une durée t en heures, associent la puissance du générateur $f(t)$, $g(t)$ ou $h(t)$, en kW.
  - Pour t dans $[0 ; 2]$: $f(t) = 6t$
  - Pour t dans $[2 ; 10]$: $g(t) = 12$
  - Pour t dans $[10 ; 12]$: $h(t) = -6t + 72$

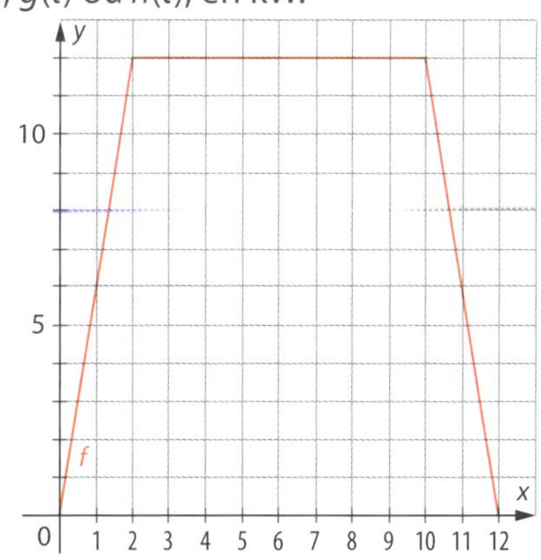

1 Si l'on ne veut pas qu'il y ait des à-coups dans la montée en puissance du générateur, il faut que $f(2) = g(2)$ et que $g(10) = h(10)$. Vérifier qu'avec le modèle choisi, la montée en puissance ne subit pas d'à-coups.

....

2 Calculer la valeur, en kWh, de la quantité totale d'énergie électrique produite par ce groupe électrogène en 12 h.
(*Indication* : L'énergie produite sur une période T par un générateur de puissance $P(t)$ est égale à : $E = \int_0^T P(t)dt$.)

....

3 Pour que la montée en puissance du générateur soit la moins contraignante possible pour la machine, les dérivées des différentes fonctions utilisées doivent avoir les mêmes valeurs aux extrémités des différents intervalles. On considère qu'avant 8 heures et après 20 heures, la fonction qui modélise la puissance du générateur est la fonction nulle : $N(t) = 0$, puisque le générateur n'est pas en fonction.

a. Calculer les fonctions dérivées des fonctions N, f, g et h.

....

b. En déduire que le modèle choisi ne respecte pas le critère d'une montée en puissance moins contraignante pour le générateur.

....

....

● **Second modèle :** La montée en puissance du générateur est modélisée par cinq fonctions f_1, f_2, g, h_1 et h_2 qui, à une durée t en heures, associent la puissance atteinte par le générateur $f_1(t)$, $f_2(t)$, $g(t)$, $h_1(t)$ ou $h_2(t)$, en kW.

- Pour t dans $[0 ; 1]$: $f_1(t) = 6t^2$
- Pour t dans $[1 ; 2]$: $f_2(t) = -6t^2 + 24t - 12$
- Pour t dans $[2 ; 10]$: $g(t) = 12$
- Pour t dans $[10 ; 11]$: $h_1(t) = -6t^2 + 120t - 588$
- Pour t dans $[11 ; 12]$: $h_2(t) = 6t^2 - 144t + 864$

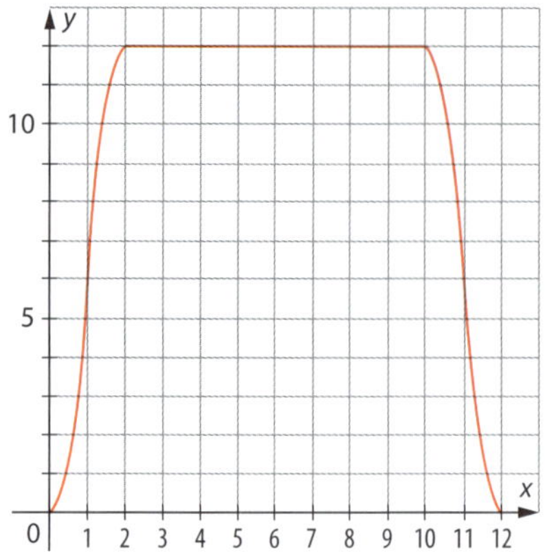

4 Vérifier que ce modèle n'induit pas d'à-coups dans la montée en puissance du générateur.

....

5 Vérifier que ce second modèle respecte bien le critère d'une montée en puissance moins contraignante pour le générateur.

....

6 Calculer la valeur des intégrales : $\int_0^1 f_1(t)dt$; $\int_1^2 f_2(t)dt$; $\int_2^{10} g(t)dt$, $\int_{10}^{11} h_1(t)dt$ et $\int_{10}^{12} h_2(t)dt$ et en déduire la quantité totale d'énergie électrique produite, en kWh, durant les 12 heures de fonctionnement de ce groupe électrogène.

....

7 Le second modèle de montée en puissance permet d'exercer moins de contraintes sur le générateur. Permettra-t-il de produire la même quantité d'électricité ?

....

B Gestion du risque de panne du système électrique

Ce site industriel sensible est considéré comme sûr si la probabilité qu'il doive s'arrêter, faute d'alimentation en électricité suffisante, est inférieure à 0,000 001.

On estime que, sur chaque période de 12 heures, le risque de voir une défaillance majeure du système d'approvisionnement en électricité, nécessitant le démarrage d'un groupe électrogène de secours, a une probabilité de 0,000 1.

8 On considère le risque d'avoir une défaillance majeure du système d'approvisionnement en électricité comme une expérience aléatoire. Justifier qu'il s'agit d'une épreuve de Bernoulli dont on précisera les paramètres.

....

9 Une fois le générateur lancé pour une période de 12 heures, puis arrêté, il ne peut pas être relancé une seconde fois immédiatement. Si une nouvelle défaillance survient à ce moment-là, le site industriel est mis à l'arrêt. Calculer la probabilité de l'événement « Le système d'alimentation en électricité connaît deux défaillances consécutives ».

....

10 Ce site industriel peut-il être considéré comme sûr ?

....

Thèmes abordés
- Fonctions polynômes de degré 2
- Étude de fonctions, calcul de dérivées
- Calcul d'intégrales

Les parties sont indépendantes.

Nom : ....
Prénom : ....
Date : ....

Problème 8 ÉNERGIE

Comment évaluer la puissance dissipée par effet Joule ?

Dans un réseau électrique, la puissance P_J dissipée, c'est-à-dire perdue par effet Joule, en fonction de l'intensité du courant, est modélisée par la fonction suivante :

$$P_J(i) = p(i) - 10\,000$$

où :
- i est l'intensité du courant qui circule dans le circuit (en ampères) ;
- $p(i) = 0{,}12i^2 - 3i + 10\,100$, définie sur l'intervalle $[0\,;\,50]$, est la puissance théorique totale (en watts) ;
- 10 000 watts est la puissance à la source.

A Étude graphique

On donne la représentation graphique de la fonction p et le point A d'abscisse 12,5, sommet de cette parabole.

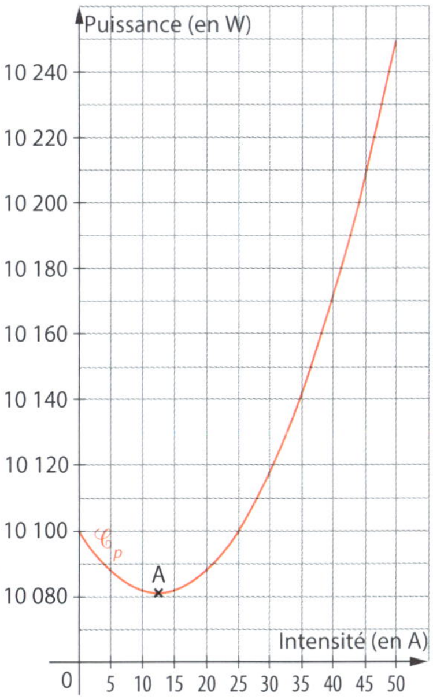

1. Déterminer $p(12{,}5)$ par lecture graphique.

....

2. Interpréter ce résultat.

....

....

3. Déterminer la puissance dissipée à cette intensité.

....

4. Déterminer graphiquement $p'(12{,}5)$.

....

....

5. Interpréter ce résultat (qui est en réalité purement théorique).

....

....

6. Déterminer l'intensité i du courant pour lequel la puissance dissipée est égale à 120 W.

....

B Étude algébrique : résolution d'une équation du second degré

On se propose de résoudre par le calcul l'équation $p(i) = 10\,120$, puis de déterminer la puissance dissipée correspondante. On devrait trouver le même résultat qu'à la question **A.6.**.

7. Justifier que l'équation $p(i) = 10\,120$ équivaut à $0{,}12i^2 - 3i - 20 = 0$.

....

8 Démontrer que $0{,}12i^2 - 3i - 20 = 0{,}12(i + 5{,}47)(i - 30{,}47)$.

9 En déduire les solutions de l'équation $0{,}12i^2 - 3i - 20 = 0$.

10 Donner la solution retenue dans le cadre de la problématique, puis comparer avec la valeur trouvée à la question **A6.**.

11 Déterminer les coordonnées exactes du sommet de la parabole représentative de p.

C Étude de la fonction p

12 Calculer $p'(i)$, fonction dérivée de p.

13 Dresser le tableau de variations de p.

15 Déterminer une équation de la tangente à la courbe de p au point d'abscisse 25.

16 Décrire alors l'évolution de la puissance totale théorique.

17 Donner, sans calcul, une équation de la tangente à la courbe de p au point d'abscisse 12,5.

18 Déterminer l'énergie électrique E (en joules) dissipée par le réseau pour un courant de 25 ampères et une durée de 10 secondes, sachant que : $E = p \times t$ (t est la durée, en s).

D Puissance dissipée moyenne

19 Déterminer une primitive P de p.

20 En déduire $\int_0^{50} p(i).di$.

21 Déterminer la puissance totale moyenne entre 0 et 50 ampères.

22 En déduire la puissance dissipée moyenne entre 0 et 50 ampères.

Problèmes de synthèse

Thèmes abordés
- Fonction exponentielle
- Résolution d'équation du type $e^x = a$
- Calcul de dérivées et d'intégrales

Les parties sont indépendantes.

Nom : ....
Prénom : ....
Date : ....

Problème 9 BIODIVERSITÉ

Comment étudier l'évolution d'une population d'escargots ?

Florence a modélisé l'évolution, sur une dizaine d'années d'une population d'escargots par la fonction suivante :

$$f(t) = a \times e^{\frac{t}{4}-1}$$

où t est le temps (en années), $f(t)$ est le nombre d'escargots l'année t, et a est une constante à déterminer.
Elle a commencé son étude en 2015.

A Étude graphique

On donne ci-contre la représentation graphique de la fonction f, ainsi que la tangente T à la courbe de f au point A d'abscisse 4.
Dans cette partie, les réponses seront données à partir d'une lecture graphique.

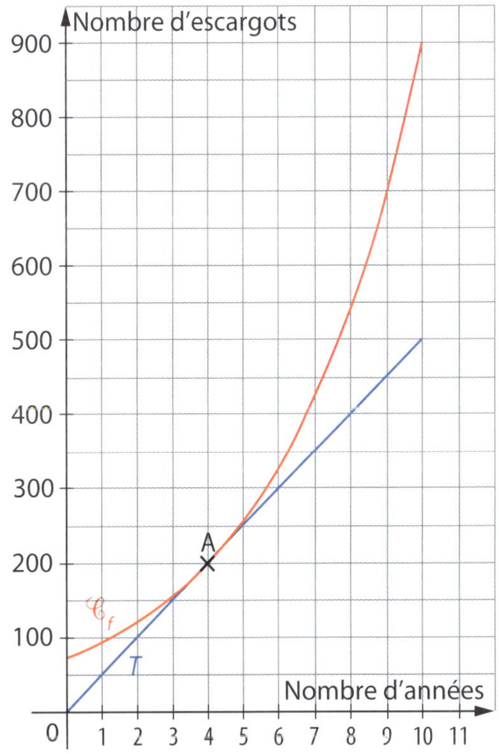

1 Déterminer, graphiquement, $f(4)$, le nombre d'escargots à la quatrième année.

....

2 En déduire la valeur de la constante a.

....

....

3 Déterminer graphiquement $f'(4)$.

....

....

4 En déduire une équation de la tangente T.

....

....

B Tableau de valeurs

Dans la suite, on suppose que : $f(t) = 200 \times e^{\frac{t}{4}-1}$.

5 On souhaite faire un tableau de valeurs à l'aide d'un tableur.

Écrire la formule qui a permis de trouver la valeur de $f(2)$, soit : 121,31.

	A	B	C	D	E	F	G
1	t	0	2	4	6	8	10
2	$f(t)$		121,31				

....

6 Dans un tableur, reproduire et compléter ce tableau. On arrondira à 10^{-2}.

t	0	2	4	6	8	10
$f(t)$	....	121,31	....	....	....	....

7 Conjecturer les variations de f à partir du tableau précédent.

....

....

8 Donner, en pourcentage, l'évolution de la population d'escargots sur les 10 ans.

....

....

C Étude de la fonction *f*

On suppose ici que : $f(t) = 200 \times e^{\frac{t}{4}-1}$.

9 Calculer le nombre d'escargots au début du suivi de l'évolution de cette population (arrondir à l'unité).

....

10 Déterminer $f'(t)$, fonction dérivée de f.

....

11 En déduire que la fonction f est croissante.

....

12 Calculer $f'(10)$.

....

13 L'évolution de cette population est-elle plus rapide l'année 10 que l'année 4 ? Justifier.

....

D Évolution annuelle moyenne

On suppose que le modèle utilisé par Florence est valable au delà de 10 ans.

14 Déterminer en quelle année la population dépasse 3 000 escargots.

....

....

....

....

....

15 À l'aide de la calculatrice, calculer $\int_0^{10} f(t).dt$.

....

16 Déterminer l'évolution annuelle moyenne de cette population.

....

....

Problèmes de synthèse

Thèmes abordés
- Ajustement affine, changement de variable
- Fonction exponentielle
- Suites géométriques
- Calcul de dérivées et d'intégrales

Les parties sont indépendantes.

Nom : ....
Prénom : ....
Date : ....

Problème 10 BIODIVERSITÉ

Comment prévoir l'évolution d'une radioactivité naturelle ?

Dans le cadre d'un essai pour mesurer et prévenir la radioactivité, un laboratoire a relevé, après une infestation dans un endroit clos, le nombre N (en milliards) de noyaux radioactifs toutes les heures.

Les résultats sont rassemblés dans le tableau suivant :

Temps t (en heures)	0	2	4	6	8	10
Nombre N de noyaux radioactifs (en milliards)	500	450	390	355	320	280

A Ajustement affine à l'aide d'un changement de variable

On souhaite faire un ajustement affine des données précédentes. On pose $y = \ln(N)$.

1 Remplir le tableau ci-dessous. Arrondir à 10^{-2}.

Temps t (en heures)	0	2	4	6	8	10
$y = \ln(N)$	....	....	....	....	....	....

2 Représenter ce tableau par un nuage de points.

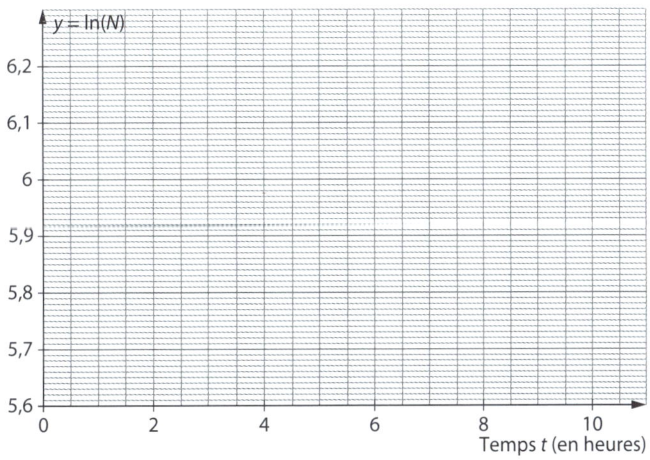

3 Peut-on réaliser un ajustement affine ? Justifier.

....

4 À l'aide d'un tableur ou d'une calculatrice, déterminer l'équation de la droite d'ajustement par la méthode des moindres carrés.

....

5 Donner et interpréter le coefficient de détermination R^2.

B Expression de la fonction N

On souhaite déterminer l'expression de N en fonction de t.

On suppose que les données du tableau de la question **A1** peuvent être ajustées par la droite d'équation $y = -0{,}06t + 6{,}215$.

6 Justifier que $\ln\left(N(t)\right) = -0{,}06t + 6{,}215$.

7 Justifier que $N(t) = 500{,}2\mathrm{e}^{-0{,}06t}$.

8 Calculer $N(0)$. Comparer cette valeur avec la valeur mesurée.

9 Calculer $N(100)$, puis interpréter cette valeur.

C Étude de la fonction N

Dans cette partie, on suppose que $N(t) = 500{,}2\mathrm{e}^{-0{,}06t}$.

10 Étudier le signe de N.

11 Étudier les variations de N.

12 Combien reste-t-il de noyaux radioactifs après une très longue durée ?

D Modélisation par une suite

On souhaite modéliser la désintégration de noyaux radioactifs, dans cette situation, par une suite.
Pour cela, on considère la suite (u_n) définie par :

$$\begin{cases} u_0 = 500 \\ u_{n+1} = 0{,}944u_n \end{cases}$$

13 Montrer que cette suite est géométrique et déterminer ses caractéristiques.

14 Que donne programme ci-contre ?

```
n=int(input("Entrer le rang n:"))
u=500
for i in range(1,n+1):
  u=0.944*u
  print("u",i,"=",u)
```

15 Déterminer l'expression de u_n en fonction de n.

16 Le programme Python donne $u_{12} \approx 250{,}3999$. Vérifier ce résultat à l'aide de la réponse à la question **15**.

Fiche 1 Variables

→ Voir Mémo Python p. 255

1 Présentation

- En informatique, une **variable** est un espace de stockage qui associe un nom (*déclaration*) à une valeur (*initialisation*) et la nature (*type*).
- La nature de la variable (type) peut-être un nombre entier (en Python : `int`), un nombre réel (`float`), une chaîne de caractère (`str`), etc.
- La valeur de la variable peut être modifiée au cours de l'exécution d'un programme.

2 Syntaxe en langage Python

a. Déclarer et affecter une variable

L'écriture d'une variable en Python comprend :

- le **nom** (lettres minuscules ou majuscules, chiffres, caractères) ;
- l'**affectation**, grâce au signe « = » ;
- l'**initialisation** : valeur associée à la variable (pour les chaines de caractères il faut entourer de guillemets).

Remarque : Python est un langage de programmation de typage dynamique, c'est-à-dire qu'il reconnait la nature de la variable.

Nom de la variable — Valeur affectée à la variable

```
Vitesse=3.1
```

Signe =, pour affecter une valeur à la variable

b. Initialisation d'une variable par l'utilisateur

L'instruction pour inviter l'utilisateur à **saisir une valeur** en Python et la stocker dans une variable comprend :

- le **nom** (lettres minuscules ou majuscules, chiffres, des caractères) ;
- l'**affectation**, grâce au signe « = » ;
- l'**initialisation** : `input()` attend de l'utilisateur une valeur à stocker dans la variable.

c. Afficher une variable

En Python, pour afficher la valeur d'une variable on utilise la fonction `print()` en mettant le nom de la variable dans la parenthèse.

Exemple : `print(nom)` affiche la valeur de la variable `nom`.

d. Opérations avec les variables

Lorsque les variables sont des **nombres** (`int` ou `float`), on peut exécuter toutes les opérations usuelles. Les opérateurs courants sont rappelés ci-contre.

Écriture Python	Signification
+, -, *, /	Addition, soustraction, multiplication, division
**	Puissance
//	Division entière
%	Reste de la division entière

Exercices corrigés

1 Écrire des instructions permettant de créer une variable *x* qui contient une valeur décimale, puis de lui affecter le triple de sa valeur initiale.

Voici deux exemples différents :

```
x=12.1
x=x*3
```

```
x=float(input("Choisir un nombre :"))
x=x*3
```

2 On considère le programme ci-contre.

```
a=3
b=2
a=a+b
b=a*b
c=a/b
d=a**c
print (a,b,c,d)
```

1. Donner le type des variables *a*, *b*, *c* et *d*.

a et *b* sont du type entier (`int`) ; *c* et *d* sont du type réel (`float`).

2. Déterminer les valeurs des variables *a*, *b*, *c* et *d* à la fin de l'exécution du programme.

$a = 5$ $(3 + 2 = 5)$; $b = 10$ $(5 \times 2 = 10)$

$c = 0{,}5$ $\left(\frac{5}{10} = 0{,}5\right)$; $d = 2{,}23606797749979$ $(5^{0{,}5} = 2{,}23606797749979)$

Fiche 2 Listes

→ Voir Mémo Python p. 255

1 Présentation

- En informatique, une **liste** est une suite d'éléments ordonnés : c'est une variable qui contient plusieurs variables, de même type ou de types différents.
- En Python, une liste est une variable de type `list`.

2 Syntaxe en langage Python

a. Déclarer une liste

L'écriture d'une liste en Python comprend :

- le **nom** (lettres, chiffres, caractères) ;
- l'**affectation**, grâce au signe « = » ;
- l'**initialisation** : dans les crochets [ ], mettre les valeurs séparées par des virgules.

Nom de la variable — Crochets

```
nom_liste=[3.1,"Elément 2",...]
```

Affectation — Éléments de la liste, séparés par des virgules

b. Afficher un élément d'une liste

- Chaque valeur d'une liste est repérée par sa **position** dans la liste : la 1re valeur a pour **indice** 0, la 2e valeur a pour indice 1, etc.
- L'écriture pour récupérer une valeur d'une liste en Python est basée sur sa position : l'instruction `nom_liste[k]` en mettant l'indice de l'élément entre les crochets.

Exemple : Soit la liste `Exemple=[2.1,3,3.7,4]`. L'instruction `Exemple[2]` renvoie le 3e élément de la liste (3,7).

c. Opérations sur les listes

- Pour **ajouter** un élément à une liste, en Python on utilise l'instruction `.append()` en mettant la valeur dans la parenthèse.
- Pour **supprimer** un élément d'une liste, on utilise l'instruction `del()` en mettant la valeur dans la parenthèse.
- Pour joindre (**concaténer**) deux listes, on utilise le signe +.
- Quelques fonctions appliquées aux listes :
  - `len(nom_liste)` : donne le nombre d'éléments dans la liste ;
  - `sum(nom_liste)` : renvoie la somme d'une liste ;
  - `max(nom_liste)` : renvoie le maximum d'une liste.

Éditeur	Console Python
1 `Liste=["a",2,4.1,7]` 2 `Liste.append(5)` 3 `print(Liste)`	`['a', 2, 4.1, 7, 5]`
1 `Liste=["a",2,4.1,7]` 2 `del(Liste[2])` 3 `print (Liste)`	`['a', 2, 7]`
1 `Liste1=["a",2,4.1,7]` 2 `Liste2=[8,3]` 3 `Liste=Liste1+Liste2` 4 `print(Liste)`	`['a', 2, 4.1, 7, 8, 3]`

Exercices corrigés

1 On considère la liste `Exemple=[12,3,2.5,2.71,13]`.

1. Donner l'instruction pour déterminer le nombre d'éléments de la liste.
`len(Exemple)`. La console affiche la valeur 4.

2 On considère le programme ci-contre.

```
1 suite=[]
2 for i in range(5):
3     suite.append(3*2**i)
```

1. Que contient la liste `suite` à la ligne 1 ? La liste `suite` est vide.

2. Combien la liste contient-elle de valeurs à la fin du programme ?
La liste `suite` aura 5 valeurs à la fin du programme.

3. Comment peut-on afficher la liste `suite` à la fin du programme ?
Ligne 4 : `print(suite)` (sans indentation). La console affiche : `[0,6,12,18,24]`.

→ Exercice 15 p. 37

Fiche 3 Les fonctions

→ Voir Mémo Python p. 255

1 Présentation

● En informatique, une **fonction** est un programme que l'on peut utiliser seul ou que l'on peut appeler dans un autre programme.

● Une fonction peut avoir des **paramètres** comme valeurs d'entrées. Ces paramètres sont des **variables**.

● Une fonction peut renvoyer des valeurs de sorties : des **résultats**.

Exemple : La fonction ci-contre, décrite en langage naturel, calcule l'écart entre deux nombres.

```
Fonction « Écart entre 2 nombres »
Choisir un nombre a.
Choisir un nombre b.
Si a < b : e reçoit b – a
Sinon : e reçoit a – b
Renvoyer e
```

2 Syntaxe en langage Python

L'écriture d'une fonction en Python comprend :

- le **mot clé** `def` ;
- un **nom**, généralement évoquant le rôle de la fonction ;
- des **parenthèses** (). Si la fonction a un ou plusieurs paramètres, les variables qui les représentent sont écrites à l'intérieur des parenthèses et séparées par des virgules.
- le **symbole** « : » ;
- une suite d'instructions **indentées** (cette suite d'instructions peut être vide : la fonction ne contient aucune instruction) ;
- le **mot clé** `return` suivi, entre parenthèses, du résultat renvoyé par la fonction. Si la fonction ne renvoie pas de résultat, elle ne contient pas de ligne `return`.

Mot clé de définition — Nom de la fonction — Paramètres, entre parenthèses et séparés par des virgules

```
def EquationDroite(xA,yA,xB,yB):
    m=(yB-yA)/(xB-xA)
    p=yA-m*xA
    return(m,p)
```

Indentation — Mot clé de renvoi — Paramètres renvoyés — Suite d'instructions

Exemples :

– Fonction sans paramètre et sans instruction

```
def Bonjour():
    return("Bonjour")
```

– Fonction sans paramètre, sans instruction et sans résultat de sortie

```
def Hello():
    print("Hello")
```

– Fonction sans instruction

```
def Carre(a):
    return(a*a)
```

– Fonction calculant l'écart entre deux nombres

```
def Ecart(a,b) :
    if b>a :
        e=b-a
    else :
        e=a-b
    return(e)
```

3 Utilisation

a. Demander l'exécution d'une fonction

Pour exécuter une fonction, il faut taper le nom de la fonction dans la console et préciser les valeurs initiales des variables, s'il y en a.

Exemples :

Programme	Instruction à taper	Console Python
`def Bonjour():` `  return("Bonjour")`	`Bonjour()`	`>>> Bonjour()` `Bonjour`
`def Carre(a):` `  return(a*a)`	`Carre(7)`	`>>> Carre(7)` `49`

b. Appeler une fonction dans une autre fonction

Une fonction peut être appelée à l'intérieur d'un programme ou d'une autre fonction.

Exemple : La fonction `Carre` appelle la fonction `Produit` dans ses instructions.

```
def Produit(a,b):
    return(a*b)
def Carre(x):
    P=Produit(x,x)
    return(P)
```

c. Une alternative aux fonctions : les instructions d'entrée et de sortie

Une fonction peut être remplacée par un programme faisant intervenir les instructions input et print.

- `input()` : Instruction qui permet de demander une valeur et de l'affecter à une variable.
- `print()` : Instruction qui permet afficher un texte ou la valeur d'une variable.

Exemple : Calcul de la moyenne de trois nombres

- **Avec des instructions d'entrée et sortie**

```
a=float(input("Premier nombre :"))
b=float(input("Deuxième nombre :"))
c=float(input("Troisième nombre :"))
d=(a+b+c)/3
print(d)
```

- **Avec une fonction**

```
def Moyenne_3(a,b,c):
    return(a+b+c)/3
```

Exercices corrigés

1 On considère la fonction ci-contre.

```
def m(a,b):
    p=a*b
    return(p)
```

1. Donner le nom de cette fonction.
La fonction se nomme : *m*.

2. Quels sont les paramètres de cette fonction ?
Les paramètres sont *a* et *b*.

3. Quelle est la valeur renvoyée par cette fonction pour $m(7\,;8)$?
Pour $a = 7$ et $b = 8$, la fonction *m* renvoie la valeur 56 (produit de 7 par 8).

4. Que fait cette fonction ?
La fonction *m* multiplie les deux nombres *a* et *b*.

2 Que renvoient les quatre fonctions suivantes pour $a = 7$ et $b = 5$?

```
def f1(a,b):
    return("a"+"b")
```

```
def f2(a,b):
    return("a+b")
```

```
def f3(a,b):
    return(a+b)
```

```
def f4(a,b):
    a=a+b
    return(a)
```

`f1(7,5)` renvoie 'ab' ; `f2(7,5)` renvoie 'a+b' ; `f3(7,5)` renvoie 12 et `f4(7,5)` renvoie 12.

3 On considère les quatre fonctions décrites ci-contre.

```
def somme7(x):
    x=x+7
    return(x)
def mult3(x):
    x=3*x
    return(x)
def af1(x):
    x=somme7(mult3(x))
    return(x)
def af2(x):
    x=mult3(somme7(x))
    return(x)
```

1. Que renvoie `af1(3)` ?
`af1(3)` = 16

2. Que renvoie `af2(3)` ?
`af2(3)` = 30

3. Écrire les deux fonctions `af1` et `af2` sous la forme $f(x) = ax + b$.
`af1(x)` $= 3x + 7$ et `af2(x)` $= 3x + 21$

Fiche 4 Instructions conditionnelles

→ Voir Mémo Python p. 255

1 Présentation

- En informatique, une **instruction conditionnelle** permet à un programme d'exécuter une action si une ou plusieurs **conditions** sont remplies. On l'appelle aussi instruction « if » (« si » en anglais).
- Une instruction conditionnelle teste une **condition** en comparant deux valeurs avec des **opérateurs de comparaison** ou des **opérateurs logiques**. Elle exécute l'instruction si la condition est vérifiée.

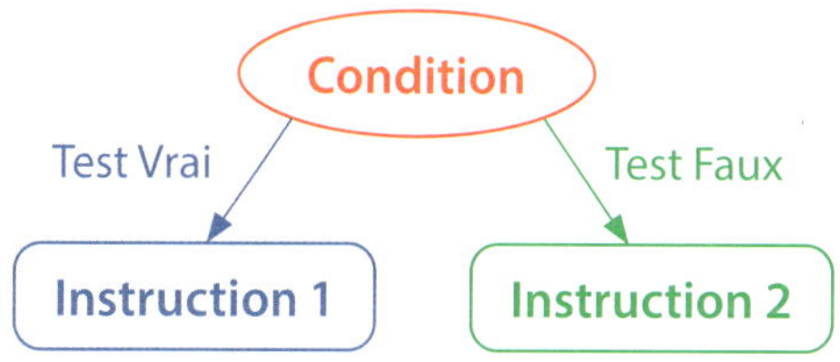

- Si la condition n'est pas remplie, le programme peut, si on le souhaite, exécuter une autre action.

Exemple : L'algorithme ci-dessous renvoie l'écart entre deux nombres. À droite, la représentation de cet algorithme en *algorigramme*.

? ← a
? ← b
Si $a > b$ alors Écart = $a - b$
Sinon Écart = $b - a$

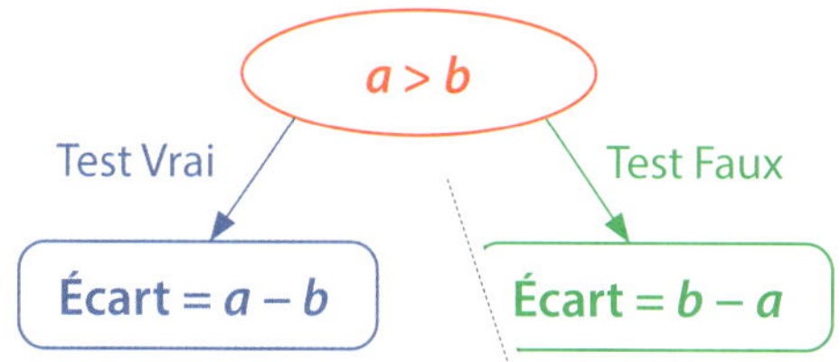

2 Syntaxe en langage Python

a. Structure conditionnelle « if »

En Python, l'écriture d'une instruction conditionnelle « if » comprend :

- le mot clé `if` ;
- une condition qui doit être testée (expression dont le résultat est soit vrai, soit faux) ;
- le symbole « : » ;
- une suite d'instructions indentées. Ces instructions seront exécutées **si la condition est vérifiée**.

Remarque : La fin de l'indentation indique la fin de l'instruction conditionnelle.

b. Structure conditionnelle « if … else »

- Si la condition testée n'est pas vérifiée, on peut demander au programme d'exécuter une autre action : c'est la structure « if … else » (Si … Alors … Sinon).
- En Python, l'écriture « if … else » comprend :
  - les mêmes éléments que l'instruction « if » ;
  - le mot clé `else` ;
  - le symbole « : » ;
  - une suite d'instructions indentées, à exécuter si la condition est fausse.

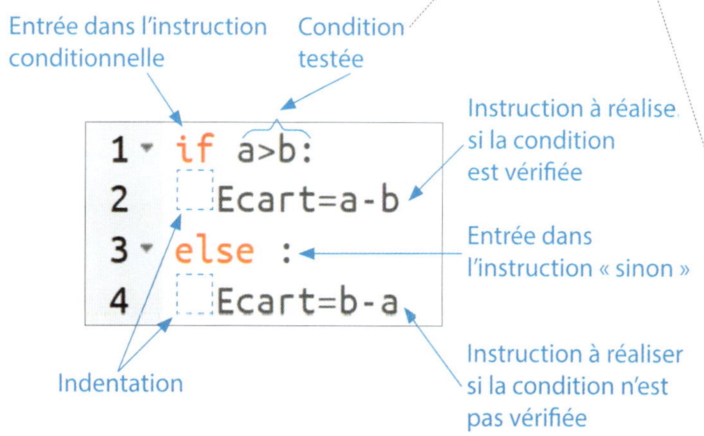

c. Structure conditionnelle « if … elif … else »

- Dans certains cas, si la condition « if » n'est pas vérifiée, on peut demander d'exécuter une action à condition qu'une deuxième condition soit vérifiée.

C'est la structure « if … elif … else » (Si … Sinon si … Sinon).

Remarque : Il peut y avoir autant de « elif » que souhaité.

Exemple :

```
if x==y :
    Ecart=0
elif x>y:
    Ecart=x-y
else:
    Ecart=y-x
```

d. Écriture des conditions

Les conditions s'écrivent à l'aide d'**opérateurs de comparaison** et d'**opérateurs de logique**.

Opérateurs de comparaison

Écriture Python	Signification
= =	Égal
! =	Différent
< (ou >)	Inférieur (ou supérieur)
< = (ou >=)	Inférieur ou égal (ou supérieur ou égal)

Opérateurs de logique

Écriture Python	Signification
and	et
or	ou
not	non

3 Exemple d'instruction conditionnelle

Le programme ci-dessous calcule le prix à payer pour une commande, avec une réduction qui dépend de la valeur de la commande : pour une commande supérieure à 300 €, la réduction est de 20 %, sinon elle est de 5 %.

```
1  prix=float(input("Montant de la
     commande :")
2  if prix>=300 :
3    prix=prix*0,80
4  else:
5    prix=prix*0,95
6  print(prix)
```

- **Ligne 1 :** Affectation d'une valeur à la variable « prix »
- **Ligne 2 : Si** la condition est vraie, la variable « prix » est un nombre supérieur ou égal à 300.
- **Ligne 3 : Alors** l'instruction à exécuter est : appliquer une réduction de 20 % à la variable « prix ».
- **Ligne 4 : Sinon** la condition est fausse, la variable « prix » est un nombre inférieur à 300.
- **Ligne 5 :** L'instruction à exécuter est : appliquer une réduction de 5 % à la variable « prix ».
- **Ligne 6 :** L'affichage du prix n'est pas dans l'indentation, le programme affiche la valeur de « prix » en fin de SI.

Exercices corrigés

1 Indiquer ce qu'affichent les programmes suivants :

Programme 1

```
n=3
if n<0:
  n=-2*n
  print(n)
```

Programme 2

```
n=3
if n<0:
  n=-2*n
print(n)
```

Programme 1 : À l'exécution dans la console, la condition est fausse donc les instructions ne sont pas réalisées : pas de nouvelle affectation de la variable *n* ; pas d'affichage de la valeur de la variable ; fin du SI.
Aucun message n'apparaît dans la console.

Programme 2 : À l'exécution dans la console, la condition est fausse donc l'instruction n'est pas réalisée : pas de nouvelle affectation de la variable *n* ; fin du SI.
L'affichage de la valeur de la variable est exécuté (l'instruction `print` n'est pas dans l'indentation), le programme affiche la valeur 3.

2 Écrire une structure conditionnelle qui permet de calculer le 6e terme d'une suite de premier terme 3 et de raison 2, selon qu'elle est arithmétique ou géométrique.

```
nature=input("Suite arithmétique ou
  géométrique ? (A/G)")
premier_terme=3
raison=2
rang=5
Un=0
if nature=="A":
  Un=premier_terme+rang*raison
else:
  Un=premier_terme*raison**rang
print(Un)
```

- Script ci-contre
- L'utilisateur déclare si la suite est arithmétique ou géométrique.
- Si la suite est arithmétique, l'instruction est d'affecter à la variable U_n la valeur $U_0 + n \times r$.
- Sinon la suite est géométrique, et le programme affecte la valeur $U_0 \times q^n$ à la variable U_n.

→ Exercice 21 p. 55

Fiche 5 Boucles bornées

→ Voir Mémo Python p. 255

1 Présentation

- En informatique, une **boucle bornée** est une répétition d'instructions similaires. On l'appelle également boucle « for » (« pour » en anglais).
- On utilise cette boucle lorsqu'on connait le **nombre de répétitions**. C'est une instruction itérative bornée.
- Elle utilise un **compteur *i*** et la précision de **l'intervalle de valeurs** prises par ce compteur.

Exemple : La boucle bornée ci-dessous, en langage naturel, permet de calculer les 6 premiers termes de la suite arithmétique de 1er terme $U_0 = 3$ et de raison 2.

```
3 → Terme
Pour i allant de 1 à 5 :
   Terme → Terme + 2
   Afficher Terme
```

2 Syntaxe en langage Python

a. Écriture d'une boucle « for »

L'écriture d'une boucle bornée en Python comprend :

– le mot clé for ;
– un **compteur** qui compte les passages dans la boucle ;
– l'instruction in (« dans » en anglais) ;
– l'instruction range qui précise l'intervalle de valeurs prises par le compteur. Ces valeurs sont indiquées entre parenthèses
– le symbole « : » ;
– une suite d'instructions indentées.

```python
Terme=3
for i in range(5):
    Terme=Terme+2
    print(Terme)
```

Entrée dans la boucle
Compteur
Précision de l'intervalle de valeurs prises par le compteur
Suite d'instructions
Indentation

b. Précisions sur l'instruction « range »

- L'instruction range peut contenir, entre parenthèses, 1, 2 ou 3 valeurs.
- Par défaut, le compteur augmente avec un **pas** de 1, mais on peut régler ce pas.

Instruction	Valeurs prises par le compteur
range(n)	Prendre toutes les valeurs entières de 0 à $n - 1$ inclus
range(n,m)	Prendre toutes les valeurs entières de n à $m - 1$ inclus
range(n,m,p)	Prendre toutes les valeurs entières de n à $m - 1$ inclus, avec un pas égal à p.

Exemples :

Instruction	Valeurs prises par le compteur
range(5)	Le compteur prend les valeurs 0, 1, 2, 3, 4
range(2,5)	Le compteur prend les valeurs 2, 3, 4
range(4,16,3)	Le compteur prend les valeurs 4, 7, 10, 13

c. Écriture des conditions

Les conditions s'écrivent à l'aide d'**opérateurs de comparaison** et d'**opérateurs de logique**.

Opérateurs de comparaison

Écriture Python	Signification
==	Égal
!=	Différent
< (ou >)	Inférieur (ou supérieur)
<= (ou >=)	Inférieur ou égal (ou supérieur ou égal)

Opérateurs de logique

Écriture Python	Signification
and	et
or	ou
not	non

3 Exemples de boucles bornées

Programme	Commentaires
`for i in ("bac pro"):` `  print(i)`	Le programme écrit les lettres de « **bac pro** » les unes en dessous des autres.

`n=0`
`for i in range(9,14):`
`  n=n+1`
`  print("La note numéro ",n," est :",i)`
	Le programme va écrire :
	`La note numéro 1 est 9`
	`La note numéro 2 est 10`
	Et ainsi de suite, jusqu'à :
	`La note numéro 5 est 13`

Exercices corrigés

1 Soit la suite définie pour $n > 0$ par $u_n = \log(n)$. On souhaite calculer la somme S des 9 premiers termes de cette suite. Pour cela on utilise le programme ci-contre. L'instruction `log(i,10)` renvoie le logarithme décimal (base 10) du nombre i.

```
1 from math import log
2 S=0
3 for i in range(....):
4   u=log(i,10)
5   S=S+u
6   print("S=",S)
7 print("S=",S)
```

1. Expliquer le rôle de la ligne 5.

Cette ligne a pour but d'ajouter successivement les termes de la suite pour calculer la somme cherchée. Partant de la somme $S = 0$ (ligne 2), au 1er passage dans la boucle, on calcule le terme u_1 et on l'ajoute à S. Au 2e passage, on ajoute u_2 à la somme précédente, et ainsi de suite. À la fin de la boucle, on a calculé la somme des premiers termes.

2. Compléter les paramètres de l'instruction `range` à la ligne 3.

Pour calculer la somme des 9 premiers termes $S = u_1 + u_2 + \ldots + u_9$, le compteur i doit aller de 1 à 9, donc l'instruction doit être `range(1,10)`.

3. Quelle est la différence entre la ligne 6 et la ligne 7 ?

La ligne 6 est dans la boucle `for`, elle affiche donc la somme obtenue après chaque passage dans la boucle. Par exemple, au 3e passage, elle affiche la somme $S = u_1 + u_2 + u_3$.
La ligne 7 affiche la somme calculée au sortir de la boucle, c'est donc la valeur finale cherchée.

2 On plante un plan de bambou de taille 20 cm. Chaque jour, sa taille augmente de 40 cm. On a codé un programme Python pour avoir ses dimensions chaque jour, durant les 15 premiers jours. La taille est stockée dans la variable « Bambou ».

```
1 Bambou=20
2 j=0
3 for i in range(1,16):
4   j=j+1
5   Bambou=.......
6   print(Bambou)
7 print("Taille au bout de ",j
   ,"jours :", Bambou,"cm")
```

1. Expliquer le rôle des lignes 1 et 2.

Il s'agit d'initialiser le programme en donnant la taille du bambou au début des mesures (ligne 1, Bambou = 20). La ligne 2 introduit une variable j qui compte le nombre de jours écoulés. Au départ $j = 0$: c'est le début des mesures.

2. Expliquer le rôle de la ligne 4.

Elle sert à incrémenter le nombre de jours.

3. Compléter l'instruction de la ligne 5.

La ligne 5 sert à calculer la taille du bambou à chaque passage dans la boucle. Comme elle augmente de 40 cm, on doit écrire `Bambou = Bambou + 40`, pour ajouter 40 cm à la taille du jour précédent.

Fiche 6 Boucles non bornées

→ Voir Mémo Python p. 255

1 Présentation

- En informatique, une **boucle non bornée** est une répétition d'instructions similaires. On l'appelle également boucle « while » (« tant que » en anglais).
- On utilise cette boucle lorsqu'on ne connait pas le nombre de répétitions.
- Comme on ne peut pas prévoir le nombre de fois où les instructions seront répétées, on donne une **condition** qui doit être vérifiée : les instructions sont exécutées tant que cette condition est vérifiée.
- On sort de la boucle « while » dès que la condition n'est pas remplie.

Exemple : La boucle non bornée ci-contre, en langage naturel, permet de calculer les termes de la suite arithmétique de 1er terme $U_0 = 3$ et de raison 2 qui sont inférieurs à 18.

```
3 → Terme
Tant que Terme < 18 :
    Terme → Terme + 2
    Afficher Terme
```

Remarque : Contrairement à la boucle « for », une boucle « while » n'a pas de compteur. Si on veut connaître le nombre de passages dans la boucle, il faut donc en créer un.

2 Syntaxe en langage Python

a. Écriture d'une boucle « while »

L'écriture d'une boucle non bornée en Python comprend :

- le mot clé `while` ;
- une **condition** qui doit être testée à chaque passage (expression dont le résultat est soit vrai, soit faux) ;
- le symbole « : » ;
- une suite d'instructions indentées. Ces instructions seront exécutées tant que la condition est vérifiée.

Entrée dans la boucle

Condition testée à chaque entrée dans la boucle

```
1  Terme=3
2  while Terme < 18:
3      Terme=Terme+2
4      print(Terme)
```

Suite d'instructions

Indentation

Exemples : Le programme ci-dessus affiche tous les termes de la suite arithmétique de 1er terme 3 et de raison 2, jusqu'au premier terme qui dépasse la valeur 18.

- À la ligne 1, on donne la valeur du premier terme (3).
- À la ligne 3, on teste si la valeur de « `Terme` » est inférieure à 18. Tant que c'est le cas, la variable « Terme » est incrémentée de 2 unités.
- La ligne 4 affiche ce terme.

À la fin, ce programme aura affiché les termes : 5, 7, 9, 11, 13, 15, 17 et 19.

b. Écriture des conditions

Les conditions s'écrivent à l'aide d'**opérateurs de comparaison** et d'**opérateurs de logique**.

Opérateurs de comparaison

Écriture Python	Signification
= =	Égal
! =	Différent
< (ou >)	Inférieur (ou supérieur)
< = (ou >=)	Inférieur ou égal (ou supérieur ou égal)

Opérateurs de logique

Écriture Python	Signification
and	et
or	ou
not	non

3 Exemples de boucles non bornées

<table>
<tr><th>Programme</th><th>Commentaires</th></tr>
<tr><td><pre>
1 compteur= 0
2 while compteur< 3:
3   print("le compteur compte",
        compteur)
4   compteur = compteur + 1
</pre></td><td>La variable <code>compteur</code> compte les passages dans la boucle. Elle est augmentée de 1 unité à chaque passage (ligne 4) et, tant qu'elle est inférieure à 3, le programme exécute la ligne 3.
Le programme affiche :<pre>
le compteur compte 0
le compteur compte 1
le compteur compte 2
</pre></td></tr>
<tr><td><pre>
1 a=17
2 i=1
3 while a<=1000:
4   a=17*i
5   i=i+1
6   print(a)
</pre></td><td>Cette boucle <code>while</code> permet d'écrire tous les multiples de 17 inférieurs à 1 000.
La variable i est un compteur qui augmente d'une unité à chaque passage dans la boucle (ligne 5).
À la ligne 4, on calcule un multiple de 17 ($17 \times i$) que l'on stocke dans la variable a.
La ligne 3 teste si a est inférieur ou égal à 1 000 et, tant que c'est le cas, on affiche la valeur de a (ligne 6).</td></tr>
</table>

Exercices corrigés

1 On considère les deux programmes ci-dessous.

Programme 1

```
1 n=0
2 while n < 4 :
3     n=n+1
4 print(n)
```

Programme 2

```
1 n=0
2 while n < 4 :
3     n=n+1
4     print(n)
```

1. Expliquer le rôle de la ligne 3.

Dans les deux programmes, la ligne sert 3 sert à augmenter la variable n de 1 unité à chaque passage dans la boucle `while`.

2. Quel est le résultat obtenu par ces deux programmes ?

Le programme 1 affiche le 1er nombre entier qui est supérieur ou égal à 4, soit 4.

Le programme 2 affiche l'un après l'autre tous les entiers naturels inférieurs ou égaux à 4.

3. Expliquer ces différences.

Dans le programme 1, l'instruction `print` est située en dehors de la boucle : l'affichage n'est donc exécuté qu'une fois sorti de la boucle, quand $n = 4$.

Dans le programme 2, l'instruction `print` est située dans la boucle : tant que l'entier naturel n est inférieur à 4, la valeur de $n + 1$ est affichée.

2 On considère le programme ci-contre.
L'instruction `log(i,10)` renvoie le logarithme décimal (base 10) du nombre i.

```
1 from math import log
2 Logarithme=0
3 i=1
4 while Logarithme<2.5:
5     i=i+1
6     Logarithme=log(i,10)
7 print("log dépasse 2,5 à partir
    de n=",i)
```

1. Quel est le but de ce programme.

Le programme vise à déterminer à partir de quelle valeur de n (nombre entier), $\log(n)$ dépasse la valeur 2,5.

2. Expliquer le rôle des lignes 2 et 3.

Ce sont les lignes d'initialisation. On part de l'entier $i = 1$, avec la valeur $\log(i) = \log(1) = 0$.

3. Expliquer le rôle de la ligne 4.

C'est le test de la condition : tant que $\log(n) < 2{,}5$, on reste dans la boucle. Et dès que $\log(n) \geqslant 2{,}5$, on en sort et on va à la ligne 7 qui affiche la valeur du nombre entier correspondant.

4. Comment doit-on modifier ce programme si l'on souhaite le plus petit entier n tel que $\log(n) \geqslant 3{,}2$?

Il suffit de changer la ligne 4 en : `while Logarithme<3.2:`

Fiche 1 Travailler avec des fonctions

1 Déterminer un tableau de valeurs

Objectif : Dresser le tableau de valeurs de la fonction $f(x) = -3x^2 + 5x + 4$ définie sur [–10 ; 10] avec un pas de 1.

Démarche	Casio	NumWorks	Texas Instruments
Mettre le mode Table/Fonction		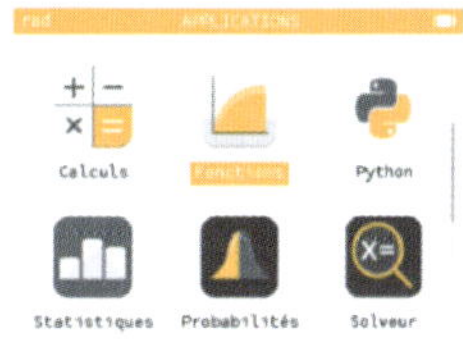	Sélectionner : f(x) 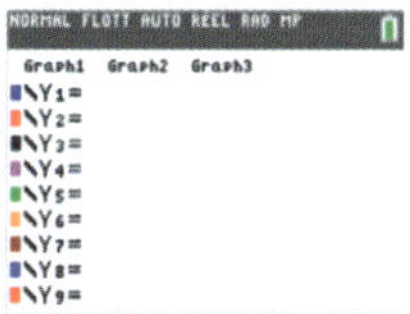
Saisir la fonction		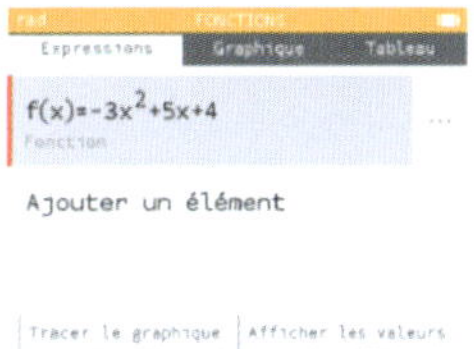	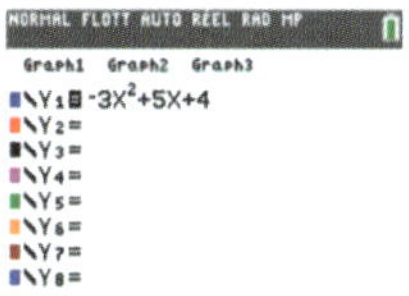
Régler le menu	Sélectionner SET (F5) 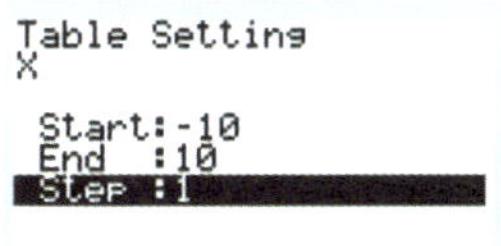	Sélectionner « Afficher les valeurs » puis « régler l'intervalle » 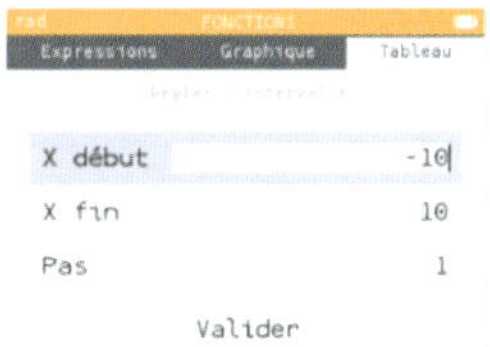	Sélectionner : 2nde + fenêtre (déf table f2) 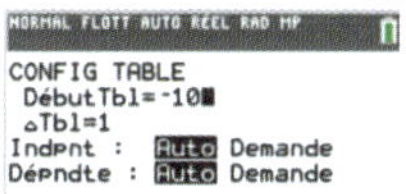
Afficher le tableau	Sélectionner TABL (F6) 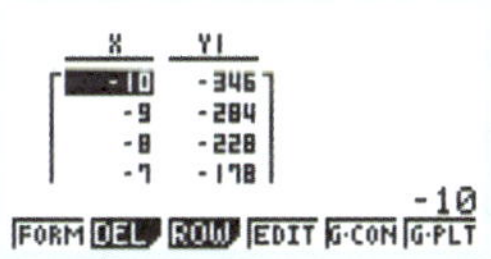	Sélectionner OK 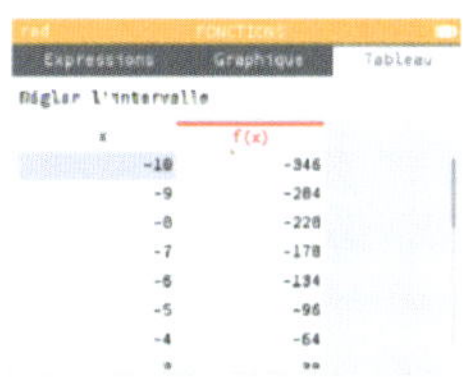	Sélectionner : 2nde + graphe (table f5) 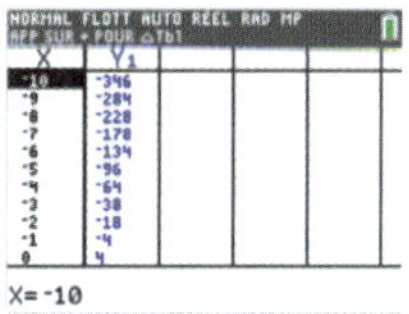

2 Tracer la courbe représentative d'une fonction

Objectif : Tracer la courbe représentative de la fonction $f(x) = -3x^2 + 5x + 4$ définie sur [–10 ; 10].

Démarche	Casio	NumWorks	Texas Instruments
Mettre le mode Graphe/Fonction	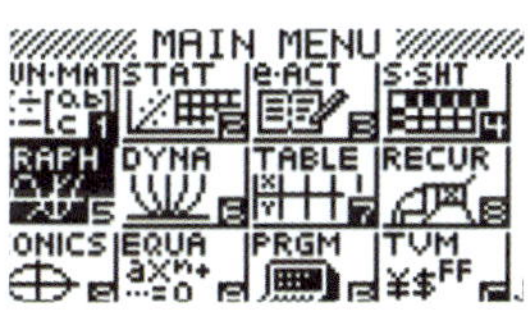	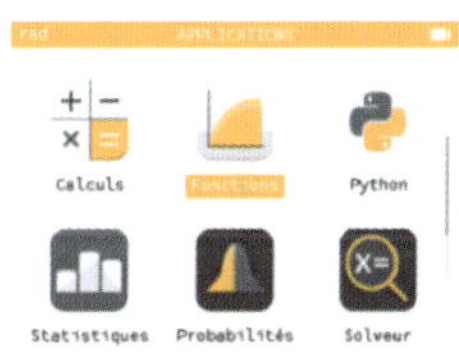	Sélectionner : f(x) 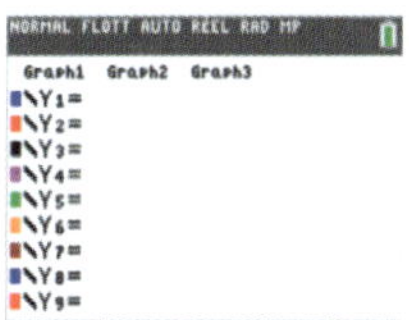
Saisir la fonction	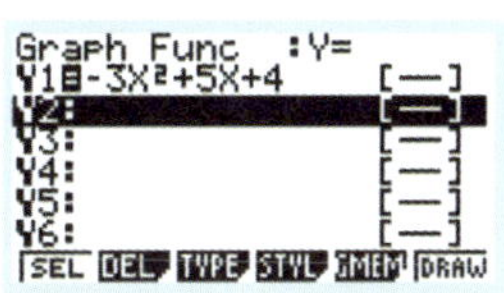	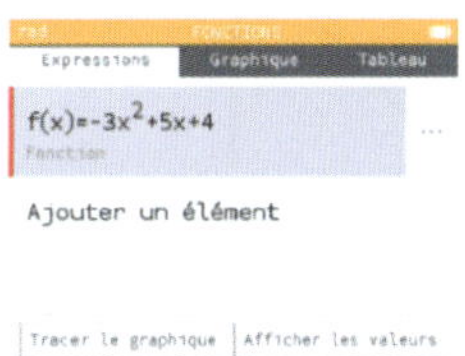	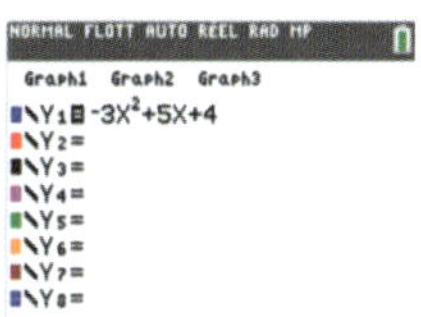

Afficher le graphique	Sélectionner DRAW(F6) 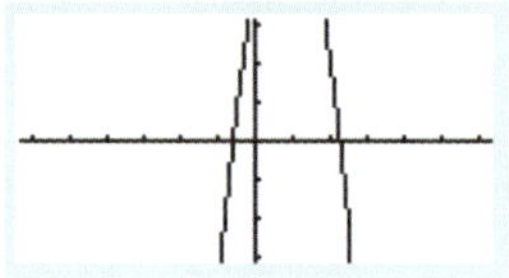	Sélectionner « Graphique » 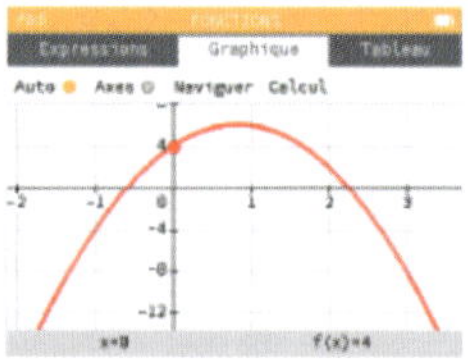	Sélectionner : table f5 graphe 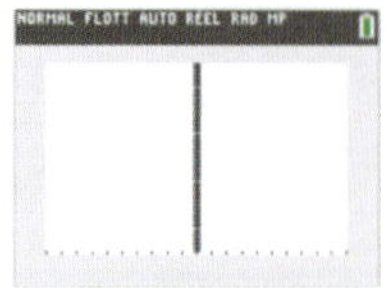
Ajuster la fenêtre	Sélectionner Zoom(F2) puis Auto (F5) 	Sélectionner « Auto »	Sélectionner : table f5 graphe  Sélectionner : table f5 graphe 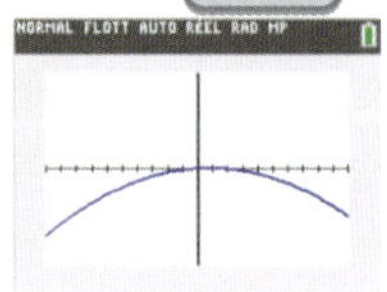

3 Déterminer une intégrale

Objectif : Déterminer l'intégrale : $\int_{-2}^{5}(-3x^2+5x+4)dx$.

Démarche	Casio	NumWorks	Texas Instruments
Tracer le graphique		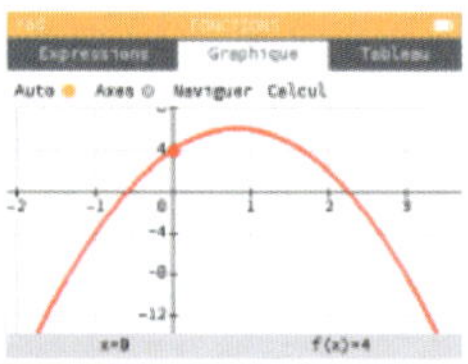	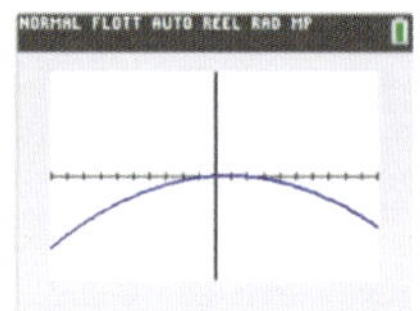
Définir l'intégrale	Sélectionner G-solv (F5) puis ∫dx (F3) 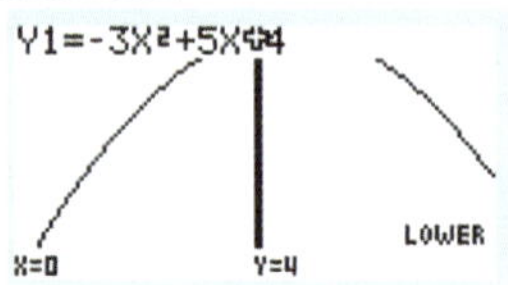	Sélectionner « Calcul » puis « Calculer » puis « Intégrale de *f* sur [*a* ; *b*] » 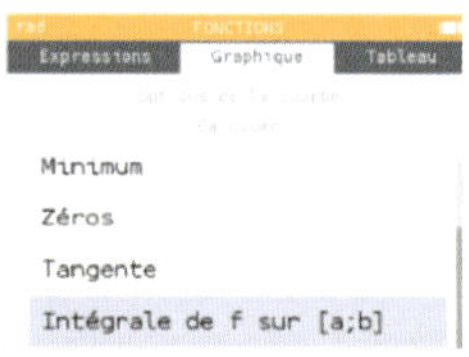	Sélectionner : 2nde + f(x) 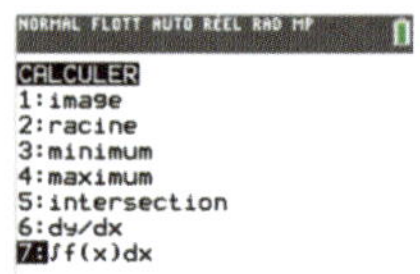
Déterminer les bornes	À l'aide des flèches horizontales déterminer la borne inférieure : –2 Valider : EXE 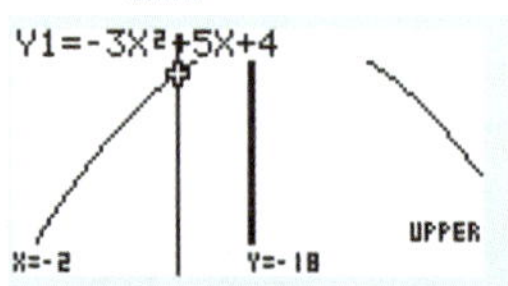 Puis la borne supérieure : 5 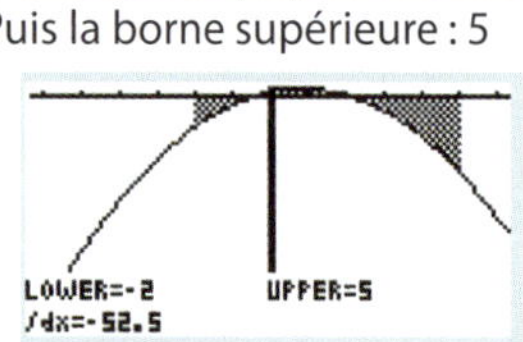 Valider : EXE	À l'aide des flèches horizontales déterminer la borne inférieure : –2 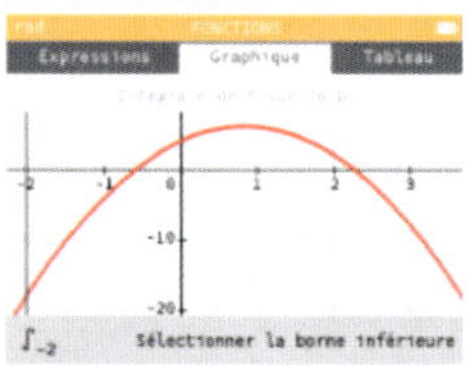 Valider : OK Puis la borne supérieure : 5 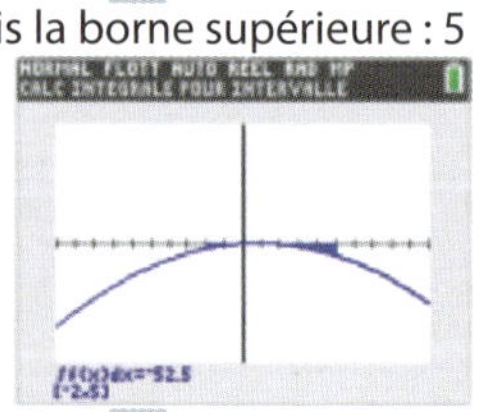 Valider : OK	Déterminer la borne inférieure : –2 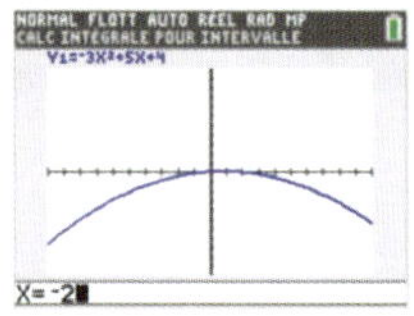 Valider : Entrer Puis la borne supérieure : 5 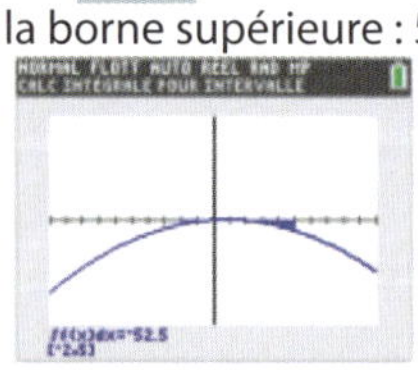 Valider : EXE

Fiche 2 Utiliser le solveur de la calculatrice pour résoudre des équations

1 Le solveur de la calculatrice

Démarche	Casio	NumWorks	Texas Instruments
Mettre le mode Équation	Choisir le menu « EQUA » 	Choisir le menu « SOLVEUR» 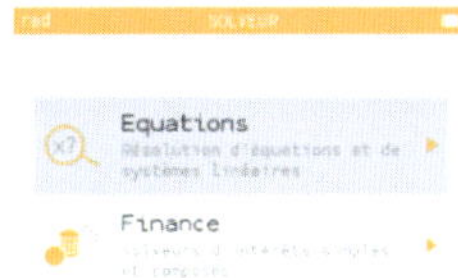	Choisir l'application : apps F 2nde résol

Mise en pratique

- Résoudre une équation du second degré. . . . . p. 48
- Résoudre une équation avec une fonction exponentielle . . . . p. 139

2 Résoudre un système d'équations

Objectif : Résoudre le système suivant : $\begin{cases} 2x + 3y = 5 \\ 5x - 4y = 2 \end{cases}$.

Démarche	Casio	NumWorks	Texas Instruments
Mettre le mode Équation	Sélectionner SIML (F1) et 2 inconnues (F1) 	Sélectionner « Ajouter une équation » et sélectionner « utiliser un modèle d'équation » 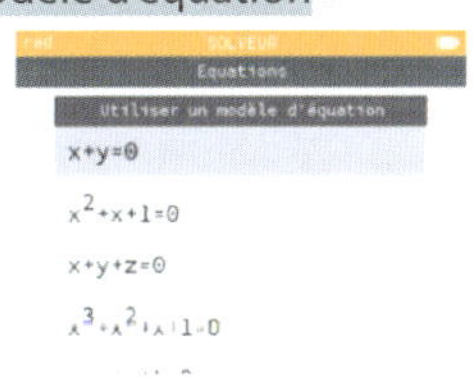	Sélectionner « 9 : PlySmlt2 » puis 2 : SOLVEUR SYST D'ÉQUATIONS 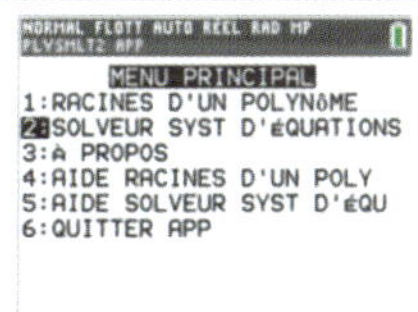 Sélectionner : 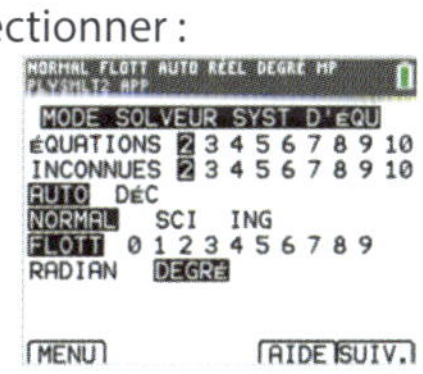 table f5 Suivant : Touche graphe
Saisir le système	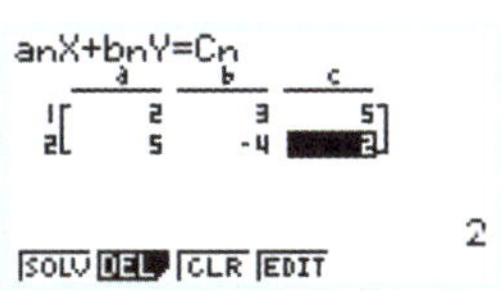	Pour entrer la seconde équation : « Ajouter une équation » 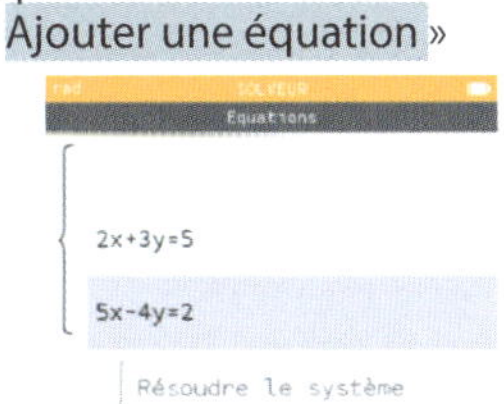	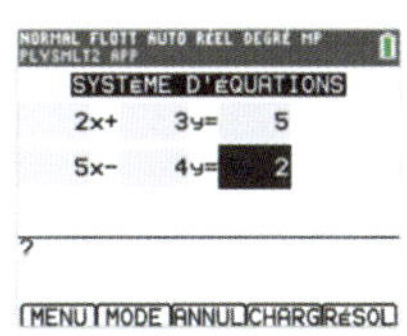
Afficher les valeurs	EXE ou SOLV(F1)	Résoudre le système	table f5 Résoudre : Touche graphe
Résultats	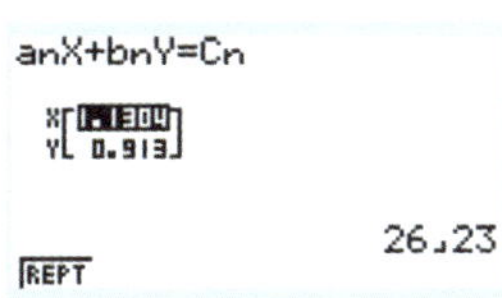	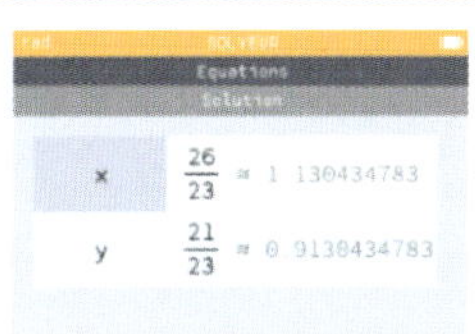	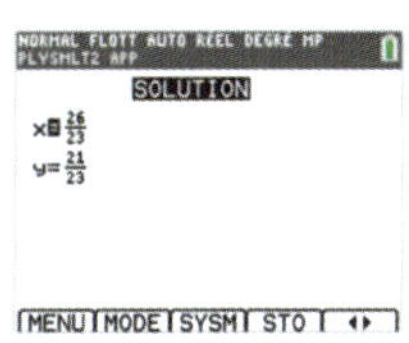

Fiche 3 Statistiques à une variable

Objectif : Déterminer les paramètres de tendance centrale et de dispersion de la série statistique à une variable suivante :

x_i	7	11	13	15	17	19
n_i	2	8	3	5	1	4

(x_i représente le caractère étudié et n_i l'effectif correspondant.)

Démarche	Casio	NumWorks	Texas Instruments
Mettre le mode Statistiques	Choisir le menu « STATS » 	Choisir le menu « Statistiques » 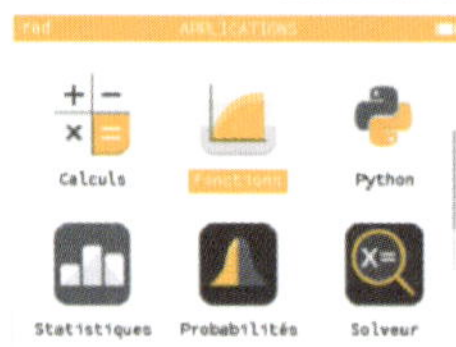	Choisir le mode « Stats » : liste stats Puis 1 : Modifier … 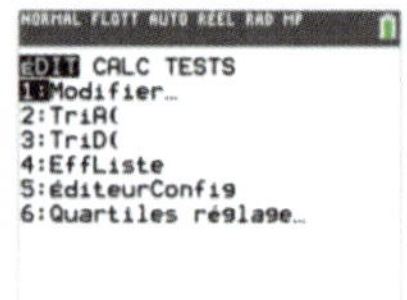
Saisir les données	List 1 : x_i List 2 : n_i 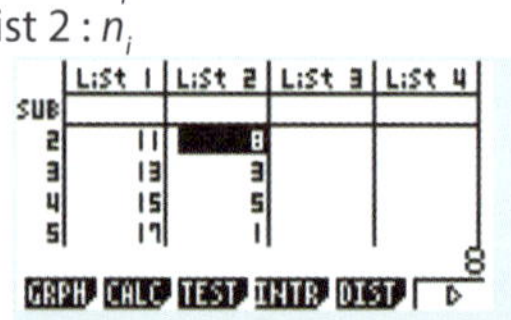 Puis sélectionner : Calc (F2) 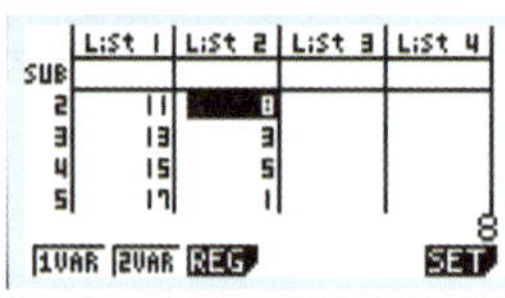	Valeurs V1 : x_i Effectifs N1 : n_i 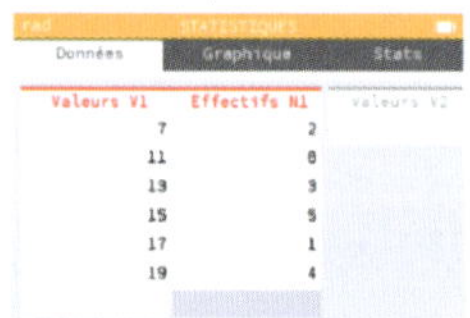	L1 : x_i L2 : n_i 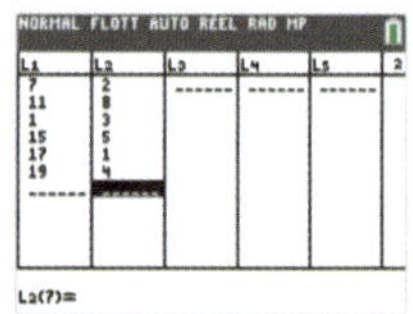
Régler les paramètres	Sélectionner : SET (F6)  		Sélectionner : liste stats Puis Calc Puis 1 : Stats 1 Var 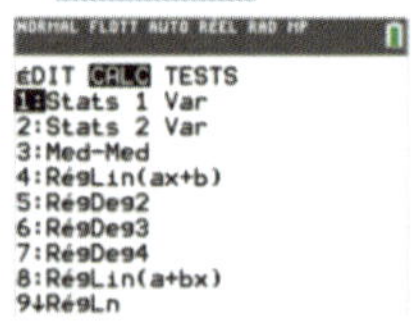
Afficher les paramètres statistiques	Sélectionner : 1-Var (F1) 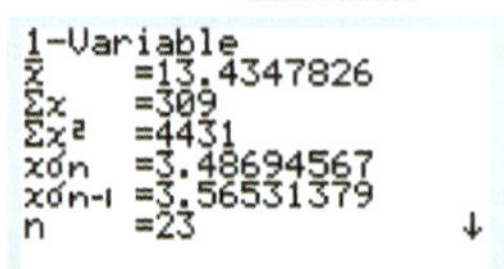 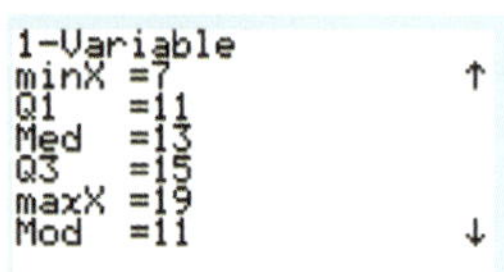 	Sélectionner : Stats 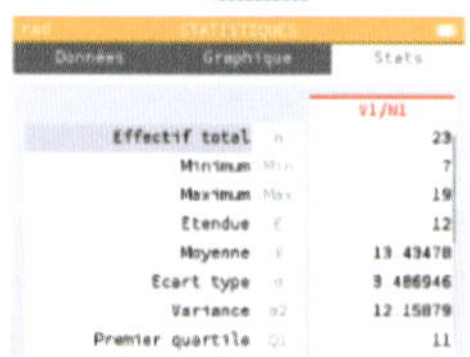 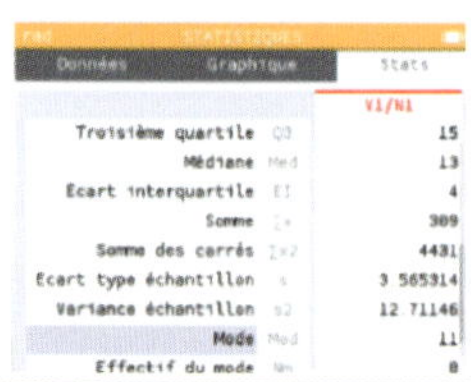	Puis calculer  

Fiche 1 Formules de calcul

- Pour saisir un **calcul** dans une cellule, il faut commencer par le signe « = ».
- Les formules sont saisies en donnant la référence des cellules impliquées dans le calcul.

Cela peut être une **référence relative** ou **absolue**.

Exemples : Références cellules relatives, absolues ou mixtes

La feuille de calcul ci-contre donne, dans la colonne **B**, le prix d'un article après réduction.

B2 =A2*(1-E1)

	A	B	C	D	E
1	Prix	Prix soldé		Taux réduction	20,00 %
2	50	=A2*(1-E1)			
3	51	=A3*(1-E1)			
4	52	=A4*(1-E1)			

– La formule saisie dans la cellule **B2** réalise le calcul : 50 × (1 – 0,20) et affiche 40.

– La formule est saisie en référence des cellules : modifier les valeurs dans les cellules **A2** et **E1** change automatiquement le résultat dans la cellule **B2**. On dit que **A2** est une **référence relative**.

– Dans la formule, la valeur fixe est le taux de réduction (cellule **E1**), le symbole « $ », avant la colonne **E** et avant la ligne **1**, fixe la cellule : c'est une **référence absolu**e.

– Dans une formule, si le symbole « $ » est seulement placé devant la colonne ou la ligne (**$E1** ou **E$1**), c'est une **référence mixte**.

– On utilise la poignée de recopie (croix blanche) pour recopier la formule **B2** dans les cellules **B3** et **B4**, en cliquant-glissant vers le bas.

Fiche 2 Fonctions prédéfinies

1 Accès aux fonctions

- Des **fonctions** sont prédéfinies dans le tableur (environ 500).
- Pour utiliser une fonction, il faut se positionner sur la cellule dans laquelle le résultat s'affichera.
- Ensuite :

– Barre de menu « Insertion », puis « Fonction » qui ouvre la boîte de dialogue « Assistant fonction » pour rechercher une fonction et sa syntaxe.

– À gauche de la barre de formule, le bouton *fx* permet d'accéder à l'assistant de fonction. Suivre les indications.

– Dans la cellule voulue, saisir la fonction et ses arguments.

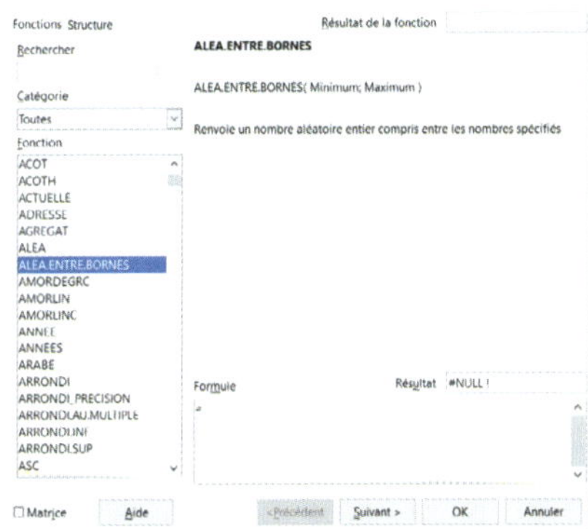

Exemples : Voici quelques exemples de saisies de fonctions usuelles (ci-contre).

	A	B	C	D	E
1	**Plage de valeur**		**Fonctions**	**Syntaxe**	**Résultats**
2	12		Somme	=SOMME(A2:A6)	52
3	12		Moyenne	=MOYENNE(A2:A6)	10,4
4	9		Ecart-type population	=ECARTYPE.P(A2:A6)	1,62481
5	8		Ecart-type corrigé	=ECARTYPE(A2:A6)	1,81659
6	11				

2 Fonction conditionnelle SI

- La **fonction SI** permet d'afficher différents résultats dans une cellule, sous des conditions.
- La syntaxe utilisée est la suivante :

=**SI**(condition à évaluer **;** action à réaliser si vraie **;** action à réaliser si fausse)

- Le résultat de la formule peut être une valeur numérique, une formule de calcul ou du texte.
- Les mots « alors » et « sinon » sont sous-entendus, par des points virgules « ; ».
- Pour évaluer la condition, des tests de comparaison sont possibles : =, >, <, >=, =<, ou des tests logiques avec les fonctions ET(…), OU(…).

Exemple : La formule saisie dans la cellule **C2** effectue l'action suivante : si le contenu de la cellule **B2** est égal au mot « Solde », alors le prix affiché sera 50 × (1 – 0,20) = 40, sinon le prix affiché sera celui de la cellule **A2** (50 ici).

	A	B	C	D	E	F
1	Prix	Solde	Prix affiché		Taux de réduction :	20,00%
2	50	Solde	=SI(B2="Solde";A2*(1-F1);A2)			
3	51		=SI(B3="Solde";A3*(1-F1);A3)			

Fiche 3 Insérer un diagramme ou un graphique

1 Accès à l'assistant de diagramme

Le tableur-grapheur permet de représenter des données par différents diagrammes ou graphiques. Pour cela :

- sélectionner les données de la série pour réaliser la représentation graphique ;
- barre de menu « Insertion », puis « Diagramme » qui ouvre la boîte de dialogue « Assistant de diagramme » : choisir le type de diagramme et renseigner les étapes ;
- lorsque le diagramme est sélectionné, la barre d'outils est spécifique au diagramme et permet de modifier la présentation du diagramme.

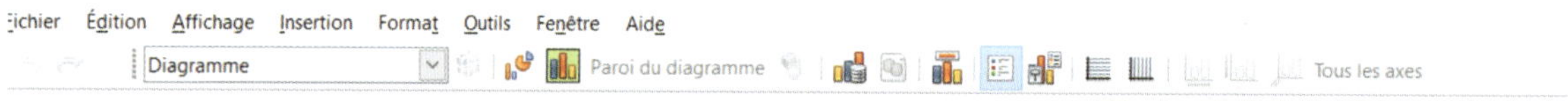

2 Série statistique à deux variables quantitatives

On peut ajuster un nuage de points par une **courbe de tendance**. Pour cela :

- sélectionner les valeurs des deux variables ;
- insérer un diagramme de type XY(dispersion) ;
- cliquer sur les points du nuage de points, Insérer la courbe de tendance ;
- la boîte de dialogue « Courbe de tendance » s'affiche. Sélectionner la courbe 1 qui ajuste au mieux le nuage, cocher l'affichage de l'équation 2 et du coefficient de détermination 3.

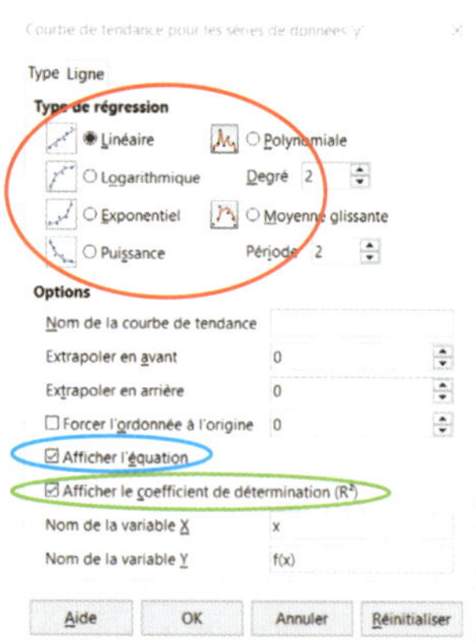

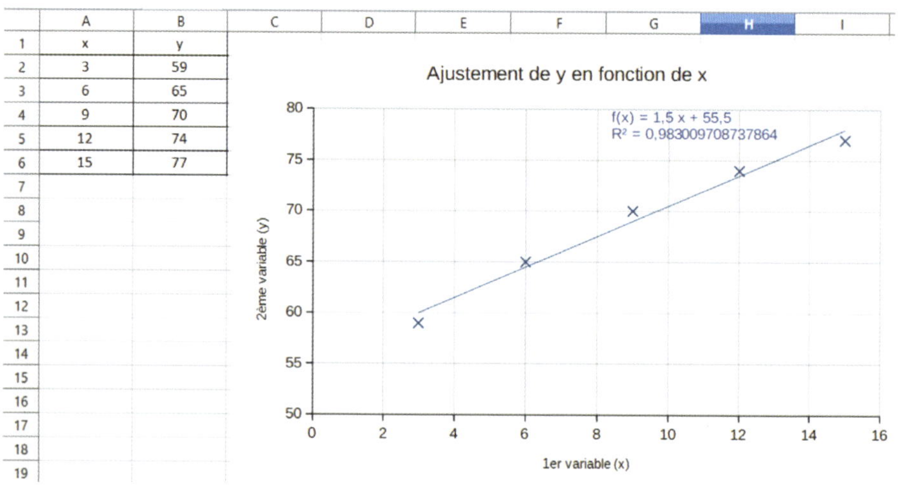

Fiche 4 Tableau croisé

- Sélectionner le tableau de données.
- Barre de menu « Données », puis « Table dynamique », puis « créer ».
- La boîte de dialogue « Mise en page de la table dynamique » s'affiche.
- Glisser les champs suivant les croisements souhaités.
- Paramétrer les champs de données (somme, nombre, moyenne, …).
- Le tableau croisé s'affiche dans une nouvelle feuille de calcul.

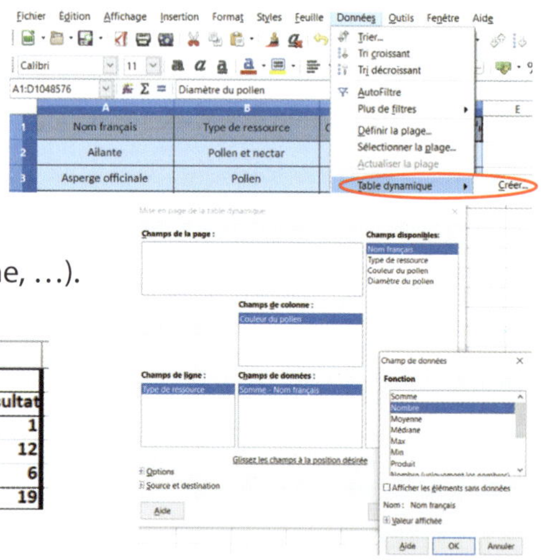

	A	B	C	D	E	F	G
1	Compter - No	Couleur du					
2	Type de re	gris	jaune	marron	orange	vert	Total Résultat
3	Nectar	1					1
4	Pollen	5	2	1	2	2	12
5	Pollen et nect	2	1	1		2	6
6	Total Résultat	8	3	2	2	4	19

→ Voir Activité 3 p. 205 (Tutoriel à télécharger)

1 Puissances

Soit a et b deux nombres réels non nuls, et m et n deux nombres entiers relatifs.

Puissances entières		Puissances de 10
$a^0 = 1$ $a^m \times a^n = a^{m+n}$ $\frac{1}{a^m} = a^{-m}$ $\frac{a^m}{a^n} = a^{m-n}$	$(a^m)^n = a^{m \times n}$ $(a \times b)^m = a^m \times b^m$ $\left(\frac{a}{b}\right)^m = \frac{a^m}{b^m}$ $\left(\frac{1}{b}\right)^m = \frac{1}{b^m}$	$10^n = 1\underbrace{000...000}_{n \text{ zéros}}$ suivi de n zéros $10^{-n} = 0,\underbrace{000...0}_{(n-1) \text{ zéros}}1$

2 Suites

	Suites arithmétiques	Suites géométriques
Définition	Premier terme : u_0 Raison : r	Premier terme : u_0 Raison : q
Expression mathématique	$u_{n+1} = u_n + r$	$u_{n+1} = u_n \times q$
Calcul du terme de rang n	$u_n = u_0 + r \times n$	$u_n = u_0 \times q^n$
Somme des n premiers termes	$S_n = (n+1) \times \frac{(u_0 + u_n)}{2}$	$S_n = u_0 \times \left(\frac{1-q^{n+1}}{1-q}\right)$

3 Dérivées et primitives des fonctions usuelles

a, b et k sont des nombres réels ; n est un nombre entier.

Primitives	Fonction f	Fonction dérivée f'
$ax + k$	a	0
$\frac{a}{2}x^2 + bx + k$	$ax + b$	a
$\frac{x^3}{3} + k$	x^2	$2x$
$\frac{x^{n+1}}{n+1} + k$	x^n	nx^{n-1}
$\ln(x) + k$ (pour $x > 0$)	$\frac{1}{x}$	$-\frac{1}{x^2}$
	$\ln(x)$ (pour $x > 0$)	$\frac{1}{x}$
$e^x + k$	e^x	e^x
$\frac{e^{ax}}{a} + k$	e^{ax}	ae^{ax}

4 Probabilité

a. Événements

Soit A et B deux événements de la même expérience aléatoire ($P(\text{A}) \neq 0$).

- Si $\overline{\text{A}}$ est l'**événement contraire** de A alors : $P(\overline{\text{A}}) = 1 - P(\text{A})$.
- **Probabilité conditionnelle** que B se réalise sachant A : $P_{\text{A}}(\text{B}) = \dfrac{P(\text{A} \cap \text{B})}{P(\text{A})}$.
- A et B sont **indépendants** si $P_{\text{A}}(\text{B}) = P(\text{B})$.
- Si A et B sont **indépendants** alors : $P(\text{A} \cap \text{B}) = P(\text{A}) \times P(\text{B})$.
- **Union** et **intersection** : $P(\text{A} \cup \text{B}) = P(\text{A}) + P(\text{B}) - P(\text{A} \cap \text{B})$.

b. Arbre de probabilités

La répétition d'une expérience aléatoire peut se représenter par un **schéma en arbre** comme présenté ci-contre.

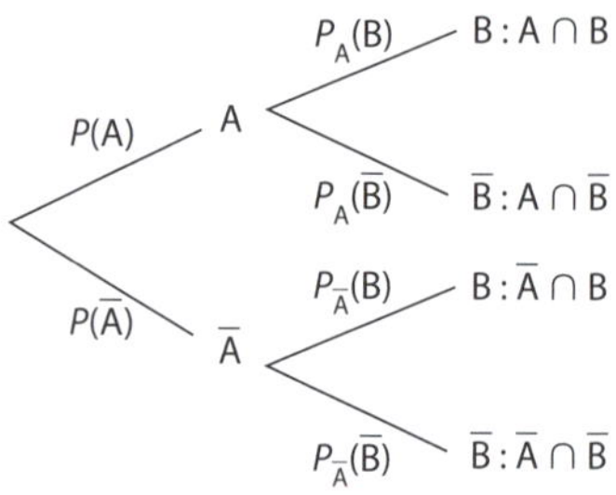

c. Probabilités totales

La probabilité d'un événement est la somme des probabilités des chemins menant à cet événement.

5 Géométrie

a. Aires de figures usuelles

	Triangle	Rectangle	Parallélogramme	Trapèze	Disque
Figure	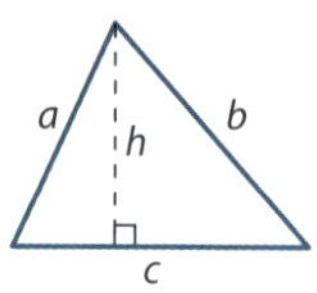	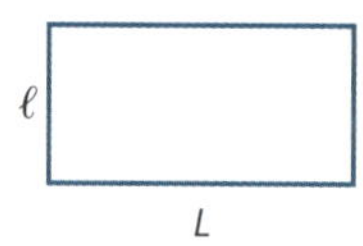	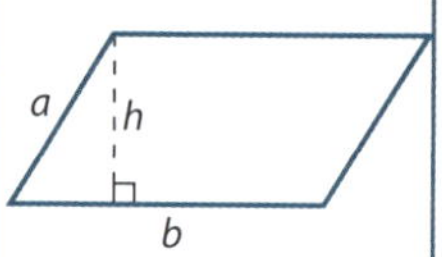	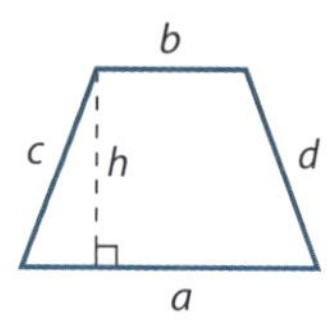	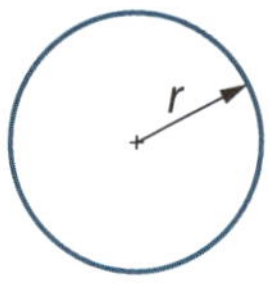
Périmètre	$a + b + c$	$(\ell + L) \times 2$	$(a + b) \times 2$	$a + b + c + d$	$2 \times \pi \times r$
Aire	$\dfrac{c \times h}{2}$	$\ell \times L$	$b \times h$	$\dfrac{(a + b) \times h}{2}$	$\pi \times r^2$

b. Volumes de solides usuels

	Pavé droit	Pyramide	Cylindre	Cône de révolution	Sphère
Solide	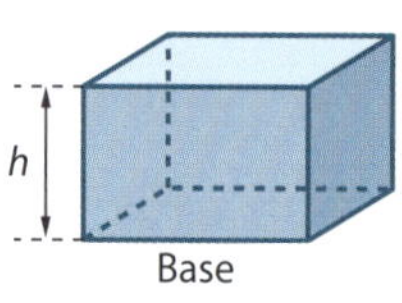	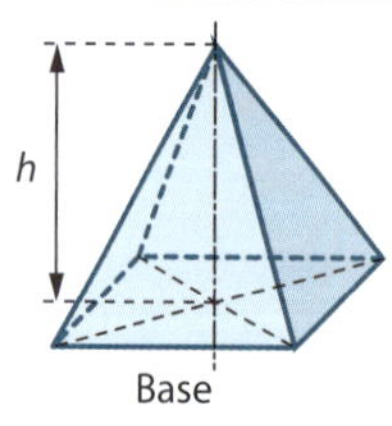	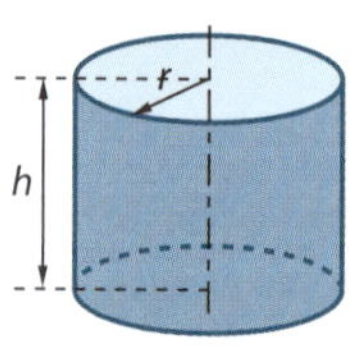	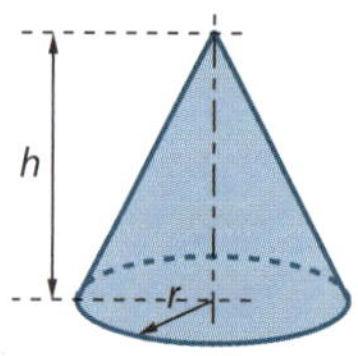	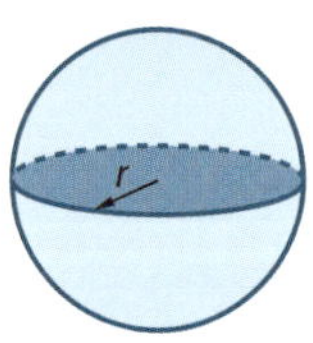
Volume	aire de base $\times h$	$\dfrac{\text{aire de base} \times h}{3}$	$\pi \times r^2 \times h$	$\dfrac{\pi \times r^2 \times h}{3}$	$\dfrac{4}{3}\pi \times r^3$

1 Les variables

- Les différents types de variables :
  - les nombres entiers : int().
  - les nombres réels : float().
  - les chaînes de caractères : str().
- Affectation d'une valeur à une variable : signe =.
- Connaitre le type d'une variable : type().

2 Les listes

- La numérotation des éléments d'une liste commence à 0. Les éléments d'une liste sont séparés par des virgules.
- Pour définir une liste, on met les valeurs entre crochets [ ], séparées par des virgules.
- Ajout d'un élément à la fin de la liste : .append().
- Suppression un élément d'une liste : del().
- Longueur d'une liste : len().

Exemple

```
Liste=["a","b","c","d"]
print(Liste)
print(len(Liste))
Liste.append("e")
print(Liste)
del(Liste[3])
print(Liste)
print(len(Liste))
```

Console Python

```
['a', 'b', 'c', 'd']
4
['a', 'b', 'c', 'd', 'e']
['a', 'b', 'c', 'e']
4
```

3 Entrée et sortie

- Saisie une valeur par l'utilisateur : input().
- Affichage d'un texte ou d'une valeur : print().

Exemple

```
N=input("Choisir un chiffre:")
print(N)
print(type(N))
N=int(input("Choisir un chiffre:"))
print(N)
print(type(N))
```

Console Python

```
Choisir un chiffre: 2.1
2.1
<class 'str'>
Choisir un chiffre: 2
2
<class 'int'>
>>> ▌
```

4 Les opérations

- Addition : +
- Soustraction : -
- Multiplication : *
- Division : /
- Puissance : **

Exemple

```
a=3+6
print("a =",a)
a=a/8+2*a-7
print("a =",a)
b=2
b=b**3
print("b =",b)
```

Console Python

```
a = 9
a = 12.125
b = 8
```

5 Les opérateurs de comparaison

- Égal : ==
- Différent : !=
- Strictement inférieur à : <
- Strictement supérieur à : >
- Inférieur ou égal à : <=
- Supérieur ou égal à : >=

6 Les instructions conditionnelles

- Si : if
- Sinon : else
- Sinon Si : elif

Exemple

```
a=int(input("Choisir un nombre :"))
if a>=10 :
    print("a n'est pas un chiffre")
elif  a<0 :
    print("a n'est pas un chiffre")
else :
    print("a est un chiffre")
```

Console Python

```
Choisir un nombre : 13
a n'est pas un chiffre
```

7 Les boucles

- Boucle bornée « Pour » :

for … in range() :

Exemple

```
N=int(input("N = "))
A=[]
for i in range(N) :
    A.append(i)
print(A)
```

Console Python

```
N = 5
[0, 1, 2, 3, 4]
```

- Boucle non bornée « Tant que » :

while condition :

Exemple

```
N=int(input("N = "))
B=[]
j=1
while len(B)<N :
    B.append(N-j)
    j=j+1
print(B)
```

Console Python

```
N = 5
[4, 3, 2, 1, 0]
```

8 Les fonctions

- Définition d'une fonction : def().
- Renvoi des valeurs d'une fonction : return().

Exemple

```
def CoefDir(xA,yA,xB,yB):
    m=(yB-yA)/(xB-xA)
    return(m)
```

Console Python

```
>>> CoefDir(0,1,2,5)
2
```

Crédits photographiques
Ph © Adobe stock

Couverture : Séverine Tanguy
Maquette intérieure : ADN et Marlène Florette
Mise en page et infographies : IDT
Édition : Thomas Blasselle

Achevé d'imprimer en août 2024 par Sepec - 01960 Péronnas
N° d'éditeur : MAGSI20240397 - N° d'impression : 09467240722
Dépôt légal : avril 2023

IMPRIM'VERT®

FABRIQUÉ EN FRANCE